2026

전면개정 제37회 공인중개사 시험대비 동영상강의 www.pmg.co.kr

박문각
공인중개사

회차별 기출문제집 1차

부동산학개론 | 민법·민사특별법

박문각 공인중개사연구소 편

합격까지 박문각
합격 노하우가 다르다!

박문각

박문각 공인중개사

이 책의 머리말

제37회 공인중개사 자격시험 합격이라는 목표에 대한 열정으로 불철주야 공부에 여념이 없으신 수험생 여러분들의 노고에 박수를 보냅니다.

합격을 목표로 하는 시험에서 문제난이도와 출제범위를 종잡을 수 없는 경우에는 지금까지 출제되었던 기출문제에 대한 정확하고 철저한 분석을 통한 체계적인 학습이 가장 안정적인 수험방법입니다.

수험공부를 옷 입는 것에 비유한다면 첫 단추를 잘 꿰어야 시험합격이라는 마지막 단계까지 시행착오 없이 다가갈 수 있을 것입니다.

이에 수험생들의 학습에 올바른 길을 제시하는 첫 단추가 되어 드리고자 본서를 출간하게 되었습니다.

본서의 특징

01 | 회차별 · 실전 기출 정리

본서는 제31회부터 제36회까지의 6개년 기출문제를 실전처럼 풀어볼 수 있도록 정리하여 효율적 학습이 가능하도록 구성하였습니다.

02 | 최신 개정법령과 관련 이론 완벽 반영

최신 개정법령을 문제와 해설에 완벽 반영하여, 제37회 공인중개사 시험 공부를 위해 수험생 여러분이 개정법령을 일일이 찾아야 하는 불편함이 없도록 하였습니다.

03 | 정확하고 명쾌한 해설

- 정답에 해당하는 지문은 물론 오답에 해당하는 지문들 중 꼭 알아두어야 할 해설들도 구성하여 지문을 완벽하게 이해할 수 있도록 구성하였습니다.
- 또한 꼭 필요한 이론은 해설과 함께 구성하여 지문의 완벽한 이해가 가능하도록 하였습니다.
- 수험생들의 편의를 위하여 유형과 난이도를 한눈에 파악할 수 있도록 깔끔한 편집과 디자인으로 본문을 구성하였습니다.

본서가 시험의 최종합격이라는 마지막 순간까지 수험생들의 든든한 동반자가 되기를 바라며, 목표를 향해 매진하는 수험생 여러분께 합격의 기쁨이 함께 하시기를 기원합니다.

박문각 공인중개사연구소 씀

공인중개사 개요 및 전망

"자격증만 따면 소자본만으로 개업할 수 있고
'나'의 사업을 능력껏 추진할 수 있다."

공인중개사는 자격증만 따면 개업하고, 적당히 돌아다니기만 해도 적지 않은 수입을 올릴 수 있는 자유직업. 이는 뜬구름 잡듯 공인중개사가 되려는 사람들의 생각인데 천만의 말씀이다. 예전에도 그랬고 지금은 더하지만 공인중개사는 '부동산 전문중개인다워야' 제대로 사업을 유지할 수 있고 괜찮은 소득도 올릴 수 있는 최고의 자유직업이 될 수 있다.

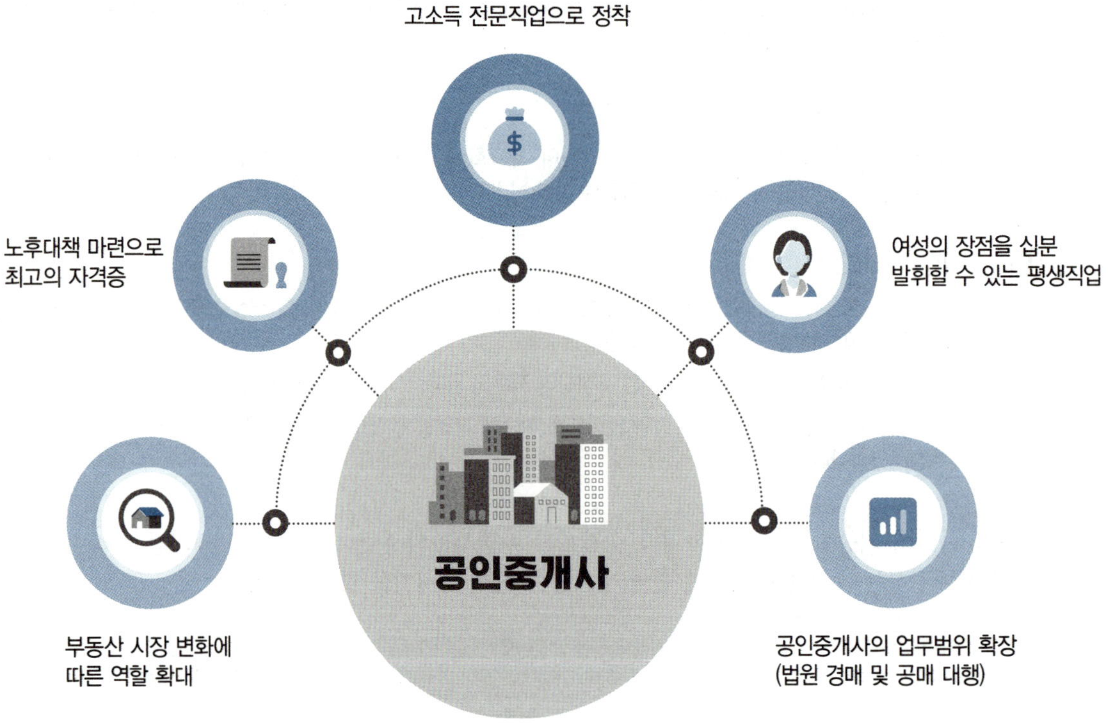

"자격증 취득하면 무슨 일 할까?"

공인중개사 자격증에 대해 사람들이 가장 많이 궁금해하는 점이 바로 '취득 후 무슨 일을 하나'이다. 하지만 공인중개사 자격증 취득 후 선택할 수 있는 직업군은 생각보다 다양하다.

개업공인중개사로서의 공인중개사 업무는 알선·중개 외에도 중개부동산의 이용이나 개발에 관한 지도 및 상담(부동산컨설팅)업무도 포함된다. 부동산중개 체인점, 주택 및 상가의 분양대행, 부동산의 관리대행, 경매 및 공매대상 부동산 취득의 알선 등 부동산의 전문적 컨설턴트로서 부동산의 구입에서 이용, 개발, 관리까지 폭넓은 업무를 다룰 수 있다.

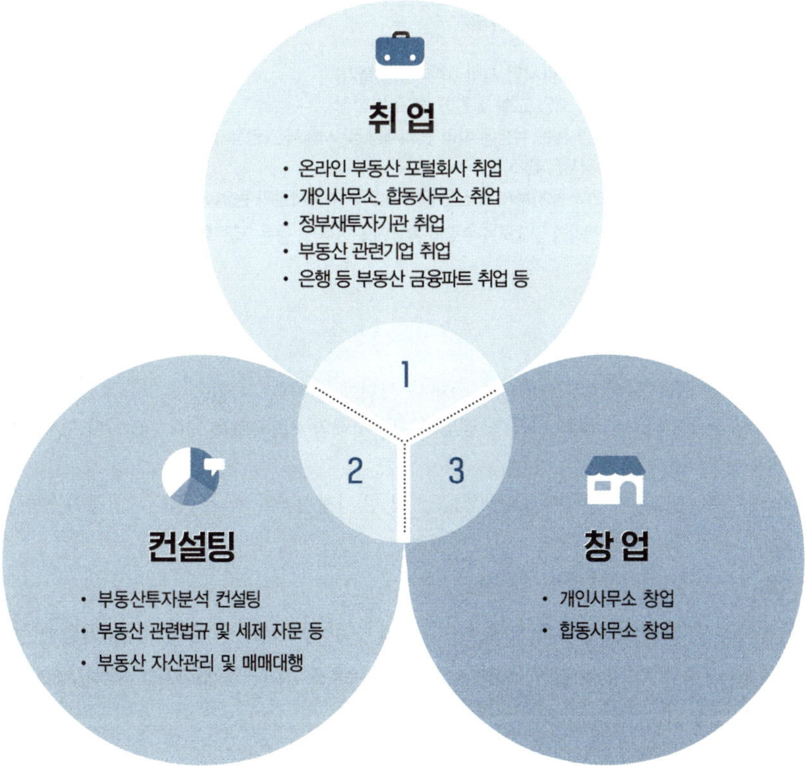
취 업
• 온라인 부동산 포털회사 취업
• 개인사무소, 합동사무소 취업
• 정부재투자기관 취업
• 부동산 관련기업 취업
• 은행 등 부동산 금융파트 취업 등
1
2
3
컨설팅
• 부동산투자분석 컨설팅
• 부동산 관련법규 및 세제 자문 등
• 부동산 자산관리 및 매매대행
창 업
• 개인사무소 창업
• 합동사무소 창업

공인중개사 시험정보

시험일정 및 시험시간

1. 시험일정 및 장소

구 분	인터넷 / 모바일(App) 원서 접수기간	시험시행일	합격자발표
일 정	2026. 8. 3. ~ 8. 7.	2026. 10. 31.	2026. 12. 2.
장 소	원서 접수시 수험자가 시험지역 및 시험장소를 직접 선택		

TIP 1. 제1·2차 시험이 동시접수·시행됩니다.
2. 빈자리 접수(2일간)는 정기접수 환불로 발생한 수용인원 범위 내에서 선착순으로만 이루어져 조기마감될 수 있습니다.

2. 시험시간

구 분	교 시	시험과목 (과목당 40문제)	시험시간	
			입실시간	시험시간
제1차 시험	1교시	2과목	09:00까지	09:30 ~ 11:10(100분)
제2차 시험	1교시	2과목	12:30까지	13:00 ~ 14:40(100분)
	2교시	1과목	15:10까지	15:30 ~ 16:20(50분)

* 수험자는 반드시 입실시간까지 입실하여야 함(시험 시작 이후 입실 불가)
* 개인별 좌석배치도는 입실시간 20분 전에 해당 교실 칠판에 별도 부착함
* 위 시험시간은 일반응시자 기준이며, 장애인 등은 유형에 따라 편의제공 및 시험시간 연장가능(유형별 편의제공 및 시험시간 연장 등 세부내용은 큐넷 공인중개사 홈페이지 공지사항 참조)
* 2차만 응시하는 시간연장 수험자는 1·2차 동시응시 시간연장자의 2차 시작시간과 동일 시작

TIP 시험일시, 시험장소, 시험방법, 합격자 결정방법 및 응시수수료의 환불에 관한 사항 등은 '제37회 공인중개사 자격시험 시행공고'시 고지

응시자격 및 합격자 결정방법

1. 응시자격: 제한 없음

다만, 다음의 각 호에 해당하는 경우에는 공인중개사 시험에 응시할 수 없음

① 공인중개사시험 부정행위자로 처분 받은 날로부터 시험시행일 전일(2026. 10. 30)까지 5년이 지나지 않은 자(공인중개사법 제4조의3)

② 공인중개사 자격이 취소된 후 합격자발표일(2026. 12. 2)까지 3년이 지나지 않은 자(공인중개사법 제6조)

③ 이미 공인중개사 자격을 취득한 자

2. 합격자 결정방법

제1·2차 시험 공통. 매 과목 100점 만점으로 하여 매 과목 40점 이상, 전 과목 평균 60점 이상 득점한 자

TIP 제1·2차 시험 응시자 중 제1차 시험에 불합격한 자의 제2차 시험은 무효로 합니다(「공인중개사법 시행령」 제5조 제3항).

* **제1차 시험 면제대상자:** 2025년 제36회 제1차 시험에 합격한 자

시험과목 및 출제비율

<table>
<tr><th>구 분</th><th>시험과목</th><th>시험범위</th><th>출제비율</th></tr>
<tr><td rowspan="4">제1차 시험 (2과목)</td><td rowspan="2">부동산학개론
(부동산 감정평가론 포함)</td><td>부동산학개론
•부동산학 총론[부동산의 개념과 분류, 부동산의 특성(속성)]
•부동산학 각론(부동산 경제론, 부동산 시장론, 부동산 정책론, 부동산 투자론, 부동산 금융론, 부동산 개발 및 관리론)</td><td>85% 내외</td></tr>
<tr><td>부동산 감정평가론(감정평가의 기초이론, 감정평가방식, 부동산가격 공시제도)</td><td>15% 내외</td></tr>
<tr><td rowspan="2">민법 및 민사특별법 중 부동산중개에 관련되는 규정</td><td>민 법
•총칙 중 법률행위
•질권을 제외한 물권법
•계약법 중 총칙·매매·교환·임대차</td><td>85% 내외</td></tr>
<tr><td>민사특별법
•주택임대차보호법
•집합건물의 소유 및 관리에 관한 법률
•가등기담보 등에 관한 법률
•부동산 실권리자명의 등기에 관한 법률
•상가건물 임대차보호법</td><td>15% 내외</td></tr>
<tr><td rowspan="9">제2차 시험 1교시 (2과목)</td><td rowspan="3">공인중개사의 업무 및 부동산 거래신고 등에 관한 법령 및 중개실무</td><td>공인중개사법</td><td rowspan="2">70% 내외</td></tr>
<tr><td>부동산 거래신고 등에 관한 법률</td></tr>
<tr><td>중개실무</td><td>30% 내외</td></tr>
<tr><td rowspan="6">부동산공법 중 부동산중개에 관련되는 규정</td><td>국토의 계획 및 이용에 관한 법률</td><td>30% 내외</td></tr>
<tr><td>도시개발법</td><td rowspan="2">30% 내외</td></tr>
<tr><td>도시 및 주거환경정비법</td></tr>
<tr><td>주택법</td><td rowspan="3">40% 내외</td></tr>
<tr><td>건축법</td></tr>
<tr><td>농지법</td></tr>
<tr><td rowspan="3">제2차 시험 2교시 (1과목)</td><td rowspan="3">부동산공시에 관한 법령 및 부동산 관련 세법</td><td>부동산등기법</td><td>30% 내외</td></tr>
<tr><td>공간정보의 구축 및 관리 등에 관한 법률 제2장 제4절 및 제3장</td><td>30% 내외</td></tr>
<tr><td>부동산 관련 세법(상속세, 증여세, 법인세, 부가가치세 제외)</td><td>40% 내외</td></tr>
</table>

TIP 답안은 시험시행일에 시행되고 있는 법령 등을 기준으로 작성

6개년 출제경향 분석 및 수험대책

부동산학개론

▶ 6개년 기출분석

구 분		제31회	제32회	제33회	제34회	제35회	제36회	총 계	비율(%)
부동산학 총론	부동산의 개념과 분류	2	2	3	2	4	3	16	6.66
	부동산의 특성	1	1	1	1	1	1	6	2.5
	소 계	**3**	**3**	**4**	**3**	**5**	**4**	**22**	**9.16**
부동산학 각론	부동산 경제론	6	6	5	5	4	6	32	13.33
	부동산 시장론(입지)	5	4	7	6	4	5	31	12.91
	부동산 정책론	7	4	4	5	6	6	32	13.33
	부동산 투자론	3	6	5	8	4	6	32	13.33
	부동산 금융론	4	6	6	3	5	6	30	12.5
	부동산 개발 및 관리론	5	5	2	4	6	1	23	9.58
	소 계	**30**	**31**	**29**	**31**	**29**	**30**	**180**	**74.98**
부동산 감정평가론	감정평가의 기초이론	1	1	1	1	2	3	9	3.75
	감정평가의 방식	5	4	5	4	3	2	23	9.58
	부동산 가격공시제도	1	1	1	1	1	1	6	2.5
	소 계	**7**	**6**	**7**	**6**	**6**	**6**	**38**	**15.83**
총 계		**40**	**40**	**40**	**40**	**40**	**40**	**240**	**100.0**

▶ 기출분석 및 공부법

공인중개사 부동산학개론 시험은 해마다 각 단원별로 일반적인 유형들이 골고루 출제되어 수험생들은 조금이나마 편하게 시험을 치룰 수 있을 것입니다. 하지만 긴장을 늦출 수 없는 것은 수험생들이 어렵게 생각하는 계산문제가 유독 많은 비중을 차지하여 출제되는 경우가 있는데, 이는 평소 기본과정을 충실하게 준비하고, 문제집 등을 통해 문제 해결능력을 길러 놓았다면 큰 어려움은 없을 것이라고 생각합니다.

부동산학개론 시험은 주로 종합적인 사고와 응용능력을 묻고 있기 때문에 이론에 대한 철저한 이해 위주의 학습이 요구됩니다. 따라서 기본서를 중심으로 전체적인 흐름을 이해하는 것이 우선이며, 정확한 이해를 바탕으로 이론적인 틀을 잡아놓은 상태에서 문제풀이를 통한 핵심부분의 암기가 이루어진다면 분명 좋은 결과가 있을 것입니다.

민법·민사특별법

▶ 6개년 기출분석

구 분		제31회	제32회	제33회	제34회	제35회	제36회	총 계	비율(%)
민법 총칙	법률관계와 권리변동	0	0	0	1	0	0	1	0.41
	법률행위	1	3	2	2	1	2	11	4.58
	의사표시	2	1	1	1	4	3	12	5.0
	법률행위의 대리	4	3	4	3	2	2	18	7.5
	법률행위의 무효와 취소	2	2	2	2	2	2	12	5.0
	조건과 기한	1	1	1	1	1	1	6	2.5
	소 계	**10**	**10**	**10**	**10**	**10**	**10**	**60**	**25.0**
물권법	물권법 일반	1	2	3	2	2	2	12	5.0
	물권의 변동	3	2	0	2	2	2	11	4.58
	점유권	1	1	2	1	1	0	6	2.5
	소유권	2	3	3	2	2	3	15	6.25
	용익물권	3	3	3	3	4	4	20	8.33
	담보물권	4	3	3	4	3	3	20	8.33
	소 계	**14**	**14**	**14**	**14**	**14**	**14**	**84**	**35.0**
계약법	계약법 총론	7	5	5	3	8	5	33	13.75
	계약법 각론	3	5	5	7	2	5	27	11.25
	소 계	**10**	**10**	**10**	**10**	**10**	**10**	**60**	**25.0**
민사 특별법	주택임대차보호법	2	2	1	1	1	1	8	3.33
	상가건물 임대차보호법	1	1	1	1	2	1	7	2.91
	가등기담보법	1	1	1	1	1	1	6	2.5
	집합건물법	1	1	2	1	1	1	7	2.91
	부동산실명법	1	1	1	2	1	2	8	3.33
	소 계	**6**	**6**	**6**	**6**	**6**	**6**	**36**	**15.0**
총 계		**40**	**40**	**40**	**40**	**40**	**40**	**240**	**100.0**

▶ 기출분석 및 공부법

민법·민사특별법은 전체 출제비중을 볼 때, 판례가 차지하는 비중이 절대적이어서 민법 공부는 판례 공부라고 해도 결코 지나치지 않습니다. 따라서 법조문을 기본으로 하여 판례를 반복학습하고 사례형 문제를 해결하기 위한 능력을 키우는 것이 무엇보다 중요합니다.

지문 위주의 단순 암기식 공부보다는 판례와 사례를 위주로 하여 전반적인 이해를 하는 것이 꼭 필요합니다.

또한 공인중개사 시험 기출문제를 기본으로 하여 공부하되 다른 국가고시의 민법 과목 기출문제도 참고하여 새로운 유형이 등장하여도 당황하지 않도록 다양하고 많은 문제를 통해 경험을 쌓아야 할 것입니다.

이 책의 활용방법

6개년 기출문제

최신 시험경향을 파악할 수 있도록 제31회부터 제36회까지 6년간의 기출문제를 수록하였습니다.

개정법령 반영

최신 법령을 완벽 반영하여 실전과 동일한 풀이가 가능하도록 구성하였습니다.

기출문제

01

02

제36회 공인중개사 시험(2025. 10. 25. 실시)

• 현재 시행중인 법령을 기준으로 문제를 수정하였습니다.

· 부동산학개론

01 다음에서 설명하고 있는 토지의 자연적 특성은?

- 최유효이용의 근거가 된다.
- 지대 또는 지가를 발생시킨다.
- 토지이용을 집약화시킨다.
- 물리적으로 생산할 수 없다.

① 부증성 ② 인접성 ③ 개별성
④ 영속성 ⑤ 적재성

02 한국표준산업분류(KSIC)에 따라 부동산업을 분류할 경우 부동산관련 서비스업에 해당하지 않는 것은?

① 부동산 임대 및 공급업
② 부동산 중개 및 대리업
③ 부동산 감정 평가업
④ 부동산 투자 자문업
⑤ 부동산 분양 대행업

03 건축법령상 용도별 건축물의 종류 중 단독주택에 해당하는 것은?

① 아파트
② 연립주택
③ 다중주택
④ 오피스텔
⑤ 다세대주택

정답·해설

03

제36회 부동산학개론

시험총평

제36회 기출문제는 난이도가 상(6문제), 중(9문제), 하(25문제)로 '하' 난이도가 많이 출제되어 비교적 쉬운 시험이었다. 기존에 출제된 기출 논점에서 80% 이상이 출제되었고, 계산 문제 또한 대부분 충분히 풀 수 있는 전형적인 패턴의 문제가 출제되었다. 따라서 기출 논점을 잘 이해하고, 기출문제를 반복해서 풀어 본 수험생이 안정적인 점수를 획득한 시험이었다.

04

Answer

01 ①	02 ①	03 ③	04 ③	05 ④	06 ③	07 ⑤	08 ①	09 ③	10 ⑤
11 ①	12 ⑤	13 ②	14 ①	15 ④	16 ②	17 ⑤	18 ③	19 ②	20 ②
21 ④	22 ②	23 ④	24 ⑤	25 ⑤	26 ①	27 ③	28 ④	29 ②	30 ③
31 ②	32 ③	33 ⑤	34 ①	35 ②	36 ⑤	37 ④	38 ④	39 ③	40 ①

01 ① ······ 하

출제영역 부동산 특성

키워드 최유효이용, 집약화

해설 ① 부증성과 관련된 내용이다.

05

02 ① ······ 하

출제영역 부동산업의 분류

키워드 부동산 임대 및 공급업, 부동산 관련 서비스업

해설 ① 부동산 임대 및 공급업은 부동산 관련 서비스업과 대등한 분류이다.

① 음(−)의 값 ⇨ 양(+)의 값, 원료지수는 국지원료의 중량을 측정하는 지표이다. 따라서 국지원료의 중량이 무거우면, 원료지수는 양(+)의 값을 갖는다.

③ 운송비 절감액과 운송비 추가 부담액이 동일한 등비용선 ⇨ 노동비 절감액과 운송비 추가 부담액이 동일한 등비용선

분할·합병 등이 발생한 토지에 대한 개별공시지가 산정

1. 시장·군수 또는 구청장은 공시기준일 이후에 분할·합병 등이 발생한 토지에 대하여는 대통령령으로 정하는 날을 기준으로 하여 개별공시지가를 결정·공시하여야 한다.
2. '대통령령으로 정하는 날'이란 다음의 구분에 따른 날을 말한다.
   (1) 1월 1일부터 6월 30일까지의 사이에 사유가 발생한 토지: 그해 7월 1일
   (2) 7월 1일부터 12월 31일까지의 사이에 사유가 발생한 토지: 다음 해 1월 1일

06

과목별 기출분석

각 회차별·과목별 기출분석을 통해 학습의 방향을 제시하고, 중점적으로 학습해야 할 내용을 정리하여 수험생들이 학습의 강약을 조절할 수 있도록 하였습니다.

난이도·핵심키워드

문제의 난이도, 핵심키워드, 기출회차를 한눈에 알아볼 수 있게 구성하여 학습 효율성을 높였습니다.

정답·해설

정답과 오답에 대한 구체적인 설명을 통하여 문제에 대한 이해를 돕도록 상세히 해설하였습니다.

참고

문제의 이해를 돕는 참고 설명으로 다른 자료를 찾는 시간 낭비 없이 이 책 한 권으로 확인학습이 가능하도록 구성하였습니다.

반복학습 체크리스트 활용법

합격을 목표로 하는 시험에서 기출문제 풀이는 확실한 실력향상을 잡아주는 학습방법입니다.
그러나 무작정 기출문제를 풀어보기만 한다고 점수가 향상되는 걸까요?
아닙니다. 무작정 문제만 푼다고 되는 것이 아니라 내가 "어떤" 문제를 "어떻게", "왜" 틀렸는지를 파악하고 공부해야만 다시 문제를 풀었을 때 틀리지 않을 수 있습니다.

각 회차마다 제공되어 있는 "반복학습 체크리스트"를 활용하여 자신만의 기출문제 풀이 약점체크를 해보세요.
자신의 약점을 정확하게 파악하고 공부해야 짧은 시간 내에 효율적인 공부가 가능합니다.

반복학습 체크리스트 활용법

01 | 반복학습

기출문제 풀이는 한 번으로 완성되지 않습니다. 본인의 공부 스케줄에 맞춰서 주기를 정해놓고 실전처럼 시험시간에 맞추어 풀어보세요. 그리고 기록하세요.

02 | 과목별 점수와 평균점수

공인중개사 시험은 다른 수험생과 경쟁하는 상대평가가 아니라 자신의 점수만이 중요한 절대평가입니다. 따라서 자신의 과목별 점수와 평균점수를 기록하여 자신의 수험성과를 객관적으로 판단해야 효율적이고 전략적인 학습이 가능합니다.

03 | 약점체크

반복적인 문제풀이를 하다보면 자신이 취약한 부분이 파악됩니다. 자신의 약점과 보완 방법에 대해서 자세히 적어보세요.
직접 적어보고 해당하는 부분에 대한 보충학습이 뒤따라야 실전에서 문제풀이가 가능합니다.

합격점수 체크그래프

공인중개사 시험은 절대평가입니다. 그래프를 그리면 자신의 진도에 따른 학습성과를 한눈에 파악할 수 있습니다.

반복학습 체크리스트&그래프 이렇게 작성해보세요!

제36회 반복학습 체크리스트

반복학습	과목별 점수	평균점수	약점체크
1회 4 월 30 일	• 부동산학개론 45 점 • 민법·민사특별법 50 점	47.5 점	1. 학개론 계산문제 전멸 → 계산문제 유형파악하기 2. 민법 1) 물권·채권법 이론 정리하기 2) 합의해제 관련 판례 다시 정리하기
2회 5 월 30 일	• 부동산학개론 65 점 • 민법·민사특별법 55 점	60 점	1. 학개론 1) 감정평가론 하루에 30분 투자하기 2) 감정평가의 3방식 꼭 외우기 2. 민법 주택임대차보호법 공부하기
3회 6 월 30 일	• 부동산학개론 75 점 • 민법·민사특별법 60 점	67.5 점	1. 학개론 1) 입지·지대 이론 비교해서 외우기 2) 대출상환방식 이론·계산식 외우기 2. 민법 46번 외우기
4회 7 월 30 일	• 부동산학개론 70 점 • 민법·민사특별법 50 점	60 점	1. 학개론 31번 복습하기 2. 민법 1) 인강에서 채권편 복습하기 2) 대항력 관련 판례 외우기
5회 8 월 30 일	• 부동산학개론 72.5 점 • 민법·민사특별법 57.5 점	65 점	1. 민법 1) 54, 56번 외우기 2) 제3자 취득시효 관련 조문 정리하기

합격점수 체크그래프

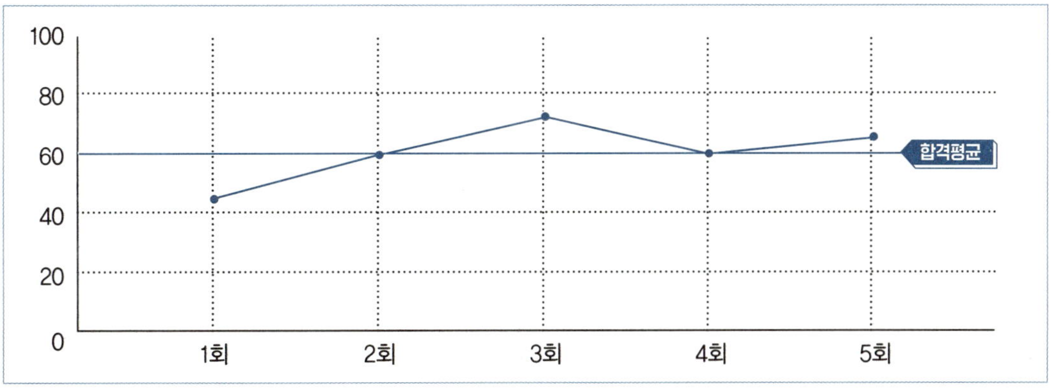

CONTENTS

이 책의 차례

기출문제

제36회 기출문제 18

제35회 기출문제 48

제34회 기출문제 80

제33회 기출문제 112

제32회 기출문제 142

제31회 기출문제 172

정답·해설

제36회 정답·해설 ···· 202

제35회 정답·해설 ···· 230

제34회 정답·해설 ···· 255

제33회 정답·해설 ···· 289

제32회 정답·해설 ···· 316

제31회 정답·해설 ···· 348

제36회 반복학습 체크리스트

반복학습	과목별 점수	평균점수	약점체크
1회 ___ 월 ___ 일	• 부동산학개론 ______ 점 • 민법·민사특별법 ______ 점	______ 점	
2회 ___ 월 ___ 일	• 부동산학개론 ______ 점 • 민법·민사특별법 ______ 점	______ 점	
3회 ___ 월 ___ 일	• 부동산학개론 ______ 점 • 민법·민사특별법 ______ 점	______ 점	
4회 ___ 월 ___ 일	• 부동산학개론 ______ 점 • 민법·민사특별법 ______ 점	______ 점	
5회 ___ 월 ___ 일	• 부동산학개론 ______ 점 • 민법·민사특별법 ______ 점	______ 점	

합격점수 체크그래프

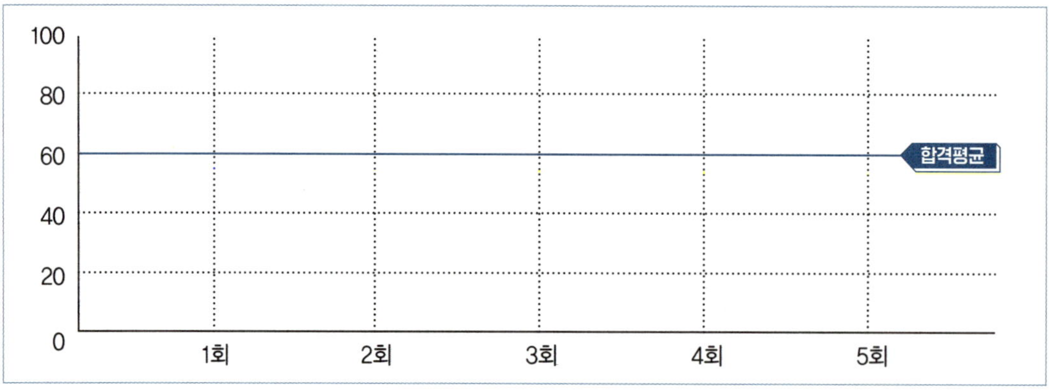

PART

01

제36회 기출문제

제36회 공인중개사 시험(2025. 10. 25. 실시)

교시	시험시간	시험과목
1교시	100분	❶ 부동산학개론 ❷ 민법 · 민사특별법

제36회 공인중개사 시험(2025. 10. 25. 실시)

• 현재 시행중인 법령을 기준으로 문제를 수정하였습니다.

· 부동산학개론

01 다음에서 설명하고 있는 토지의 자연적 특성은?

> • 최유효이용의 근거가 된다.
> • 지대 또는 지가를 발생시킨다.
> • 토지이용을 집약화시킨다.
> • 물리적으로 생산할 수 없다.

① 부증성　② 인접성　③ 개별성
④ 영속성　⑤ 적재성

02 한국표준산업분류(KSIC)에 따라 부동산업을 분류할 경우 부동산관련 서비스업에 해당하지 않는 것은?

① 부동산 임대 및 공급업
② 부동산 중개 및 대리업
③ 부동산 감정 평가업
④ 부동산 투자 자문업
⑤ 부동산 분양 대행업

03 건축법령상 용도별 건축물의 종류 중 단독주택에 해당하는 것은?

① 아파트
② 연립주택
③ 다중주택
④ 오피스텔
⑤ 다세대주택

04 부동산 용어에 관한 설명으로 옳은 것을 모두 고른 것은?

> ㉠ 주거용・상업용・공업용으로 이용되고 있거나 해당 용도로 이용할 목적으로 조성된 토지는 택지(宅地)에 해당한다.
> ㉡ 토지의 현황을 조사하고 측량해서 토지의 소재, 지목, 지번, 경계 또는 좌표를 지적공부에 등록하는 단위가 되는 일정한 토지를 획지(劃地)라 한다.
> ㉢ 용도상 불가분의 관계에 있는 2필지 이상의 일단의 토지를 일단지(一團地)라 한다.
> ㉣ 소유권이 인정되지 않는 바다와 육지 사이의 해변토지를 포락지(浦落地)라 한다.
> ㉤ 택지지역・농지지역・산지(임지)지역 상호 간에 다른 지역으로 전환되고 있는 지역의 토지는 후보지(候補地)에 해당한다.

① ㉠, ㉡　② ㉠, ㉣　③ ㉠, ㉢, ㉤
④ ㉡, ㉢, ㉤　⑤ ㉡, ㉣, ㉤

05 부동산마케팅에 관한 설명으로 틀린 것은?

① 4P Mix전략에서 4P는 제품(Product), 가격(Price), 유통경로(Place), 판매촉진(Promotion)을 말한다.
② 관계 마케팅전략은 고객과 공급자의 관계를 일회적이 아닌 지속적인 관계로 유지함으로써 마케팅효과를 도모하는 전략이다.
③ 고객점유 마케팅전략에서 AIDA는 주의(Attention), 관심(Interest), 욕구(Desire), 행동(Action)의 과정을 의미한다.
④ STP전략에서 STP는 시장세분화(Segmentation), 표적시장 선정(Targeting), 동반자관계(Partnership)로 구성된다.
⑤ STP전략에서 시장세분화는 부동산시장에서 마케팅활동을 수행하기 위하여 고객의 집단을 세분하는 것이다.

06 부동산 수요와 공급의 변화에 관한 설명으로 틀린 것은? (단, X축은 수량, Y축은 가격, 수요곡선은 우하향, 공급곡선은 우상향하며, 다른 조건은 동일함)

① 담보대출금리의 인하는 부동산의 수요곡선을 우측(우상향)으로 이동하게 한다.
② 건축자재 가격의 하락은 부동산의 공급곡선을 우측(우하향)으로 이동하게 한다.
③ 대체재 가격의 상승은 해당 부동산의 수요곡선을 좌측(좌하향)으로 이동하게 한다.
④ 공급자에 대한 보조금 지급은 부동산의 공급곡선을 우측(우하향)으로 이동하게 한다.
⑤ 보완재 가격의 하락은 해당 부동산의 수요곡선을 우측(우상향)으로 이동하게 한다.

07

다음은 부동산관련 경제변수들이다. 유량(flow)과 저량(stock)의 경제변수로 옳게 묶인 것은?

㉠ 통화량	㉡ 연간 이자비용
㉢ 자본총량	㉣ 주택거래량
㉤ 신규주택 공급량	㉥ 주택재고량

	유량변수	저량변수
①	㉠, ㉡, ㉣	㉢, ㉤, ㉥
②	㉠, ㉢, ㉥	㉡, ㉣, ㉤
③	㉠, ㉣, ㉤	㉡, ㉢, ㉥
④	㉡, ㉢, ㉥	㉠, ㉣, ㉤
⑤	㉡, ㉣, ㉤	㉠, ㉢, ㉥

08

토지시장의 특성에 관한 설명으로 틀린 것은?

① 수급조절이 용이하다.
② 법 · 제도적 규제가 많다.
③ 재화의 이질성을 보인다.
④ 정보의 불완전성 및 비대칭성을 보인다.
⑤ 부분시장으로 나뉠 수 있는 국지성을 보인다.

09

부동산의 수요와 공급이 동시에 변화할 때, 균형가격이 상승하고 균형거래량이 감소하는 경우는? (단, X축은 수량, Y축은 가격, 수요곡선은 우하향, 공급곡선은 우상향, 수요곡선과 공급곡선 기울기의 절댓값은 1이며, 다른 조건은 동일함)

① 수요의 증가폭이 공급의 증가폭보다 클 경우
② 수요의 감소폭이 공급의 감소폭보다 클 경우
③ 수요의 증가폭이 공급의 감소폭보다 작을 경우
④ 수요의 감소폭이 공급의 증가폭보다 작을 경우
⑤ 수요의 증가폭이 공급의 증가폭보다 작을 경우

10 **부동산매매시장의 수요와 공급에 관한 설명으로 옳은 것은?** (단, 수요곡선은 우하향, 공급곡선은 우상향하며, 다른 조건은 동일함)

① 수요곡선은 한계비용곡선이다.

② 수요곡선상의 수요량은 주어진 가격에서 수요자들이 구입하고자 하는 부동산의 최소수량이다.

③ 수요량의 변화는 수요 자체의 변화를 말하며, 수요곡선자체를 이동시킨다.

④ 공급곡선은 한계편익곡선이다.

⑤ 공급함수는 부동산의 공급량에 영향을 미치는 요인들과 공급량의 관계를 나타내는 함수이다.

11 **C지역의 부동산시장에서 시장수요는 개인 A의 수요와 개인 B의 수요로만 구성되어 있고, 개인 A의 수요함수는 $P=100-Qd_A$, 개인 B의 수요함수는 $P=100-2Qd_B$일 때, 시장수요함수는?** (단, X축은 수량, Y축은 가격, Qd_M은 시장수요량, Qd_A와 Qd_B는 각각 개인 A와 B의 개별수요량, P는 가격, C지역의 부동산시장은 완전경쟁시장이며, 다른 조건은 동일함)

① $P=100-\frac{2}{3}Qd_M$

② $P=100-\frac{3}{2}Qd_M$

③ $P=200-\frac{1}{2}Qd_M$

④ $P=200-\frac{2}{3}Qd_M$

⑤ $P=200-\frac{3}{2}Qd_M$

12 **어느 지역 아파트시장에서 수요의 가격탄력성이 1.6이다. 아파트가격이 5% 하락할 때 수요량의 변화는?** (단, 수요곡선은 우하향, 수요의 가격탄력성은 절댓값이며, 다른 조건은 동일함)

① 4% 증가
② 4% 하락
③ 6% 증가
④ 6% 하락
⑤ 8% 증가

13 **베버(A. Weber)의 최소비용이론에 관한 설명으로 옳은 것은?** (단, 기업은 단일 입지 공장이고, 다른 조건은 동일함)

① 국지원료의 중량이 제품의 중량보다 무거우면, 원료지수(material index)는 음(−)의 값을 갖는다.
② 등비용선(isodapane)은 최소운송비지점으로부터 기업이 입지를 바꿀 경우, 이에 따른 추가적인 운송비의 부담액이 동일한 지점을 연결한 것이다.
③ 임계등비용선(critical isodapane)은 최소운송비지점을 중심으로 운송비 절감액과 운송비 추가 부담액이 동일한 등비용선을 말한다.
④ 최소운송비지점은 원료 및 제품의 중량, 노동비, 집적이익에 따라 결정된다.
⑤ 최소비용보다 최대수익이 더 큰 곳을 기업의 최적입지로 본다.

14 **지대이론에 관한 설명으로 옳은 것을 모두 고른 것은?**

ㄱ 리카도(D. Ricardo)는 지대 발생의 원인으로 비옥한 토지의 부족과 수확체감의 법칙을 제시하면서, 지대는 잉여이기 때문에 생산물의 가격에 영향을 주지 않는다고 보았다.
ㄴ 알론소(W. Alonso)는 토지를 소유하고 있다는 독점적 지위 때문에 토지소유자가 받는 수입이 지대이며, 이 지대는 토지의 비옥도나 생산력에 관계없이 발생한다고 보았다.
ㄷ 튀넨(J. H. von Thünen)은 운송수단의 차이에 따라 한계지대곡선의 기울기가 달라지며, 이 곡선의 기울기에 따라 집약적 농업과 조방적 농업으로 구분된다고 보았다.

① ㄱ　　② ㄷ　　③ ㄱ, ㄷ
④ ㄴ, ㄷ　　⑤ ㄱ, ㄴ, ㄷ

15 **부동산시장에 관한 설명으로 틀린 것은?** (단, 다른 조건은 동일함)

① 약성 효율적 시장에서는 과거의 자료를 토대로 시장가치의 변동을 분석하는 기술적 분석으로 초과이윤을 얻을 수 없다.
② 준강성 효율적 시장에서는 공표된 사실을 토대로 시장가치의 변동을 분석하는 기본적 분석으로 초과이윤을 얻을 수 없다.
③ 강성 효율적 시장에서는 어떠한 정보를 이용하더라도 초과이윤을 얻을 수 없다.
④ 불완전경쟁시장은 할당 효율적 시장이 될 수 없다.
⑤ 불완전경쟁시장에서는 초과이윤이 발생할 수 있다.

16 **허프(D. Huff)모형으로 다음 자료를 활용하여 산출한 2022년 점포 A의 월 매출액은 4억원이었다. 다른 조건은 기존과 동일하지만, 점포 A의 경우 증축을 통해 2024년 매장면적이 2,500m^2가 되었다. 허프(D. Huff)모형을 활용한 2024년 점포 A의 월 매출액은?** (단, 주어진 조건에 한함)

- X지역에는 점포 A, 점포 B, 점포 C만 존재함
- X지역의 주민은 모두 구매자이고, 점포(A, B, C)에서만 구매함
- X지역의 주민: 8,000명
- 공간(거리)마찰계수: 2
- 점포(A, B, C)의 매출액은 X지역 주민에 의해서만 발생함
- 1인당 월 점포 구매액은 2022년과 2024년이 동일함

구 분	점포 A	점포 B	점포 C
매장면적(2022년 기준)	500m^2	2,000m^2	1,000m^2
X지역 거주지로부터의 거리	5km	10km	5km

① 6억원 ② 10억원 ③ 16억원
④ 20억원 ⑤ 26억원

17 **부동산관련 조세 중 국세와 보유세에 모두 해당하는 것은?**

① 재산세 ② 상속세 ③ 등록면허세
④ 양도소득세 ⑤ 종합부동산세

18 **국토의 계획 및 이용에 관한 법령상 용도지역 중 도시지역에 해당하는 것은 모두 몇 개인가?**

- 농림지역
- 준주거지역
- 근린상업지역
- 자연녹지지역
- 계획관리지역
- 자연환경보전지역

① 1개 ② 2개 ③ 3개
④ 4개 ⑤ 5개

19 **부동산투자의 분석기법 중 할인현금수지분석법(DCF)에 해당하는 것을 모두 고른 것은?**

㉠ 순현재가치법 ㉡ 회수기간법 ㉢ 내부수익률법 ㉣ 승수법 ㉤ 수익성지수법

① ㉠, ㉡ ② ㉠, ㉢, ㉤ ③ ㉠, ㉣, ㉤
④ ㉡, ㉢, ㉣, ㉤ ⑤ ㉠, ㉡, ㉢, ㉣, ㉤

20 **부동산조세에 관한 설명으로 옳은 것을 모두 고른 것은?** (단, 다른 조건은 동일함)

㉠ 취득세는 지방자치단체의 재정수요를 충족시키는 기능이 있다. ㉡ 부동산 거래세를 부과하면 총잉여가 증가하므로 경제적 순손실이 발생하지 않는다. ㉢ 양도소득세가 강화되어 동결효과(lock-in effect)가 발생하면 부동산가격이 하락한다. ㉣ 공급의 가격탄력성이 수요의 가격탄력성보다 작은 경우 공급자가 수요자보다 조세부담이 더 크다. ㉤ 헨리 조지(H. George)는 토지세가 임차인에게 모두 전가되는 것을 근거로 토지단일세 도입을 주장하였다.

① ㉠, ㉡ ② ㉠, ㉣ ③ ㉡, ㉢, ㉤
④ ㉡, ㉣, ㉤ ⑤ ㉠, ㉢, ㉣, ㉤

21 **A도시의 임대주택시장에서 수요함수는 Qd=1,000−2P, 공급함수는 Qs=100+4P이고, 정부는 A도시의 임대료상한(최고가격)을 호당 120만원으로 규제하였다. 임대주택 수요량과 공급량이 호당 120만원의 임대료에서 결정되는 경우 발생하는 초과수요량은?** [단, 임대주택의 규모와 품질은 모두 동일하고, Qd는 임대주택의 수요량(단위: 호), Qs는 임대주택의 공급량(단위: 호), P는 호당 임대료(단위: 만원)이며, 다른 조건은 동일함]

① 100호 ② 120호 ③ 150호
④ 180호 ⑤ 200호

22 **부동산정책을 직접개입방식과 간접개입방식으로 구분할 때, 간접개입방식에 해당하는 것을 모두 고른 것은?** (단, 다른 조건은 동일함)

㉠ 임대료 보조	㉡ 재산세 부과
㉢ 공공임대주택 공급	㉣ 공공토지비축제도
㉤ 토지거래허가제도	㉥ 개발부담금제도

① ㉠, ㉡, ㉢
② ㉠, ㉡, ㉥
③ ㉢, ㉣, ㉤
④ ㉠, ㉣, ㉤, ㉥
⑤ ㉡, ㉢, ㉣, ㉤, ㉥

23 **부동산 대출에 관한 설명으로 옳은 것은?** (단, 다른 조건은 동일함)

① 담보인정비율(LTV)은 담보물의 자산가치에 대한 융자비율로 LTV가 올라갈수록 차입자의 자기자본비율도 증가한다.
② 총부채상환비율(DTI)은 상업용 부동산의 순수입에 대한 연간채무부담액을 의미하므로 DTI가 올라가면 부채서비스액도 증가한다.
③ 고정금리대출은 이자율 변동으로 인한 위험을 차입자에게 전가하는 방식이므로 금융기관(대출자)은 금리가 변동해도 위험이 없다.
④ 총부채원리금상환비율(DSR)은 차입자의 총 금융부채 상환부담을 판단하기 위하여 산정하는 차입자의 연간 소득 대비 연간 금융부채 원리금 상환액 비율을 말한다.
⑤ 부동산담보대출의 금리가 인상되어 차입자가 원리금에 대한 채무상환을 정해진 시기에 이행하지 못하는 것을 조기상환위험이라고 한다.

24 **주거정책에 관한 설명으로 틀린 것은?** (단, 다른 조건은 동일함)

① 공공임대주택의 공급은 소득재분배 효과를 기대할 수 있다.
② 주택임대료를 시장가격 미만으로 규제하면 주택임대시장에서는 이중가격이 형성될 수 있다.
③ 공공주택 특별법령상 통합공공임대주택이란 국가나 지방자치단체의 재정이나 주택도시기금의 자금을 지원받아 최저소득 계층, 저소득 서민, 젊은 층 및 장애인·국가유공자 등 사회 취약계층 등의 주거안정을 목적으로 공급하는 공공임대주택을 말한다.
④ 임대료 보조정책은 저소득층의 실질소득을 증가시킬 수 있다.
⑤ 주거급여법령상 주택을 소유한 모든 사람은 주거급여의 수급권자가 될 수 없다.

25 **부동산투자에 관한 설명으로 틀린 것은?** (단, 다른 조건은 동일함)

① 투자위험과 요구수익률은 정(+)의 관계를 가진다.
② 위험회피형 투자자는 기대수익률이 요구수익률보다 높을 경우 투자가치가 있다고 판단한다.
③ 민감도분석은 투자효과를 분석하는 모형의 투입요소가 변화함에 따라 순현재가치와 내부수익률에 어떠한 영향을 주는가를 분석하는 기법이다.
④ 부(-)의 레버리지효과란 부채비율이 커질수록 자기자본수익률이 하락하는 것을 말한다.
⑤ 부동산관련 세제 등 정부정책이나 각종 토지의 이용규제의 변화로 야기되는 불확실성은 유동성 위험이다.

26 **부동산투자의 포트폴리오이론에 관한 설명으로 옳은 것은?** (단, 다른 조건은 동일함)

① 인플레이션, 경기변동 등의 체계적 위험은 분산투자를 통해 제거할 수 없다.
② 2개 투자자산의 수익률이 서로 아무런 관계없이 움직인다면 상관계수는 1이다.
③ 투자자가 효용이 동일하다고 느끼는 조합을 연결한 선을 효율적 투자선이라 한다.
④ 포트폴리오 구성자산의 수익률이 같은 방향으로 움직일 경우 위험감소의 효과가 크다.
⑤ 기대수익률의 분산 또는 표준편차는 투자안의 수익을 측정하는 전통적인 방법이다.

27 **다음은 甲의 부동산 임대사업의 1년간 운영수지에 관한 내용이다. 甲의 1년간 자기자본수익률은?** (단, 주어진 조건에 한함)

- 기간 초 부동산 매입가격: 8억원
- 대출비율: 80%
- 1년간 부동산가격 상승률: 연 5%
- 매입 1년 후 부동산을 처분함
- 순영업소득(NOI): 연 4,000만원(기간 말 발생)
- 대출조건: 이자율 연 5%, 대출기간 1년, 원리금은 만기시 일시 상환함

① 15%　② 25%　③ 30%
④ 40%　⑤ 45%

28 **다음 대상부동산의 3년간 현금흐름을 이용한 임대사업의 수익성지수(PI)는?** (단, 연간 기준이며, 결과값은 소수점 셋째자리에서 반올림하고, 주어진 조건에 한함)

- 모든 현금의 유입과 유출은 매년 말에만 발생
- 현금유입은 1년차 800만원, 2년차 1,000만원, 3년차 1,200만원
- 매년 현금유출은 현금유입의 70%
- 1년 후 일시불의 현가계수 0.90
- 2년 후 일시불의 현가계수 0.85
- 3년 후 일시불의 현가계수 0.80

① 0.70　② 0.93　③ 1.22
④ 1.43　⑤ 1.62

29 **다음 대상부동산의 순영업소득(NOI)은?** (단, 연간 기준이며, 주어진 조건에 한함)

- 건축연면적: 2,000m^2
- 유효임대면적: 건축연면적의 80%
- 연평균임대료: 유효임대면적 m^{2}당 6만원
- 평균공실률: 유효임대면적의 10%
- 영업경비: 유효총소득의 50%
- 연부채상환액: 1,000만원

① 3,820만원　② 4,320만원　③ 6,900만원
④ 7,680만원　⑤ 8,640만원

30 **프로젝트 금융**(Project Financing)**에 관한 설명으로 틀린 것은?**

① 프로젝트 자체의 사업성을 기초로 자금을 조달하는 금융기법이다.
② 비소구 또는 제한적 소구 금융의 특징을 가지고 있다.
③ 해당 프로젝트가 부실화되더라도 대출기관의 채권회수에는 영향이 없다.
④ 다양한 사업주체가 참여하고 이해당사자 간에 위험배분이 가능하다.
⑤ 프로젝트의 사업자금은 일반적으로 에스크로우 계정(escrow account)을 통해 관리한다.

31

甲은 A은행에서 주택을 담보로 5,000만원을 대출받은 상태이다. 甲이 A은행에서 동일한 주택을 담보로 받을 수 있는 추가대출의 최대금액은? (단, 제시된 두 가지 대출승인기준을 모두 충족하여야 하며, 주어진 조건에 한함)

- 담보주택의 시장가치: 4억원
- 연소득: 7,000만원
- 연간 저당상수: 0.2
- 대출승인기준
  - 담보인정비율(LTV): 60% 이하
  - 총부채상환비율(DTI): 40% 이하

① 2,800만원
② 9,000만원
③ 1억 4,000만원
④ 1억 9,000만원
⑤ 2억 4,000만원

32

甲은 주택구입을 위해 연초에 9억원을 대출받았다. 甲이 받은 대출조건이 다음과 같을 때, 대출금리(㉠)와 10회차 이자납부액(㉡)은? (단, 주어진 조건에 한함)

- 대출금리방식: 고정금리
- 대출기간: 30년
- 원리금 상환조건: 원금균등분할상환방식, 매년 말 연단위로 상환
- 1회차 원리금상환액: 5,700만원

① ㉠: 연 3%, ㉡: 1,710만원
② ㉠: 연 3%, ㉡: 1,800만원
③ ㉠: 연 3%, ㉡: 1,890만원
④ ㉠: 연 4%, ㉡: 2,450만원
⑤ ㉠: 연 4%, ㉡: 2,520만원

33

부동산투자회사법령상 위탁관리 부동산투자회사(REITs)에 관한 설명으로 틀린 것은?

① 본점 외의 지점을 설치할 수 없으며, 직원을 고용하거나 상근 임원을 둘 수 없다.
② 자산의 투자·운용업무는 자산관리회사에 위탁하여야 한다.
③ 최저자본금준비기간이 지난 회사의 최저자본금은 50억원 이상이 되어야 한다.
④ 설립 자본금은 3억원 이상으로 한다.
⑤ 영업인가를 받거나 등록을 한 후에 자산을 투자·운용하기 위하여 자금을 차입하거나 사채를 발행할 수 없다.

34 **고정금리대출의 상환방식에 관한 설명으로 틀린 것은?** (단, 주어진 조건에 한하며, 다른 조건은 동일함)

① 원금균등분할상환방식은 원리금균등분할상환방식에 비해 1회차 원리금상환액이 더 적다.
② 만기일시상환방식은 대출 만기까지 이자만 지급하다가 대출 만기에 대출원금을 일시에 상환하는 방식이다.
③ 원리금균등분할상환방식은 상환기간 중 납입하는 대출원리금이 일정하다.
④ 원리금균등분할상환방식은 원금균등분할상환방식에 비해 대출채권의 가중평균상환기간이 더 길다.
⑤ 체증식분할상환방식은 상환기간 초기에는 원리금상환액을 적게 하고 시간의 경과에 따라 늘려가는 방식이다.

35 **감정평가에 관한 규칙에 규정된 내용으로 틀린 것은?**

① 감정평가법인등은 법령에 다른 규정이 있는 경우에는 대상물건의 감정평가액을 시장가치 외의 가치를 기준으로 결정할 수 있다.
② 적산법이란 일반기업 경영에 의하여 산출된 총수익을 분석하여 대상물건이 일정한 기간에 산출할 것으로 기대되는 순수익에 대상물건을 계속하여 임대하는 데에 필요한 경비를 더하여 대상물건의 임대료를 산정하는 감정평가방법을 말한다.
③ 둘 이상의 대상물건이 일체로 거래되거나 대상물건 상호간에 용도상 불가분의 관계가 있는 경우에는 일괄하여 감정평가할 수 있다.
④ 임대사례비교법이란 대상물건과 가치형성요인이 같거나 비슷한 물건의 임대사례와 비교하여 대상물건의 현황에 맞게 사정보정, 시점수정, 가치형성요인 비교 등의 과정을 거쳐 대상물건의 임대료를 산정하는 감정평가방법을 말한다.
⑤ 감정평가법인등은 법령에 다른 규정이 있는 경우에는 기준시점의 가치형성요인 등을 실제와 다르게 가정하거나 특수한 경우로 한정하는 조건을 붙여 감정평가할 수 있다.

36 **감정평가 과정상 지역분석 및 개별분석에 관한 설명으로 틀린 것은?**

① 대상부동산의 최유효이용을 판정하기 위해 개별분석이 필요하다.
② 유사지역이란 대상부동산이 속하지 아니하는 지역으로서 인근지역과 유사한 특성을 갖는 지역을 말한다.
③ 개별분석보다 지역분석을 먼저 실시하는 것이 일반적이다.
④ 해당 지역 내 부동산의 표준적 이용과 가격수준 파악을 위해 지역분석이 필요하다.
⑤ 인근지역이란 대상부동산이 속한 지역으로서 부동산의 이용이 동질적이고 가치형성요인 중 개별요인을 공유하는 지역을 말한다.

37

다음 자료를 활용하여 공시지가기준법으로 산정한 대상토지의 단위면적(m^2)당 시산가액은? (단, 주어진 조건에 한함)

- 대상토지 현황
  - 소재지: A시 B구 C동 123번지
  - 용도지역: 제2종일반주거지역
  - 이용상황: 상업용
- 기준시점: 2025.10.25.
- 비교표준지
  - 소재지: A시 B구 C동 135번지
  - 용도지역: 제2종일반주거지역
  - 이용상황: 상업용
  - 2025.01.01. 기준 공시지가: 5,000,000원/m^2
- 지가변동률(A시 B구, 2025.01.01.~2025.10.25.)
  - 주거지역 5% 상승
  - 상업지역 10% 상승
- 지역요인: 비교표준지와 대상토지는 인근지역에 위치하여 지역요인 동일함
- 개별요인: 대상토지는 비교표준지에 비해 가로조건 5% 열세하고, 획지조건 8% 우세하며, 다른 조건은 동일함
- 그 밖의 요인 보정: 대상토지 인근지역의 가치형성요인이 유사한 정상적인 거래사례 및 평가사례 등을 고려하여 그 밖의 요인으로 60% 증액 보정함
- 상승식으로 계산할 것

① 5,386,500원　② 5,643,000원　③ 8,400,000원
④ 8,618,400원　⑤ 9,028,800원

38

부동산 가격공시에 관한 법령에 규정된 내용으로 틀린 것은?

① 표준지공시지가의 공시기준일은 1월 1일로 한다. 다만, 국토교통부장관은 표준지공시지가 조사·평가인력 등을 고려하여 부득이하다고 인정하는 경우에는 일부 지역을 지정하여 해당 지역에 대한 공시기준일을 따로 정할 수 있다.

② 표준지공시지가에 이의가 있는 자는 그 공시일부터 30일 이내에 서면(전자문서를 포함한다)으로 국토교통부장관에게 이의를 신청할 수 있다.

③ 표준지로 선정된 토지에 대하여는 개별공시지가를 결정·공시하지 아니할 수 있다.

④ 시장·군수 또는 구청장은 공시기준일 이후에 분할·합병 등이 발생한 토지에 대하여는 그 사유가 발생한 시기에 따라 그 해 6월 1일 또는 다음 해 1월 1일을 기준으로 하여 개별공시지가를 결정·공시하여야 한다.

⑤ 표준지공시지가는 토지시장에 지가정보를 제공하고 일반적인 토지거래의 지표가 되며, 국가·지방자치단체 등이 그 업무와 관련하여 지가를 산정하거나 감정평가법인등이 개별적으로 토지를 감정평가하는 경우에 기준이 된다.

39 **다음 자료를 활용하여 원가법으로 산정한 대상건물의 시산가액은?** (단, 주어진 조건에 한함)

- 대상건물 현황: 철근콘크리트조, 단독주택, 연면적 200m²
- 기준시점: 2025.10.25.
- 사용승인시점: 2019.10.25.
- 사용승인시점의 신축공사비: 1,400,000원/m²(신축공사비는 적정함)
- 건축비지수(건설공사비지수)
  - 사용승인시점: 100
  - 기준시점: 125
- 경제적 내용연수: 50년
- 감가수정방법: 정액법
- 내용연수 만료시 잔존가치 없음

① 246,400,000원 ② 274,400,000원 ③ 308,000,000원
④ 329,000,000원 ⑤ 350,000,000원

40 **감정평가에 관한 규칙상 대상물건과 대상물건별로 정한 감정평가방법**(주된 방법)**의 연결이 옳은 것은 모두 몇 개인가?**

- 광업재단 – 원가법
- 항공기 – 거래사례비교법
- 기업가치 – 수익환원법
- 임대료 – 수익환원법
- 건물 – 원가법
- 과수원 – 수익환원법
- 자동차 – 원가법

① 2개 ② 3개 ③ 4개
④ 5개 ⑤ 6개

▪ 민법 · 민사특별법

41 **반사회질서의 법률행위에 관한 설명으로 틀린 것은?** (다툼이 있으면 판례에 따름)

① 반사회질서의 법률행위인지 여부는 법률행위가 이루어진 때를 기준으로 판단한다.
② 반사회질서의 법률행위의 무효는 선의의 제3자에게 대항할 수 없다.
③ 수사기관에 허위진술을 해주는 대가로 금전을 지급받기로 하는 약정은 반사회질서의 법률행위이다.
④ 법률행위의 성립과정에 단지 강박이라는 불법적 방법이 사용된 데 불과한 때에는 반사회질서의 법률행위라고 할 수 없다.
⑤ 상대방에게 표시된 법률행위의 동기가 반사회질서적인 경우, 그 법률행위는 무효이다.

42 **통정허위표시를 기초로 새로운 법률상 이해관계를 맺은 제3자에 해당하는 자를 모두 고른 것은?** (다툼이 있으면 판례에 따름)

㉠ 가장채권을 가압류한 자 ㉡ 파산선고를 받은 가장채권자의 파산관재인 ㉢ 가장소비대차의 계약상 지위를 이전받은 자

① ㉠　② ㉢　③ ㉠, ㉡
④ ㉡, ㉢　⑤ ㉠, ㉡, ㉢

43 **무권대리인 乙이 甲을 대리하여 매수인 丙과 매매계약을 체결하였고, 당시 丙은 乙이 무권대리인이라는 사실에 대해 선의·무과실이었다. 이에 관한 설명으로 틀린 것은?** (표현대리는 고려하지 않고, 다툼이 있으면 판례에 따름)

① 甲이 무권대리행위의 일부를 추인한 경우, 丙의 동의가 없더라도 추인의 효력이 있다.
② 甲이 乙로부터 丙이 지급한 매매대금을 수령한 경우, 특별한 사정이 없는 한 甲은 매매계약을 추인한 것으로 본다.
③ 甲을 단독상속한 乙이 본인 甲의 지위에서 무권대리행위의 추인을 거절하는 것은 신의칙에 반한다.
④ 丙이 상당한 기간을 정하여 甲에게 추인 여부의 확답을 최고한 경우, 甲이 그 기간 내에 확답을 발하지 않은 때에는 추인을 거절한 것으로 본다.
⑤ 甲이 乙에게 무권대리행위를 추인한 경우, 이를 알지 못한 丙은 매매계약을 철회할 수 있다.

44 민법상 복대리에 관한 설명으로 옳은 것은?

① 복대리인은 대리인이 자신의 이름으로 선임한 대리인의 대리인이다.
② 대리인이 복대리인을 선임한 때에는 대리인의 대리권은 소멸한다.
③ 임의대리인이 본인의 승낙을 얻어서 복대리인을 선임한 경우, 본인에 대하여 그 선임감독에 관한 책임이 없다.
④ 법정대리인은 본인의 승낙이나 부득이한 사유가 없으면 복대리인을 선임할 수 없다.
⑤ 법정대리인이 부득이한 사유로 복대리인을 선임한 경우, 본인에 대하여 그 선임감독에 관해서만 책임이 있다.

45 의사표시에 관한 설명으로 틀린 것은? (다툼이 있으면 판례에 따름)

① 의사표시의 상대방이 의사표시를 받은 때에 제한능력자인 경우, 표의자는 원칙적으로 그 의사표시로써 대항할 수 없다.
② 비진의표시에서 진의란 특정한 내용의 의사표시를 하고자 하는 표의자의 생각을 말한다.
③ 경과실로 착오에 빠진 표의자가 착오를 이유로 의사표시를 취소한 경우, 표의자는 그로 인해 손해를 입은 상대방에 대하여 불법행위로 인한 손해배상책임을 진다.
④ 통정허위표시로서 무효인 법률행위도 채권자취소권의 대상이 될 수 있다.
⑤ 공무원의 사직 의사표시와 같은 사인의 공법행위에는 비진의표시에 관한 민법 규정이 준용되지 않는다.

46 착오로 인한 의사표시에 관한 설명으로 틀린 것은? (다툼이 있으면 판례에 따름)

① 착오로 인한 의사표시의 취소권은 당사자들이 합의에 의하여 배제할 수 없다.
② 착오로 인하여 표의자가 경제적 불이익을 입은 것이 아니라면 이를 법률행위 내용의 중요부분의 착오라고 할 수 없다.
③ 표의자의 중대한 과실에 관한 증명책임은 의사표시를 취소하게 하지 않으려는 상대방에게 있다.
④ 착오로 인한 취소권은 추인할 수 있는 날로부터 3년 내에, 법률행위를 한 날로부터 10년 내에 행사하여야 한다.
⑤ 매도인이 매수인의 채무불이행을 이유로 매매계약을 적법하게 해제한 후에도 매수인은 착오를 이유로 그 계약을 취소할 수 있다.

47 **불공정한 법률행위에 관한 설명으로 틀린 것은?** (다툼이 있으면 판례에 따름)

① 궁박에는 경제적인 궁박뿐만 아니라 정신적·심리적 궁박도 포함된다.
② 무경험은 거래일반에 대한 경험부족이 아니라 해당 법률행위가 속한 특정영역에서의 경험부족을 뜻한다.
③ 급부와 반대급부 사이의 현저한 불균형은 구체적·개별적 사안에서 일반인의 사회통념에 따라 결정된다.
④ 불공정한 법률행위에도 무효행위의 전환에 관한 법리가 적용될 수 있다.
⑤ 대리인에 의해 법률행위가 이루어진 경우, 궁박은 본인을 기준으로 판단한다.

48 **법률행위의 부관에 관한 설명으로 틀린 것은?** (다툼이 있으면 판례에 따름)

① 불법조건이 붙은 법률행위는 법률행위 전부가 무효로 된다.
② 법률행위에 조건이 붙어 있는지에 대한 증명책임은 그 조건의 존재를 주장하는 자에게 있다.
③ 기한의 이익은 채무자를 위한 것으로 추정되므로 기한이익 상실에 관한 당사자 간의 특약은 효력이 없다.
④ 불확정한 사실이 발생한 때를 이행기로 정한 경우, 그 사실의 발생이 불가능한 것으로 확정된 때에도 이행기는 도래한 것으로 본다.
⑤ 조건부 권리는 조건 성취가 미정인 동안에도 일반규정에 의해 담보로 할 수 있다.

49 **법률행위의 무효에 관한 설명으로 틀린 것은?** (다툼이 있으면 판례에 따름)

① 무효행위의 추인은 묵시적인 방법으로도 할 수 있다.
② 무효행위의 추인은 그 무효 원인이 소멸한 후에 하여야 한다.
③ 무효인 법률행위는 그에 따른 법률효과를 침해하는 것처럼 보이는 위법행위가 있더라도 법률효과의 침해에 따른 손해배상을 청구할 수 없다.
④ 무권리자의 처분이 계약으로 이루어진 경우, 권리자가 이를 추인하면 계약의 효과는 원칙적으로 추인한 때부터 권리자에게 귀속한다.
⑤ 토지거래허가구역 안의 토지거래계약이 허가를 받지 못해 유동적 무효인 상태에서 허가구역 지정이 해제되면 그 계약은 확정적 유효가 된다.

50 **법률행위의 취소에 관한 설명으로 옳은 것을 모두 고른 것은?** (다툼이 있으면 판례에 따름)

> ㉠ 취소권자에 대한 상대방의 이행청구는 법정추인사유가 아니다.
> ㉡ 제한능력을 이유로 법률행위가 취소된 경우, 악의의 제한능력자는 그 행위로 인하여 받은 이익이 현존하는 한도에서 상환할 책임이 있다.
> ㉢ 표의자의 착오를 상대방이 알고 이를 이용한 경우라도 그 착오가 표의자의 중대한 과실로 인한 것이면 표의자는 의사표시를 취소할 수 없다.

① ㉠　② ㉢　③ ㉠, ㉡
④ ㉡, ㉢　⑤ ㉠, ㉡, ㉢

51 **등기청구권의 법적 성질에 관한 설명으로 옳은 것을 모두 고른 것은?** (다툼이 있으면 판례에 따름)

> ㉠ 매매계약에 기한 매수인의 소유권이전등기청구권은 물권적 청구권이다.
> ㉡ 무효인 등기의 말소등기에 갈음하는 진정명의회복을 원인으로 한 소유권이전등기청구권은 물권적 청구권이다.
> ㉢ 점유취득시효 완성을 원인으로 한 소유권이전등기청구권은 채권적 청구권이다.

① ㉠　② ㉢　③ ㉠, ㉡
④ ㉡, ㉢　⑤ ㉠, ㉡, ㉢

52 **민법상 물권에 관한 설명으로 틀린 것은?** (다툼이 있으면 판례에 따름)

① 온천권은 관습법상의 물권이라고 볼 수 없다.
② 유치물과 견련관계가 인정되지 않는 채권을 피담보채권으로 하는 유치권을 인정하는 것은 물권법정주의에 반하지 않는다.
③ 저당권은 당사자 약정뿐만 아니라 법률의 규정에 의해서도 성립될 수 있다.
④ 전세권자가 사용·수익의 권능을 완전히 배제하고 채권담보만을 위하여 전세권을 설정받는 것은 물권법정주의에 반한다.
⑤ 근린공원을 자유롭게 이용한 사정만으로 그 공원 인근 주민들이 공원이용권이라는 배타적 권리를 취득하였다고 볼 수 없다.

53 **권리의 객체가 토지인 경우, 그 토지를 점유할 권리가 인정되지 않는 물권을 모두 고른 것은?**

㉠ 저당권	㉡ 전세권	㉢ 지상권

① ㉠ ② ㉢ ③ ㉠, ㉡
④ ㉡, ㉢ ⑤ ㉠, ㉡, ㉢

54 **민법상 합유에 관한 설명으로 틀린 것은?** (특별한 사정이 없으며, 다툼이 있으면 판례에 따름)

① 합유자의 권리는 합유물 전부에 미친다.
② 합유는 조합체의 해산으로 인하여 종료한다.
③ 합유자는 조합체가 존속하는 한 합유물의 분할을 청구하지 못한다.
④ 합유자는 합유자 전원의 동의 없이 합유지분을 처분할 수 없다.
⑤ 부동산에 관한 합유지분의 포기는 등기 없이도 물권변동의 효력이 생긴다.

55 **甲 소유의 X토지를 乙이 20년 이상 소유의 의사로 평온, 공연하게 현재까지 점유하고 있다. 乙은 甲에게 취득시효 완성을 이유로 X토지의 소유권이전등기를 청구하였지만, 아직 등기는 이전받지 못하였다. 이후 발생한 아래 각 상황에 관한 설명으로 틀린 것은?** (다툼이 있으면 판례에 따름)

① 甲이 X토지 위에 비닐하우스를 설치한 경우, 乙은 甲에게 점유권에 기한 방해배제를 청구할 수 있다.
② 甲은 乙에게 X토지의 점유로 인한 손해의 배상을 청구할 수 없다.
③ 甲은 乙에게 X토지의 점유로 인한 부당이득의 반환을 청구할 수 없다.
④ X토지가 수용되어 甲이 보상금을 수령한 경우, 乙은 甲에게 보상금의 반환을 청구할 수 없다.
⑤ 甲이 乙의 시효완성 사실을 알면서도 丙에게 X토지를 처분하여 취득시효완성에 따른 소유권이전등기의무가 이행불능이 된 경우, 乙은 甲에게 불법행위로 인한 손해배상을 청구할 수 있다.

56 **甲, 乙, 丙이 각각 4/7, 2/7, 1/7의 지분비율로 X토지를 공유하는 경우에 관한 설명으로 틀린 것은?** (별도의 특약은 없고, 다툼이 있으면 판례에 따름)

① 甲은 乙, 丙과의 협의 없이 X토지의 관리에 관한 사항을 정할 수 있다.
② 甲은 乙, 丙의 동의 없이 X토지를 처분하지 못한다.
③ 丙은 甲, 乙의 동의 없이 자신의 지분을 제3자에게 담보로 제공할 수 있다.
④ 乙이 甲, 丙과의 협의 없이 X토지의 전부를 독점적으로 점유·사용하고 있는 경우, 丙은 공유물의 보존행위로 자신에게 X토지를 인도할 것을 청구할 수 있다.
⑤ 甲이 자신의 지분을 포기한 경우, 그 지분은 乙과 丙에게 각 지분의 비율로 귀속한다.

57 **등기 없이도 물권변동의 효력이 생기는 사유가 아닌 것은?** (다툼이 있으면 판례에 따름)
없이 사용할 수 있다.

① 상속
② 재결수용
③ 이행판결
④ 건물의 신축
⑤ 국세징수법상 공매

58 **甲이 乙로부터 乙 소유의 X건물에 대하여 전세권을 설정받은 경우에 관한 설명으로 틀린 것은?** (다툼이 있으면 판례에 따름)

① 甲이 X건물을 전세권설정계약으로 정한 용법에 따라 사용하지 않더라도 이를 이유로 乙은 전세권소멸을 청구할 수 없다.
② X건물의 소유를 목적으로 지상권을 취득한 乙은 특별한 사정이 없는 한 甲의 동의 없이 그 지상권을 소멸시킬 수 없다.
③ 甲은 전세권이 존속하는 동안에는 특별한 사정이 없는 한 전세권을 존속시키면서 전세금반환채권만을 확정적으로 양도할 수 없다.
④ 乙이 전세권 존속 중에 丙에게 X건물을 양도한 경우, 丙은 전세권의 존속기간 만료시 甲에게 전세금반환의무를 진다.
⑤ 전세권이 소멸한 경우, 乙은 甲으로부터 X건물의 인도 및 전세권 말소등기에 필요한 서류의 교부를 받는 동시에 전세금을 반환하여야 한다.

59 **지상권에 관한 설명으로 옳은 것은?** (다툼이 있으면 판례에 따름)

① 지상권자의 지상권갱신청구권은 형성권이다.
② 담보목적의 지상권이 설정된 경우, 피담보채권이 변제로 소멸하면 그 지상권도 소멸한다.
③ 타인 소유의 기존 연와조 건물을 사용하기 위하여 설정하는 지상권의 최단존속기간은 30년이다.
④ 기존 건물의 소유를 목적으로 설정된 지상권은 그 건물이 멸실되면 소멸한다.
⑤ 지상권이 저당권의 목적인 경우, 지료연체에 따른 지상권소멸청구는 저당권자에게 통지하는 즉시 그 효력이 생긴다.

60 **지역권에 관한 설명으로 틀린 것은?**

① 민법은 지역권의 존속기간을 규정하고 있지 않다.
② 요역지에 설정된 저당권에 기하여 경매가 된 경우, 다른 특약이 없는 한 경매매수인은 요역지의 소유권과 함께 지역권을 취득한다.
③ 점유로 인한 지역권 취득기간의 중단은 지역권을 행사하는 모든 공유자에 대한 사유가 아니면 그 효력이 없다.
④ 지역권자는 지역권을 방해할 염려있는 행위를 하는 자에 대하여 그 예방이나 손해배상의 담보를 청구할 수 있다.
⑤ 승역지 소유자는 지역권의 행사를 방해하지 않는 범위 내에서 지역권자가 지역권의 행사를 위하여 승역지에 설치한 공작물을 수익 정도의 비율에 따른 비용 분담 없이 사용할 수 있다.

61 **관습법상 법정지상권에 관한 설명으로 옳은 것은?** (다툼이 있으면 판례에 따름)

① 무허가건물에 대해서는 법정지상권이 인정될 수 없다.
② 가설건축물에 대해서는 원칙적으로 법정지상권이 인정될 수 있다.
③ 법정지상권을 포기하기로 하는 특약은 효력이 없다.
④ 법정지상권자는 그 지상권등기 없이도 지상권을 취득할 당시의 토지소유자로부터 그 토지를 양수한 제3자에게 대항할 수 있다.
⑤ 법정지상권이 성립한 건물을 매매계약에 기해 양수한 자는 등기 없이도 법정지상권을 취득한다.

62 **저당권에 관한 설명으로 틀린 것은?** (다툼이 있으면 판례에 따름)

① 저당권은 저당권의 실행비용을 담보한다.
② 피담보채권은 금전채권이 아니어도 된다.
③ 저당물의 소유권을 취득한 제3자는 그 저당물의 경매에서 경매인이 될 수 있다.
④ 저당권은 특별한 사정이 없는 한 저당권설정 후에 저당목적물에 부합된 물건에는 그 효력이 미치지 않는다.
⑤ 저당권설정자와 채무자는 반드시 동일인이어야 하는 것은 아니다.

63 **저당권에 관하여 (　　)에 들어갈 권리로 옳은 것은?**

> 저당권자는 저당부동산의 멸실, 훼손 또는 공용징수로 인하여 저당권설정자가 받을 금전 기타 물건에 대하여 (　　)을 가진다.

① 비용상환청구권　② 물상대위권
③ 매수청구권　④ 해제권
⑤ 갱신청구권

64 **민법상 유치권에 관한 설명으로 틀린 것은?** (다툼이 있으면 판례에 따름)

① 유치물의 침탈로 인한 유치권자의 유치권소멸에 따른 손해배상청구권은 침탈당한 날로부터 1년 내에 행사할 것을 요하지 않는다.
② 유치권자로부터 유치물의 유치방법으로 그 보관을 위탁 받은 자는 특별한 사정이 없는 한 유치물 소유자의 소유물반환청구를 거부할 수 있다.
③ 토지전세권이 소멸하기 전에는 전세권자의 지상물매수청구권을 피담보채권으로 하는 유치권은 성립할 수 없다.
④ 복수의 유치물은 그 각 부분으로써 피담보채권의 전부를 담보한다.
⑤ 유치권자가 동일채권을 담보하기 위한 복수의 유치물 중 일부를 채무자의 승낙없이 타인에게 대여한 경우, 특별한 사정이 없는 한 채무자는 유치물 전부에 대한 유치권의 소멸을 청구할 수 있다.

65 **甲은 자신의 토지를 乙에게 매도하고 중도금까지 수령하였으나 그 토지가 재결수용되어 乙에게 소유권을 이전한 수 없게 되었다. 이에 관한 설명으로 옳은 것을 모두 고른 것은?** (다툼이 있으면 판례에 따름)

㉠ 甲과 乙은 특약으로 乙이 대가위험을 부담하는 것으로 정할 수 있다. ㉡ 乙은 이행불능을 이유로 매매계약을 해제할 수 있다. ㉢ 甲이 수용보상금청구권을 취득한 경우, 乙이 매매대금 전부를 지급하면 그 수용보상금청구권 자체가 乙에게 귀속한다.

① ㉠ ② ㉢ ③ ㉠, ㉡
④ ㉡, ㉢ ⑤ ㉠, ㉡, ㉢

66 **계약의 성립에 관한 설명으로 옳은 것은?** (다툼이 있으면 판례에 따름)

① 청약의 유인을 받은 자가 청약의 유인에 대응하는 의사표시를 하면 계약은 즉시 성립한다.
② 당사자 간에 동일한 내용의 청약이 상호 교차된 경우, 계약은 두 청약이 상대방에게 발송된 때에 성립한다.
③ 합의해제를 청약한 경우, 그 청약에 대해 조건을 붙여 승낙한 때에는 그 청약은 실효된다.
④ 명예퇴직의 합의가 있더라도 명예퇴직 예정일 전이라면 원칙적으로 명예퇴직 청약을 철회할 수 있다.
⑤ 매매의 일방예약이 성립하기 위하여 본계약의 요소가 되는 내용들이 확정되어 있거나 확정할 수 있어야 하는 것은 아니다.

67 **동시이행관계가 인정되지 않는 것을 모두 고른 것은?** (다툼이 있으면 판례에 따름)

㉠ 담보 목적으로 마쳐진 채권자 명의의 소유권이전등기 말소의무와 피담보채무의 변제의무 ㉡ 임차인의 임차목적물 반환의무와 임대인의 권리금 회수 방해로 인한 상가건물 임대차보호법에 따른 손해배상의무 ㉢ 저당권 실행에 따른 경매가 무효로 된 경우, 저당채권자의 경매매수인에 대한 배당금 반환의무와 경매매수인의 채무자에 대한 소유권이전등기 말소의무

① ㉠ ② ㉢ ③ ㉠, ㉡
④ ㉡, ㉢ ⑤ ㉠, ㉡, ㉢

68 **부동산 매매계약이 합의해제된 경우에 관한 설명으로 틀린 것은?** (다툼이 있으면 판례에 따름)

① 매매계약에 기해 이전된 소유권은 등기 없이도 당연히 복귀한다.
② 당사자는 특별한 사정이 없는 한 채무불이행으로 인한 손해배상을 청구할 수 없다.
③ 계약의 해제로 제3자의 권리를 해할 수 없다고 규정한 민법 제548조 제1항은 합의해제에 유추적용된다.
④ 합의해제를 무효화시키고 해제된 매매계약을 부활시키는 약정은 원칙적으로 당사자 사이에서도 그 효력이 없다.
⑤ 합의해제를 위한 묵시적 의사표시는 당사자 쌍방에게 계약실현의 의사가 없거나 계약포기의 의사가 있다고 볼 수 있을 정도에 이르러야 한다.

69 **甲과 乙은 X토지에 관한 매매의 예약에서 매수인 乙이 예약완결권을 갖기로 하였다. 이에 관한 설명으로 옳은 것을 모두 고른 것은?** (다툼이 있으면 판례에 따름)

> ㉠ 甲과 乙은 예약완결권의 행사기간에 대하여 특별한 제한 없이 약정할 수 있다.
> ㉡ 예약완결권의 행사기간을 약정한 경우, 그 기간이 지났더라도 乙이 X토지를 인도받아 점유하고 있다면 예약완결권은 소멸하지 않는다.
> ㉢ 乙의 예약완결권이 행사기간을 경과하였는지에 관해서는 법원이 직권으로 조사하여 재판에 고려할 수 없다.

① ㉠ ② ㉢ ③ ㉠, ㉡
④ ㉡, ㉢ ⑤ ㉠, ㉡, ㉢

70 **민법상 매도인의 담보책임에 관한 설명으로 옳은 것은?**

① 특정물 하자로 인한 담보책임은 경매의 경우에도 적용된다.
② 종류물매매에서는 목적물이 특정된 후에 그 물건의 하자로 인한 매도인의 담보책임규정이 적용되지 않는다.
③ 매매의 목적물에 하자가 있는 경우, 매수인은 그 사실을 안 날로부터 1년 내에 손해배상청구권을 행사하여야 한다.
④ 매매계약 당시에 그 목적물의 일부가 멸실된 경우, 선의의 매수인은 대금의 감액을 청구할 수 있다.
⑤ 변제기에 도달하지 않은 채권의 매도인이 채무자의 자력을 담보한 때에는 매매계약 당시의 자력을 담보한 것으로 추정한다.

71 **甲은 자기 소유의 X토지와 乙 소유의 Y건물을 교환하자고 청약하였고, 乙이 승낙하였다. 이에 관한 설명으로 옳은 것을 모두 고른 것은?** (다툼이 있으면 판례에 따름)

> ㉠ 乙의 승낙은 특별한 사정이 없는 한 그 방식에 제한이 없고 명시적으로 할 필요도 없다.
> ㉡ X토지와 Y건물의 각 소유권이전 및 인도의무는 특별한 약정이나 관습이 없으면 동시에 이행하여야 한다.
> ㉢ 계약 당시 甲이 허위로 X토지의 시가보다 다소 높은 가액을 시가로 고지하더라도 특별한 사정이 없는 한 불법행위가 성립하지 않는다.

① ㉠　② ㉢　③ ㉠, ㉡
④ ㉡, ㉢　⑤ ㉠, ㉡, ㉢

72 **甲으로부터 X건물을 2년간 임차한 乙이 이를 丙에게 전대한 경우에 관한 설명으로 틀린 것을 모두 고른 것은?** (다툼이 있으면 판례에 따름)

> ㉠ 甲이 전대를 동의한 경우, 甲이 乙과 임대차계약을 합의해지하면 丙의 전차권도 소멸한다.
> ㉡ 甲이 전대를 동의하지 않은 경우, 甲은 乙과의 임대차계약이 존속하는 동안 X건물의 불법점유를 이유로 丙에게 차임 상당의 손해배상을 청구할 수 있다.
> ㉢ 甲이 전대를 동의한 경우, 丙이 X건물 사용의 편익을 위하여 甲으로부터 매수한 물건을 X건물에 부속시킨 때에는 丙은 기간만료로 전대차가 종료되면 甲을 상대로 그 물건의 매수를 청구할 수 있다.

① ㉠　② ㉢　③ ㉠, ㉡
④ ㉡, ㉢　⑤ ㉠, ㉡, ㉢

73 **甲이 건물소유를 목적으로 乙로부터 乙 소유의 X토지를 기간의 정함 없이 임차하는 계약을 체결하고 그 지상에 Y건물을 신축한 후, 그 임대차계약이 乙의 해지통고로 종료되었다. 이에 관한 설명으로 옳은 것을 모두 고른 것은?** (다툼이 있으면 판례에 따름)

> ㉠ Y건물이 무허가건물이라면 원칙적으로 지상물매수청구의 대상이 될 수 없다.
> ㉡ 甲은 계약갱신청구를 하지 않으면 지상물매수청구권을 행사할 수 없다.
> ㉢ 甲과 乙이 임대차 종료 전에 지상물매수청구의 대상인 Y건물을 철거하기로 한 약정은 특별한 사정이 없는 한 무효이다.

① ㉠　② ㉢　③ ㉠, ㉡
④ ㉡, ㉢　⑤ ㉠, ㉡, ㉢

74 **민법상 계약의 유형과 성질에 관한 설명으로 옳은 것은?** (특약은 고려하지 않음)

① 매매계약은 요물계약이다.
② 매매계약은 낙성계약이다.
③ 교환계약은 요식계약이다.
④ 임대차계약은 무상계약이다.
⑤ 임대차계약은 편무계약이다.

75 **甲이 2023. 6. 1. 乙로부터 乙 소유의 X주택을 보증금 2억원, 기간은 1년으로 정하여 임차하는 계약을 체결한 경우, 주택임대차보호법에 관한 설명으로 옳은 것을 모두 고른 것은?** (다툼이 있으면 판례에 따름)

> ㉠ 1년의 임대차기간이 만료된 경우, 甲은 乙에게 보증금 2억원의 반환을 청구할 수 있다.
> ㉡ 임대차계약이 적법하게 묵시적 갱신이 된 경우, 그 존속기간은 2년으로 보지만 甲은 언제든지 乙에게 계약해지를 통지할 수 있다.
> ㉢ 甲의 적법한 계약갱신요구가 乙에게 2025. 2. 15. 도달한 경우, 갱신거절사유가 없는 한 그 도달 시점에 계약갱신의 효력이 발생한다.

① ㉠　② ㉢　③ ㉠, ㉡
④ ㉡, ㉢　⑤ ㉠, ㉡, ㉢

76 **집합건물의 소유 및 관리에 관한 법률에 관한 설명으로 틀린 것은?** (다툼이 있으면 판례에 따름)

① 구조상 공용부분은 취득시효에 의한 소유권 취득의 대상이 될 수 없다.
② 전유부분에 관한 담보책임의 존속기간은 특별한 사정이 없는 한 사용검사일부터 기산한다.
③ 관리단은 관리비 징수에 관한 유효한 규약이 없더라도 지분비율에 따라 공용부분의 관리비를 그 부담의무자인 구분소유자에게 청구할 수 있다.
④ 구분소유자가 10인 이상일 때에는 관리단을 대표하고 관리단의 사무를 집행할 관리인을 선임하여야 한다.
⑤ 구분소유자는 규약 또는 공정증서로써 달리 정하지 않는 한 전유부분과 분리하여 대지사용권을 처분할 수 없다.

77 **甲은 2024. 5. 1. 乙에게 1억원을 변제기는 1년 후, 이자는 연 5%로 정하여 대여하면서 그 대여금채권과 乙에 대한 물품대금채권 1억원을 담보하기 위해 가등기담보계약을 체결하고, 이를 위해 乙 소유의 X토지**(계약 당시 시가 2억원)**에 甲 명의로 가등기를 마쳤다. 그 후 乙은 변제기가 지난 2025. 5. 7. 양 채권 중 물품대금채무만 甲에게 전액 변제하였다. 이에 관한 설명으로 옳은 것을 모두 고른 것은?** (다툼이 있으면 판례에 따름)

> ㉠ 甲과 乙의 가등기담보계약에는 가등기담보 등에 관한 법률이 적용된다.
> ㉡ 甲이 청산절차를 거쳐 X토지에 관하여 소유권이전의 본등기를 마친 경우, 본등기를 위해 지출한 절차비용은 청산금에서 공제할 수 없다.
> ㉢ 甲이 청산절차를 거치지 않고 X토지에 관하여 2025. 6. 15. 본등기를 마친 다음, 선의의 丙에게 2025. 8. 1. 소유권이전등기를 마친 경우, 2025. 8. 1.부터 甲 명의의 본등기도 확정적으로 유효해진다.

① ㉠ ② ㉢ ③ ㉠, ㉡
④ ㉡, ㉢ ⑤ ㉠, ㉡, ㉢

78 **甲은 2022. 7. 1. 자신의 X토지에 관하여 乙과 유효한 명의신탁약정을 체결하고, 乙 명의로 소유권이전등기를 마쳤다. 이에 관한 설명으로 틀린 것은?** (다툼이 있으면 판례에 따름)

① 甲과 乙이 부부인 경우, 甲이 사망하더라도 그 명의신탁약정은 甲의 상속인 丙과 乙 사이에 유효하게 존속한다.
② 甲이 丙에게 X토지를 매도한 경우, 그 매매계약은 민법 제569조의 타인 권리의 매매라고 할 수 없다.
③ 丙이 X토지를 무단점유하여 사용・수익할 경우, 甲은 丙에게 직접 그 소유권을 주장할 수 없다.
④ 甲은 乙에게 명의신탁의 해지를 원인으로 소유권에 기한 이전등기를 청구할 수 있다.
⑤ 丙이 X토지에 대해 점유취득시효를 완성한 후 소유권이전등기를 마치기 전에 甲이 명의신탁의 해지를 원인으로 소유권이전등기를 마친 경우, 丙은 특별한 사정이 없는 한 甲에게 취득시효를 주장할 수 있다.

79 **甲이 그 소유의 X토지에 관하여 2025. 5. 3. 친구 乙과의 명의신탁약정에 따라 乙 명의로 소유권 이전등기를 마쳤다. 이에 관한 설명으로 옳은 것은?** (다툼이 있으면 판례에 따름)

① 甲은 乙에게 X토지에 관하여 부당이득을 원인으로 한 소유권이전등기를 청구할 수 없다.

② 乙이 丙에게 X토지를 적법하게 양도하였다가 다시 X토지의 소유권을 취득한 경우, 甲은 乙에게 소유물반환청구권을 행사할 수 있다.

③ 丙이 친구 乙과의 명의신탁약정에 따라 X토지에 관하여 소유권이전등기를 마친 후 명의신탁사실을 알지 못하는 丁에게 X토지를 매도하고 소유권이전등기를 마친 경우, 甲은 丁에게 소유물반환청구권을 행사할 수 있다.

④ 乙이 丙에게 X토지를 처분하여 丙이 유효하게 소유권을 취득한 경우, 乙의 처분행위는 甲에 대한 불법행위에 해당하지 않는다.

⑤ 만약 甲이 乙과 사이에 乙 명의의 X토지를 매수하면서 대외관계에서 甲을 위해 그 등기명의를 乙이 보유하기로 약정한 경우, 甲과 乙 사이에 명의신탁관계가 성립할 수 없다.

80 **甲은 상품판매를 위해 2025. 5. 1. 乙로부터 부산광역시 소재 乙 소유의 X상가를 보증금 6억원, 월 차임 100만원에 임차하는 계약을 체결하였다. 계약 당일 甲은 乙에게 보증금을 지급하고 X상가를 인도받아 사업자등록과 확정일자까지 마쳤다. 위 계약에 적용되는 상가건물 임대차보호법상의 규정에 해당하는 것을 모두 고른 것은?** (다툼이 있으면 판례에 따름)

㉠ 임차인의 보증금에 대한 우선변제권에 관한 규정 ㉡ 임차인의 임차권등기명령에 관한 규정 ㉢ 차임연체에 따른 임대인의 해지권에 관한 규정

① ㉠　　② ㉢　　㉠, ㉡

④ ㉡, ㉢　　⑤ ㉠, ㉡, ㉢

제35회 반복학습 체크리스트

반복학습	과목별 점수	평균점수	약점체크
1회 ___ 월 ___ 일	• 부동산학개론 ______ 점 • 민법 · 민사특별법 ______ 점	______ 점	
2회 ___ 월 ___ 일	• 부동산학개론 ______ 점 • 민법 · 민사특별법 ______ 점	______ 점	
3회 ___ 월 ___ 일	• 부동산학개론 ______ 점 • 민법 · 민사특별법 ______ 점	______ 점	
4회 ___ 월 ___ 일	• 부동산학개론 ______ 점 • 민법 · 민사특별법 ______ 점	______ 점	
5회 ___ 월 ___ 일	• 부동산학개론 ______ 점 • 민법 · 민사특별법 ______ 점	______ 점	

합격점수 체크그래프

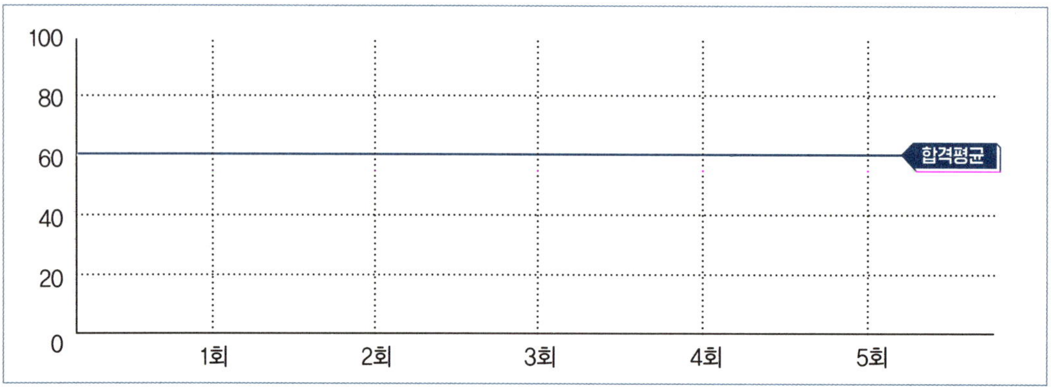

PART

02

제35회 기출문제

제35회 공인중개사 시험(2024. 10. 26. 실시)

교시	시험시간	시험과목
1교시	100분	❶ 부동산학개론 ❷ 민법 · 민사특별법

제35회 공인중개사 시험(2024. 10. 26. 실시)

• 현재 시행중인 법령을 기준으로 문제를 수정하였습니다.

· 부동산학개론

01 **토지의 특성에 관한 설명으로 옳은 것은?**

① 부동성으로 인해 외부효과가 발생하지 않는다.
② 개별성으로 인해 거래사례를 통한 지가 산정이 쉽다.
③ 부증성으로 인해 토지의 물리적 공급은 단기적으로 탄력적이다.
④ 용도의 다양성으로 인해 토지의 경제적 공급은 증가할 수 있다.
⑤ 영속성으로 인해 부동산 활동에서 토지는 감가상각을 고려하여야 한다.

02 **토지에 관련된 용어이다. (　　)에 들어갈 내용으로 옳은 것은?**

> • (㉠): 지적제도의 용어로서, 토지의 주된 용도에 따라 토지의 종류를 구분하여 지적공부에 등록한 것
> • (㉡): 지가공시제도의 용어로서, 토지에 건물이나 그 밖의 정착물이 없고 지상권 등 토지의 사용·수익을 제한하는 사법상의 권리가 설정되어 있지 아니한 토지

① ㉠: 필지, ㉡: 소지
② ㉠: 지목, ㉡: 나지
③ ㉠: 필지, ㉡: 나지
④ ㉠: 지목, ㉡: 나대지
⑤ ㉠: 필지, ㉡: 나대지

03 **다음은 용도별 건축물의 종류에 관한 '건축법 시행령' 규정의 일부이다. (   )에 들어갈 내용으로 옳은 것은?**

> 다세대주택: 주택으로 쓰는 1개 동의 (㉠) 합계가 660제곱미터 이하이고, 층수가 (㉡) 이하인 주택(2개 이상의 동을 지하주차장으로 연결하는 경우에는 각각의 동으로 본다)

① ㉠: 건축면적, ㉡: 4층
② ㉠: 건축면적, ㉡: 4개 층
③ ㉠: 바닥면적, ㉡: 4층
④ ㉠: 바닥면적, ㉡: 4개 층
⑤ ㉠: 대지면적, ㉡: 4층

04 **법령에 의해 등기의 방법으로 소유권을 공시할 수 있는 물건을 모두 고른 것은?**

> ㉠ 총톤수 25톤인 기선(機船)
> ㉡ 적재용량 25톤인 덤프트럭
> ㉢ 최대 이륙중량 400톤인 항공기
> ㉣ 토지에 부착된 한 그루의 수목

① ㉠
② ㉠, ㉣
③ ㉢, ㉣
④ ㉠, ㉡, ㉢
⑤ ㉠, ㉡, ㉢, ㉣

05 **A광역시장은 관할구역 중 농지 및 야산으로 형성된 일단의 지역에 대해 도시개발법령상 도시개발사업**(개발 후 용도: 주거용 및 상업용 택지)**을 추진하면서 시행방식을 검토하고 있다. 수용방식**(예정사업시행자: 지방공사)**과 환지방식**(예정사업시행자: 도시개발사업조합)**을 비교한 설명으로 틀린 것은?** (단, 보상금은 현금으로 지급하며, 주어진 조건에 한함)

① 수용방식은 환지방식에 비해 세금감면을 받기 위한 대토(代土)로 인해 도시개발구역 밖의 지가를 상승시킬 가능성이 크다.
② 수용방식은 환지방식에 비해 사업시행자의 개발토지(조성토지) 매각부담이 크다.
③ 사업시행자의 사업비부담에 있어 환지방식은 수용방식에 비해 작다.
④ 사업으로 인해 개발이익이 발생하는 경우, 환지방식은 수용방식에 비해 종전 토지소유자에게 귀속될 가능성이 크다.
⑤ 개발절차상 환지방식은 토지소유자의 동의를 받아야 하는 단계(횟수)가 수용방식에 비해 적어 절차가 간단하다.

06

부동산 개발사업에 관한 설명으로 틀린 것은?

① 부동산 개발의 타당성분석 과정에서 시장분석을 수행하기 위해서는 먼저 시장지역을 설정하여야 한다.

② 부동산 개발업의 관리 및 육성에 관한 법령상 건축물을 리모델링 또는 용도변경하는 행위(다만, 시공을 담당하는 행위는 제외한다)는 부동산 개발에 포함된다.

③ 민간투자사업에 있어 민간사업자가 자금을 조달하여 시설을 건설하고 일정기간 소유 및 운영을 한 후 국가 또는 지방자치단체에게 시설의 소유권을 이전하는 방식은 BOT(build-operate-transfer) 방식이다.

④ 부동산 개발의 유형을 신개발방식과 재개발방식으로 구분하는 경우, 도시 및 주거환경정비법령상 재건축사업은 재개발방식에 속한다.

⑤ 개발사업의 방식 중 사업위탁방식과 신탁개발방식의 공통점은 토지소유자가 개발사업의 전문성이 있는 제3자에게 토지소유권을 이전하고 사업을 위탁하는 점이다.

07

부동산 마케팅에서 4P 마케팅 믹스(Marketing Mix) **전략의 구성요소를 모두 고른 것은?**

㉠ Price(가격)	㉡ Product(제품)
㉢ Place(유통경로)	㉣ Positioning(차별화)
㉤ Promotion(판매촉진)	㉥ Partnership(동반자관계)

① ㉠, ㉡, ㉢, ㉣　　② ㉠, ㉡, ㉢, ㉤

③ ㉡, ㉢, ㉤, ㉥　　④ ㉡, ㉣, ㉤, ㉥

⑤ ㉢, ㉣, ㉤, ㉥

08

A지역 단독주택시장의 균형변화에 관한 설명으로 옳은 것은? (단, 수요곡선은 우하향하고, 공급곡선은 우상향하며, 다른 조건은 동일함)

① 수요와 공급이 모두 증가하고 수요의 증가폭과 공급의 증가폭이 동일한 경우, 균형거래량은 감소한다.

② 수요가 증가하고 공급이 감소하는데 수요의 증가폭보다 공급의 감소폭이 더 큰 경우, 균형가격은 하락한다.

③ 수요가 감소하고 공급이 증가하는데 수요의 감소폭이 공급의 증가폭보다 더 큰 경우, 균형가격은 상승한다.

④ 수요와 공급이 모두 감소하고 수요의 감소폭보다 공급의 감소폭이 더 큰 경우, 균형거래량은 감소한다.

⑤ 수요가 증가하고 공급이 감소하는데 수요의 증가폭과 공급의 감소폭이 동일한 경우, 균형가격은 하락한다.

09 **A지역 소형아파트 수요의 가격탄력성은 0.9이고, 오피스텔 가격에 대한 소형아파트 수요의 교차탄력성은 0.5이다. A지역 소형아파트 가격이 2% 상승하고 동시에 A지역 오피스텔 가격이 5% 상승할 때, A지역 소형아파트 수요량의 전체 변화율은?** (단, 소형아파트와 오피스텔은 모두 정상재로서 서로 대체적인 관계이고, 수요의 가격탄력성은 절댓값으로 나타내며, 다른 조건은 동일함)

① 0.7%　② 1.8%　③ 2.5%
④ 3.5%　⑤ 4.3%

10 **아파트시장에서 균형가격을 상승시키는 요인은 모두 몇 개인가?** (단, 아파트는 정상재로서 수요곡선은 우하향하고, 공급곡선은 우상향하며, 다른 조건은 동일함)

- 가구의 실질소득 증가
- 아파트에 대한 선호도 감소
- 아파트 건축자재 가격의 상승
- 아파트 담보대출 이자율의 상승

① 0개　② 1개　③ 2개
④ 3개　⑤ 4개

11 **A지역 오피스텔시장에서 수요함수는 $Q_{D1}=900-P$, 공급함수는 $Q_S=100+\frac{1}{4}P$이며, 균형상태에 있었다. 이 시장에서 수요함수가 $Q_{D2}=1{,}500-\frac{3}{2}P$로 변화하였다면, 균형가격의 변화(㉠)와 균형거래량의 변화(㉡)는?** (단, P는 가격, Q_{D1}과 Q_{D2}는 수요량, Q_S는 공급량, X축은 수량, Y축은 가격을 나타내고, 가격과 수량의 단위는 무시하며, 주어진 조건에 한함)

① ㉠: 160 상승, ㉡: 변화 없음
② ㉠: 160 상승, ㉡: 40 증가
③ ㉠: 200 상승, ㉡: 40 감소
④ ㉠: 200 상승, ㉡: 변화 없음
⑤ ㉠: 200 상승, ㉡: 40 증가

12 **저량(stock)의 경제변수에 해당하는 것은?**

① 주택재고
② 가계소득
③ 주택거래량
④ 임대료 수입
⑤ 신규주택 공급량

13 **다음에 해당하는 도시 및 주거환경정비법상의 정비사업은?**

> 도시저소득 주민이 집단거주하는 지역으로서 정비기반시설이 극히 열악하고 노후・불량건축물이 과도하게 밀집한 지역의 주거환경을 개선하거나 단독주택 및 다세대주택이 밀집한 지역에서 정비기반시설과 공동이용시설 확충을 통하여 주거환경을 보전・정비・개량하기 위한 사업

① 자율주택정비사업
② 소규모재개발사업
③ 가로주택정비사업
④ 소규모재건축사업
⑤ 주거환경개선사업

14 **컨버스(P. Converse)의 분기점 모형에 기초할 때, A시와 B시의 상권 경계지점은 A시로부터 얼마만큼 떨어진 지점인가?** (단, 주어진 조건에 한함)

> • A시와 B시는 동일 직선상에 위치
> • A시와 B시 사이의 직선거리: 45km
> • A시 인구: 84만명
> • B시 인구: 21만명

① 15km
② 20km
③ 25km
④ 30km
⑤ 35km

15 입지 및 도시공간구조 이론에 관한 설명으로 틀린 것은?

① 호이트(H. Hoyt)의 선형이론은 단핵의 중심지를 가진 동심원 도시구조를 기본으로 하고 있다는 점에서 동심원이론을 발전시킨 것이라 할 수 있다.
② 크리스탈러(W. Christaller)는 중심성의 크기를 기초로 중심지가 고차중심지와 저차중심지로 구분되는 동심원이론을 설명했다.
③ 해리스(C. Harris)와 울만(E. Ullman)은 도시 내부의 토지이용이 단일한 중심의 주위에 형성되는 것이 아니라 몇 개의 핵심지역 주위에 형성된다는 점을 강조하면서, 도시공간구조가 다핵심구조를 가질 수 있다고 보았다.
④ 베버(A. Weber)는 운송비의 관점에서 특정 공장이 원료지향적인지 또는 시장지향적인지를 판단하기 위해 원료지수(material index)개념을 사용했다.
⑤ 허프(D. Huff)모형의 공간(거리)마찰계수는 도로환경, 지형, 주행수단 등 다양한 요인에 영향을 받을 수 있는 값이며, 이 모형을 적용하려면 공간(거리)마찰계수가 정해져야 한다.

16 다음 설명에 모두 해당하는 것은?

- 토지의 비옥도가 동일하더라도 중심도시와의 접근성 차이에 의해 지대가 차별적으로 나타난다.
- 한계지대곡선은 작물의 종류나 농업의 유형에 따라 그 기울기가 달라질 수 있으며, 이 곡선의 기울기에 따라 집약적 농업과 조방적 농업으로 구분된다.
- 가장 높은 지대를 지불하는 농업적 토지이용에 토지가 할당된다.

① 마샬(A. Marshall)의 준지대설
② 헤이그(R. Haig)의 마찰비용이론
③ 튀넨(J. H. von Thünen)의 위치지대설
④ 마르크스(K. Marx)의 절대지대설
⑤ 파레토(V. Pareto)의 경제지대론

17 **지하철 역사가 개발된다는 다음과 같은 정보가 있을 때, 합리적인 투자자가 최대한 지불할 수 있는 이 정보의 현재가치는?** (단, 주어진 조건에 한함)

- 지하철 역사 개발예정지 인근에 A토지가 있다.
- 1년 후 지하철 역사가 개발될 가능성은 60%로 알려져 있다.
- 1년 후 지하철 역사가 개발되면 A토지의 가격은 14억 3천만원, 개발되지 않으면 8억 8천만원으로 예상된다.
- 투자자의 요구수익률(할인율)은 연 10%다.

① 1억 6천만원
② 1억 8천만원
③ 2억원
④ 2억 2천만원
⑤ 2억 4천만원

18 **부동산 정책에 관한 내용으로 틀린 것은?**

① 국토의 계획 및 이용에 관한 법령상 지구단위계획은 도시·군계획 수립 대상지역의 일부에 대하여 토지 이용을 합리화하고 그 기능을 증진시키며 미관을 개선하고 양호한 환경을 확보하며, 그 지역을 체계적·계획적으로 관리하기 위하여 수립하는 도시·군기본계획을 말한다.
② 지역지구제는 토지이용에 수반되는 부(−)의 외부효과를 제거하거나 완화시킬 목적으로 활용된다.
③ 개발권양도제(TDR)는 토지이용규제로 인해 개발행위의 제약을 받는 토지소유자의 재산적 손실을 보전해 주는 수단으로 활용될 수 있으며, 법령상 우리나라에서는 시행되고 있지 않다.
④ 부동산 가격공시제도에 따라 국토교통부장관은 일단의 토지 중에서 선정한 표준지에 대하여 매년 공시기준일 현재의 단위면적당 적정가격을 조사·평가하여 공시하여야 한다.
⑤ 토지비축제는 정부가 토지를 매입한 후 보유하고 있다가 적절한 때에 이를 매각하거나 공공용으로 사용하는 제도를 말한다.

19 **공공주택 특별법령상 공공임대주택에 관한 내용으로 옳은 것은 모두 몇 개인가?** (단, 주택도시기금은 「주택도시기금법」에 따른 주택도시기금을 말함)

> • 통합공공임대주택: 국가나 지방자치단체의 재정이나 주택도시기금의 자금을 지원받아 최저소득 계층, 저소득 서민, 젊은 층 및 장애인・국가유공자 등 사회 취약계층 등의 주거안정을 목적으로 공급하는 공공임대주택
> • 행복주택: 국가나 지방자치단체의 재정이나 주택도시기금의 자금을 지원받아 대학생, 사회초년생, 신혼부부 등 젊은 층의 주거안정을 목적으로 공급하는 공공임대주택
> • 장기전세주택: 국가나 지방자치단체의 재정이나 주택도시기금의 자금을 지원받아 전세계약의 방식으로 공급하는 공공임대주택
> • 분양전환공공임대주택: 일정 기간 임대 후 분양전환할 목적으로 공급하는 공공임대주택

① 0개　② 1개　③ 2개
④ 3개　⑤ 4개

20 **부동산 정책 중 금융규제에 해당하는 것은?**

① 택지개발지구 지정
② 토지거래허가제 시행
③ 개발부담금의 부담률 인상
④ 분양가상한제의 적용 지역 확대
⑤ 총부채원리금상환비율(DSR) 강화

21 **주택법령상 주택의 유형과 내용에 관한 설명으로 틀린 것은?**

① 도시형 생활주택은 「국토의 계획 및 이용에 관한 법률」에 따른 도시지역에 건설하여야 한다.
② 도시형 생활주택은 300세대 미만의 국민주택규모로 구성된다.
③ 토지임대부 분양주택의 경우, 토지의 소유권은 분양주택 건설사업을 시행하는 자가 가지고, 건축물 및 복리시설 등에 대한 소유권은 주택을 분양받은 자가 가진다.
④ 세대구분형 공동주택은 주택 내부 공간의 일부를 세대별로 구분하여 생활이 가능한 구조이어야 하며, 그 구분된 공간의 일부를 구분소유할 수 있다.
⑤ 장수명 주택은 구조적으로 오랫동안 유지・관리될 수 있는 내구성을 갖추고, 입주자의 필요에 따라 내부 구조를 쉽게 변경할 수 있는 가변성과 수리 용이성 등이 우수한 주택을 말한다.

22 부동산 조세에 관한 설명으로 옳은 것을 모두 고른 것은?

> ㉠ 양도소득세의 중과는 부동산 보유자로 하여금 매각을 앞당기게 하는 동결효과(lock-in effect)를 발생시킬 수 있다.
> ㉡ 재산세와 종합부동산세의 과세기준일은 매년 6월 1일로 동일하다.
> ㉢ 취득세와 상속세는 취득단계에서 부과하는 지방세이다.
> ㉣ 증여세와 양도소득세는 처분단계에서 부과하는 국세이다.

① ㉡　② ㉠, ㉢　③ ㉡, ㉣
④ ㉠, ㉢, ㉣　⑤ ㉠, ㉡, ㉢, ㉣

23 다음 자료는 A부동산의 1년간 운영수지이다. A부동산의 총투자액은 6억원이며, 투자자는 총투자액의 40%를 은행에서 대출받았다. 이 경우 순소득승수(㉠)와 세전현금흐름승수(㉡)는? (단, 주어진 조건에 한함)

> • 가능총소득(PGI): 7,000만원
> • 공실손실상당액 및 대손충당금: 500만원
> • 기타소득: 100만원
> • 부채서비스액: 1,500만원
> • 영업소득세: 500만원
> • 수선유지비: 200만원
> • 용역비: 100만원
> • 재산세: 100만원
> • 직원인건비: 200만원

① ㉠: 9.0, ㉡: 8.0　② ㉠: 9.0, ㉡: 9.0
③ ㉠: 9.0, ㉡: 10.0　④ ㉠: 10.0, ㉡: 8.0
⑤ ㉠: 10.0, ㉡: 9.0

24 **다음은 시장전망에 따른 자산의 투자수익률을 합리적으로 예상한 결과이다. 이에 관한 설명으로 틀린 것은?** (단, 주어진 조건에 한함)

시장 전망	발생 확률	예상수익률			
		자산 A	자산 B	자산 C	자산 D
낙관적	25%	6%	10%	9%	14%
정상적	50%	4%	4%	8%	8%
비관적	25%	2%	−2%	7%	2%
평균(기댓값)		4.0%	4.0%	8.0%	8.0%
표준편차		1.41%	4.24%	0.71%	4.24%

① 자산 A와 자산 B는 동일한 기대수익률을 가진다.
② 낙관적 시장전망에서는 자산 D의 수익률이 가장 높다.
③ 자산 C와 자산 D는 동일한 투자위험을 가진다.
④ 평균−분산 지배원리에 따르면 자산 C는 자산 A보다 선호된다.
⑤ 자산 A, B, C, D로 구성한 포트폴리오의 수익과 위험은 각 자산의 투자비중에 따라 달라진다.

25 **부동산 투자분석기법에 관한 설명으로 틀린 것은?**

① 순현재가치법과 내부수익률법은 화폐의 시간가치를 반영한 투자분석방법이다.
② 복수의 투자안을 비교할 때 투자금액의 차이가 큰 경우, 순현재가치법과 내부수익률법은 분석결과가 서로 다를 수 있다.
③ 하나의 투자안에 있어 수익성지수가 1보다 크면 순현재가치는 0보다 크다.
④ 투자자산의 현금흐름에 따라 복수의 내부수익률이 존재할 수 있다.
⑤ 내부수익률법에서는 현금흐름의 재투자율로 투자자의 요구수익률을 가정한다.

26 **토지세를 제외한 다른 모든 조세를 없애고 정부의 재정은 토지세만으로 충당하는 토지단일세를 주장한 학자는?**

① 뢰쉬(A. Lösch)
② 레일리(W. Reilly)
③ 알론소(W. Alonso)
④ 헨리 조지(H. George)
⑤ 버제스(E. Burgess)

27 **자본환원율에 관한 설명으로 틀린 것은?** (단, 다른 조건은 동일함)

① 자본환원율은 순영업소득을 부동산의 가격으로 나누어 구할 수 있다.

② 부동산 시장이 균형을 이루더라도 자산의 유형, 위치 등 특성에 따라 자본환원율이 서로 다른 부동산들이 존재할 수 있다.

③ 자본환원율은 자본의 기회비용을 반영하며, 금리의 상승은 자본환원율을 낮추는 요인이 된다.

④ 투자위험의 증가는 자본환원율을 높이는 요인이 된다.

⑤ 서로 다른 유형별, 지역별 부동산 시장을 비교하여 분석하는데 활용될 수 있다.

28 **A임차인은 비율임대차(percentage lease)방식의 임대차계약을 체결하였다. 이 계약에서는 매장의 월 매출액이 손익분기점 매출액 이하이면 기본임대료만 지급하고, 손익분기점 매출액 초과이면 초과매출액에 대해 일정 임대료율을 적용한 추가임대료를 기본임대료에 가산하여 임대료를 지급한다고 약정하였다. 구체적인 계약조건과 예상매출액은 다음과 같다. 해당 계약내용에 따라 A임차인이 지급할 것으로 예상되는 임대료의 합계는?** (단, 주어진 조건에 한함)

- 계약기간: 1년(1월~12월)
- 매장 임대면적: 300m^2
- 임대면적당 기본임대료: 매월 5만원/m^2
- 손익분기점 매출액: 매월 3,500만원
- 월별 임대면적당 예상매출액
  - 1월~6월: 매월 10만원/m^2
  - 7월~12월: 매월 19만원/m^2
- 손익분기점 매출액 초과시 초과매출액에 대한 추가임대료율: 10%

① 18,000만원 ② 19,320만원

③ 28,320만원 ④ 31,320만원

⑤ 53,520만원

29 **현재 5천만원의 기존 주택담보대출이 있는 A씨가 동일한 은행에서 동일한 주택을 담보로 추가대출을 받으려고 한다. 이 은행의 대출승인기준이 다음과 같을 때, A씨가 추가로 대출받을 수 있는 최대금액은 얼마인가?** (단, 제시된 두 가지 대출승인기준을 모두 충족시켜야 하며, 주어진 조건에 한함)

> • A씨의 담보주택의 담보가치평가액: 5억원
> • A씨의 연간 소득: 6천만원
> • 연간 저당상수: 0.1
> • 대출승인기준
>   – 담보인정비율(LTV): 70% 이하
>   – 총부채상환비율(DTI): 60% 이하

① 2억원 ② 2억 5천만원 ③ 3억원
④ 3억 2천만원 ⑤ 3억 5천만원

30 **부동산 관리방식을 관리주체에 따라 분류할 때, 다음 설명에 모두 해당하는 방식은?**

> • 소유와 경영의 분리가 가능하다.
> • 대형건물의 관리에 더 유용하다.
> • 관리에 따른 용역비의 부담이 있다.
> • 전문적이고 체계적인 관리가 가능하다.

① 직접관리 ② 위탁관리 ③ 자치관리
④ 유지관리 ⑤ 법정관리

31 **고정금리대출의 상환방식에 관한 설명으로 옳은 것을 모두 고른 것은?** (단, 주어진 조건에 한하며, 다른 조건은 동일함)

> ㉠ 만기일시상환대출은 대출기간 동안 차입자가 원금만 상환하기 때문에 원리금상환구조가 간단하다.
> ㉡ 체증식분할상환대출은 대출기간 초기에는 원리금상환액을 적게 하고 시간의 경과에 따라 늘려가는 방식이다.
> ㉢ 원리금균등분할상환대출이나 원금균등분할상환대출에서 거치기간이 있을 경우, 이자지급총액이 증가하므로 원리금지급총액도 증가하게 된다.
> ㉣ 대출채권의 가중평균상환기간(duration)은 원금균등분할상환대출에 비해 원리금균등분할상환대출이 더 길다.

① ㉠, ㉡　　② ㉠, ㉢　　③ ㉡, ㉢
④ ㉡, ㉢, ㉣　　⑤ ㉠, ㉡, ㉢, ㉣

32 **한국주택금융공사의 주택담보노후연금(주택연금)에 관한 설명으로 옳은 것은?**

① 주택소유자와 그 배우자의 연령이 보증을 위한 등기시점 현재 55세 이상인 자로서 소유하는 주택의 기준가격이 15억원 이하인 경우 가입할 수 있다.
② 주택소유자가 담보를 제공하는 방식에는 저당권 설정 등기 방식과 신탁 등기 방식이 있다.
③ 주택소유자가 생존해 있는 동안에만 노후생활자금을 매월 연금 방식으로 받을 수 있고, 배우자에게는 승계 되지 않는다.
④ 「주택법」에 따른 준주택 중 주거목적으로 사용되는 오피스텔의 소유자는 가입할 수 없다.
⑤ 주택담보노후연금(주택연금)을 받을 권리는 양도·압류할 수 있다.

33 **부동산투자회사법령상 자기관리 부동산투자회사가 상근으로 두어야 하는 자산운용 전문인력의 요건에 해당하는 사람을 모두 고른 것은?**

> ㉠ 감정평가사로서 해당 분야에 3년을 종사한 사람
> ㉡ 공인중개사로서 해당 분야에 5년을 종사한 사람
> ㉢ 부동산투자회사에서 3년을 근무한 사람
> ㉣ 부동산학 석사학위 소지자로서 부동산의 투자·운용과 관련된 업무에 3년을 종사한 사람

① ㉠, ㉡　　② ㉠, ㉢　　③ ㉡, ㉣
④ ㉡, ㉢, ㉣　　⑤ ㉠, ㉡, ㉢, ㉣

34 **주택저당담보부채권(MBB)에 관한 설명으로 옳은 것은?**

① 유동화기관이 모기지 풀(mortgage pool)을 담보로 발행하는 지분성격의 증권이다.
② 차입자가 상환한 원리금은 유동화기관이 아닌 MBB 투자자에게 직접 전달된다.
③ MBB 발행자는 초과담보를 제공하지 않는 것이 일반적이다.
④ MBB 투자자 입장에서 MPTS(mortgage pass-through securities)에 비해 현금흐름이 안정적이지 못해 불확실성이 크다는 단점이 있다.
⑤ MBB 투자자는 주택저당대출의 채무불이행위험과 조기상환위험을 부담하지 않는다.

35 **감정평가에 관한 규칙에 규정된 내용으로 틀린 것은?**

① 기준시점은 대상물건의 가격조사를 완료한 날짜로 한다. 다만, 기준시점을 미리 정하였을 때에는 그 날짜로 하여야 한다.
② 감정평가법인등은 법령에 다른 규정이 있는 경우에는 기준시점의 가치형성요인 등을 실제와 다르게 가정하거나 특수한 경우로 한정하는 조건을 붙여 감정평가할 수 있다.
③ 둘 이상의 대상물건이 일체로 거래되거나 대상물건 상호간에 용도상 불가분의 관계가 있는 경우에는 일괄하여 감정평가할 수 있다.
④ 하나의 대상물건이라도 가치를 달리하는 부분은 이를 구분하여 감정평가할 수 있다.
⑤ 일체로 이용되고 있는 대상물건의 일부분에 대하여 감정평가하여야 할 특수한 목적이나 합리적인 이유가 있는 경우에는 그 부분에 대하여 감정평가할 수 있다.

36 **다음 자료에서 수익방식에 의한 대상부동산의 시산가액 산정시 적용된 환원율은?** (단, 연간 기준이며, 주어진 조건에 한함)

- 가능총수익(PGI): 50,000,000원
- 공실손실상당액 및 대손충당금: 가능총수익(PGI)의 10%
- 운영경비(OE): 가능총수익(PGI)의 20%
- 환원방법: 직접환원법
- 수익방식에 의한 대상부동산의 시산가액: 500,000,000원

① 7.0%
② 7.2%
③ 8.0%
④ 8.1%
⑤ 9.0%

37 **다음 자료를 활용하여 거래사례비교법으로 산정한 대상토지의 시산가액은?** (단, 주어진 조건에 한함)

- 대상토지
  - 소재지: A시 B구 C동 150번지
  - 용도지역: 제3종일반주거지역
  - 이용상황, 지목, 면적: 상업용, 대, 100㎡
- 기준시점: 2024.10.26.
- 거래사례
  - 소재지: A시 B구 C동 120번지
  - 용도지역: 제3종일반주거지역
  - 이용상황, 지목, 면적: 상업용, 대, 200㎡
  - 거래가액: 625,000,000원(가격구성비율은 토지 80%, 건물 20%임)
  - 사정 개입이 없는 정상적인 거래사례임
  - 거래시점: 2024.05.01.
- 지가변동률(A시 B구, 2024.05.01.~2024.10.26.): 주거지역 4% 상승, 상업지역 5% 상승
- 지역요인: 대상토지와 거래사례 토지는 인근지역에 위치함
- 개별요인: 대상토지는 거래사례 토지에 비해 10% 우세함
- 상승식으로 계산

① 234,000,000원 ② 286,000,000원 ③ 288,750,000원
④ 572,000,000원 ⑤ 577,500,000원

38 **원가법에서의 재조달원가에 관한 설명으로 틀린 것은?**

① 재조달원가란 대상물건을 기준시점에 재생산하거나 재취득하는 데 필요한 적정원가의 총액을 말한다.
② 총량조사법, 구성단위법, 비용지수법은 재조달원가의 산정방법에 해당한다.
③ 재조달원가는 대상물건을 일반적인 방법으로 생산하거나 취득하는 데 드는 비용으로 하되, 제세공과금은 제외한다.
④ 재조달원가를 구성하는 표준적 건설비에는 수급인의 적정이윤이 포함된다.
⑤ 재조달원가를 구할 때 직접법과 간접법을 병용할 수 있다.

39 **부동산 가격공시에 관한 법령상 부동산 가격공시제도에 관한 내용으로 틀린 것은?**

① 표준주택으로 선정된 단독주택, 국세 또는 지방세 부과대상이 아닌 단독주택에 대하여는 개별주택가격을 결정·공시하지 아니할 수 있다.

② 표준주택가격은 국가·지방자치단체 등이 그 업무와 관련하여 개별주택가격을 산정하는 경우에 그 기준이 된다.

③ 개별주택가격 및 공동주택가격은 주택시장의 가격정보를 제공하고, 국가·지방자치단체 등이 과세 등의 업무와 관련하여 주택의 가격을 산정하는 경우에 그 기준으로 활용될 수 있다.

④ 개별주택가격에 이의가 있는 자는 그 결정·공시일부터 30일 이내에 서면(전자문서를 포함한다)으로 시장·군수 또는 구청장에게 이의를 신청할 수 있다.

⑤ 시장·군수 또는 구청장은 공시기준일 이후에 토지의 분할·합병이나 건축물의 신축 등이 발생한 경우에는 대통령령으로 정하는 날을 기준으로 하여 공동주택가격을 결정·공시하여야 한다.

40 **감정평가에 관한 규칙상 대상물건별로 정한 감정평가방법**(주된 감정평가방법)**에 관한 설명으로 옳은 것을 모두 고른 것은?**

㉠ 건물의 주된 감정평가방법은 원가법이다. ㉡ 「집합건물의 소유 및 관리에 관한 법률」에 따른 구분소유권의 대상이 되는 건물부분과 그 대지사용권을 일괄하여 감정평가하는 경우의 주된 감정평가방법은 거래사례비교법이다. ㉢ 자동차와 선박의 주된 감정평가방법은 거래사례비교법이다. 다만, 본래 용도의 효용가치가 없는 물건은 해체처분가액으로 감정평가할 수 있다. ㉣ 영업권과 특허권의 주된 감정평가방법은 수익분석법이다.

① ㉠, ㉡　② ㉡, ㉣　③ ㉠, ㉡, ㉢
④ ㉠, ㉡, ㉣　⑤ ㉠, ㉢, ㉣

· 민법 · 민사특별법

41 **반사회질서의 법률행위에 해당하는 것은?** (다툼이 있으면 판례에 따름)

① 법령에서 정한 한도를 초과하는 부동산 중개수수료 약정
② 강제집행을 면할 목적으로 허위의 근저당권을 설정하는 행위
③ 다수의 보험계약을 통해 보험금을 부정취득할 목적으로 체결한 보험계약
④ 반사회적 행위에 의하여 조성된 비자금을 소극적으로 은닉하기 위한 임치계약
⑤ 양도소득세를 회피할 목적으로 실제 거래가액보다 낮은 금액을 대금으로 기재한 매매계약

42 **甲은 강제집행을 피하기 위해 자신의 X부동산을 乙에게 가장매도하여 소유권이전등기를 해 주었는데, 乙이 이를 丙에게 매도하고 소유권이전등기를 해 주었다. 다음 설명 중 틀린 것은?** (다툼이 있으면 판례에 따름)

① 甲과 乙사이의 계약은 무효이다.
② 甲과 乙사이의 계약은 채권자취소권의 대상이 될 수 있다.
③ 丙이 선의인 경우, 선의에 대한 과실의 유무를 묻지 않고 丙이 소유권을 취득한다.
④ 丙이 악의라는 사실에 관한 증명책임은 허위표시의 무효를 주장하는 자에게 있다.
⑤ 만약 악의의 丙이 선의의 丁에게 X부동산을 매도하고 소유권이전등기를 해 주더라도 丁은소유권을 취득하지 못한다.

43 **착오로 인한 의사표시에 관한 설명으로 옳은 것을 모두 고른 것은?** (다툼이 있으면 판례에 따름)

> ㉠ 착오로 인한 의사표시의 취소는 선의의 제3자에게 대항하지 못한다.
> ㉡ 의사표시의 상대방이 의사표시자의 착오를 알고 이용한 경우, 착오가 중대한 과실로 인한 것이라도 의사표시자는 의사표시를 취소할 수 있다.
> ㉢ X토지를 계약의 목적물로 삼은 당사자가 모두 지번에 착오를 일으켜 계약서에 목적물을 Y토지로 표시한 경우, 착오를 이유로 의사표시를 취소할 수 있다.

① ㉠　　② ㉢　　③ ㉠, ㉡
④ ㉡, ㉢　　⑤ ㉠, ㉡, ㉢

44 **사기·강박에 의한 의사표시에 관한 설명으로 옳은 것을 모두 고른 것은?** (다툼이 있으면 판례에 따름)

> ㉠ 아파트 분양자가 아파트단지 인근에 대규모 공동묘지가 조성된 사실을 알면서 수분양자에게 고지하지 않은 경우, 이는 기망행위에 해당한다.
> ㉡ 교환계약의 당사자가 목적물의 시가를 묵비한 것은 원칙적으로 기망행위에 해당한다.
> ㉢ '제3자의 강박'에 의한 의사표시에서 상대방의 대리인은 제3자에 포함되지 않는다.

① ㉠　　② ㉡　　③ ㉠, ㉢
④ ㉡, ㉢　　⑤ ㉠, ㉡, ㉢

45 **의사표시의 취소에 관한 설명으로 옳은 것을 모두 고른 것은?**

> ㉠ 취소권은 추인할 수 있는 날로부터 10년이 경과하더라도 행사할 수 있다.
> ㉡ 강박에 의한 의사표시를 한 자는 강박상태를 벗어나기 전에도 이를 취소할 수 있다.
> ㉢ 취소할 수 있는 법률행위의 상대방이 확정되었더라도 상대방이 그 법률행위로부터 취득한 권리를 제3자에게 양도하였다면 취소의 의사표시는 그 제3자에게 해야 한다.

① ㉠　　② ㉡　　③ ㉢
④ ㉠, ㉡　　⑤ ㉡, ㉢

46 **甲의 乙에 대한 의사표시에 관한 설명으로 옳은 것은?** (다툼이 있으면 판례에 따름)

① 甲이 부동산 매수청약의 의사표시를 발송한 후 사망하였다면 그 효력은 발생하지 않는다.
② 乙이 의사표시를 받은 때에 제한능력자이더라도 甲은 원칙적으로 그 의사표시의 효력을 주장할 수 있다.
③ 甲의 의사표시가 乙에게 도달되었다고 보기 위해서는 乙이 그 내용을 알았을 것을 요한다.
④ 甲의 의사표시가 등기우편의 방법으로 발송된 경우, 상당한 기간 내에 도달되었다고 추정할 수 없다.
⑤ 乙이 정당한 사유 없이 계약해지 통지의 수령을 거절한 경우, 乙이 그 통지의 내용을 알 수 있는 객관적 상태에 놓여 있는 때에 의사표시의 효력이 생긴다.

47 **계약의 무권대리에 관한 설명으로 옳은 것은?** (다툼이 있으면 판례에 따름)

① 본인이 추인하면 특별한 사정이 없는 한 그때부터 계약의 효력이 생긴다.
② 본인의 추인의 의사표시는 무권대리행위로 인한 권리의 승계인에 대하여는 할 수 없다.
③ 계약 당시 무권대리행위임을 알았던 상대방은 본인의 추인이 있을 때까지 의사표시를 철회할 수 있다.
④ 무권대리의 상대방은 상당한 기간을 정하여 본인에게 추인여부의 확답을 최고할 수 있고, 본인이 그 기간 내에 확답을 발하지 않으면 추인한 것으로 본다.
⑤ 본인이 무권대리행위를 안 후 그것이 자기에게 효력이 없다고 이의를 제기하지 않고 이를 장시간 방치한 사실만으로는 추인하였다고 볼 수 없다.

48 **甲은 자신의 토지에 관한 매매계약 체결을 위해 乙에게 대리권을 수여하였고, 乙은 甲의 대리인으로서 丙과 매매계약을 체결하였다. 다음 설명 중 옳은 것을 모두 고른 것은?** (다툼이 있으면 판례에 따름)

> ㉠ 乙은 원칙적으로 복대리인을 선임할 수 있다.
> ㉡ 乙은 특별한 사정이 없는 한 계약을 해제할 권한이 없다.
> ㉢ 乙이 丙에게 甲의 위임장을 제시하고 계약을 체결하면서 계약서상 매도인을 乙로 기재한 경우, 특별한 사정이 없는 한 甲에게 그 계약의 효력이 미치지 않는다.

① ㉡　② ㉢　③ ㉠, ㉡
④ ㉠, ㉢　⑤ ㉡, ㉢

49 **취소할 수 있는 법률행위의 법정추인 사유가 아닌 것은?**

① 혼동
② 경개
③ 취소권자의 이행청구
④ 취소권자의 강제집행
⑤ 취소권자인 채무자의 담보제공

50 **법률행위의 부관에 관한 설명으로 틀린 것은?** (다툼이 있으면 판례에 따름)

① 조건의사가 있더라도 외부에 표시되지 않으면 그것만으로는 조건이 되지 않는다.
② 기한이익 상실특약은 특별한 사정이 없는 한 정지조건부 기한이익 상실특약으로 추정한다.
③ 조건을 붙일 수 없는 법률행위에 조건을 붙인 경우, 다른 정함이 없으면 그 법률행위 전부가 무효로 된다.
④ '정지조건부 법률행위에 해당한다는 사실'에 대한 증명책임은 그 법률행위로 인한 법률효과의 발생을 다투는 자에게 있다.
⑤ 불확정한 사실이 발생한 때를 이행기한으로 정한 경우, 그 사실의 발생이 불가능하게 된 때에도 기한이 도래한 것으로 보아야 한다.

51 **물권에 관한 설명으로 옳은 것은?** (다툼이 있으면 판례에 따름)

① 관습법에 의한 물권은 인정되지 않는다.
② 저당권은 법률규정에 의해 성립할 수 없다.
③ 부동산 물권변동에 관해서 공신의 원칙이 인정된다.
④ 1필 토지의 일부에 대해서는 저당권이 성립할 수 없다.
⑤ 물건의 집단에 대해서는 하나의 물권이 성립하는 경우가 없다.

52

등기 없이도 부동산 물권취득의 효력이 있는 경우를 모두 고른 것은? (다툼이 있으면 판례에 따름)

㉠ 매매	㉡ 건물신축
㉢ 점유시효취득	㉣ 공유물의 현물분할판결

① ㉠, ㉡ ② ㉡, ㉢ ③ ㉡, ㉣
④ ㉢, ㉣ ⑤ ㉠, ㉢, ㉣

53

점유보호청구권에 관한 설명으로 틀린 것은? (다툼이 있으면 판례에 따름)

① 점유권에 기인한 소는 본권에 관한 이유로 재판하지 못한다.
② 과실 없이 점유를 방해하는 자에 대해서도 방해배제를 청구할 수 있다.
③ 점유자가 사기를 당해 점유를 이전한 경우, 점유물반환을 청구할 수 없다.
④ 공사로 인하여 점유의 방해를 받은 경우, 그 공사가 완성한 때에는 방해의 제거를 청구하지 못한다.
⑤ 타인의 점유를 침탈한 뒤 제3자에 의해 점유를 침탈당한 자는 점유물반환청구권의 상대방이 될 수 있다.

54

甲은 자신의 토지를 乙에게 매도하여 인도하였고, 乙은 그 토지를 점유·사용하다가 다시 丙에게 매도하여 인도하였다. 甲과 乙은 모두 대금 전부를 수령하였고, 甲·乙·丙 사이에 중간생략등기의 합의가 있었다. 다음 설명 중 옳은 것은? (다툼이 있으면 판례에 따름)

① 甲은 丙을 상대로 소유물반환을 청구할 수 있다.
② 甲은 乙을 상대로 소유물반환을 청구할 수 없다.
③ 丙은 직접 甲을 상대로 소유권이전등기를 청구할 수 없다.
④ 丙은 乙을 대위하여 甲을 상대로 소유권이전등기를 청구할 수 없다.
⑤ 만약 乙이 인도받은 후 현재 10년이 지났다면, 乙은 甲에 대해 소유권이전등기를 청구할 수 없다.

55 **부동산 공유에 관한 설명으로 틀린 것은?** (다툼이 있으면 판례에 따름)

① 공유물의 보존행위는 공유자 각자가 할 수 있다.
② 공유자는 공유물 전부를 지분의 비율로 사용·수익할 수 있다.
③ 공유자는 다른 공유자의 동의 없이 공유물을 처분하거나 변경하지 못한다.
④ 공유자는 자신의 지분에 관하여 단독으로 제3자의 취득시효를 중단시킬 수 없다.
⑤ 공유물 무단점유자에 대한 차임 상당 부당이득반환청구권은 특별한 사정이 없는 한 각 공유자에게 지분 비율만큼 귀속된다.

56 **공유물분할에 관한 설명으로 옳은 것을 모두 고른 것은?** (다툼이 있으면 판례에 따름)

㉠ 재판상 분할에서 분할을 원하는 공유자의 지분만큼은 현물분할하고, 분할을 원하지 않는 공유자는 계속 공유로 남게 할 수 있다. ㉡ 토지의 협의분할은 등기를 마치면 그 등기가 접수된 때 물권변동의 효력이 있다. ㉢ 공유자는 다른 공유자가 분할로 인하여 취득한 물건에 대하여 그 지분의 비율로 매도인과 동일한 담보책임이 있다. ㉣ 공유자 사이에 이미 분할협의가 성립하였는데 일부 공유자가 분할에 따른 이전등기에 협조하지 않은 경우, 공유물분할소송을 제기할 수 없다.

① ㉠　② ㉡, ㉢　③ ㉢, ㉣
④ ㉠, ㉡, ㉣　⑤ ㉠, ㉡, ㉢, ㉣

57 **甲소유 토지에 乙이 무단으로 건물을 신축한 뒤 丙에게 임대하여 丙이 현재 그 건물을 점유하고 있다. 다음 설명 중 틀린 것은?** (다툼이 있으면 판례에 따름)

① 甲은 丙을 상대로 건물에서의 퇴거를 청구할 수 없다.
② 甲은 乙을 상대로 건물의 철거 및 토지의 인도를 청구할 수 있다.
③ 甲은 乙을 상대로 토지의 무단 사용을 이유로 부당이득반환청구권을 행사할 수 있다.
④ 만약 乙이 임대하지 않고 스스로 점유하고 있다면, 甲은 乙을 상대로 건물에서의 퇴거를 청구할 수 없다.
⑤ 만약 丙이 무단으로 건물을 점유하고 있다면, 乙은 丙을 상대로 건물의 인도를 청구할 수 있다.

58 **분묘기지권에 관한 설명으로 옳은 것을 모두 고른 것은?** (다툼이 있으면 판례에 따름)

> ㉠ 분묘기지권은 봉분 등 외부에서 분묘의 존재를 인식할 수 있는 형태를 갖추고 등기하여야 성립한다.
> ㉡ 토지소유자의 승낙을 얻어 분묘를 설치함으로써 분묘기지권을 취득한 경우, 설치할 당시 토지소유자와의 합의에 의하여 정한 지료지급의무의 존부나 범위의 효력은 그 토지의 승계인에게는 미치지 않는다.
> ㉢ 자기 소유 토지에 분묘를 설치한 사람이 그 토지를 양도하면서 분묘를 이장하겠다는 특약을 하지 않음으로써 분묘기지권을 취득한 경우, 분묘기지권자는 특별한 사정이 없는 한 분묘기지권이 성립한 때부터 지료를 지급할 의무가 있다.

① ㉠ ② ㉢ ③ ㉠, ㉡
④ ㉡, ㉢ ⑤ ㉠, ㉡, ㉢

59 **지역권에 관한 설명으로 틀린 것은?**

① 지역권은 요역지와 분리하여 양도할 수 없다.
② 지역권은 표현된 것이 아니더라도 시효취득할 수 있다.
③ 요역지의 소유권이 이전되면 다른 약정이 없는 한 지역권도 이전된다.
④ 요역지의 공유자 1인은 그 토지 지분에 관한 지역권을 소멸시킬 수 없다.
⑤ 공유자의 1인이 지역권을 취득한 때에는 다른 공유자도 지역권을 취득한다.

60 **전세권에 관한 설명으로 틀린 것은?**

① 전세금의 반환은 전세권말소등기에 필요한 서류를 교부하기 전에 이루어져야 한다.
② 전세권자는 전세권설정자에 대하여 통상의 수선에 필요한 비용의 상환을 청구할 수 없다.
③ 전전세한 목적물에 불가항력으로 인한 손해가 발생한 경우, 그 손해가 전전세하지 않았으면 면할 수 있는 것이었던 때에는 전세권자는 그 책임을 부담한다.
④ 대지와 건물을 소유한 자가 건물에 대해서만 전세권을 설정한 후 대지를 제3자에게 양도한 경우, 제3자는 전세권설정자에 대하여 대지에 대한 지상권을 설정한 것으로 본다.
⑤ 타인의 토지에 지상권을 설정한 자가 그 위에 건물을 신축하여 그 건물에 전세권을 설정한 경우, 그 건물소유자는 전세권자의 동의 없이 지상권을 소멸하게 하는 행위를 할 수 없다.

61 **민법상 유치권에 관한 설명으로 틀린 것은?** (다툼이 있으면 판례에 따름)

① 권리금반환청구권은 유치권의 피담보채권이 될 수 없다.
② 유치권의 행사는 피담보채권 소멸시효의 진행에 영향을 미치지 않는다.
③ 공사대금채권에 기하여 유치권을 행사하는 자가 스스로 유치물인 주택에 거주하며 사용하는 것은 특별한 사정이 없는 한 유치물의 보존에 필요한 사용에 해당한다.
④ 유치권에 의한 경매가 목적부동산 위의 부담을 소멸시키는 법정매각조건으로 실시된 경우, 그 경매에서 유치권자는 일반채권자보다 우선하여 배당을 받을 수 있다.
⑤ 건물신축공사를 도급받은 수급인이 사회통념상 독립한 건물이 되지 못한 정착물을 토지에 설치한 상태에서 공사가 중단된 경우, 수급인은 그 정착물에 대하여 유치권을 행사할 수 없다.

62 **저당물의 경매로 토지와 건물의 소유자가 달라지는 경우에 성립하는 법정지상권에 관한 설명으로 옳은 것을 모두 고른 것은?** (다툼이 있으면 판례에 따름)

> ㉠ 토지에 관한 저당권설정 당시 해당 토지에 일시사용을 위한 가설건축물이 존재하였던 경우, 법정지상권은 성립하지 않는다.
> ㉡ 토지에 관한 저당권설정 당시 존재하였던 건물이 무허가건물인 경우, 법정지상권은 성립하지 않는다.
> ㉢ 지상건물이 없는 토지에 저당권을 설정받으면서 저당권자가 신축 개시 전에 건축을 동의한 경우, 법정지상권은 성립하지 않는다.

① ㉡　② ㉢　③ ㉠, ㉡
④ ㉠, ㉢　⑤ ㉠, ㉡, ㉢

63 **甲은 2020. 1. 1. 乙에게 1억원을 대여하면서 변제기 2020. 12. 30., 이율 연 5%, 이자는 매달 말일 지급하기로 약정하였고, 그 담보로 당일 乙소유 토지에 저당권을 취득하였다. 乙이 차용일 이후부터 한 번도 이자를 지급하지 않았고, 甲은 2023. 7. 1. 저당권실행을 위한 경매를 신청하였다. 2023. 12. 31. 배당절차에서 배당재원 3억원으로 배당을 실시하게 되었는데, 甲은 총 1억 2,000만원의 채권신고서를 제출하였다. 甲의 배당금액은?** (甲보다 우선하는 채권자는 없으나 2억원의 후순위저당권자가 있고, 공휴일 및 소멸시효와 이자에 대한 지연손해금 등은 고려하지 않음)

① 1억 500만원　② 1억 1,000만원
③ 1억 1,500만원　④ 1억 1,750만원
⑤ 1억 2,000만원

64 근저당권에 관한 설명으로 옳은 것을 모두 고른 것은? (다툼이 있으면 판례에 따름)

> ㉠ 채무자가 아닌 제3자도 근저당권을 설정할 수 있다.
> ㉡ 피담보채무 확정 전에는 채무자를 변경할 수 있다.
> ㉢ 근저당권에 의해 담보될 채권최고액에 채무의 이자는 포함되지 않는다.

① ㉠ ② ㉢ ③ ㉠, ㉡
④ ㉡, ㉢ ⑤ ㉠, ㉡, ㉢

65 민법상 계약에 관한 설명으로 옳은 것은?

① 매매계약은 요물계약이다.
② 도급계약은 편무계약이다.
③ 교환계약은 무상계약이다.
④ 증여계약은 요식계약이다.
⑤ 임대차계약은 유상계약이다.

66 계약의 성립과 내용에 관한 설명으로 틀린 것은? (다툼이 있으면 판례에 따름)

① 격지자간의 계약은 승낙의 통지를 발송한 때에 성립한다.
② 관습에 의하여 승낙의 통지가 필요하지 않는 경우, 계약은 승낙의 의사표시로 인정되는 사실이 있는 때에 성립한다.
③ 당사자간에 동일한 내용의 청약이 상호교차된 경우, 양 청약이 상대방에게 도달한 때에 계약이 성립한다.
④ 승낙자가 청약에 대하여 변경을 가하여 승낙한 때에는 그 청약의 거절과 동시에 새로 청약한 것으로 본다.
⑤ 선시공·후분양이 되는 아파트의 경우, 준공 전 그 외형·재질에 관하여 분양광고에만 표현된 내용은 특별한 사정이 없는 한 분양계약의 내용이 된다.

67 문제수정

계약체결상의 과실책임에 관한 설명으로 옳은 것을 모두 고른 것은? (다툼이 있으면 판례에 따름)

> ㉠ 계약이 의사의 불합치로 성립하지 않는다는 사실을 알지 못하여 손해를 입은 당사자는 계약체결 당시 그 계약이 불성립될 수 있다는 것을 안 상대방에게 계약체결상의 과실책임을 물을 수 있다.
> ㉡ 부동산 수량지정 매매에서 실제면적이 계약면적에 미달하는 경우, 그 부분의 원시적 불능을 이유로 계약체결상의 과실책임을 물을 수 없다.
> ㉢ 계약체결 전에 이미 매매목적물이 전부 멸실된 사실을 과실없이 알지 못하여 손해를 입은 계약당사자는 계약체결 당시 그 사실을 안 상대방에게 계약체결상의 과실책임을 물을 수 있다.

① ㉠　② ㉡　③ ㉠, ㉢
④ ㉡, ㉢　⑤ ㉠, ㉡, ㉢

68

동시이행의 항변권에 관한 설명으로 틀린 것은? (다툼이 있으면 판례에 따름)

① 서로 이행이 완료된 쌍무계약이 무효로 된 경우, 당사자 사이의 반환의무는 동시이행관계에 있다.
② 구분소유적 공유관계가 해소된 경우, 공유지분권자 상호간의 지분이전등기의무는 동시이행관계에 있다.
③ 동시이행의 항변권이 붙어 있는 채권은 특별한 사정이 없는 한 이를 자동채권으로 하여 상계하지 못한다.
④ 양 채무의 변제기가 도래한 쌍무계약에서 수령지체에 빠진 자는 이후 상대방이 자기 채무의 이행제공 없이 이행을 청구하는 경우, 동시이행의 항변권을 행사할 수 있다.
⑤ 채무를 담보하기 위해 채권자 명의의 소유권이전등기가 된 경우, 피담보채무의 변제의무와 그 소유권이전등기의 말소의무는 동시이행관계에 있다.

69

甲은 X건물을 乙에게 매도하고 乙로부터 계약금을 지급받았는데, 그 후 甲과 乙의 귀책사유 없이 X건물이 멸실되었다. 다음 설명 중 옳은 것을 모두 고른 것은? (다툼이 있으면 판례에 따름)

> ㉠ 甲은 乙에게 잔대금의 지급을 청구할 수 있다.
> ㉡ 乙은 甲에게 계약금의 반환을 청구할 수 있다.
> ㉢ 만약 乙의 수령지체 중에 甲과 乙의 귀책사유 없이 X건물이 멸실된 경우, 乙은 甲에게 계약금의 반환을 청구할 수 있다.

① ㉡　② ㉢　③ ㉠, ㉡
④ ㉠, ㉢　⑤ ㉡, ㉢

70 **매도인 甲과 매수인 乙사이에 매매대금을 丙에게 지급하기로 하는 제3자를 위한 계약을 체결하였고, 丙이 乙에게 수익의 의사표시를 하였다. 다음 설명 중 옳은 것은?** (다툼이 있으면 판례에 따름)

① 乙의 대금채무 불이행이 있는 경우, 甲은 丙의 동의 없이 乙과의 계약을 해제할 수 없다.
② 乙의 기망행위로 甲과 乙의 계약이 체결된 경우, 丙은 사기를 이유로 그 계약을 취소할 수 있다.
③ 甲과 丙의 법률관계가 무효인 경우, 특별한 사정이 없는 한 乙은 丙에게 대금지급을 거절할 수 있다.
④ 乙이 매매대금을 丙에게 지급한 후에 甲과 乙의 계약이 취소된 경우, 乙은 丙에게 부당이득반환을 청구할 수 있다.
⑤ 甲과 乙이 계약을 체결할 때 丙의 권리를 변경시킬 수 있음을 유보한 경우, 甲과 乙은 丙의 권리를 변경시킬 수 있다.

71 **매도인 甲과 매수인 乙사이의 X주택에 관한 계약이 적법하게 해제된 경우, 해제 전에 이해관계를 맺은 자로서 '계약해제로부터 보호되는 제3자'에 해당하지 않는 자는?** (다툼이 있으면 판례에 따름)

① 乙의 소유권이전등기청구권을 압류한 자
② 乙의 책임재산이 된 X주택을 가압류한 자
③ 乙명의로 소유권이전등기가 된 X주택에 관하여 저당권을 취득한 자
④ 乙과 매매예약에 따라 소유권이전등기청구권보전을 위한 가등기를 마친 자
⑤ 乙명의로 소유권이전등기가 된 X주택에 관하여 주택임대차보호법상 대항요건을 갖춘 자

72 **乙은 甲소유 X토지를 매수하고 계약금을 지급한 후 X토지를 인도받아 사용·수익하고 있다. 다음 설명 중 틀린 것은?** (다툼이 있으면 판례에 따름)

① 계약이 채무불이행으로 해제된 경우, 乙은 甲에게 X토지와 그 사용이익을 반환할 의무가 있다.
② 계약이 채무불이행으로 해제된 경우, 甲은 乙로부터 받은 계약금에 이자를 가산하여 반환할 의무를 진다.
③ 甲이 乙의 중도금 지급채무 불이행을 이유로 계약을 해제한 이후에도 乙은 착오를 이유로 계약을 취소할 수 있다.
④ 만약 甲의 채권자가 X토지를 가압류하면, 乙은 이를 이유로 계약을 즉시 해제할 수 있다.
⑤ 만약 乙명의로 소유권이전등기가 된 후 계약이 합의해제 되면, X토지의 소유권은 甲에게 당연히 복귀한다.

73 **건물소유를 목적으로 하는 토지임차인의 지상물매수청구권에 관한 설명으로 옳은 것은?** (다툼이 있으면 판례에 따름)

① 지상 건물을 타인에게 양도한 임차인도 매수청구권을 행사할 수 있다.
② 임차인은 저당권이 설정된 건물에 대해서는 매수청구권을 행사할 수 없다.
③ 토지소유자가 아닌 제3자가 토지를 임대한 경우, 임대인은 특별한 사정이 없는 한 매수청구권의 상대방이 될 수 없다.
④ 임대인이 임차권 소멸 당시에 이미 토지소유권을 상실하였더라도 임차인은 그에게 매수청구권을 행사할 수 있다.
⑤ 기간의 정함이 없는 임대차에서 임대인의 해고통고에 의하여 임차권이 소멸된 경우, 임차인은 매수청구권을 행사할 수 없다.

74 **甲은 자신의 X주택을 보증금 2억원, 월차임 50만원으로 乙에게 임대하였는데, 乙이 전입신고 후 X주택을 점유・사용하면서 차임을 연체하다가 계약이 종료되었다. 계약 종료 전에 X주택의 소유권이 매매를 원인으로 丙에게 이전되었다. 다음 설명 중 틀린 것은?** (다툼이 있으면 판례에 따름)

① 특별한 사정이 없는 한 丙이 임대인의 지위를 승계한 것으로 본다.
② 연체차임에 대한 지연손해금의 발생종기는 특별한 사정이 없는 한 X주택이 반환되는 때이다.
③ 丙은 甲의 차임채권을 양수하지 않았다면 X주택을 반환받을 때 보증금에서 이를 공제할 수 없다.
④ X주택을 반환할 때까지 잔존하는 甲의 차임채권은 압류가 되었더라도 보증금에서 당연히 공제된다.
⑤ X주택을 반환하지 않으면, 특별한 사정이 없는 한 乙은 보증금이 있음을 이유로 연체차임의 지급을 거절할 수 없다.

75 **임차인 乙은 임대인 甲에게 2024. 3. 10.로 기간이 만료되는 X주택의 임대차계약에 대해 주택임대차보호법에 따라 갱신요구 통지를 하여 그 통지가 2024. 1. 5. 甲에게 도달하였고, 甲이 갱신거절 통지를 하지 않아 계약이 갱신되었다. 그 후 乙이 갱신된 계약기간이 개시되기 전인 2024. 1. 29. 갱신된 임대차계약의 해지를 통지하여 2024. 1. 30. 甲에게 도달하였다. 임대차계약의 종료일은?** (다툼이 있으면 판례에 따름)

① 2024. 1. 30.
② 2024. 3. 10.
③ 2024. 4. 30.
④ 2024. 6. 10.
⑤ 2026. 3. 10.

76 **집합건물의 소유 및 관리에 관한 법률상 관리인에 관한 설명으로 틀린 것은?**

① 관리인은 구분소유자여야 한다.
② 관리인은 공용부분의 보존행위를 할 수 있다.
③ 관리인의 임기는 2년의 범위에서 규약으로 정한다.
④ 관리인은 규약에 달리 정한 바가 없으면 관리위원회의 위원이 될 수 없다.
⑤ 관리인의 대표권은 제한할 수 있지만, 이를 선의의 제3자에게 대항할 수 없다.

77 **甲은 乙에게 무이자로 빌려준 1억원을 담보하기 위해, 丙명의의 저당권**(피담보채권 5,000만원) **이 설정된 乙소유의 X건물**(시가 2억원)**에 관하여 담보가등기를 마쳤고, 乙은 변제기가 도래한 甲에 대한 차용금을 지급하지 않고 있다. 다음 설명 중 틀린 것은?** (다툼이 있으면 판례에 따름)

① 甲이 귀속정산절차에 따라 적법하게 X건물의 소유권을 취득하면 丙의 저당권은 소멸한다.
② 甲이 乙에게 청산금을 지급하지 않고 자신의 명의로 본등기를 마친 경우, 그 등기는 무효이다.
③ 甲의 청산금지급채무와 乙의 가등기에 기한 본등기 및 X건물 인도채무는 동시이행관계에 있다.
④ 경매절차에서 丁이 X건물의 소유권을 취득하면 특별한 사정이 없는 한 甲의 가등기담보권은 소멸한다.
⑤ 만약 청산금이 없는 경우, 적법하게 실행통지를 하여 2개월의 청산기간이 지나면 청산절차의 종료와 함께 X건물에 대한 사용・수익권은 甲에게 귀속된다.

78 **甲은 친구 乙과의 명의신탁약정에 따라 2024. 3. 5. 자신의 X부동산을 乙명의로 소유권이전등기를 해 주었고, 그 후 乙은 丙에게 이를 매도하고 丙명의로 소유권이전등기를 해 주었다. 다음 설명 중 옳은 것은?** (다툼이 있으면 판례에 따름)

① 甲은 乙을 상대로 불법행위로 인한 손해배상을 청구할 수 있다.
② 甲과 乙의 명의신탁약정으로 인해 乙과 丙의 매매계약은 무효이다.
③ 甲은 丙을 상대로 X부동산에 관한 소유권이전등기말소를 청구할 수 있다.
④ 甲은 乙을 상대로 명의신탁약정 해지를 원인으로 하는 소유권이전등기를 청구할 수 있다.
⑤ 만약 乙이 X부동산의 소유권을 丙으로부터 다시 취득한다면, 甲은 乙을 상대로 소유권에 기하여 이전등기를 청구할 수 있다.

79 **임차인 乙은 甲소유의 X상가건물에 관하여 월차임 200만원, 기간 2023. 5. 24. ~ 2024. 5. 23.로 하는 임대차계약을 甲과 체결하였고, 기간만료 14일 전인 2024. 5. 9. 갱신거절의 통지를 하여 다음날 甲에게 도달하였다. 임대차계약의 종료일은?** (다툼이 있으면 판례에 따름)

① 2024. 5. 10.
② 2024. 5. 23.
③ 2024. 8. 23.
④ 2024. 11. 23.
⑤ 2025. 5. 23.

80 **상가건물 임대차보호법이 적용되는 X건물에 관하여 임대인 甲과 임차인 乙이 보증금 3억원, 월차임 60만원으로 정하여 체결한 임대차가 기간만료로 종료되었다. 그런데 甲이 乙에게 보증금을 반환하지 않아서 乙이 현재 X건물을 점유·사용하고 있다. 다음 설명 중 옳은 것은?** (다툼이 있으면 판례에 따름)

① 甲은 乙에게 불법행위로 인한 손해배상을 청구할 수 있다.
② 乙은 甲에 대해 채무불이행으로 인한 손해배상의무를 진다.
③ 甲은 乙에게 차임에 상당하는 부당이득반환을 청구할 수 있다.
④ 甲은 乙에게 종전 임대차계약에서 정한 차임의 지급을 청구할 수 있다.
⑤ 乙은 보증금을 반환받을 때까지 X건물에 대해 유치권을 행사할 수 있다.

제34회 반복학습 체크리스트

반복학습	과목별 점수	평균점수	약점체크
1회 ___ 월 ___ 일	• 부동산학개론 ______ 점 • 민법·민사특별법 ______ 점	______ 점	
2회 ___ 월 ___ 일	• 부동산학개론 ______ 점 • 민법·민사특별법 ______ 점	______ 점	
3회 ___ 월 ___ 일	• 부동산학개론 ______ 점 • 민법·민사특별법 ______ 점	______ 점	
4회 ___ 월 ___ 일	• 부동산학개론 ______ 점 • 민법·민사특별법 ______ 점	______ 점	
5회 ___ 월 ___ 일	• 부동산학개론 ______ 점 • 민법·민사특별법 ______ 점	______ 점	

합격점수 체크그래프

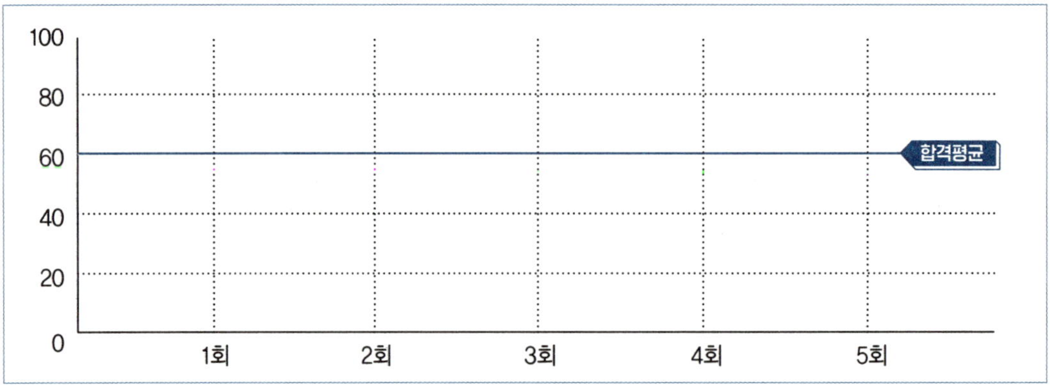

PART

03

제34회 기출문제

제34회 공인중개사 시험(2023. 10. 28. 실시)

교시	시험시간	시험과목
1교시	100분	❶ 부동산학개론 ❷ 민법 · 민사특별법

제34회 공인중개사 시험(2023. 10. 28. 실시)

• 현재 시행중인 법령을 기준으로 문제를 수정하였습니다.

· 부동산학개론

01 **토지의 특성에 관한 설명으로 틀린 것은?**

① 용도의 다양성으로 인해 두 개 이상의 용도가 동시에 경합할 수 없고 용도의 전환 및 합병 · 분할을 어렵게 한다.
② 부증성으로 인해 토지의 물리적 공급이 어려우므로 토지이용의 집약화가 요구된다.
③ 부동성으로 인해 주변 환경의 변화에 따른 외부효과가 나타날 수 있다.
④ 영속성으로 인해 재화의 소모를 전제로 하는 재생산이론과 물리적 감가상각이 적용되지 않는다.
⑤ 개별성으로 인해 토지별 완전한 대체관계가 제약된다.

02 **부동산의 개념에 관한 설명으로 틀린 것은?**

① 「민법」상 부동산은 토지 및 그 정착물이다.
② 경제적 측면의 부동산은 부동산 가치에 영향을 미치는 수익성, 수급조절, 시장정보를 포함한다.
③ 물리적 측면의 부동산에는 생산요소, 자산, 공간, 자연이 포함된다.
④ 등기 · 등록의 공시방법을 갖춤으로써 부동산에 준하여 취급되는 동산은 준부동산으로 간주한다.
⑤ 공간적 측면의 부동산에는 지하, 지표, 공중공간이 포함된다.

03 **토지 관련 용어의 설명으로 옳게 연결된 것은?**

㉠ 소유권이 인정되지 않는 바다와 육지 사이의 해변 토지 ㉡ 택지경계와 인접한 경사된 토지로 사실상 사용이 불가능한 토지 ㉢ 택지지역 내에서 공업지역이 상업지역으로 용도가 전환되고 있는 토지 ㉣ 임지지역 · 농지지역 · 택지지역 상호간에 다른 지역으로 전환되고 있는 일단의 토지

① ㉠: 공지, ㉡: 빈지, ㉢: 후보지, ㉣: 이행지
② ㉠: 법지, ㉡: 빈지, ㉢: 이행지, ㉣: 후보지
③ ㉠: 법지, ㉡: 공지, ㉢: 후보지, ㉣: 이행지
④ ㉠: 빈지, ㉡: 법지, ㉢: 이행지, ㉣: 후보지
⑤ ㉠: 빈지, ㉡: 법지, ㉢: 후보지, ㉣: 이행지

04 **해당 부동산 시장의 수요곡선을 우측**(우상향)**으로 이동하게 하는 수요변화의 요인에 해당하는 것은?** (단, 수요곡선은 우하향하고, 해당 부동산은 정상재이며, 다른 조건은 동일함)

① 대출금리의 상승
② 보완재 가격의 하락
③ 대체재 수요량의 증가
④ 해당 부동산 가격의 상승
⑤ 해당 부동산 선호도의 감소

05 **거미집모형에 관한 설명으로 옳은 것은?** (단, 다른 조건은 동일함)

① 수요의 가격탄력성이 공급의 가격탄력성보다 크면 발산형이다.
② 가격이 변동하면 수요와 공급은 모두 즉각적으로 반응한다는 가정을 전제하고 있다.
③ 수요곡선의 기울기 절댓값이 공급곡선의 기울기 절댓값보다 작으면 수렴형이다.
④ 수요와 공급의 동시적 관계로 가정하여 균형의 변화를 정태적으로 분석한 모형이다.
⑤ 공급자는 현재와 미래의 가격을 동시에 고려해 미래의 공급을 결정한다는 가정을 전제하고 있다.

06 **A지역의 기존 아파트 시장의 수요함수는 P=−Qd+40, 공급함수는 $P=\frac{2}{3}Qs+20$이었다. 이후 수요함수는 변하지 않고 공급함수가 $P=\frac{2}{3}Qs+10$으로 변하였다. 다음 설명으로 옳은 것은?** [단, X축은 수량, Y축은 가격, P는 가격(단위는 만원/m^2), Qd는 수요량(단위는 m^2), Qs는 공급량(단위는 m^2)이며, 다른 조건은 동일함]

① 아파트 공급량의 증가에 따른 공급량의 변화로 공급곡선이 좌측(좌상향)으로 이동하였다.
② 기존 아파트 시장 균형가격은 22만원/m^2이다.
③ 공급함수 변화 이후의 아파트 시장 균형량은 12m^2이다.
④ 기존 아파트 시장에서 공급함수 변화로 인한 아파트 시장 균형가격은 6만원/m^2 만큼 하락하였다.
⑤ 기존 아파트 시장에서 공급함수 변화로 인한 아파트 시장 균형량은 8m^2 만큼 증가하였다.

07 **수요와 공급의 가격탄력성에 관한 설명으로 옳은 것은?** (단, X축은 수량, Y축은 가격, 수요의 가격탄력성은 절댓값을 의미하며, 다른 조건은 동일함)

① 가격이 변화하여도 수요량이 전혀 변화하지 않는다면, 수요의 가격탄력성은 완전탄력적이다.
② 가격변화율보다 공급량의 변화율이 커서 1보다 큰 값을 가진다면, 공급의 가격탄력성은 비탄력적이다.
③ 공급의 가격탄력성이 0이라면, 완전탄력적이다.
④ 수요의 가격탄력성이 1보다 작은 값을 가진다면, 수요의 가격탄력성은 탄력적이다.
⑤ 공급곡선이 수직선이면, 공급의 가격탄력성은 완전비탄력적이다.

08 **부동산의 수요와 공급에 관한 설명으로 틀린 것은?** (단, 부동산은 정상재이며, 다른 조건은 동일함)

① 수요곡선상의 수요량은 주어진 가격에서 수요자들이 구입 또는 임차하고자 하는 부동산의 최대수량이다.
② 부동산의 공급량과 그 공급량에 영향을 주는 요인들과의 관계를 나타낸 것이 공급함수이다.
③ 공급의 법칙에 따르면 가격(임대료)과 공급량은 비례관계이다.
④ 부동산 시장수요곡선은 개별수요곡선을 수직으로 합하여 도출한다.
⑤ 건축원자재의 가격 상승은 부동산의 공급을 축소시켜 공급곡선을 좌측(좌상향)으로 이동하게 한다.

09 지대이론에 관한 설명으로 옳은 것은?

① 튀넨(J. H. von Thünen)의 위치지대설에 따르면, 비옥도 차이에 기초한 지대에 의한 비농업적 토지이용이 결정된다.
② 마샬(A. Marshall)의 준지대설에 따르면, 생산을 위하여 사람이 만든 기계나 기구들로부터 얻은 일시적인 소득은 준지대에 속한다.
③ 리카도(D. Ricardo)의 차액지대설에서 지대는 토지의 생산성과 운송비의 차이에 의해 결정된다.
④ 마르크스(K. Marx)의 절대지대설에 따르면, 최열등지에서는 지대가 발생하지 않는다.
⑤ 헤이그(R. Haig)의 마찰비용이론에서 지대는 마찰비용과 교통비의 합으로 산정된다.

10 도시공간구조이론 및 입지이론에 관한 설명으로 옳은 것은?

① 버제스(E. Burgess)의 동심원이론에서 통근자지대는 가장 외곽에 위치한다.
② 호이트(H. Hoyt)의 선형이론에 따르면, 도시공간구조의 성장과 분화는 점이지대를 향해 직선으로 확대되면서 나타난다.
③ 해리스(C. Harris)와 울만(E. Ullman)의 다핵심이론에는 중심업무지구와 점이지대가 존재하지 않는다.
④ 뢰쉬(A. Lösch)의 최대수요이론은 운송비와 집적이익을 고려한 특정 사업의 팔각형 상권체계 과정을 보여준다.
⑤ 레일리(W. Reilly)의 소매인력법칙은 특정 점포가 최대이익을 확보하기 위해 어떤 장소에 입지하는가에 대한 8원칙을 제시한다.

11 X와 Y지역의 산업별 고용자수가 다음과 같을 때, X지역의 입지계수(LQ)에 따른 기반산업의 개수는? (단, 주어진 조건에 한함)

구 분	X지역	Y지역	전지역
A산업	30	50	80
B산업	50	40	90
C산업	60	50	110
D산업	100	20	120
E산업	80	60	140
전산업 고용자수	320	220	540

① 0개 ② 1개 ③ 2개
④ 3개 ⑤ 4개

12 **허프(D. Huff)모형을 활용하여 점포 A의 월 매출액을 추정하였는데, 착오에 의해 공간(거리)마찰계수가 잘못 적용된 것을 확인하였다. 올바르게 추정한 점포 A의 월 매출액은 잘못 추정한 점포 A의 월 매출액보다 얼마나 증가하는가?** (단, 주어진 조건에 한함)

- X지역의 현재 주민: 10,000명
- 1인당 월 점포 소비액: 30만원
- 올바른 공간(거리)마찰계수: 2
- 잘못 적용된 공간(거리)마찰계수: 1
- X지역의 주민은 모두 구매자이고, 점포(A, B, C)에서만 구매한다고 가정함
- 각 점포의 매출액은 X지역 주민에 의해서만 창출됨

구 분	점포 A	점포 B	점포 C
면 적	750m^2	2,500m^2	500m^2
X지역 거주지로부터의 거리	5km	10km	5km

① 1억원 ② 2억원 ③ 3억원
④ 4억원 ⑤ 5억원

13 **베버(A. Weber)의 최소비용이론에 관한 설명으로 틀린 것은?** (단, 기업은 단일 입지 공장이고, 다른 조건은 동일함)

① 최소비용지점은 최소운송비 지점, 최소노동비 지점, 집적이익이 발생하는 구역을 종합적으로 고려해서 결정한다.
② 등비용선(isodapane)은 최소운송비 지점으로부터 기업이 입지를 바꿀 경우, 운송비와 노동비가 동일한 지점을 연결한 곡선을 의미한다.
③ 원료지수(material index)가 1보다 큰 공장은 원료지향적 입지를 선호한다.
④ 제품 중량이 국지원료 중량보다 큰 제품을 생산하는 공장은 시장지향적 입지를 선호한다.
⑤ 운송비는 원료와 제품의 무게, 원료와 제품이 수송되는 거리에 의해 결정된다.

14 **크리스탈러(W. Christaller)의 중심지이론에 관한 설명으로 옳은 것은?**

① 최소요구범위 – 중심지 기능이 유지되기 위한 최소한의 수요 요구 규모
② 최소요구치 – 중심지로부터 어느 기능에 대한 수요가 0이 되는 곳까지의 거리
③ 배후지 – 중심지에 의해 재화와 서비스를 제공 받는 주변지역
④ 도달범위 – 판매자가 정상이윤을 얻을 만큼의 충분한 소비자들을 포함하는 경계까지의 거리
⑤ 중심지 재화 및 서비스 – 배후지에서 중심지로 제공되는 재화 및 서비스

15 **우리나라 부동산 관련 조세에 관한 설명으로 옳은 것은?**

㉠ 지방세	㉡ 국세
㉢ 취득단계	㉣ 처분단계
㉤ 보유단계	㉥ 물건별 과세표준에 대한 과세
㉦ 납세의무자별로 합산한 과세표준에 대한 과세	

① 취득세와 재산세는 (㉠, ㉤, ㉦)에 해당한다.
② 취득세는 (㉠, ㉢)에, 종합부동산세는 (㉡, ㉤)에 해당하고, 공통점은 (㉥)에 해당한다.
③ 재산세는 (㉠, ㉥)에, 종합부동산세는 (㉡, ㉦)에 해당하고, 공통점은 (㉤)에 해당한다.
④ 양도소득세는 (㉡)에, 재산세는 (㉠)에 해당하고, 공통점은 (㉤, ㉦)에 해당한다.
⑤ 양도소득세와 종합부동산세는 (㉡, ㉤, ㉥)에 해당한다.

16 **현재 우리나라에서 시행되고 있지 않는 부동산 정책수단을 모두 고른 것은?**

㉠ 택지소유상한제	㉡ 부동산거래신고제
㉢ 토지초과이득세	㉣ 주택의 전매제한
㉤ 부동산실명제	㉥ 토지거래허가구역
㉦ 종합부동산세	㉧ 공한지세

① ㉠, ㉧
② ㉠, ㉢, ㉧
③ ㉠, ㉣, ㉤, ㉥
④ ㉡, ㉢, ㉣, ㉤, ㉦
⑤ ㉡, ㉣, ㉤, ㉥, ㉦, ㉧

17 부동산 시장에 대한 정부의 개입에 관한 설명으로 틀린 것은?

① 부동산투기, 저소득층 주거문제, 부동산자원배분의 비효율성은 정부가 부동산 시장에 개입하는 근거가 된다.
② 부동산 시장실패의 대표적인 원인으로 공공재, 외부효과, 정보의 비대칭성이 있다.
③ 토지비축제도는 공익사업용지의 원활한 공급과 토지시장 안정을 위해 정부가 직접적으로 개입하는 방식이다.
④ 토지수용, 종합부동산세, 담보인정비율, 개발부담금은 부동산 시장에 대한 직접개입수단이다.
⑤ 정부가 주택시장에 개입하여 민간분양주택 분양가를 규제할 경우 주택산업의 채산성·수익성을 저하시켜 신축민간주택의 공급을 축소시킨다.

18 다음과 같은 투자안에서 부동산의 투자가치는? (단, 연간 기준이며, 주어진 조건에 한함)

- 무위험률: 3%
- 위험할증률: 4%
- 예상인플레이션율: 2%
- 예상순이익: 4,500만원

① 4억원　② 4억 5천만원　③ 5억원
④ 5억 5천만원　⑤ 6억원

19 주거정책에 관한 설명으로 틀린 것을 모두 고른 것은?

㉠ 우리나라는 주거에 대한 권리를 인정하고 있지 않다.
㉡ 공공임대주택, 주거급여제도, 주택청약종합저축제도는 현재 우리나라에서 시행되고 있다.
㉢ 주택바우처는 저소득임차가구에 주택임대료를 일부 지원해주는 소비자보조방식의 일종으로 임차인의 주거지 선택을 용이하게 할 수 있다.
㉣ 임대료 보조정책은 민간임대주택의 공급을 장기적으로 감소시키고 시장임대료를 높인다.
㉤ 임대료를 균형가격 이하로 통제하면 민간임대주택의 공급량은 증가하고 질적 수준은 저하된다.

① ㉠, ㉡, ㉤　② ㉠, ㉢, ㉤　③ ㉠, ㉣, ㉤
④ ㉡, ㉢, ㉣　⑤ ㉢, ㉣, ㉤

20 **다음 ( )에 들어갈 알맞은 내용은?**

- (㉠)은 공공주택특별법 시행령에 따른 국가나 지방자치단체의 재정이나 주택도시기금의 자금을 지원받아 전세계약의 방식으로 공급하는 공공임대주택이다.
- (㉡)은 민간임대주택에 관한 특별법에 따른 임대사업자가 매매 등으로 소유권을 취득하여 임대하는 민간임대주택을 말한다.

	㉠	㉡
①	국민임대주택	장기전세주택
②	장기전세주택	기존주택전세임대주택
③	기존주택전세임대주택	국민임대주택
④	국민임대주택	민간매입임대주택
⑤	장기전세주택	민간매입임대주택

21 **부동산 투자 위험에 관한 설명으로 옳은 것을 모두 고른 것은?**

㉠ 표준편차가 작을수록 투자에 수반되는 위험은 커진다.
㉡ 위험회피형 투자자는 변이계수(변동계수)가 작은 투자안을 더 선호한다.
㉢ 경기침체, 인플레이션 심화는 비체계적 위험에 해당한다.
㉣ 부동산 투자자가 대상 부동산을 원하는 시기와 가격에 현금화하지 못하는 경우는 유동성위험에 해당한다.

① ㉠, ㉡　② ㉠, ㉢　③ ㉡, ㉢
④ ㉡, ㉣　⑤ ㉢, ㉣

22 **甲은 시장가치 5억원의 부동산을 인수하고자 한다. 해당 부동산의 부채감당률(DCR)은?** (단, 모든 현금유출입은 연말에만 발생하며, 주어진 조건에 한함)

- 담보인정비율(LTV) : 시장가치의 50%
- 연간 저당상수 : 0.12
- 가능총소득(PGI) : 5,000만원
- 공실손실상당액 및 대손충당금 : 가능총소득의 10%
- 영업경비비율 : 유효총소득의 28%

① 1.08　② 1.20　③ 1.50
④ 1.67　⑤ 1.80

23 **다음 자료는 A부동산의 1년간 운영수지이다. A부동산의 세후현금흐름승수는?** (단, 주어진 조건에 한함)

• 총투자액 : 50,000만원	• 지분투자액 : 36,000만원
• 가능총소득(PGI) : 6,000만원	• 공실률 : 15%
• 재산세 : 500만원	• 원리금상환액 : 600만원
• 영업소득세 : 400만원	

① 8 ② 10 ③ 12
④ 15 ⑤ 20

24 **부동산 투자에 관한 설명으로 틀린 것은?** (단, 주어진 조건에 한함)

① 시중금리 상승은 부동산 투자자의 요구수익률을 하락시키는 요인이다.
② 기대수익률은 투자로 인해 기대되는 예상수입과 예상지출로부터 계산되는 수익률이다.
③ 정(+)의 레버리지효과는 자기자본수익률이 총자본수익률(종합수익률)보다 높을 때 발생한다.
④ 요구수익률은 투자에 대한 위험이 주어졌을 때, 투자자가 대상 부동산에 자금을 투자하기 위해 충족되어야 할 최소한의 수익률이다.
⑤ 부동산 투자자는 담보대출과 전세를 통해 레버리지를 활용할 수 있다.

25 **甲은 아래 조건으로 부동산에 10억원을 투자하였다. 이에 관한 투자분석의 산출값으로 틀린 것은?** (단, 주어진 조건에 한함)

- 순영업소득(NOI) : 2억원/년
- 원리금상환액 : 2,000만원/년
- 유효총소득승수 : 4
- 지분투자액 : 8억원

① 유효총소득은 2억 5천만원 ② 부채비율은 25%
③ 지분환원율은 25% ④ 순소득승수는 5
⑤ 종합환원율은 20%

26 **부동산 투자분석에 관한 설명으로 틀린 것은?**

① 내부수익률은 수익성지수를 0으로, 순현재가치를 1로 만드는 할인율이다.
② 회계적 이익률법은 현금흐름의 시간적 가치를 고려하지 않는다.
③ 내부수익률법에서는 내부수익률과 요구수익률을 비교하여 투자여부를 결정한다.
④ 순현재가치법, 내부수익률법은 할인현금수지분석법에 해당한다.
⑤ 담보인정비율(LTV)은 부동산 가치에 대한 융자액의 비율이다.

27 **PF(Project Financing)대출을 유동화하는 자산유동화증권(ABS)과 자산담보부 기업어음(ABCP)에 관한 설명으로 옳은 것은?**

① ABS는 유치권의 방법으로, ABCP는 근저당의 방법으로 사업부지를 피담보채무의 담보로 확보하여야 한다.
② ABS는 금융위원회에 등록한 이전 회차의 유동화계획을 따를 경우, 금융위원회에 등록 없이 금번 회차에도 동일하게 재발행할 수 있다.
③ ABS는 유동화 도관체(Conduit)가 개발업체에 직접 PF대출을 제공한 후 해당 대출채권을 유동화할 수 있다.
④ 공사대금 재원이 필요한 경우, 시행사는 공사대금채권을 담보로 ABCP를 발행하고 이를 통해 조달한 재원을 시공사에 지급한다.
⑤ 채권형 ABS와 ABCP에서 수령하는 이자에 대하여 모든 개인투자자는 소득세 납세의무를 가진다.

28 **A회사는 전년도에 임대면적 750m^2의 매장을 비율임대차(percentage lease)방식으로 임차하였다. 계약내용에 따르면, 매출액이 손익분기점 매출액 이하이면 기본임대료만 지급하고, 이를 초과하는 매출액에 대해서는 일정 임대료율을 적용한 추가임대료를 기본임대료에 가산하도록 하였다. 전년도 연임대료로 총 12,000만원을 지급한 경우, 해당 계약내용에 따른 추가임대료율은?** (단, 연간 기준이며, 주어진 조건에 한함)

- 전년도 매출액: 임대면적 m^2당 100만원
- 손익분기점 매출액: 임대면적 m^2당 60만원
- 기본임대료: 임대면적 m^2당 10만원

① 15% ② 20% ③ 25%
④ 30% ⑤ 35%

29 **부동산투자회사법상 '자기관리 부동산투자회사(REITs, 이하 "회사"라 한다)에 관한 설명으로 틀린 것은?**

① 국토교통부장관은 회사가 최저자본금을 준비하였음을 확인한 때에는 지체 없이 주요 출자자(발행주식 총수의 100분의 5를 초과하여 주식을 소유하는 자)의 적격성을 심사하여야 한다.

② 최저자본금준비기간이 지난 회사의 최저자본금은 70억원 이상이 되어야 한다.

③ 주요 주주는 미공개 자산운용정보를 이용하여 부동산을 매매하거나 타인에게 이용하게 하여서는 아니 된다.

④ 회사는 그 자산을 투자 · 운용할 때에는 전문성을 높이고 주주를 보호하기 위하여 자산관리회사에 위탁하여야 한다.

⑤ 주주총회의 특별결의에 따른 경우, 회사는 해당 연도 이익배당한도의 100분의 50 이상 100분의 90 미만으로 이익배당을 정한다.

30 **저당담보부증권(MBS)의 가격변동에 관한 설명으로 옳은 것은?** (단, 주어진 조건에 한함)

① 투자자들이 가까운 시일에 채권시장 수익률의 하락을 예상한다면, 가중평균상환기간(duration)이 긴 저당담보부증권일수록 그 가격이 더 크게 하락한다.

② 채무불이행위험이 없는 저당담보부증권의 가격은 채권시장 수익률의 변동에 영향을 받지 않는다.

③ 자본시장 내 다른 투자수단들과 경쟁하므로, 동일위험수준의 다른 투자수단들의 수익률이 상승하면 저당담보부증권의 가격은 상승한다.

④ 채권시장 수익률이 상승할 때 가중평균상환기간이 긴 저당담보부증권일수록 그 가격의 변동 정도가 작다.

⑤ 고정이자를 지급하는 저당담보부증권은 채권시장 수익률이 상승하면 그 가격이 하락한다.

31 **부동산 투자의 분석기법 및 위험에 관한 설명으로 옳은 것을 모두 고른 것은?** (단, 주어진 조건에 한함)

> ㉠ 경기침체로 부동산 수익성 악화가 야기하는 위험은 사업위험(business risk)에 해당한다.
> ㉡ 공실률, 부채서비스액은 유효총소득을 산정하는 데 필요한 항목이다.
> ㉢ 위험회피형 투자자의 최적 포트폴리오는 투자자의 무차별곡선과 효율적 프론티어의 접점에서 선택된다.
> ㉣ 포트폴리오를 통해 제거 가능한 체계적인 위험은 부동산의 개별성에 기인한다.
> ㉤ 민감도분석을 통해 투입요소의 변화가 그 투자안의 내부수익률에 미치는 영향을 분석할 수 있다.

① ㉠, ㉡, ㉢　② ㉠, ㉢, ㉤　③ ㉠, ㉣, ㉤
④ ㉡, ㉢, ㉣, ㉤　⑤ ㉠, ㉡, ㉢, ㉣, ㉤

32 **부동산 관리방식에 따른 해당 내용을 옳게 묶은 것은?**

> ㉠ 소유자의 직접적인 통제권이 강화된다.
> ㉡ 관리의 전문성과 효율성을 높일 수 있다.
> ㉢ 기밀 및 보안 유지가 유리하다.
> ㉣ 건물설비의 고도화에 대응할 수 있다.
> ㉤ 대형건물의 관리에 더 유용하다.
> ㉥ 소유와 경영의 분리가 가능하다.

① 자기관리방식 – ㉠, ㉡, ㉢, ㉣
② 자기관리방식 – ㉠, ㉢, ㉤, ㉥
③ 자기관리방식 – ㉡, ㉢, ㉣, ㉥
④ 위탁관리방식 – ㉠, ㉢, ㉣, ㉤
⑤ 위탁관리방식 – ㉡, ㉣, ㉤, ㉥

33 **부동산 마케팅에 관한 설명으로 틀린 것은?**

① 부동산 마케팅은 부동산 상품을 수요자의 욕구에 맞게 상품을 개발하고 가격을 결정한 후 시장에서 유통, 촉진, 판매를 관리하는 일련의 과정이다.
② STP전략은 대상 집단의 시장세분화(segmentation), 표적시장 선정(targeting), 포지셔닝(positioning)으로 구성된다.
③ 시장세분화 전략은 부동산 시장에서 마케팅 활동을 수행하기 위하여 수요자의 집단을 세분하는 것이다.
④ 표적시장 전략은 세분화된 시장을 통해 선정된 표적 집단을 대상으로 적합한 마케팅 활동을 수행하는 것이다.
⑤ AIDA원리는 주의(attention), 관심(interest), 욕망(desire), 행동(action)의 단계를 통해 공급자의 욕구를 파악하여 마케팅 효과를 극대화하는 시장점유마케팅 전략의 하나이다.

34 **사회기반시설에 대한 민간투자법령상 BOT(build-operate-transfer) 방식에 대한 내용이다. (　　)에 들어갈 내용을 〈보기〉에서 옳게 고른 것은?**

> 사회기반시설의 (㉠)에 일정 기간 동안 (㉡)에게 해당 시설의 소유권이 인정되며 그 기간이 만료되면 (㉢)이 (㉣)에 귀속되는 방식이다.

〈보기〉

a. 착공 후	b. 준공 후	c. 사업시행자
d. 국가 또는 지방자치단체	e. 시설소유권	f. 시설관리운영권

① ㉠ − a, ㉡ − c, ㉢ − e, ㉣ − d
② ㉠ − a, ㉡ − c, ㉢ − e, ㉣ − c
③ ㉠ − a, ㉡ − d, ㉢ − f, ㉣ − c
④ ㉠ − b, ㉡ − c, ㉢ − e, ㉣ − d
⑤ ㉠ − b, ㉡ − d, ㉢ − f, ㉣ − c

35 **다음 자료를 활용하여 공시지가기준법으로 산정한 대상 토지의 단위면적당 시산가액은?** (단, 주어진 조건에 한함)

- 대상 토지 현황: A시 B구 C동 120번지, 일반상업지역, 상업용
- 기준시점: 2023.10.28.
- 표준지공시지가(A시 B구 C동, 2023.01.01. 기준)

기 호	소재지	용도지역	이용상황	공시지가(원/m^2)
1	C동 110	준주거지역	상업용	6,000,000
2	C동 130	일반상업지역	상업용	8,000,000

- 지가변동률(A시 B구, 2023.01.01.~2023.10.28.)
  - 주거지역: 3% 상승
  - 상업지역: 5% 상승
- 지역요인: 표준지와 대상 토지는 인근지역에 위치하여 지역요인 동일함
- 개별요인: 대상 토지는 표준지 기호 1에 비해 개별요인 10% 우세하고, 표준지 기호 2에 비해 개별요인 3% 열세함
- 그 밖의 요인 보정: 대상 토지 인근지역의 가치형성요인이 유사한 정상적인 거래사례 및 평가사례 등을 고려하여 그 밖의 요인으로 50% 증액 보정함
- 상승식으로 계산할 것

① 6,798,000원/m^2　② 8,148,000원/m^2　③ 10,197,000원/m^2
④ 12,222,000원/m^2　⑤ 13,860,000원/m^2

36 **다음 자료를 활용하여 원가법으로 산정한 대상 건물의 시산가액은?** (단, 주어진 조건에 한함)

- 대상 건물 현황: 철근콘크리트조, 단독주택, 연면적 250m^2
- 기준시점: 2023.10.28.
- 사용승인일: 2015.10.28.
- 사용승인일의 신축공사비: 1,200,000원/m^2(신축공사비는 적정함)
- 건축비지수(건설공사비지수)
  - 2015.10.25.: 100
  - 2023.10.28.: 150
- 경제적 내용연수: 50년
- 감가수정방법: 정액법
- 내용연수 만료시 잔존가치 없음

① 246,000,000원　② 252,000,000원　③ 258,000,000원
④ 369,000,000원　⑤ 378,000,000원

37 **감정평가에 관한 규칙상 대상 물건별로 정한 감정평가방법**(주된 방법)**이 수익환원법인 대상 물건은 모두 몇 개인가?**

• 상표권	• 임대료	• 저작권	• 특허권
• 과수원	• 기업가치	• 광업재단	• 실용신안권

① 2개 ② 3개 ③ 4개
④ 5개 ⑤ 6개

38 **감정평가에 관한 규칙에 규정된 내용으로 틀린 것은?**

① 수익분석법이란 대상 물건의 기초가액에 기대이율을 곱하여 산정된 기대수익에 대상 물건을 계속하여 임대하는 데에 필요한 경비를 더하여 대상 물건의 임대료를 산정하는 감정평가방법을 말한다.

② 가치형성요인이란 대상 물건의 경제적 가치에 영향을 미치는 일반요인, 지역요인 및 개별요인 등을 말한다.

③ 감정평가법인등은 법령에 다른 규정이 있는 경우에는 기준시점의 가치형성요인 등을 실제와 다르게 가정하거나 특수한 경우로 한정하는 조건을 붙여 감정평가할 수 있다.

④ 일체로 이용되고 있는 대상 물건의 일부분에 대하여 감정평가하여야 할 특수한 목적이나 합리적인 이유가 있는 경우에는 그 부분에 대하여 감정평가할 수 있다.

⑤ 감정평가법인등은 법령에 다른 규정이 있는 경우에는 대상 물건의 감정평가액을 시장가치 외의 가치를 기준으로 결정할 수 있다.

39 **부동산 가격공시에 관한 법령에 규정된 내용으로 틀린 것은?**

① 표준지공시지가는 토지시장에 지가정보를 제공하고 일반적인 토지거래의 지표가 되며, 국가·지방자치단체 등이 그 업무와 관련하여 지가를 산정하거나 감정평가법인등이 개별적으로 토지를 감정평가하는 경우에 기준이 된다.

② 국토교통부장관이 표준지공시지가를 조사·산정할 때에는 「한국부동산원법」에 따른 한국부동산원에게 이를 의뢰하여야 한다.

③ 표준지공시지가에 이의가 있는 자는 그 공시일부터 30일 이내에 서면(전자문서를 포함한다)으로 국토교통부장관에게 이의를 신청할 수 있다.

④ 시장·군수 또는 구청장이 개별공시지가를 결정·공시하는 경우에는 해당 토지와 유사한 이용가치를 지닌다고 인정되는 하나 또는 둘 이상의 표준지의 공시지가를 기준으로 토지가격비준표를 사용하여 지가를 산정하되, 해당 토지의 가격과 표준지공시지가가 균형을 유지하도록 하여야 한다.

⑤ 표준지로 선정된 토지에 대하여는 개별공시지가를 결정·공시하지 아니할 수 있다. 이 경우 표준지로 선정된 토지에 대하여는 해당 토지의 표준지공시지가를 개별공시지가로 본다.

40 **감정평가 과정상 지역분석 및 개별분석에 관한 설명으로 옳은 것은?**

① 동일수급권(同一需給圈)이란 대상 부동산과 대체·경쟁관계가 성립하고 가치 형성에 서로 영향을 미치는 관계에 있는 다른 부동산이 존재하는 권역(圈域)을 말하며, 인근지역과 유사지역을 포함한다.

② 지역분석이란 대상 부동산이 속해 있는 지역의 지역요인을 분석하여 대상 부동산의 최유효이용을 판정하는 것을 말한다.

③ 인근지역이란 대상 부동산이 속한 지역으로서 부동산의 이용이 동질적이고 가치형성요인 중 개별요인을 공유하는 지역을 말한다.

④ 개별분석이란 대상 부동산의 개별적 요인을 분석하여 해당 지역 내 부동산의 표준적 이용과 가격수준을 판정하는 것을 말한다.

⑤ 지역분석보다 개별분석을 먼저 실시하는 것이 일반적이다.

· 민법 · 민사특별법

41 **다음 중 연결이 잘못된 것은?** (다툼이 있으면 판례에 따름)

① 임차인의 필요비상환청구권 – 형성권
② 지명채권의 양도 – 준물권행위
③ 부동산 매매에 의한 소유권 취득 – 특정승계
④ 부동산 점유취득시효완성으로 인한 소유권 취득 – 원시취득
⑤ 무권대리에서 추인 여부에 대한 확답의 최고 – 의사의 통지

42 **甲으로부터 甲 소유 X토지의 매도 대리권을 수여받은 乙은 甲을 대리하여 丙과 X토지에 대한 매매계약을 체결하였다. 다음 설명 중 틀린 것은?** (다툼이 있으면 판례에 따름)

① 乙은 특별한 사정이 없는 한 매매잔금의 수령 권한을 가진다.
② 丙의 채무불이행이 있는 경우, 특별한 사정이 없는 한 乙은 매매계약을 해제할 수 없다.
③ 매매계약의 해제로 인한 원상회복의무는 甲과 丙이 부담한다.
④ 丙이 매매계약을 해제한 경우, 丙은 乙에게 채무불이행으로 인한 손해배상을 청구할 수 없다.
⑤ 乙이 자기의 이익을 위하여 배임적 대리행위를 하였고 丙도 이를 안 경우, 乙의 대리행위는 甲에게 효력을 미친다.

43 **불공정한 법률행위에 관한 설명으로 옳은 것은?** (다툼이 있으면 판례에 따름)

① 불공정한 법률행위에도 무효행위의 전환에 관한 법리가 적용될 수 있다.
② 경락대금과 목적물의 시가에 현저한 차이가 있는 경우에도 불공정한 법률행위가 성립할 수 있다.
③ 급부와 반대급부 사이에 현저한 불균형이 있는 경우, 원칙적으로 그 불균형 부분에 한하여 무효가 된다.
④ 대리인에 의한 법률행위에서 궁박과 무경험은 대리인을 기준으로 판단한다.
⑤ 계약의 피해당사자가 급박한 곤궁 상태에 있었다면 그 상대방에게 폭리행위의 악의가 없었더라도 불공정한 법률행위는 성립한다.

44 **복대리에 관한 설명으로 틀린 것은?** (특별한 사정은 없으며, 다툼이 있으면 판례에 따름)

① 복대리인은 행위능력자임을 요하지 않는다.
② 복대리인은 본인에 대하여 대리인과 동일한 권리의무가 있다.
③ 법정대리인은 그 책임으로 복대리인을 선임할 수 있다.
④ 대리인의 능력에 따라 사업의 성공여부가 결정되는 사무에 대해 대리권을 수여받은 자는 본인의 묵시적 승낙으로도 복대리인을 선임할 수 있다.
⑤ 대리인이 대리권 소멸 후 선임한 복대리인과 상대방 사이의 법률행위에도 민법 제129조의 표현대리가 성립할 수 있다.

45 **통정허위표시를 기초로 새로운 법률상 이해관계를 맺은 제3자에 해당하는 자를 모두 고른 것은?** (다툼이 있으면 판례에 따름)

㉠ 파산선고를 받은 가장채권자의 파산관재인 ㉡ 가장채무를 보증하고 그 보증채무를 이행하여 구상권을 취득한 보증인 ㉢ 차주와 통정하여 가장소비대차계약을 체결한 금융기관으로부터 그 계약을 인수한 자

① ㉠ ② ㉢ ③ ㉠, ㉡
④ ㉡, ㉢ ⑤ ㉠, ㉡, ㉢

46 **무권대리인 乙이 甲을 대리하여 甲 소유의 X토지를 丙에게 매도하는 계약을 체결하였다. 다음 설명 중 옳은 것은?** (다툼이 있으면 판례에 따름)

① 위 매매계약이 체결된 후에 甲이 X토지를 丁에게 매도하고 소유권이전등기를 마쳤다면, 甲이 乙의 대리행위를 추인하더라도 丁은 유효하게 그 소유권을 취득한다.
② 乙이 甲을 단독상속한 경우, 특별한 사정이 없는 한 乙은 본인의 지위에서 추인을 거절할 수 있다.
③ 甲의 단독상속인 戊는 丙에 대해 위 매매계약을 추인할 수 없다.
④ 丙은 乙과 매매계약을 체결할 당시 乙에게 대리권이 없음을 안 경우에도 甲의 추인이 있을 때까지 그 매매계약을 철회할 수 있다.
⑤ 甲이 乙의 대리행위에 대하여 추인을 거절하면, 乙이 미성년자라도 丙은 乙에 대해 손해배상을 청구할 수 있다.

47 **반사회질서의 법률행위에 해당하지 않는 것을 모두 고른 것은?** (다툼이 있으면 판례에 따름)

> ㉠ 2023년 체결된 형사사건에 관한 성공보수약정
> ㉡ 반사회적 행위에 의해 조성된 비자금을 소극적으로 은닉하기 위해 체결한 임치약정
> ㉢ 산모가 우연한 사고로 인한 태아의 상해에 대비하기 위해 자신을 보험수익자로, 태아를 피보험자로 하여 체결한 상해보험계약

① ㉠ ② ㉢ ③ ㉠, ㉡
④ ㉡, ㉢ ⑤ ㉠, ㉡, ㉢

48 **甲은 허가받을 것을 전제로 토지거래허가구역 내 자신의 토지에 대해 乙과 매매계약을 체결하였다. 다음 설명 중 옳은 것을 모두 고른 것은?** (다툼이 있으며 판례에 따름)

> ㉠ 甲은 특별한 사정이 없는 한 乙의 매매대금 이행제공이 있을 때까지 허가신청절차 협력의무의 이행을 거절할 수 있다.
> ㉡ 乙이 계약금 전액을 지급한 후, 당사자의 일방이 이행에 착수하기 전이라면 특별한 사정이 없는 한 甲은 계약금의 배액을 상환하고 계약을 해제할 수 있다.
> ㉢ 일정기간 내 허가를 받기로 약정한 경우, 특별한 사정이 없는 한 그 허가를 받지 못하고 약정기간이 경과하였다는 사정만으로도 매매계약은 확정적 무효가 된다.

① ㉠ ② ㉡ ③ ㉠, ㉢
④ ㉡, ㉢ ⑤ ㉠, ㉡, ㉢

49 **법률행위의 부관에 관한 설명으로 틀린 것은?** (다툼이 있으면 판례에 따름)

① 조건이 선량한 풍속 기타 사회질서에 위반한 경우, 그 조건만 무효이고 법률행위는 유효하다.
② 법률행위에 조건이 붙어 있는지 여부는 조건의 존재를 주장하는 자에게 증명책임이 있다.
③ 기한은 특별한 사정이 없는 한 채무자의 이익을 위한 것으로 추정한다.
④ 조건부 법률행위에서 기성조건이 해제조건이면 그 법률행위는 무효이다.
⑤ 종기(終期) 있는 법률행위는 기한이 도래한 때로부터 그 효력을 잃는다.

50 **법률행위의 무효와 추인에 관한 설명으로 옳은 것을 모두 고른 것은?** (다툼이 있으며 판례에 따름)

> ㉠ 무효인 법률행위의 추인은 무효원인이 소멸된 후 본인이 무효임을 알고 추인해야 그 효력이 인정된다.
> ㉡ 무권리자의 처분이 계약으로 이루어진 경우, 권리자가 추인하면 원칙적으로 계약의 효과는 계약체결시에 소급하여 권리자에게 귀속된다.
> ㉢ 양도금지특약에 위반하여 무효인 채권양도에 대해 양도대상이 된 채권의 채무자가 승낙하면 다른 약정이 없는 한 양도의 효과는 승낙시부터 발생한다.

① ㉠　② ㉡　③ ㉠, ㉢
④ ㉡, ㉢　⑤ ㉠, ㉡, ㉢

51 **점유자와 회복자의 관계에 관한 설명으로 옳은 것은?** (다툼이 있으면 판례에 따름)

① 점유물이 점유자의 책임 있는 사유로 멸실된 경우, 선의의 타주점유자는 이익이 현존하는 한도에서 배상해야 한다.
② 악의의 점유자는 특별한 사정이 없는 한 통상의 필요비를 청구할 수 있다.
③ 점유자의 필요비상환청구에 대해 법원은 회복자의 청구에 의해 상당한 상환기간을 허여할 수 있다.
④ 이행지체로 인해 매매계약이 해제된 경우, 선의의 점유자인 매수인에게 과실취득권이 인정된다.
⑤ 은비(隱秘)에 의한 점유자는 점유물의 과실을 취득한다.

52 **민법상 합유에 관한 설명으로 틀린 것은?** (특약은 없으며, 다툼이 있으면 판례에 따름)

① 합유자의 권리는 합유물 전부에 미친다.
② 합유자는 합유물의 분할을 청구하지 못한다.
③ 합유자 중 1인이 사망하면 그의 상속인이 합유자의 지위를 승계한다.
④ 합유물의 보존행위는 합유자 각자가 할 수 있다.
⑤ 합유자는 그 전원의 동의 없이 합유지분을 처분하지 못한다.

53 **부동산 소유권이전등기청구권에 관한 설명으로 옳은 것은?** (다툼이 있으면 판례에 따름)

① 교환으로 인한 이전등기청구권은 물권적 청구권이다.
② 점유취득시효 완성으로 인한 이전등기청구권의 양도는 특별한 사정이 없는 한 양도인의 채무자에 대한 통지만으로는 대항력이 생기지 않는다.
③ 매수인이 부동산을 인도받아 사용·수익하고 있는 이상 매수인의 이전등기청구권은 시효로 소멸하지 않는다.
④ 점유취득시효 완성으로 인한 이전등기청구권은 점유가 계속되더라도 시효로 소멸한다.
⑤ 매매로 인한 이전등기청구권의 양도는 특별한 사정이 없는 한 양도인의 채무자에 대한 통지만으로 대항력이 생긴다.

54 **물권적 청구권에 관한 설명으로 틀린 것은?** (다툼이 있으면 판례에 따름)

① 저당권자는 목적물에서 임의로 분리, 반출된 물건을 자신에게 반환할 것을 청구할 수 있다.
② 진정명의회복을 원인으로 한 소유권이전등기청구권의 법적 성질은 소유권에 기한 방해배제청구권이다.
③ 소유자는 소유권을 방해하는 자에 대해 민법 제214조에 기해 방해배제비용을 청구할 수 없다.
④ 미등기 무허가건물의 양수인은 소유권에 기한 방해배제청구권을 행사할 수 없다.
⑤ 소유권에 기한 방해배제청구권은 현재 계속되고 있는 방해원인의 제거를 내용으로 한다.

55 **부동산 점유취득시효에 관한 설명으로 옳은 것은?** (다툼이 있으면 판례에 따름)

① 국유재산 중 일반재산이 시효완성 후 행정재산으로 되더라도 시효완성을 원인으로 한 소유권이전등기를 청구할 수 있다.
② 시효완성 당시의 소유권보존등기가 무효라면 그 등기명의인은 원칙적으로 시효완성을 원인으로 한 소유권이전등기청구의 상대방이 될 수 없다.
③ 시효완성 후 점유자 명의로 소유권이전등기가 경료되기 전에 부동산 소유명의자는 점유자에 대해 점유로 인한 부당이득반환청구를 할 수 있다.
④ 미등기부동산에 대한 시효가 완성된 경우, 점유자는 등기 없이도 소유권을 취득한다.
⑤ 시효완성 전에 부동산이 압류되면 시효는 중단된다.

56 **민법 제187조**(등기를 요하지 아니하는 부동산물권취득)**에 관한 설명으로 틀린 것은?** (다툼이 있으면 판례에 따름)

① 상속인은 상속 부동산의 소유권을 등기 없이 취득한다.
② 민법 제187조 소정의 판결은 형성판결을 의미한다.
③ 부동산 강제경매에서 매수인이 매각 목적인 권리를 취득하는 시기는 매각대금 완납시이다.
④ 부동산소유권이전을 내용으로 하는 화해조서에 기한 소유권취득에는 등기를 요하지 않는다.
⑤ 신축에 의한 건물소유권취득에는 소유권보존등기를 요하지 않는다.

57 **물권에 관한 설명으로 옳은 것은?** (다툼이 있으면 판례에 따름)

① 물건 이외의 재산권은 물권의 객체가 될 수 없다.
② 물권은 「부동산등기규칙」에 의해 창설될 수 있다.
③ 구분소유의 목적이 되는 건물의 등기부상 표시에서 전유부분의 면적 표시가 잘못된 경우, 그 잘못 표시된 면적만큼의 소유권보존등기를 말소할 수 없다.
④ 1필의 토지의 일부를 객체로 하여 지상권을 설정할 수 없다.
⑤ 기술적인 착오로 지적도의 경계선이 실제 경계선과 다르게 작성된 경우, 토지의 경계는 지적도의 경계선에 의해 확정된다.

58 **전세권에 관한 설명으로 옳은 것은?** (다툼이 있으면 판례에 따름)

① 전세권설정자의 목적물 인도는 전세권의 성립요건이다.
② 타인의 토지에 있는 건물에 전세권을 설정한 경우, 전세권의 효력은 그 건물의 소유를 목적으로 한 지상권에 미친다.
③ 전세권의 사용·수익 권능을 배제하고 채권담보만을 위해 전세권을 설정하는 것은 허용된다.
④ 전세권설정자는 특별한 사정이 없는 한 목적물의 현상을 유지하고 그 통상의 관리에 속한 수선을 해야 한다.
⑤ 건물전세권이 법정갱신된 경우, 전세권자는 이를 등기해야 제3자에게 대항할 수 있다.

59 **乙은 甲과의 지상권설정계약으로 甲 소유의 X토지에 지상권을 취득한 후, 그 지상에 Y건물을 완성하여 소유권을 취득하였다. 다음 설명 중 옳은 것을 모두 고른 것은?** (다툼이 있으면 판례에 따름)

㉠ 乙은 지상권을 유보한 채 Y건물 소유권만을 제3자에게 양도할 수 있다.
㉡ 乙은 Y건물 소유권을 유보한 채 지상권만을 제3자에게 양도할 수 있다.
㉢ 지료지급약정이 있음에도 乙이 3년분의 지료를 미지급한 경우, 甲은 지상권 소멸을 청구할 수 있다.

① ㉠ ② ㉢ ③ ㉠, ㉡
④ ㉡, ㉢ ⑤ ㉠, ㉡, ㉢

60 **지역권에 관한 설명으로 틀린 것은?** (다툼이 있으면 판례에 따름)

① 지역권은 요역지와 분리하여 양도할 수 없다.
② 공유자 중 1인이 지역권을 취득한 때에는 다른 공유자도 이를 취득한다.
③ 통행지역권을 주장하는 자는 통행으로 편익을 얻는 요역지가 있음을 주장・증명해야 한다.
④ 요역지의 불법점유자도 통행지역권을 시효취득할 수 있다.
⑤ 지역권은 계속되고 표현된 것에 한하여 시효취득할 수 있다.

61 **甲은 乙에게 1억원을 대여하면서 乙 소유의 Y건물에 저당권을 취득하였다. 다음 설명 중 옳은 것을 모두 고른 것은?** (다툼이 있으면 판례에 따름)

㉠ 乙이 甲에게 피담보채권 전부를 변제한 경우, 甲의 저당권은 말소등기를 하지 않아도 소멸한다.
㉡ 甲은 Y건물의 소실로 인하여 乙이 취득한 화재보험금청구권에 대하여 물상대위권을 행사할 수 있다.
㉢ 甲은 저당권을 피담보채권과 분리하여 제3자에게 양도하지 못한다.

① ㉠ ② ㉢ ③ ㉠, ㉡
④ ㉡, ㉢ ⑤ ㉠, ㉡, ㉢

62 **근저당권에 관한 설명으로 틀린 것은?** (다툼이 있으면 판례에 따름)

① 채권최고액에는 피담보채무의 이자가 산입된다.
② 피담보채무 확정 전에는 채무자를 변경할 수 있다.
③ 근저당권자가 피담보채무의 불이행을 이유로 경매신청을 한 경우, 특별한 사정이 없는 한 피담보채무액은 그 신청시에 확정된다.
④ 물상보증인은 채권최고액을 초과하는 부분의 채권액까지 변제할 의무를 부담한다.
⑤ 특별한 사정이 없는 한, 존속기간이 있는 근저당권은 그 기간이 만료한 때 피담보채무가 확정된다.

63 **민법상 유치권에 관한 설명으로 틀린 것은?** (다툼이 있으면 판례에 따름)

① 유치권자는 유치물에 대한 경매권이 있다.
② 유치권 발생을 배제하는 특약은 무효이다.
③ 건물신축공사를 도급받은 수급인이 사회통념상 독립한 건물이 되지 못한 정착물을 토지에 설치한 상태에서 공사가 중단된 경우, 그 토지에 대해 유치권을 행사할 수 없다.
④ 유치권은 피담보채권의 변제기가 도래하지 않으면 성립할 수 없다.
⑤ 유치권자는 선량한 관리자의 주의로 유치물을 점유해야 한다.

64 **저당권에 관한 설명으로 옳은 것은?** (다툼이 있으면 판례에 따름)

① 전세권은 저당권의 객체가 될 수 없다.
② 저당권 설정은 권리의 이전적 승계에 해당한다.
③ 민법 제365조에 따라 토지와 건물의 일괄경매를 청구한 토지 저당권자는 그 건물의 경매대가에서 우선변제를 받을 수 있다.
④ 건물 건축 개시 전의 나대지에 저당권이 설정될 당시 저당권자가 그 토지 소유자의 건물 건축에 동의한 경우, 저당토지의 임의경매로 인한 법정지상권은 성립하지 않는다.
⑤ 저당물의 소유권을 취득한 제3자는 그 저당물의 보존을 위해 필요비를 지출하더라도 특별한 사정이 없는 한 그 저당물의 경매대가에서 우선상환을 받을 수 없다.

65 **민법상 환매에 관한 설명으로 틀린 것은?**

① 환매권은 양도할 수 없는 일신전속권이다.
② 매매계약이 무효이면 환매특약도 무효이다.
③ 환매기간을 정한 경우에는 그 기간을 다시 연장하지 못한다.
④ 환매특약등기는 매수인의 권리취득의 등기에 부기하는 방식으로 한다.
⑤ 환매특약은 매매계약과 동시에 해야 한다.

66 **甲은 그 소유의 토지를 乙에게 매도하면서 甲의 丙에 대한 채무변제를 위해 乙이 그 대금 전액을 丙에게 지급하기로 하는 제3자를 위한 계약을 乙과 체결하였고, 丙도 乙에 대해 수익의 의사표시를 하였다. 다음 설명 중 틀린 것은?** (다툼이 있으면 판례에 따름)

① 乙은 甲과 丙 사이의 채무부존재의 항변으로 丙에게 대항할 수 없다.
② 丙은 乙의 채무불이행을 이유로 甲과 乙 사이의 계약을 해제할 수 없다.
③ 乙이 甲의 채무불이행을 이유로 계약을 해제한 경우, 특별한 사정이 없는 한 乙은 이미 이행한 급부의 반환을 丙에게 청구할 수 있다.
④ 甲이 乙의 채무불이행을 이유로 계약을 해제하면, 丙은 乙에게 채무불이행으로 인해 자신이 입은 손해의 배상을 청구할 수 있다.
⑤ 甲은 丙의 동의 없이도 乙의 채무불이행을 이유로 계약을 해제할 수 있다.

67 **甲과 乙은 甲 소유의 X토지에 대하여 매매계약을 체결하였으나 그 후 甲의 채무인 소유권이전등기의무의 이행이 불가능하게 되었다. 다음 설명 중 옳은 것을 모두 고른 것은?** (다툼이 있으면 판례에 따름)

> ㉠ 甲의 채무가 쌍방의 귀책사유 없이 불능이 된 경우, 이미 대금을 지급한 乙은 그 대금을 부당이득법리에 따라 반환청구할 수 있다.
> ㉡ 甲의 채무가 乙의 귀책사유로 불능이 된 경우, 특별한 사정이 없는 한 甲은 乙에게 대금지급을 청구할 수 있다.
> ㉢ 乙의 수령지체 중에 쌍방의 귀책사유 없이 甲의 채무가 불능이 된 경우, 甲은 乙에게 대금지급을 청구할 수 없다.

① ㉠　　② ㉢　　③ ㉠, ㉡
④ ㉡, ㉢　　⑤ ㉠, ㉡, ㉢

68 **매매에서 과실의 귀속과 대금의 이자 등에 관한 설명으로 옳은 것을 모두 고른 것은?** (대금지급과 목적물인도는 동시이행관계에 있고, 다툼이 있으면 판례에 따름)

> ㉠ 매매계약 후 목적물이 인도되지 않더라도 매수인이 대금을 완제한 때에는 그 시점 이후 목적물로부터 생긴 과실은 매수인에게 귀속된다.
> ㉡ 매수인이 대금지급을 거절할 정당한 사유가 있는 경우, 매수인은 목적물을 미리 인도받더라도 대금 이자의 지급의무가 없다.
> ㉢ 매매계약이 취소된 경우, 선의의 점유자인 매수인의 과실취득권이 인정되는 이상 선의의 매도인도 지급받은 대금의 운용이익 내지 법정이자를 반환할 의무가 없다.

① ㉠　② ㉡　③ ㉠, ㉢
④ ㉡, ㉢　⑤ ㉠, ㉡, ㉢

69 **매매의 일방예약에 관한 설명으로 틀린 것은?** (다툼이 있으면 판례에 따름)

① 일방예약이 성립하려면 본계약인 매매계약의 요소가 되는 내용이 확정되어 있거나 확정할 수 있어야 한다.
② 예약완결권의 행사기간 도과 전에 예약완결권자가 예약 목적물인 부동산을 인도받은 경우, 그 기간이 도과되더라도 예약완결권은 소멸되지 않는다.
③ 예약완결권은 당사자 사이에 행사기간을 약정한 때에는 그 기간 내에 행사해야 한다.
④ 상가에 관하여 매매예약이 성립한 이후 법령상의 제한에 의해 일시적으로 분양이 금지되었다가 다시 허용된 경우, 그 예약완결권 행사는 이행불능이라 할 수 없다.
⑤ 예약완결권 행사의 의사표시를 담은 소장 부본의 송달로써 예약완결권을 재판상 행사하는 경우, 그 행사가 유효하기 위해서는 그 소장 부본이 제척기간 내에 상대방에게 송달되어야 한다.

70 **민법상 매매계약에 관한 설명으로 틀린 것은?** (다툼이 있으면 판례에 따름)

① 매매계약은 낙성·불요식계약이다.
② 타인의 권리도 매매의 목적이 될 수 있다.
③ 매도인의 담보책임 규정은 그 성질이 허용되는 한 교환계약에도 준용된다.
④ 매매계약에 관한 비용은 특약이 없는 한 매수인이 전부 부담한다.
⑤ 경매목적물에 하자가 있는 경우, 매도인은 물건의 하자로 인한 담보책임을 지지 않는다.

71 **甲은 2023. 9. 30. 乙에게 자신 소유의 X부동산을 3억원에 매도하되, 계약금 2천만원은 계약 당일, 중도금 2억원은 2023. 10. 30., 잔금 8천만원은 2023. 11. 30.에 지급받기로 하는 매매계약을 체결하고, 乙로부터 계약 당일 계약금 전액을 지급받았다. 다음 설명 중 옳은 것을 모두 고른 것은?** (특별한 사정은 없으며, 다툼이 있으면 판례에 따름)

> ㉠ 乙이 2023. 10. 25. 중도금 2억원을 甲에게 지급한 경우, 乙은 2023. 10. 27. 계약금을 포기하더라도 계약을 해제할 수 없다.
> ㉡ 乙이 2023. 10. 25. 중도금 2억원을 甲에게 지급한 경우, 甲은 2023. 10. 27. 계약금의 배액을 상환하더라도 계약을 해제할 수 없다.
> ㉢ 乙이 계약 당시 중도금 중 1억원의 지급에 갈음하여 자신의 丙에 대한 대여금채권을 甲에게 양도하기로 약정하고 그 자리에 丙도 참석하였다면, 甲은 2023. 10. 27. 계약금의 배액을 상환하더라도 계약을 해제할 수 없다.

① ㉠ ② ㉢ ③ ㉠, ㉡
④ ㉡, ㉢ ⑤ ㉠, ㉡, ㉢

72 **민법상 임대차계약에 관한 설명으로 틀린 것은?** (다툼이 있으면 판례에 따름)

① 임대인이 목적물을 임대할 권한이 없어도 임대차계약은 유효하게 성립한다.
② 임차기간을 영구로 정한 임대차약정은 특별한 사정이 없는 한 허용된다.
③ 임차인은 특별한 사정이 없는 한 자신이 지출한 임차물의 보존에 관한 필요비 금액의 한도에서 차임의 지급을 거절할 수 있다.
④ 임대차가 묵시의 갱신이 된 경우, 전임대차에 대해 제3자가 제공한 담보는 원칙적으로 소멸하지 않는다.
⑤ 임대차 종료로 인한 임차인의 원상회복의무에는 임대인이 임대 당시의 부동산 용도에 맞게 다시 사용할 수 있도록 협력할 의무까지 포함된다.

73 **甲은 건물 소유를 목적으로 乙 소유의 X토지를 임차한 후, 그 지상에 Y건물을 신축하여 소유하고 있다. 위 임대차계약이 종료된 후, 甲이 乙에게 Y건물에 관하여 지상물매수청구권을 행사하는 경우에 관한 설명으로 틀린 것은?** (다툼이 있으면 판례에 따름)

① 특별한 사정이 없는 한 Y건물이 미등기 무허가건물이라도 매수청구권의 대상이 될 수 있다.

② 임대차기간이 만료되면 甲이 Y건물을 철거하기로 한 약정은 특별한 사정이 없는 한 무효이다.

③ Y건물이 X토지와 제3자 소유의 토지 위에 걸쳐서 건립되었다면, 甲은 Y건물 전체에 대하여 매수청구를 할 수 있다.

④ 甲은 차임연체를 이유로 임대차계약이 해지된 경우, 甲은 매수청구권을 행사할 수 없다.

⑤ 甲이 적법하게 매수청구권을 행사한 후에도, Y건물의 점유·사용을 통하여 X토지를 계속하여 점유·사용하였다면, 甲은 乙에게 X토지 임료 상당액의 부당이득반환의무를 진다.

74 **매매계약의 법정해제에 관한 설명으로 옳은 것을 모두 고른 것은?** (다툼이 있으면 판례에 따름)

㉠ 일방 당사자의 계약위반을 이유로 한 상대방의 계약해제 의사표시에 의해 계약이 해제되었음에도 상대방이 계약이 존속함을 전제로 계약상 의무의 이행을 구하는 경우, 특별한 사정이 없는 한 계약을 위반한 당사자도 당해 계약이 상대방의 해제로 소멸되었음을 들어 그 이행을 거절할 수 있다. ㉡ 계약해제로 인한 원상회복의 대상에는 매매대금은 물론 이와 관련하여 그 계약의 존속을 전제로 수령한 지연손해금도 포함된다. ㉢ 과실상계는 계약해제로 인한 원상회복의무의 이행으로서 이미 지급한 급부의 반환을 구하는 경우에는 적용되지 않는다.

① ㉠　　② ㉡　　③ ㉠, ㉢
④ ㉡, ㉢　　⑤ ㉠, ㉡, ㉢

75

집합건물의 소유 및 관리에 관한 법률상 집합건물의 전부공용부분 및 대지사용권에 관한 설명으로 틀린 것은? (특별한 사정은 없으며, 다툼이 있으면 판례에 따름)

① 공용부분은 취득시효에 의한 소유권 취득의 대상이 될 수 없다.
② 각 공유자는 공용부분을 그 용도에 따라 사용할 수 있다.
③ 구조상 공용부분에 관한 물권의 득실변경은 등기가 필요하지 않다.
④ 구분소유자는 규약 또는 공정증서로써 달리 정하지 않는 한 그가 가지는 전유부분과 분리하여 대지사용권을 처분할 수 없다.
⑤ 대지사용권은 전유부분과 일체성을 갖게 된 후 개시된 강제경매절차에 의해 전유부분과 분리되어 처분될 수 있다.

76

가등기담보 등에 관한 법률이 원칙적으로 적용되는 것은? (단, 이자는 고려하지 않으며, 다툼이 있으면 판례에 따름)

① 1억원을 차용하면서 부동산에 관하여 가등기나 소유권이전등기를 하지 않은 경우
② 매매대금채무 1억원의 담보로 2억원 상당의 부동산 소유권이전등기를 한 경우
③ 차용금채무 1억원의 담보로 2억원 상당의 부동산에 대해 대물변제예약을 하고 가등기한 경우
④ 차용금채무 3억원의 담보로 이미 2억원의 다른 채무에 대한 저당권이 설정된 4억원 상당의 부동산에 대해 대물변제예약을 하고 가등기한 경우
⑤ 1억원을 차용하면서 2억원 상당의 그림을 양도담보로 제공한 경우

77

부동산 명의신탁약정과 그에 따른 등기의 무효로 대항할 수 없는 제3자(부동산 실권리자명의 등기에 관한 법률 제4조 제3항)**에 대항하는 자를 모두 고른 것은?** (다툼이 있으면 판례에 따름)

> ㉠ 명의수탁자의 상속인
> ㉡ 명의신탁된 부동산을 가압류한 명의수탁자의 채권자
> ㉢ 명의신탁자와 명의신탁된 부동산소유권을 취득하기 위한 계약을 맺고 등기명의만을 명의수탁자로부터 경료받은 것과 같은 외관을 갖춘 자
> ㉣ 학교법인이 명의수탁자로서 기본재산에 관한 등기를 마친 경우, 기본재산 처분에 관하여 허가권을 갖는 관할청

① ㉡　　② ㉠, ㉢　　③ ㉢, ㉣
④ ㉠, ㉡, ㉢　　⑤ ㉡, ㉢, ㉣

78 **甲은 2023. 1. 5. 乙로부터 그 소유의 X주택을 보증금 2억원, 월 임료 50만원, 기간은 계약일로부터 1년으로 정하여 임차하는 내용의 계약을 체결하고 당일 乙에게 보증금을 지급함과 동시에 X주택을 인도받아 주민등록을 마치고 확정일자를 받았다. 다음 중 주택임대차보호법의 적용에 관한 설명으로 틀린 것은?** (다툼이 있으면 판례에 따름)

① 甲은 2023. 1. 6. 오전 영시부터 대항력을 취득한다.
② 제3자에 의해 2023. 5. 9. 경매가 개시되어 X주택이 매각된 경우, 甲은 경매절차에서 배당요구를 하지 않아도 보증금에 대해 우선변제를 받을 수 있다.
③ 乙이 X주택을 丙에게 매도하고 소유권이전등기를 마친 경우, 乙은 특별한 사정이 없는 한 보증금반환의무를 면한다.
④ 甲이 2기의 차임액에 달하는 차임을 연체하면 묵시적 갱신이 인정되지 않는다.
⑤ 묵시적 갱신이 된 경우, 갱신된 임대차계약의 존속기간은 2년이다.

79 **乙은 식당을 운영하기 위해 2023. 5. 1. 甲으로부터 그 소유의 서울특별시 소재 X상가건물을 보증금 10억원, 월 임료 100만원, 기간은 정함이 없는 것으로 하여 임차하는 상가임대차계약을 체결하였다. 상가건물 임대차보호법상 乙의 주장이 인정되는 것을 모두 고른 것은?** (다툼이 있으면 판례에 따름)

> ㉠ X상가건물을 인도받고 사업자등록을 마친 乙이 대항력을 주장하는 경우
> ㉡ 乙이 甲에게 1년의 존속기간을 주장하는 경우
> ㉢ 乙이 甲에게 계약갱신요구권을 주장하는 경우

① ㉠　② ㉢　③ ㉠, ㉡
④ ㉡, ㉢　⑤ ㉠, ㉡, ㉢

80 **甲은 법령상 제한을 회피할 목적으로 2023. 5. 1. 배우자 乙과 자신 소유의 X건물에 대해 명의신탁약정을 하고, 甲으로부터 乙 앞으로 소유권이전등기를 마쳤다. 다음 설명 중 틀린 것은?** (특별한 사정은 없으며, 다툼이 있으면 판례에 따름)

① 甲은 乙을 상대로 진정명의회복을 원인으로 한 소유권이전등기를 청구할 수 있다.
② 甲은 乙을 상대로 부당이득반환을 원인으로 한 소유권이전등기를 청구할 수 있다.
③ 甲은 乙을 상대로 명의신탁해지를 원인으로 한 소유권이전등기를 청구할 수 없다.
④ 乙이 丙에게 X건물을 매도하고 소유권이전등기를 해준 경우, 丙은 소유권을 취득한다.
⑤ 乙이 丙에게 X건물을 매도하고 소유권이전등기를 해준 경우, 乙은 甲에게 불법행위책임을 부담한다.

제33회 반복학습 체크리스트

반복학습	과목별 점수	평균점수	약점체크
1회 ___ 월 ___ 일	• 부동산학개론 ______ 점 • 민법·민사특별법 ______ 점	______ 점	
2회 ___ 월 ___ 일	• 부동산학개론 ______ 점 • 민법·민사특별법 ______ 점	______ 점	
3회 ___ 월 ___ 일	• 부동산학개론 ______ 점 • 민법·민사특별법 ______ 점	______ 점	
4회 ___ 월 ___ 일	• 부동산학개론 ______ 점 • 민법·민사특별법 ______ 점	______ 점	
5회 ___ 월 ___ 일	• 부동산학개론 ______ 점 • 민법·민사특별법 ______ 점	______ 점	

합격점수 체크그래프

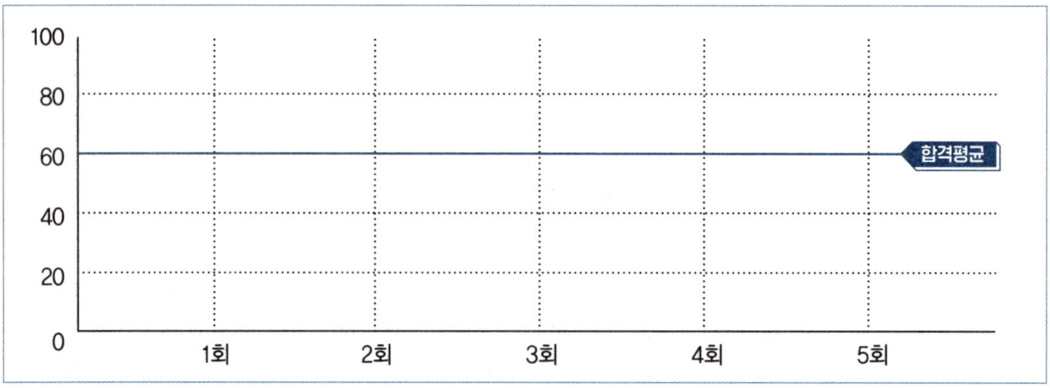

PART

04

제33회 기출문제

제33회 공인중개사 시험(2022. 10. 29. 실시)

교시	시험시간	시험과목
1교시	100분	❶ 부동산학개론 ❷ 민법 · 민사특별법

제33회 공인중개사 시험 (2022. 10. 29. 실시)

• 현재 시행중인 법령을 기준으로 문제를 수정하였습니다.

· 부동산학개론

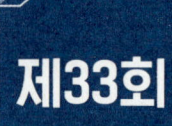

01 **토지의 정착물에 해당하지 않는 것은?**

① 구거 ② 다년생 식물 ③ 가식중인 수목
④ 교량 ⑤ 담장

02 **부동산의 특성에 관한 설명으로 옳은 것은?**

① 토지는 물리적 위치가 고정되어 있어 부동산 시장이 국지화 된다.
② 토지는 생산요소와 자본의 성격을 가지고 있지만, 소비재의 성격을 가지고 있지 않다.
③ 토지는 개별성으로 인해 용도적 관점에서도 공급을 늘릴 수 없다.
④ 토지의 부증성으로 인해 토지공급은 특정 용도의 토지에 대해서도 장·단기적으로 완전 비탄력적이다.
⑤ 토지는 영속성으로 인해 물리적·경제적인 측면에서 감가상각을 하게 한다.

03 **토지는 사용하는 상황이나 관계에 따라 다양하게 불리는바, 토지 관련 용어의 설명으로 틀린 것은?**

① 도시개발사업에 소요된 비용과 공공용지를 제외한 후 도시개발사업 전 토지의 위치·지목·면적 등을 고려하여 토지소유자에게 재분배하는 도시를 환지(換地)라 한다.
② 토지와 도로 등 경계사이의 경사진 부분의 토지를 법지(法地)라고 한다.
③ 고압송전선로 아래의 토지를 선하지(線下地)라 한다.
④ 소유권이 인정되지 않는 바다와 육지 사이의 해변 토지를 포락지(浦落地)라 한다.
⑤ 도시개발사업에 필요한 경비에 충당하기 위해 환지로 정하지 아니한 토지를 체비지(替費地)라 한다.

04 **신규주택시장에서 공급을 감소시키는 요인을 모두 고른 것은?** (단, 신규주택은 정상재이며, 다른 조건은 동일함)

㉠ 주택가격의 하락 기대 ㉡ 주택건설업체 수의 감소 ㉢ 주택건설용 토지의 가격 하락 ㉣ 주택건설에 대한 정부 보조금 축소 ㉤ 주택건설기술 개발에 따른 원가절감

① ㉠, ㉡ ② ㉡, ㉣ ③ ㉢, ㉤
④ ㉠, ㉡, ㉣ ⑤ ㉡, ㉣, ㉤

05 **오피스텔 시장에서 수요의 가격탄력성은 0.5이고, 오피스텔의 대체재인 아파트 가격에 대한 오피스텔 수요의 교차탄력성은 0.3이다. 오피스텔 가격, 오피스텔 수요자의 소득, 아파트 가격이 각각 5%씩 상승함에 따른 오피스텔 전체 수요량의 변화율이 1%라고 하면, 오피스텔 수요의 소득탄력성은?** (단, 오피스텔과 아파트 모두 정상재이고, 수요의 가격탄력성은 절댓값으로 나타내며, 다른 조건은 동일함)

① 0.2 ② 0.4 ③ 0.6
④ 0.8 ⑤ 1.0

06 **A지역 단독주택 시장의 균형가격과 균형거래량의 변화에 관한 설명으로 옳은 것은?** (단, 수요곡선은 우하향하고 공급곡선은 우상향하며, 다른 조건은 동일함)

① 수요가 불변이고 공급이 감소하는 경우, 균형가격은 하락하고 균형거래량은 감소한다.
② 공급이 불변이고 수요가 증가하는 경우, 균형가격은 상승하고 균형거래량은 감소한다.
③ 수요와 공급이 동시에 증가하고 공급의 증가폭이 수요의 증가폭보다 더 큰 경우, 균형가격은 상승하고 균형거래량은 증가한다.
④ 수요와 공급이 동시에 감소하고 수요의 감소폭이 공급의 감소폭보다 더 큰 경우, 균형가격은 하락하고 균형거래량은 감소한다.
⑤ 수요는 증가하고 공급이 감소하는데 수요의 증가폭이 공급의 감소폭보다 더 큰 경우, 균형가격은 상승하고 균형거래량은 감소한다.

07 부동산 경기변동에 관한 설명으로 옳은 것은?

① 상향시장 국면에서는 부동산 가격이 지속적으로 하락하고 거래량은 감소한다.
② 후퇴시장 국면에서는 경기상승이 지속적으로 진행되어 경기의 정점에 도달한다.
③ 하향시장 국면에서는 건축허가신청이 지속적으로 증가한다.
④ 회복시장 국면에서는 매수자가 주도하는 시장에서 매도자가 주도하는 시장으로 바뀌는 경향이 있다.
⑤ 안정시장 국면에서는 과거의 거래가격을 새로운 거래가격의 기준으로 활용하기 어렵다.

08 A지역 아파트시장에서 공급은 변화하지 않고 수요는 다음 조건과 같이 변화하였다. 이 경우 균형가격(㉠)과 균형거래량(㉡)의 변화는? (단, P는 가격, Q_{D1}, Q_{D2}는 수요량, Q_S는 공급량, X축은 수량, Y축은 가격을 나타내고, 가격과 수량의 단위는 무시하며, 주어진 조건에 한함)

- 수요함수: $Q_{D1} = 120 - 2P$ (변화 전) ⇨ $Q_{D2} = 120 - \frac{3}{2}P$ (변화 후)
- 공급함수: $Q_S = 2P - 20$

① ㉠: 5 상승, ㉡: 5 증가
② ㉠: 5 상승, ㉡: 10 증가
③ ㉠: 10 상승, ㉡: 10 증가
④ ㉠: 10 상승, ㉡: 15 증가
⑤ ㉠: 15 상승, ㉡: 15 증가

09 부동산 시장에 관한 설명으로 틀린 것은? (단, 다른 조건은 동일함)

① 부동산 시장에서는 정보의 비대칭성으로 인해 부동산 가격의 왜곡현상이 나타나기도 한다.
② 부동산 시장은 장기보다 단기에서 공급의 가격탄력성이 크므로 단기 수급조절이 용이하다.
③ 부동산 시장은 규모, 유형, 품질 등에 따라 세분화되고, 지역별로 구분되는 특성이 있다.
④ 부동산 시장에서는 일반적으로 매수인의 제안가격과 매도인의 요구가격 사이에서 가격이 형성된다.
⑤ 부동산 시장은 불완전하더라도 할당 효율적일 수 있다.

10 **허프(D. Huff)모형에 관한 설명으로 옳은 것을 모두 고른 것은?** (단, 다른 조건은 동일함)

> ㉠ 어떤 매장이 고객에게 주는 효용이 클수록 그 매장이 고객들에게 선택될 확률이 더 높아진다는 공리에 바탕을 두고 있다.
> ㉡ 해당 매장을 방문하는 고객의 행동력은 방문하고자 하는 매장의 크기에 비례하고, 매장까지의 거리에 반비례한다.
> ㉢ 공간(거리)마찰계수는 시장의 교통조건과 매장물건의 특성에 따라 달라지는 값이며, 교통조건이 나빠지면 더 커진다.
> ㉣ 일반적으로 소비자는 가장 가까운 곳에서 상품을 선택하려는 경향이 있다.
> ㉤ 고정된 상권을 놓고 경쟁함으로써 제로섬(zero-sum)게임이 된다는 한계가 있다.

① ㉠, ㉡　　② ㉡, ㉢, ㉣　　③ ㉢, ㉣, ㉤
④ ㉠, ㉡, ㉢, ㉤　　⑤ ㉠, ㉡, ㉢, ㉣, ㉤

11 **다음 설명에 모두 해당되는 입지이론은?**

> • 인간정주체계의 분포원리와 상업입지의 계층체계를 설명하고 있다.
> • 재화의 도달거리와 최소요구치와의 관계를 설명하는 것으로 최소요구치가 재화의 도달범위 내에 있을 때 판매자의 존속을 위한 최소한의 상권 범위가 된다.
> • 고객의 다목적 구매행동, 고객의 지역 간 문화적 차이를 반영하지 않았다는 비판이 있다.

① 애플바움(W. Applebaum)의 소비자분포기법
② 레일리(W. Reilly)의 소매중력모형
③ 버제스(E. Burgess)의 동심원이론
④ 컨버스(P. Converse)의 분기점모형
⑤ 크리스탈러(W. Christaller)의 중심지이론

12 **대형마트가 개발된다는 다음과 같은 정보가 있을 때 합리적인 투자자가 최대한 지불할 수 있는 이 정보의 현재가치는?** (단, 주어진 조건에 한함)

> • 대형마트 개발예정지 인근에 일단의 A토지가 있다.
> • 2년 후 대형마트가 개발될 가능성은 45%로 알려져 있다.
> • 2년 후 대형마트가 개발되면 A토지의 가격은 12억 1,000만원, 개발되지 않으면 4억 8,400만원으로 예상된다.
> • 투자자의 요구수익률(할인율)은 연 10%이다.

① 3억 1,000만원　　② 3억 2,000만원　　③ 3억 3,000만원
④ 3억 4,000만원　　⑤ 3억 5,000만원

13 **다음 설명에 모두 해당하는 것은?**

- 서로 다른 지대곡선을 가진 농산물들이 입지경쟁을 벌이면서 각 지점에 따라 가장 높은 지대를 지불하는 농업적 토지이용에 토지가 할당된다.
- 농산물 생산활동의 입지경쟁 과정에서 토지이용이 할당되어 지대가 결정되는데, 이를 입찰지대라 한다.
- 중심지에 가까울수록 집약농업이 입지하고, 교외로 갈수록 조방농업이 입지한다.

① 튀넨(J. H. von Thünen)의 위치지대설
② 마샬(A. Marshall)의 준지대설
③ 리카도(D. Ricardo)의 차액지대설
④ 마르크스(K. Marx)의 절대지대설
⑤ 파레토(V. Pareto)의 경제지대론

14 **레일리**(W. Reilly)**의 소매중력모형에 따라 C신도시의 소비자가 A도시와 B도시에서 소비하는 월 추정소비액은 각각 얼마인가?** (단, C신도시의 인구는 모두 소비자이고, A, B도시에서만 소비하는 것으로 가정함)

- A도시 인구: 50,000명, B도시 인구: 32,000명
- C신도시: A도시와 B도시 사이에 위치
- A도시와 C신도시 간의 거리: 5km
- B도시와 C신도시 간의 거리: 2km
- C신도시 소비자의 잠재 월 추정소비액: 10억원

① A도시: 1억원, B도시: 9억원
② A도시: 1억 5천만원, B도시: 8억 5천만원
③ A도시: 2억원, B도시: 8억원
④ A도시: 2억 5천만원, B도시: 7억 5천만원
⑤ A도시: 3억원, B도시: 7억원

15 다음 입지 및 도시공간구조이론에 관한 설명으로 옳은 것을 모두 고른 것은?

> ㉠ 베버(A. Weber)의 최소비용이론은 산업입지의 영향요소를 운송비, 노동비, 집적이익으로 구분하고, 이 요소들을 고려하여 비용이 최소화 되는 지점이 공장의 최적입지가 된다는 것이다.
> ㉡ 뢰시(A. Lösch)의 최대수요이론은 장소에 따라 수요가 차별적이라는 전제하에 수요측면에서 경제활동의 공간조직과 상권조직을 파악한 것이다.
> ㉢ 넬슨(R. Nelson)의 소매입지이론은 특정 점포가 최대 이익을 얻을 수 있는 매출액을 확보하기 위해서는 어떤 장소에 입지하여야 하는가에 대한 원칙을 제시한 것이다.
> ㉣ 해리스(C. Harris)와 울만(E. Ullman)의 다핵심이론은 단일의 중심업무지구를 핵으로 하여 발달하는 것이 아니라, 몇 개의 분리된 핵이 점진적으로 통합됨에 따라 전체적인 도시구조가 형성된다는 것이다.

① ㉠, ㉡　② ㉢, ㉣　③ ㉠, ㉡, ㉣
④ ㉡, ㉢, ㉣　⑤ ㉠, ㉡, ㉢, ㉣

16 국토의 계획 및 이용에 관한 법령상 용도지역으로서 도시지역에 속하는 것을 모두 고른 것은?

> ㉠ 농림지역　㉡ 관리지역
> ㉢ 취락지역　㉣ 녹지지역
> ㉤ 산업지역　㉥ 유보지역

① ㉣　② ㉢, ㉤　③ ㉣, ㉤
④ ㉠, ㉡, ㉣　⑤ ㉡, ㉢, ㉥

17 부동산투자회사법령상 (　　)에 들어갈 내용으로 옳은 것은?

> • (㉠) 부동산투자회사: 자산운용 전문인력을 포함한 임직원을 상근으로 두고 자산의 투자・운용을 직접 수행하는 회사
> • (㉡) 부동산투자회사: 자산의 투자・운용을 자산관리회사에 위탁하는 회사

① ㉠: 자치관리, ㉡: 위탁관리
② ㉠: 자치관리, ㉡: 간접관리
③ ㉠: 자기관리, ㉡: 위탁관리
④ ㉠: 자기관리, ㉡: 간접관리
⑤ ㉠: 직접관리, ㉡: 간접관리

18 **부동산 정책과 관련된 설명으로 옳은 것은?**

① 분양가상한제와 택지소유상한제는 현재 시행되고 있다.
② 토지비축제도(토지은행)와 부동산가격공시제도는 정부가 간접적으로 부동산 시장에 개입하는 수단이다.
③ 법령상 개발부담금제가 재건축부담금제보다 먼저 도입되었다.
④ 주택시장의 지표로서 PIR(Price to Income Ratio)은 개인의 주택지불능력을 나타내며, 그 값이 클수록 주택구매가 더 쉽다는 의미다.
⑤ 부동산실명제의 근거 법률은 「부동산등기법」이다.

19 **부동산 조세에 관한 설명으로 옳은 것을 모두 고른 것은?**

㉠ 양도소득세와 부가가치세는 국세에 속한다. ㉡ 취득세와 등록면허세는 지방세에 속한다. ㉢ 상속세와 재산세는 부동산의 취득단계에 부과한다. ㉣ 증여세와 종합부동산세는 부동산의 보유단계에 부과한다.

① ㉠ ② ㉠, ㉡ ③ ㉡, ㉣
④ ㉠, ㉢, ㉣ ⑤ ㉡, ㉢, ㉣

20 **건축물 A의 현황이 다음과 같을 경우, 건축법령상 용도별 건축물의 종류는?**

• 층수가 4층인 1개 동의 건축물로서 지하층과 필로티 구조는 없음 • 전체 층을 주택으로 쓰며, 주택으로 쓰는 바닥면적의 합계가 600m^{2}임 • 세대수 합계는 8세대로서 모든 세대에 취사시설이 설치됨

① 기숙사 ② 다중주택
③ 연립주택 ④ 다가구주택
⑤ 다세대주택

21 **부동산 투자에 관한 설명으로 틀린 것은?** (단, 다른 조건은 동일함)

① 투자자는 부동산의 자산가치와 운영수익의 극대화를 위해 효과적인 자산관리 운영전략을 수립할 필요가 있다.
② 금리상승은 투자자의 요구수익률을 상승시키는 요인이다.
③ 동일 투자자산이라도 개별투자자가 위험을 기피할수록 요구수익률이 높아진다.
④ 민감도분석을 통해 미래의 투자환경변화에 따른 투자가치의 영향을 검토할 수 있다.
⑤ 순현재가치는 투자자의 내부수익률로 할인한 현금유입의 현가에서 현금유출의 현가를 뺀 값이다.

22 **포트폴리오이론에 관한 설명으로 틀린 것은?** (단, 다른 조건은 동일함)

① 개별자산의 기대수익률 간 상관계수가 “0”인 두 개의 자산으로 포트폴리오를 구성할 때 포트폴리오의 위험감소효과가 최대로 나타난다.
② 포트폴리오의 기대수익률은 개별자산의 기대수익률을 가중평균하여 구한다.
③ 동일한 자산들로 포트폴리오를 구성하여도 개별자산의 투자비중에 따라 포트폴리오의 기대수익률과 분산은 다를 수 있다.
④ 무차별곡선은 투자자에게 동일한 효용을 주는 수익과 위험의 조합을 나타낸 곡선이다.
⑤ 최적 포트폴리오의 선정은 투자자의 위험에 대한 태도에 따라 달라질 수 있다.

23 **자본환원율에 관할 설명으로 틀린 것은?** (단, 다른 조건은 동일함)

① 자본환원율은 시장추출법, 조성법, 투자결합법 등을 통해 구할 수 있다.
② 자본환원율은 자본의 기회비용을 반영하며, 금리의 상승은 자본환원율을 높이는 요인이 된다.
③ 순영업소득(NOI)이 일정할 때 투자수요의 증가로 인한 자산가격 상승은 자본환원율을 높이는 요인이 된다.
④ 투자위험의 감소는 자본환원율을 낮추는 원인이 된다.
⑤ 부동산 시장이 균형을 이루더라도 자산의 유형, 위치 등 특성에 따라 자본환원율이 서로 다른 부동산들이 존재할 수 있다.

24 **부동산 투자의 분석기법에 관한 설명으로 틀린 것은?** (단, 다른 조건은 동일함)

① 수익률법과 승수법은 투자현금흐름의 시간가치를 반영하여 투자타당성을 분석하는 방법이다.
② 투자자산의 현금흐름에 따라 복수의 내부수익률이 존재할 수 있다.
③ 세후지분투자수익률은 지분투자액에 대한 세후현금흐름의 비율이다.
④ 투자의 타당성은 총투자액 또는 지분투자액을 기준으로 분석할 수 있으며, 총소득승수는 총투자액을 기준으로 분석하는 지표다.
⑤ 총부채상환비율(DTI)이 높을수록 채무불이행 위험이 높아진다.

25 **다음 자료를 활용하여 산정한 대상 부동산의 순소득승수는?** (단, 주어진 조건에 한함)

- 총투자액: 10,000만원
- 지분투자액: 6,000만원
- 가능총소득(PGI): 1,100만원/년
- 유효총소득(EGI): 1,000만원/년
- 영업비용(OE): 500만원/년
- 부채서비스액(DS): 260만원/년
- 영업소득세: 120만원/년

① 6 ② 9 ③ 10
④ 12 ⑤ 20

26 **부동산 투자에서 (㉠)타인자본을 40% 활용하는 경우와 (㉡)타인자본을 활용하지 않는 경우, 각각의 1년간 자기자본수익률(%)은?** (단, 주어진 조건에 한함)

- 부동산 매입가격: 20,000만원
- 1년 후 부동산 처분
- 순영업소득(NOI): 연 700만원(기간 말 발생)
- 보유기간 동안 부동산가격 상승률: 연 3%
- 대출조건: 이자율 연 5%, 대출기간 1년, 원리금은 만기일시상환

① ㉠: 7.0, ㉡: 6.0 ② ㉠: 7.0, ㉡: 6.5
③ ㉠: 7.5, ㉡: 6.0 ④ ㉠: 7.5, ㉡: 6.5
⑤ ㉠: 7.5, ㉡: 7.0

27 **주택금융에 관한 설명으로 틀린 것은?** (단, 다른 조건은 동일함)

① 정부는 주택소비금융의 확대와 금리인하, 대출규제의 완화로 주택가격의 급격한 상승에 대처한다.
② 주택소비금융은 주택구입능력을 제고시켜 자가주택 소유를 촉진시킬 수 있다.
③ 주택자금대출의 확대는 주택거래를 활성화시킬 수 있다.
④ 주택금융은 주택과 같은 거주용 부동산을 매입 또는 임대하는 데 필요한 자금조달을 위한 금융상품을 포괄한다.
⑤ 주택도시기금은 국민주택의 건설이나 국민주택규모 이하의 주택 구입에 출자 또는 융자할 수 있다.

28 **주택연금**(주택담보노후연금) **관련 법령상 주택연금의 보증기관은?**

① 한국부동산원
② 신용보증기금
③ 주택도시보증공사
④ 한국토지주택공사
⑤ 한국주택금융공사

29 **A씨는 원리금균등분할상환조건으로 1억원을 대출받았다. 은행의 대출조건이 다음과 같을 때, 대출 후 5년이 지난 시점에 남아있는 대출잔액은?** (단, 만원 단위 미만은 절사하며, 주어진 조건에 한함)

- 대출금리: 고정금리, 연 5%
- 총 대출기간과 상환주기: 30년, 월말 분할상환
- 월별 원리금지급액: 54만원
- 기간이 30년인 저당상수: 0.0054
- 기간이 25년인 연금의 현가계수: 171.06

① 8,333만원
② 8,500만원
③ 8,750만원
④ 9,237만원
⑤ 9,310만원

30 **대출조건이 동일할 경우 대출상환방식별 대출채권의 가중평균상환기간(duration)이 짧은 기간에서 긴 기간의 순서로 옳은 것은?**

㉠ 원금균등분할상환 ㉡ 원리금균등분할상환 ㉢ 만기일시상환

① ㉠ ⇨ ㉡ ⇨ ㉢
② ㉠ ⇨ ㉢ ⇨ ㉡
③ ㉡ ⇨ ㉠ ⇨ ㉢
④ ㉡ ⇨ ㉢ ⇨ ㉠
⑤ ㉢ ⇨ ㉡ ⇨ ㉠

31 **자산유동화에 관한 법령에 규정된 내용으로 틀린 것은?**

① 유동화자산이라 함은 자산유동화의 대상이 되는 채권·부동산 기타의 재산권을 말한다.
② 양도인은 유동화자산에 대한 반환청구권을 가지지 아니한다.
③ 유동화자산의 양도는 매매 또는 교환에 의한다.
④ 유동화전문회사는 유한회사로 한다.
⑤ PF 자산담보부 기업어음(ABCP)의 반복적인 유동화는 금융감독원에 등록한 자산유동화계획의 기재내용대로 수행하여야 한다.

32 **공공주택 특별법령상 공공임대주택에 해당하지 않는 것은?**

① 영구임대주택
② 국민임대주택
③ 분양전환공공임대주택
④ 공공지원민간임대주택
⑤ 기존주택등매입임대주택

33 부동산 마케팅 전략에 관한 설명으로 틀린 것은?

① 시장점유 전략은 수요자 측면의 접근으로 목표시장을 선점하거나 점유율을 높이는 것을 말한다.
② 적응가격 전략이란 동일하거나 유사한 제품으로 다양한 수요자들의 구매를 유입하고, 구매량을 늘리도록 유도하기 위하여 가격을 다르게 하여 판매하는 것을 말한다.
③ 마케팅믹스란 기업의 부동산 상품이 표적시장에 도달하기 위해 이용하는 마케팅에 관련된 여러 요소들의 조합을 말한다.
④ 시장세분화 전략이란 수요자 집단을 인구·경제적 특성에 따라 세분하고, 세분된 시장에서 상품의 판매지향점을 분명히 하는 것을 말한다.
⑤ 고객점유 전략은 소비자의 구매의사결정 과정의 각 단계에서 소비자와의 심리적인 접점을 마련하고 전달하려는 정보의 취지와 강약을 조절하는 것을 말한다.

34 다음 설명에 모두 해당하는 부동산 관리방식은?

- 관리의 전문성과 효율성을 제고할 수 있다.
- 건물설비의 고도화에 대응할 수 있다.
- 전문업자의 관리서비스를 받을 수 있다.
- 대형건물의 관리에 더 유용하다.
- 기밀유지에 어려움이 있다.

① 자치관리방식　② 위탁관리방식　③ 공공관리방식
④ 조합관리방식　⑤ 직영관리방식

35 감가수정에 관한 설명으로 옳은 것을 모두 고른 것은?

㉠ 감가수정과 관련된 내용연수는 경제적 내용연수가 아닌 물리적 내용연수를 의미한다.
㉡ 대상물건에 대한 재조달원가를 감액할 요인이 있는 경우에는 물리적 감가, 기능적 감가, 경제적 감가 등을 고려한다.
㉢ 감가수정방법에는 내용연수법, 관찰감가법, 분해법 등이 있다.
㉣ 내용연수법으로는 정액법, 정률법, 상환기금법이 있다.
㉤ 정률법은 매년 일정한 감가율을 곱하여 감가액을 구하는 방법으로 매년 감가액이 일정하다.

① ㉠, ㉡　② ㉡, ㉢　③ ㉢, ㉣
④ ㉡, ㉢, ㉣　⑤ ㉢, ㉣, ㉤

36 **감정평가에 관한 규칙상 시장가치기준에 관한 설명으로 틀린 것은?**

① 대상물건에 대한 감정평가액은 원칙적으로 시장가치를 기준으로 결정한다.
② 감정평가법인등은 법령에 다른 규정이 있는 경우에는 대상물건의 감정평가액을 시장가치 외의 가치를 기준으로 결정할 수 있다.
③ 감정평가법인등은 대상물건의 특성에 비추어 사회통념상 필요하다고 인정되는 경우에는 대상물건의 감정평가액을 시장가치 외의 가치를 기준으로 결정할 수 있다.
④ 감정평가법인등은 감정평가 의뢰인이 요청하여 시장가치 외의 가치를 기준으로 감정평가할 때에는 해당 시장가치 외의 가치의 성격과 특징을 검토하지 않는다.
⑤ 감정평가법인등은 시장가치 외의 가치를 기준으로 하는 감정평가의 합리성 및 적법성이 결여(缺如)되었다고 판단할 때에는 의뢰를 거부하거나 수임(受任)을 철회할 수 있다.

37 **다음 자료를 활용하여 산정한 대상 부동산의 수익가액은?** (단, 연간 기준이며, 주어진 조건에 한함)

- 가능총소득(PGI): 44,000,000원
- 공실손실상당액 및 대손충당금: 가능총소득의 10%
- 운영경비(OE): 가능총소득의 2.5%
- 대상 부동산의 가치구성비율: 토지(60%), 건물(40%)
- 토지환원율: 5%, 건물환원율: 10%
- 환원방법: 직접환원법
- 환원율 산정방법: 물리적 투자결합법

① 396,000,000원 ② 440,000,000원 ③ 550,000,000원
④ 770,000,000원 ⑤ 792,000,000원

38 **부동산 가격공시에 관한 법령에 규정된 내용으로 옳은 것은?**

① 국토교통부장관이 표준지공시지가를 조사·평가할 때에는 반드시 둘 이상의 감정평가법인등에게 의뢰하여야 한다.
② 표준지공시지가의 공시에는 표준지의 지번, 표준지의 단위면적당 가격, 표준지의 면적 및 형상, 표준지 및 주변토지의 이용상황, 그 밖에 대통령령으로 정하는 사항이 포함되어야 한다.
③ 국토교통부장관은 표준주택에 대하여 매년 공시기준일 현재 적정가격을 조사·산정하고, 시·군·구 부동산가격공시위원회의 심의를 거쳐 이를 공시하여야 한다.
④ 국토교통부장관은 표준주택가격을 조사·산정하고자 할 때에는 감정평가법인등 또는 한국부동산원에 의뢰한다.
⑤ 표준공동주택가격은 개별공동주택가격을 산정하는 경우에 그 기준이 된다.

39 **다음 자료를 활용하여 거래사례비교법으로 산정한 토지의 비준가액은?** (단, 주어진 조건에 한함)

- 대상토지: A시 B구 C동 350번지, 150m²(면적), 대(지목), 주상용(이용상황), 제2종 일반주거지역(용도지역)
- 기준시점: 2022.10.29.
- 거래사례
  - 소재지: A시 B구 C동 340번지
  - 200m²(면적), 대(지목), 주상용(이용상황)
  - 제2종 일반주거지역(용도지역)
  - 거래가격: 800,000,000원
  - 거래시점: 2022.06.01.
- 사정보정치: 0.9
- 지가변동률(A시 B구, 2022.06.01.~2022.10.29.): 주거지역 5% 상승, 상업지역 4% 상승
- 지역요인: 거래사례와 동일
- 개별요인: 거래사례에 비해 5% 열세
- 상승식으로 계산

① 533,520,000원
② 538,650,000원
③ 592,800,000원
④ 595,350,000원
⑤ 598,500,000원

40 **감정평가에 관한 규칙에 규정된 내용으로 틀린 것은?**

① 기준시점이란 대상물건의 감정평가액을 결정하는 기준이 되는 날짜를 말한다.
② 하나의 대상물건이라도 가치를 달리하는 부분은 이를 구분하여 감정평가할 수 있다.
③ 거래사례비교법은 감정평가방식 중 비교방식에 해당되나, 공시지가기준법은 비교방식에 해당되지 않는다.
④ 감정평가법인등은 대상물건별로 정한 감정평가방법(이하 "주된 방법"이라 함)을 적용하여 감정평가하되, 주된 방법을 적용하는 것이 곤란하거나 부적절한 경우에는 다른 감정평가방법을 적용할 수 있다.
⑤ 감정평가법인등은 감정평가서를 감정평가 의뢰인과 이해관계자가 이해할 수 있도록 명확하고 일관성 있게 작성해야 한다.

· 민법 · 민사특별법

41 **상대방 없는 단독행위에 해당하는 것은?**

① 착오로 인한 계약의 취소
② 무권대리로 체결된 계약에 대한 본인의 추인
③ 미성년자의 법률행위에 대한 법정대리인의 동의
④ 손자에 대한 부동산의 유증
⑤ 이행불능으로 인한 계약의 해제

42 **다음 중 무효인 법률행위는?** (다툼이 있으면 판례에 따름)

① 개업공인중개사가 임대인으로서 직접 중개의뢰인과 체결한 주택임대차계약
② 공인중개사 자격이 없는 자가 우연히 1회성으로 행한 중개행위에 대한 적정한 수준의 수수료 약정
③ 민사사건에서 변호사와 의뢰인 사이에 체결된 적정한 수준의 성공보수약정
④ 매도인이 실수로 상가지역을 그보다 가격이 비싼 상업지역이라 칭하였고, 부동산 거래의 경험이 없는 매수인이 이를 믿고서 실제 가격보다 2배 높은 대금을 지급한 매매계약
⑤ 보험계약자가 오로지 보험사고를 가장하여 보험금을 취득할 목적으로 선의의 보험자와 체결한 생명보험계약

43 **통정허위표시**(민법 제108조)**에 관한 설명으로 옳은 것은?** (다툼이 있으면 판례에 따름)

① 통정허위표시는 표의자가 의식적으로 진의와 다른 표시를 한다는 것을 상대방이 알았다면 성립한다.
② 가장행위가 무효이면 당연히 은닉행위도 무효이다.
③ 대리인이 본인 몰래 대리권의 범위 안에서 상대방과 통정허위표시를 한 경우, 본인은 선의의 제3자로서 그 유효를 주장할 수 있다.
④ 민법 제108조 제2항에 따라 보호받는 선의의 제3자에 대해서는 그 누구도 통정허위표시의 무효로써 대항할 수 없다.
⑤ 가장소비대차에 따른 대여금채권의 선의의 양수인은 민법 제108조 제2항에 따라 보호받는 제3자가 아니다.

44 **토지거래허가구역 내의 토지에 대한 매매계약이 체결된 경우**(유동적 무효)**에 관한 설명으로 옳은 것을 모두 고른 것은?** (다툼이 있으면 판례에 따름)

> ㉠ 해약금으로서 계약금만 지급된 상태에서 당사자가 관할관청에 허가를 신청하였다면 이는 이행의 착수이므로 더 이상 계약금에 기한 해제는 허용되지 않는다.
> ㉡ 당사자 일방이 토지거래허가 신청절차에 협력할 의무를 이행하지 않는다면 다른 일방은 그 이행을 소구할 수 있다.
> ㉢ 매도인의 채무가 이행불능임이 명백하고 매수인도 거래의 존속을 바라지 않는 경우, 위 매매계약은 확정적 무효로 된다.
> ㉣ 위 매매계약 후 토지거래허가구역 지정이 해제되었다고 해도 그 계약은 여전히 유동적 무효이다.

① ㉠, ㉡　② ㉠, ㉣　③ ㉡, ㉢
④ ㉢, ㉣　⑤ ㉠, ㉡, ㉢

45 **법률행위의 취소에 관한 설명으로 틀린 것은?** (다툼이 있으면 판례에 따름)

① 제한능력자가 제한능력을 이유로 자신의 법률행위를 취소하기 위해서는 법정대리인의 동의를 받아야 한다.
② 취소권은 추인할 수 있는 날로부터 3년 내에, 법률행위를 한 날로부터 10년 내에 행사하여야 한다.
③ 취소된 법률행위는 특별한 사정이 없는 한 처음부터 무효인 것으로 본다.
④ 제한능력을 이유로 법률행위가 취소된 경우, 제한능력자는 그 법률행위에 의해 받은 급부를 이익이 현존하는 한도에서 상환할 책임이 있다.
⑤ 취소할 수 있는 법률행위에 대해 취소권자가 적법하게 추인하면 그의 취소권은 소멸한다.

46 **조건에 관한 설명으로 틀린 것은?** (다툼이 있으면 판례에 따름)

① 조건성취의 효력은 특별한 사정이 없는 한 소급하지 않는다.
② 해제조건이 선량한 풍속 기타 사회질서에 위반한 것인 때에는 특별한 사정이 없는 한 조건 없는 법률행위로 된다.
③ 정지조건과 이행기로서의 불확정기한은 표시된 사실이 발생하지 않는 것으로 확정된 때에 채무를 이행하여야 하는지 여부로 구별될 수 있다.
④ 이행지체의 경우 채권자는 상당한 기간을 정한 최고와 함께 그 기간 내에 이행이 없을 것을 정지조건으로 하여 계약을 해제할 수 있다.
⑤ 신의성실에 반하는 방해로 말미암아 조건이 성취된 것으로 의제되는 경우, 성취의 의제시점은 그 방해가 없었더라면 조건이 성취되었으리라고 추산되는 시점이다.

47 **甲은 그 소유의 X건물을 매도하기 위하여 乙에게 대리권을 수여하였다. 이에 관한 설명으로 틀린 것은?** (다툼이 있으면 판례에 따름)

① 乙이 사망하면 특별한 사정이 없는 한 乙의 상속인에게 그 대리권이 승계된다.
② 乙은 특별한 사정이 없는 한 X건물의 매매계약에서 약정한 중도금이나 잔금을 수령할 수 있다.
③ 甲의 수권행위는 묵시적인 의사표시에 의하여도 할 수 있다.
④ 乙이 대리행위를 하기 전에 甲이 그 수권행위를 철회한 경우, 특별한 사정이 없는 한 乙의 대리권은 소멸한다.
⑤ 乙은 甲의 허락이 있으면 甲을 대리하여 자신을 X건물의 매수인으로 하는 계약을 체결할 수 있다.

48 **민법상 대리에 관한 설명으로 옳은 것은?** (다툼이 있으면 판례에 따름)

① 임의대리인이 수인(數人)인 경우, 대리인은 원칙적으로 공동으로 대리해야 한다.
② 대리행위의 하자로 인한 취소권은 원칙적으로 대리인에게 귀속된다.
③ 대리인을 통한 부동산거래에서 상대방 앞으로 소유권이전등기가 마쳐진 경우, 대리권 유무에 대한 증명책임은 대리행위의 유효를 주장하는 상대방에게 있다.
④ 복대리인은 대리인이 자신의 이름으로 선임한 대리인의 대리인이다.
⑤ 법정대리인은 특별한 사정이 없는 한 그 책임으로 복대리인을 선임할 수 있다.

49 **권한을 넘은 표현대리에 관한 설명으로 옳은 것은?** (다툼이 있으면 판례에 따름)

① 기본대리권이 처음부터 존재하지 않는 경우에도 표현대리는 성립할 수 있다.
② 복임권이 없는 대리인이 선임한 복대리인의 권한은 기본대리권이 될 수 없다.
③ 대리행위가 강행규정을 위반하여 무효인 경우에도 표현대리는 성립할 수 있다.
④ 법정대리권을 기본대리권으로 하는 표현대리는 성립할 수 없다.
⑤ 상대방이 대리인에게 대리권이 있다고 믿을 만한 정당한 이유가 있는지의 여부는 대리행위 당시를 기준으로 판정한다.

50 **대리권 없는 甲은 乙 소유의 X부동산에 관하여 乙을 대리하여 丙과 매매계약을 체결하였고, 丙은 甲이 무권대리인이라는 사실에 대하여 선의·무과실이었다. 이에 관한 설명으로 틀린 것은?** (다툼이 있으면 판례에 따름)

① 丙이 乙에 대하여 상당한 기간을 정하여 추인여부를 최고하였으나 그 기간 내에 乙이 확답을 발하지 않은 때에는 乙이 추인한 것으로 본다.
② 乙이 甲에 대해서만 추인의 의사표시를 하였더라도 丙은 乙의 甲에 대한 추인이 있었음을 주장할 수 있다.
③ 乙이 甲에게 매매계약을 추인하더라도 그 사실을 알지 못하고 있는 丙은 매매계약을 철회할 수 있다.
④ 乙이 丙에 대하여 추인하면 특별한 사정이 없는 한, 추인은 매매계약 체결시에 소급하여 그 효력이 생긴다.
⑤ 乙이 丙에게 추인을 거절한 경우, 甲이 제한능력자가 아니라면 甲은 丙의 선택에 따라 계약을 이행할 책임 또는 손해를 배상할 책임이 있다.

51 **토지를 점유할 수 있는 물권을 모두 고른 것은?**

㉠ 전세권	㉡ 지상권
㉢ 저당권	㉣ 임차권

① ㉠ ② ㉠, ㉡ ③ ㉠, ㉣
④ ㉢, ㉣ ⑤ ㉠, ㉡, ㉢

52 **점유에 관한 설명으로 옳은 것은?** (다툼이 있으면 판례에 따름)

① 제3자가 직접점유자의 점유를 방해한 경우, 특별한 사정이 없는 한 간접점유자에게는 점유권에 기한 방해배제청구권이 인정되지 않는다.
② 취득시효의 요건인 점유에는 간접점유가 포함되지 않는다.
③ 소유권의 시효취득을 주장하는 점유자는 특별한 사정이 없는 한 자신의 점유가 자주점유에 해당함을 증명하여야 한다.
④ 선의의 점유자가 본권에 관한 소에 패소한 경우, 그 자는 패소가 확정된 때부터 악의의 점유자로 본다.
⑤ 양도인이 등기부상의 명의인과 동일인이며 그 명의를 의심할 만한 특별한 사정이 없는 경우, 그 부동산을 양수하여 인도받은 자는 과실(過失) 없는 점유자에 해당한다.

53 **물권적 청구권에 관한 설명으로 옳은 것을 모두 고른 것은?** (다툼이 있으면 판례에 따름)

> ㉠ 지상권을 설정한 토지의 소유자는 그 토지 일부의 불법점유자에 대하여 소유권에 기한 방해배제를 청구할 수 없다.
> ㉡ 토지의 소유권을 양도하여 소유권을 상실한 전(前)소유자도 그 토지 일부의 불법점유자에 대하여 소유권에 기한 방해배제를 청구할 수 있다.
> ㉢ 소유자는 자신의 소유권을 방해할 염려있는 행위를 하는 자에 대하여 그 예방이나 손해배상의 담보를 청구할 수 있다.

① ㉠　　② ㉢　　③ ㉠, ㉡
④ ㉡, ㉢　　⑤ ㉠, ㉡, ㉢

54 **점유자와 회복자의 관계에 관한 설명으로 옳은 것은?** (다툼이 있으면 판례에 따름)

① 악의의 점유자가 점유물의 과실을 수취하여 소비한 경우, 특별한 사정이 없는 한 그 점유자는 그 과실의 대가를 보상하여야 한다.
② 은비(隱秘)에 의한 점유자는 점유물의 과실을 수취할 권리가 있다.
③ 점유물의 전부가 점유자의 책임있는 사유로 멸실된 경우, 선의의 자주점유자는 특별한 사정이 없는 한 그 멸실로 인한 손해의 전부를 배상해야 한다.
④ 점유자는 특별한 사정이 없는 한 회복자가 점유물의 반환을 청구하기 전에도 그 점유물의 반환 없이 그 회복자에게 유익비상환청구권을 행사할 수 있다.
⑤ 악의의 점유자는 특별한 사정이 없는 한 점유물에 지출한 통상의 필요비의 상환을 청구할 수 없다.

55 **민법상 상린관계에 관한 설명으로 옳은 것을 모두 고른 것은?** (다툼이 있으면 판례에 따름)

> ㉠ 토지 주변의 소음이 사회통념상 수인한도를 넘지 않은 경우에도 그 토지소유자는 소유권에 기하여 소음피해의 제거를 청구할 수 있다.
> ㉡ 우물을 파는 경우에 경계로부터 2미터 이상의 거리를 두어야 하지만, 당사자 사이에 이와 다른 특약이 있으면 그 특약이 우선한다.
> ㉢ 토지소유자가 부담하는 자연유수의 승수의무(承水義務)에는 적극적으로 그 자연유수의 소통을 유지할 의무가 포함된다.

① ㉠　　② ㉡　　③ ㉢
④ ㉠, ㉡　　⑤ ㉡, ㉢

56 **소유권의 취득에 관한 설명으로 옳은 것은?** (다툼이 있으면 판례에 따름)

① 저당권 실행을 위한 경매절차에서 매수인이 된 자가 매각부동산의 소유권을 취득하기 위해서는 소유권이전등기를 완료하여야 한다.
② 무주(無主)의 부동산을 점유한 자연인은 그 부동산의 소유권을 즉시 취득한다.
③ 점유취득시효에 따른 부동산소유권 취득의 효력은 점유를 개시한 때로 소급하지 않는다.
④ 타인의 토지에서 발견된 매장물은 특별한 사정이 없는 한 발견자가 단독으로 그 소유권을 취득한다.
⑤ 타주점유자는 자신이 점유하는 부동산에 대한 소유권을 시효취득할 수 없다.

57 **민법상 공동소유에 관한 설명으로 옳은 것은?** (다툼이 있으면 판례에 따름)

① 공유자끼리 그 지분을 교환하는 것은 지분권의 처분이므로 이를 위해서는 교환당사자가 아닌 다른 공유자의 동의가 필요하다.
② 부동산 공유자 중 일부가 자신의 공유지분을 포기한 경우, 등기를 하지 않아도 공유지분 포기에 따른 물권변동의 효력이 발생한다.
③ 합유자 중 1인은 다른 합유자의 동의 없이 자신의 지분을 단독으로 제3자에게 유효하게 매도할 수 있다.
④ 합유물에 관하여 경료된 원인 무효의 소유권이전등기의 말소를 구하는 소는 합유자 각자가 제기할 수 있다.
⑤ 법인 아닌 종중이 그 소유 토지의 매매를 중개한 중개업자에게 중개수수료를 지급하기로 하는 약정을 체결하는 것은 총유물의 관리·처분행위에 해당한다.

58 **1필의 토지의 일부를 객체로 할 수 없는 권리는?** (다툼이 있으면 판례에 따름)

① 저당권　　② 전세권　　③ 지상권
④ 임차권　　⑤ 점유권

59 2019. 8. 1. **甲은 乙에게 2억원**(대여기간 1년, 이자 월 1.5%)을 **대여하면서 乙 소유 X토지**(가액 3억원)**에 근저당권**(채권최고액 2억 5천만원)**을 취득하였고, 2020. 7. 1. 丙은 乙에게 1억원**(대여기간 1년, 이자 월 1%)을 **대여하면서 X토지에 2번 근저당권**(채권최고액 1억 5천만원)**을 취득하였다. 甲과 丙이 변제를 받지 못한 상황에서 丙이 2022. 6. 1. X토지에 관해 근저당권 실행을 위한 경매를 신청하면서 배당을 요구한 경우, 이에 관한 설명으로 옳은 것은?** (다툼이 있으면 판례에 따름)

㉠ 2022. 6. 1. 甲의 근저당권의 피담보채권액은 확정되지 않는다. ㉡ 甲에게 2022. 6. 1. 이후에 발생한 지연이자는 채권최고액의 범위 내라도 근저당권에 의해 담보되지 않는다. ㉢ 甲이 한 번도 이자를 받은 바 없고 X토지가 3억원에 경매되었다면 甲은 경매대가에서 3억원을 변제받는다.

① ㉠ ② ㉡ ③ ㉠, ㉢
④ ㉡, ㉢ ⑤ ㉠, ㉡, ㉢

60 **법률에 특별한 규정 또는 설정행위에 다른 약정이 없는 경우, 저당권의 우선변제적 효력이 미치는 것을 모두 고른 것은?** (다툼이 있으면 판례에 따름)

㉠ 토지에 저당권이 설정된 후 그 토지 위에 완공된 건물 ㉡ 토지에 저당권이 설정된 후 토지소유자가 그 토지에 매설한 유류저장탱크 ㉢ 저당토지가 저당권 실행으로 압류된 후 그 토지에 관하여 발생한 저당권설정자의 차임채권 ㉣ 토지에 저당권이 설정된 후 토지의 전세권자가 그 토지에 식재하고 등기한 입목

① ㉡ ② ㉠, ㉣ ③ ㉡, ㉢
④ ㉠, ㉢, ㉣ ⑤ ㉡, ㉢, ㉣

61 **민법상 유치권에 관한 설명으로 옳은 것은?** (다툼이 있으면 판례에 따름)

① 유치권자는 유치물에 대한 경매신청권이 없다.
② 유치권자는 유치물의 과실인 금전을 수취하여 다른 채권보다 먼저 피담보채권의 변제에 충당할 수 있다.
③ 유치권자는 채무자의 승낙 없이 유치물을 담보로 제공할 수 있다.
④ 채권자가 채무자를 직접점유자로 하여 간접점유하는 경우에도 유치권은 성립한다.
⑤ 유치권자는 유치물에 관해 지출한 필요비를 소유자에게 상환 청구할 수 없다.

62 **甲에게 법정지상권 또는 관습법상 법정지상권이 인정되는 경우를 모두 고른 것은?** (다툼이 있으면 판례에 따름)

> ㉠ 乙 소유의 토지 위에 乙의 승낙을 얻어 신축한 丙 소유의 건물을 甲이 매수한 경우
> ㉡ 乙 소유의 토지 위에 甲과 乙이 건물을 공유하면서 토지에만 저당권을 설정하였다가, 그 실행을 위한 경매로 丙이 토지소유권을 취득한 경우
> ㉢ 甲이 乙로부터 乙 소유의 미등기건물과 그 대지를 함께 매수하고 대지에 관해서만 소유권이전등기를 한 후, 건물에 대한 등기 전 설정된 저당권에 의해 대지가 경매되어 丙이 토지소유권을 취득한 경우

① ㉠ ② ㉡ ③ ㉠, ㉢
④ ㉡, ㉢ ⑤ ㉠, ㉡, ㉢

63 **지역권에 관한 설명으로 옳은 것은?** (다툼이 있으면 판례에 따름)

① 요역지는 1필의 토지 일부라도 무방하다.
② 요역지의 소유권이 이전되어도 특별한 사정이 없는 한 지역권은 이전되지 않는다.
③ 지역권의 존속기간을 영구무한으로 약정할 수는 없다.
④ 지역권자는 승역지를 권원 없이 점유한 자에게 그 반환을 청구할 수 있다.
⑤ 요역지공유자의 1인은 지분에 관하여 그 토지를 위한 지역권을 소멸하게 하지 못한다.

64 **토지전세권에 관한 설명으로 옳은 것은?** (다툼이 있으면 판례에 따름)

① 토지전세권을 처음 설정할 때에는 존속기간에 제한이 없다.
② 토지전세권의 존속기간을 1년 미만으로 정한 때에는 1년으로 한다.
③ 토지전세권의 설정은 갱신할 수 있으나 그 기간은 갱신한 날로부터 10년을 넘지 못한다.
④ 토지전세권자에게는 토지임차인과 달리 지상물매수청구권이 인정될 수 없다.
⑤ 토지전세권설정자가 존속기간 만료 전 6월부터 1월 사이에 갱신거절의 통지를 하지 않은 경우, 특별한 사정이 없는 한 동일한 조건으로 다시 전세권을 설정한 것으로 본다.

65 **甲은 乙에게 우편으로 자기 소유의 X건물을 3억원에 매도하겠다는 청약을 하면서, 자신의 청약에 대한 회신을 2022. 10. 5.까지 해 줄 것을 요청하였다. 甲의 편지는 2022. 9. 14. 발송되어 2022. 9. 16. 乙에게 도달되었다. 이에 관한 설명으로 틀린 것을 모두 고른 것은?** (다툼이 있으면 판례에 따름)

> ㉠ 甲이 2022. 9. 23. 자신의 청약을 철회한 경우, 특별한 사정이 없는 한 甲의 청약은 효력을 잃는다.
> ㉡ 乙이 2022. 9. 20. 甲에게 승낙의 통지를 발송하여 2022. 9. 22. 甲에게 도달한 경우, 甲과 乙의 계약은 2022. 9. 22.에 성립한다.
> ㉢ 乙이 2022. 9. 27. 매매가격을 2억 5천만원으로 조정해 줄 것을 조건으로 승낙한 경우, 乙의 승낙은 청약의 거절과 동시에 새로 청약한 것으로 본다.

① ㉠ ② ㉡ ③ ㉠, ㉡
④ ㉡, ㉢ ⑤ ㉠, ㉡, ㉢

66 **특별한 사정이 없는 한 동시이행의 관계에 있는 경우를 모두 고른 것은?** (다툼이 있으면 판례에 따름)

> ㉠ 임대차계약 종료에 따른 임차인의 임차목적물반환의무와 임대인의 권리금 회수 방해로 인한 손해배상의무
> ㉡ 주택임대차보호법상 임차권등기명령에 따라 행해진 임차권등기의 말소의무와 임대차보증금 반환의무
> ㉢ 구분소유적 공유관계의 해소로 인하여 공유지분권자 상호간에 발생한 지분이전등기의무

① ㉠ ② ㉢ ③ ㉠, ㉡
④ ㉡, ㉢ ⑤ ㉠, ㉡, ㉢

67 **제3자를 위한 유상·쌍무계약에 관한 설명으로 옳은 것은?** (다툼이 있으면 판례에 따름)

① 제3자를 위한 계약의 당사자는 요약자, 낙약자, 수익자이다.
② 수익자는 계약체결 당시 특정되어 있어야 한다.
③ 수익자는 제3자를 위한 계약에서 발생한 해제권을 가지는 것이 원칙이다.
④ 낙약자는 특별한 사정이 없는 한 요약자와의 기본관계에서 발생한 항변으로써 수익자의 청구에 대항할 수 있다.
⑤ 요약자는 특별한 사정이 없는 한 수익자의 동의 없이 낙약자의 이행불능을 이유로 계약을 해제할 수 없다.

68 **甲은 자신의 X토지를 乙에게 매도하고 소유권이전등기를 마쳐주었으나, 乙은 변제기가 지났음에도 매매대금을 지급하지 않고 있다. 이에 관한 설명으로 틀린 것을 모두 고른 것은?** (다툼이 있으면 판례에 따름)

㉠ 甲은 특별한 사정이 없는 한 별도의 최고 없이 매매계약을 해제할 수 있다.
㉡ 甲이 적법하게 매매계약을 해제한 경우, X토지의 소유권은 등기와 무관하게 계약이 없었던 상태로 복귀한다.
㉢ 乙이 X토지를 丙에게 매도하고 그 소유권이전등기를 마친 후 甲이 乙을 상대로 적법하게 매매계약을 해제하였다면, 丙은 X토지의 소유권을 상실한다.

① ㉠
② ㉡
③ ㉢
④ ㉠, ㉢
⑤ ㉡, ㉢

69 **계약의 유형에 관한 설명으로 옳은 것은?**

① 매매계약은 요물계약이다.
② 교환계약은 무상계약이다.
③ 증여계약은 낙성계약이다.
④ 도급계약은 요물계약이다.
⑤ 임대차계약은 편무계약이다.

70 **甲은 그 소유의 X부동산에 관하여 乙과 매매의 일방예약을 체결하면서 예약완결권은 乙이 가지고 20년 내에 행사하기로 약정하였다. 이에 관한 설명으로 옳은 것은?** (다툼이 있으면 판례에 따름)

① 乙이 예약체결시로부터 1년 뒤에 예약완결권을 행사한 경우, 매매는 예약체결시로 소급하여 그 효력이 발생한다.
② 乙의 예약완결권은 형성권에 속하므로 甲과의 약정에도 불구하고 그 행사기간은 10년으로 단축된다.
③ 乙이 가진 예약완결권은 재산권이므로 특별한 사정이 없는 한 타인에게 양도할 수 있다.
④ 乙이 예약완결권을 행사기간 내에 행사하였는지에 관해 甲의 주장이 없다면 법원은 이를 고려할 수 없다.
⑤ 乙이 예약완결권을 행사하더라도 甲의 승낙이 있어야 비로소 매매계약은 그 효력이 발생한다.

71 권리의 하자에 대한 매도인의 담보책임과 관련하여 '악의의 매수인에게 인정되는 권리'로 옳은 것을 모두 고른 것은?

> ㉠ 권리의 전부가 타인에게 속하여 매수인에게 이전할 수 없는 경우 – 계약해제권
> ㉡ 권리의 일부가 타인에게 속하여 그 권리의 일부를 매수인에게 이전할 수 없는 경우 – 대금감액청구권
> ㉢ 목적물에 설정된 저당권의 실행으로 인하여 매수인이 소유권을 취득할 수 없는 경우 – 계약해제권
> ㉣ 목적물에 설정된 지상권에 의해 매수인의 권리행사가 제한되어 계약의 목적을 달성할 수 없는 경우 – 계약해제권

① ㉠, ㉡　　② ㉠, ㉣　　③ ㉡, ㉢
④ ㉢, ㉣　　⑤ ㉠, ㉡, ㉢

72 부동산의 환매에 관한 설명으로 틀린 것은? (다툼이 있으면 판례에 따름)

① 환매특약은 매매계약과 동시에 이루어져야 한다.
② 매매계약이 취소되어 효력을 상실하면 그에 부수하는 환매특약도 효력을 상실한다.
③ 환매시 목적물의 과실과 대금의 이자는 특별한 약정이 없으면 이를 상계한 것으로 본다.
④ 환매기간을 정하지 않은 경우, 그 기간은 5년으로 한다.
⑤ 환매기간을 정한 경우, 환매권의 행사로 발생한 소유권이전등기청구권은 특별한 사정이 없는 한 그 환매기간 내에 행사하지 않으면 소멸한다.

73 토지임차인에게 인정될 수 있는 권리가 아닌 것은?

① 부속물매수청구권
② 유익비상환청구권
③ 지상물매수청구권
④ 필요비상환청구권
⑤ 차임감액청구권

74 **건물임대차계약상 보증금에 관한 설명으로 틀린 것을 모두 고른 것은?** (다툼이 있으면 판례에 따름)

> ㉠ 임대차계약에서 보증금을 지급하였다는 사실에 대한 증명책임은 임차인이 부담한다.
> ㉡ 임대차계약이 종료하지 않은 경우, 특별한 사정이 없는 한 임차인은 보증금의 존재를 이유로 차임의 지급을 거절할 수 없다.
> ㉢ 임대차 종료 후 보증금이 반환되지 않고 있는 한, 임차인의 목적물에 대한 점유는 적법점유이므로 임차인이 목적물을 계속하여 사용·수익하더라도 부당이득 반환의무는 발생하지 않는다.

① ㉠ ② ㉡ ③ ㉢
④ ㉠, ㉡ ⑤ ㉡, ㉢

75 **주택임대차보호법에 관한 설명으로 옳은 것을 모두 고른 것은?** (다툼이 있으면 판례에 따름)

> ㉠ 다가구용 단독주택 일부의 임차인이 대항력을 취득하였다면, 후에 건축물 대장상으로 다가구용 단독주택이 다세대 주택으로 변경되었다는 사정만으로는 이미 취득한 대항력을 상실하지 않는다.
> ㉡ 우선변제권 있는 임차인은 임차주택과 별도로 그 대지만이 경매될 경우, 특별한 사정이 없는 한 그 대지의 환가대금에 대하여 우선변제권을 행사할 수 있다.
> ㉢ 임차인이 대항력을 가진 후 그 임차주택의 소유권이 양도되어 양수인이 임차보증금반환채무를 부담하게 되었더라도, 임차인이 주민등록을 이전하면 양수인이 부담하는 임차보증금반환채무는 소멸한다.

① ㉠ ② ㉢ ③ ㉠, ㉡
④ ㉡, ㉢ ⑤ ㉠, ㉡, ㉢

76 **세종특별자치시에 소재하는 甲 소유의 X상가건물의 1층 점포를 乙이 분식점을 하려고 甲으로부터 2022. 2. 16. 보증금 6억원, 차임 월 100만원에 임차하였고 임차권 등기는 되지 않았다. 이에 관한 설명으로 옳은 것을 모두 고른 것은?**

> ㉠ 乙이 점포를 인도받은 날에 사업자등록을 신청한 경우, 그 다음 날부터 임차권의 대항력이 생긴다.
> ㉡ 乙이 대항요건을 갖춘 후 임대차계약서에 확정일자를 받은 경우 민사집행법상 경매시 乙은 임차건물의 환가대금에서 후순위권리자보다 우선하여 보증금을 변제받을 권리가 있다.
> ㉢ 乙은 감염병의 예방 및 관리에 관한 법률 제49조 제1항 제2호에 따른 집합 제한 또는 금지조치를 총 3개월 이상 받음으로써 발생한 경제사정의 중대한 변동으로 폐업한 경우에는 임대차계약을 해지할 수 있다.

① ㉡　② ㉢　③ ㉠, ㉡
④ ㉠, ㉢　⑤ ㉠, ㉡, ㉢

77 **집합건물의 소유 및 관리에 관한 법률상 공용부분에 관한 설명으로 옳은 것을 모두 고른 것은?**
(다툼이 있으면 판례에 따름)

> ㉠ 관리단집회 결의나 다른 구분소유자의 동의 없이 구분소유자 1인이 공용부분을 독점적으로 점유·사용하는 경우, 다른 구분소유자는 공용부분의 보존행위로서 그 인도를 청구할 수 있다.
> ㉡ 구분소유자 중 일부가 정당한 권원 없이 구조상 공용부분인 복도를 배타적으로 점유·사용하여 다른 구분소유자가 사용하지 못하였다면, 특별한 사정이 없는 한 이로 인하여 얻은 이익을 다른 구분소유자에게 부당이득으로 반환하여야 한다.
> ㉢ 관리단은 관리비 징수에 관한 유효한 규약이 없더라도 공용부분에 대한 관리비를 그 부담의무자인 구분소유자에게 청구할 수 있다.

① ㉠　② ㉡　③ ㉠, ㉢
④ ㉡, ㉢　⑤ ㉠, ㉡, ㉢

78 **가등기담보 등에 관한 법률이 적용되는 가등기담보에 관한 설명으로 옳은 것은?** (다툼이 있으면 판례에 따름)

① 채무자가 아닌 제3자는 가등기담보권의 설정자가 될 수 없다.
② 귀속청산에서 변제기 후 청산금의 평가액을 채무자에게 통지한 경우, 채권자는 그가 통지한 청산금의 금액에 관하여 다툴 수 있다.
③ 공사대금채권을 담보하기 위하여 담보가등기를 한 경우, 가등기담보 등에 관한 법률이 적용된다.
④ 가등기담보권자는 특별한 사정이 없는 한 가등기담보권을 그 피담보채권과 함께 제3자에게 양도할 수 있다.
⑤ 가등기담보권자는 담보목적물에 대한 경매를 청구할 수 없다.

79 **2022. 8. 16. 甲은 조세포탈의 목적으로 친구인 乙과 명의신탁약정을 맺고 乙은 이에 따라 甲으로부터 매수자금을 받아 丙 소유의 X토지를 자신의 명의로 매수하여 등기를 이전받았다. 이에 관한 설명으로 틀린 것은?** (다툼이 있으면 판례에 따름)

① 甲과 乙의 명의신탁약정은 무효이다.
② 甲과 乙의 명의신탁약정이 있었다는 사실을 丙이 몰랐다면, 乙을 丙으로부터 X토지의 소유권을 승계취득한다.
③ 乙이 X토지의 소유권을 취득하더라도, 甲은 乙에 대하여 부당이득을 원인으로 X토지의 소유권이전등기를 청구 할 수 없다.
④ 甲은 乙에 대해 가지는 매수자금 상당의 부당이득반환청구권에 기하여 X토지에 유치권을 행사할 수 없다.
⑤ 만일 乙이 丁에게 X토지를 양도한 경우, 丁이 명의신탁약정에 대하여 단순히 알고 있었다면, 丁은 X토지의 소유권을 취득하지 못한다.

80 **집합건물의 소유 및 관리에 관한 법령상 관리인 및 관리위원회 등에 관한 설명으로 옳은 것은?**

① 구분소유자가 아닌 자는 관리인이 될 수 없다.
② 구분소유자가 10인 이상일 때에는 관리단을 대표하고 관리단의 사무를 집행할 관리인을 선임하여야 한다.
③ 관리위원회를 둔 경우에도 규약에서 달리 정한 바가 없으면, 관리인은 공용부분의 보존행위를 함에 있어 관리위원회의 결의를 요하지 않는다.
④ 규약에서 달리 정한 바가 없으면, 관리인은 관리위원회의 위원이 될 수 있다.
⑤ 규약에서 달리 정한 바가 없으면, 관리위원회 위원은 부득이한 사유가 없더라도 서면이나 대리인을 통하여 의결권을 행사할 수 있다.

제32회 반복학습 체크리스트

반복학습	과목별 점수	평균점수	약점체크
1회 ___ 월 ___ 일	• 부동산학개론 ______ 점 • 민법 · 민사특별법 ______ 점	______ 점	....
2회 ___ 월 ___ 일	• 부동산학개론 ______ 점 • 민법 · 민사특별법 ______ 점	______ 점	....
3회 ___ 월 ___ 일	• 부동산학개론 ______ 점 • 민법 · 민사특별법 ______ 점	______ 점	....
4회 ___ 월 ___ 일	• 부동산학개론 ______ 점 • 민법 · 민사특별법 ______ 점	______ 점	....
5회 ___ 월 ___ 일	• 부동산학개론 ______ 점 • 민법 · 민사특별법 ______ 점	______ 점	....

합격점수 체크그래프

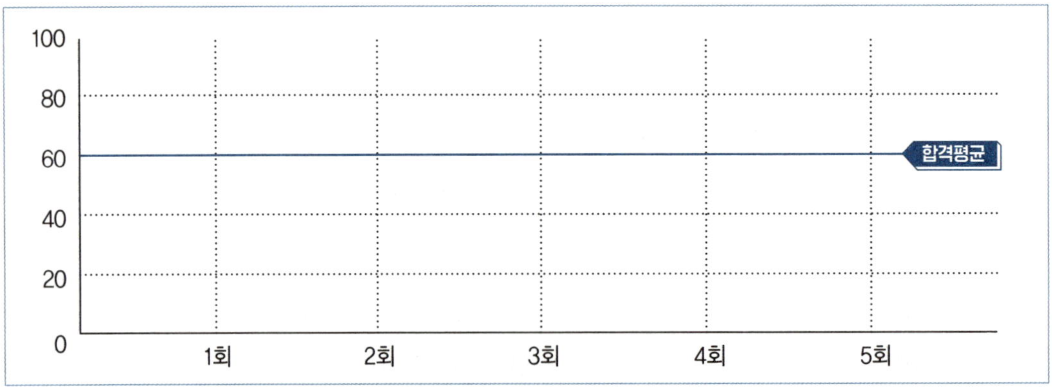

PART

05

제32회 기출문제

제32회 공인중개사 시험(2021. 10. 30. 실시)

교시	시험시간	시험과목
1교시	100분	❶ 부동산학개론 ❷ 민법 · 민사특별법

제32회 공인중개사 시험 (2021. 10. 30. 실시)

• 현재 시행중인 법령을 기준으로 문제를 수정하였습니다.

• 부동산학개론

01 **토지 관련 용어의 설명으로 틀린 것은?**

① 택지지역 내에서 주거지역이 상업지역으로 용도변경이 진행되고 있는 토지를 이행지라고 한다.
② 필지는 하나의 지번이 부여된 토지의 등록단위이다.
③ 획지는 인위적·자연적·행정적 조건에 따라 다른 토지와 구별되는 가격수준이 비슷한 일단의 토지를 말한다.
④ 나지는 건부지 중 건폐율·용적률의 제한으로 건물을 짓지 않고 남겨둔 토지를 말한다.
⑤ 맹지는 도로에 직접 연결되지 않은 토지이다.

02 **다중주택의 요건이 아닌 것은?** (단, 건축법령상 단서 조항은 고려하지 않음)

① 1개 동의 주택으로 쓰이는 바닥면적(부설 주차장 면적은 제외한다)의 합계가 660제곱미터 이하이고 주택으로 쓰는 층수(지하층은 제외한다)가 3개 층 이하일 것
② 독립된 주거의 형태를 갖추지 않은 것(각 실별로 욕실은 설치할 수 있으나, 취사시설은 설치하지 않은 것을 말한다)
③ 학교 또는 공장 등의 학생 또는 종업원 등을 위하여 쓰는 것으로서 1개 동의 공동취사시설 이용 세대 수가 전체의 50퍼센트 이상인 것
④ 적정한 주거환경을 조성하기 위하여 건축조례로 정하는 실별 최소 면적, 창문의 설치 및 크기 등의 기준에 적합할 것
⑤ 학생 또는 직장인 등 여러 사람이 장기간 거주할 수 있는 구조로 되어 있는 것

03 토지의 자연적 특성에 관한 설명으로 옳은 것을 모두 고른 것은?

> ㉠ 부증성으로 인해 동산과 부동산이 구분되고, 일반재화와 부동산재화의 특성이 다르게 나타난다.
> ㉡ 부동성으로 인해 임장활동과 지역분석을 필요로 한다.
> ㉢ 인접성으로 인해 부동산의 수급이 불균형하여 균형가격의 형성이 어렵다.
> ㉣ 개별성으로 인해 일물일가 법칙의 적용이 배제되어 토지시장에서 물건 간 완전한 대체 관계가 제약된다.

① ㉠, ㉡　② ㉠, ㉢　③ ㉡, ㉢
④ ㉡, ㉣　⑤ ㉢, ㉣

04 아파트 매매가격이 10% 상승할 때, 아파트 매매수요량이 5% 감소하고 오피스텔 매매수요량이 8% 증가하였다. 이때 아파트 매매수요의 가격탄력성의 정도(A), 오피스텔 매매수요의 교차탄력성(B), 아파트에 대한 오피스텔의 관계(C)는? (단, 수요의 가격탄력성은 절댓값이며, 다른 조건은 동일함)

① A: 비탄력적, B: 0.5, C: 대체재
② A: 탄력적, B: 0.5, C: 보완재
③ A: 비탄력적, B: 0.8, C: 대체재
④ A: 탄력적, B: 0.8, C: 보완재
⑤ A: 비탄력적, B: 1.0, C: 대체재

05 수요와 공급이 동시에 변화할 경우, 균형가격과 균형량에 관한 설명으로 옳은 것은? (단, 수요곡선은 우하향, 공급곡선은 우상향, 다른 조건은 동일함)

① 수요와 공급이 증가하는 경우, 수요의 증가폭이 공급의 증가폭보다 크다면 균형가격은 상승하고 균형량은 감소한다.
② 수요와 공급이 감소하는 경우, 수요의 감소폭이 공급의 감소폭보다 작다면 균형가격은 상승하고 균형량은 증가한다.
③ 수요와 공급이 감소하는 경우, 수요의 감소폭과 공급의 감소폭이 같다면 균형가격은 불변이고 균형량은 증가한다.
④ 수요는 증가하고 공급이 감소하는 경우, 수요의 증가폭이 공급의 감소폭보다 작다면 균형가격은 상승하고 균형량은 증가한다.
⑤ 수요는 감소하고 공급이 증가하는 경우, 수요의 감소폭이 공급의 증가폭보다 작다면 균형가격은 하락하고 균형량은 증가한다.

06 **A주택시장과 B주택시장의 함수조건이 다음과 같다. 거미집이론에 의한 두 시장의 모형형태는?** (단, x축은 수량, y축은 가격, 각각의 시장에 대한 P는 가격, Qd는 수요량, Qs는 공급량, 다른 조건은 동일함)

> • A주택시장: $Qd = 200 - P,\ Qs = 100 + 4P$
>
> • B주택시장: $Qd = 500 - 2P,\ Qs = 200 + \frac{1}{2}P$

① A: 수렴형, B: 수렴형
② A: 수렴형, B: 발산형
③ A: 수렴형, B: 순환형
④ A: 발산형, B: 수렴형
⑤ A: 발산형, B: 발산형

07 **수요와 공급의 가격탄력성에 관한 설명으로 옳은 것은?** (단, x축은 수량, y축은 가격, 수요의 가격탄력성은 절댓값이며, 다른 조건은 동일함)

① 수요의 가격탄력성은 수요량의 변화율에 대한 가격의 변화비율을 측정한 것이다.
② 수요의 가격탄력성이 완전비탄력적이면 가격이 변화할 때 수요량이 무한대로 변화한다.
③ 수요의 가격탄력성이 비탄력적이면 수요량의 변화율이 가격의 변화율보다 더 크다.
④ 공급의 가격탄력성이 탄력적이면 가격의 변화율보다 공급량의 변화율이 더 크다.
⑤ 공급곡선이 수직선이면 공급의 가격탄력성은 완전탄력적이다.

08 **A부동산에 대한 기존 시장의 균형상태에서 수요함수는 $P=200-2Qd$, 공급함수는 $2P=40+Qs$이다. 시장의 수요자 수가 2배로 증가되는 경우, 새로운 시장의 균형가격과 기존 시장의 균형가격 간의 차액은?** [단, P는 가격(단위: 만원), Qd는 수요량(단위: m^2), Qs는 공급량(단위: m^2)이며, A부동산은 민간재(private goods)로 시장의 수요자는 모두 동일한 개별수요함수를 가지며, 다른 조건은 동일함]

① 24만원 ② 48만원 ③ 56만원
④ 72만원 ⑤ 80만원

09 **아파트시장에서 균형가격을 하락시키는 요인은 모두 몇 개인가?** (단, 아파트는 정상재이며, 다른 조건은 동일함)

- 건설노동자 임금 상승
- 가구의 실질소득 증가
- 아파트건설용 토지가격의 상승
- 대체주택에 대한 수요 감소
- 아파트 건설업체 수 증가
- 아파트 선호도 감소

① 1개 ② 2개 ③ 3개
④ 4개 ⑤ 5개

10 **도시공간구조이론 및 지대이론에 관한 설명으로 틀린 것은?**

① 버제스(E. Burgess)의 동심원이론에 따르면 중심업무지구와 저소득층 주거지대 사이에 점이지대가 위치한다.
② 호이트(H. Hoyt)의 선형이론에 따르면 도시공간구조의 성장과 분화는 주요 교통축을 따라 부채꼴 모양으로 확대되면서 나타난다.
③ 해리스(C. Harris)와 울만(E. Ullman)의 다핵심이론에 교통축을 적용하여 개선한 이론이 호이트의 선형이론이다.
④ 헤이그(R. Haig)의 마찰비용이론에 따르면 마찰비용은 교통비와 지대로 구성된다.
⑤ 알론소(W. Alonso)의 입찰지대곡선은 도심에서 외곽으로 나감에 따라 가장 높은 지대를 지불할 수 있는 각 산업의 지대곡선들을 연결한 것이다.

11 **다음을 모두 설명하는 입지이론은?**

- 운송비의 관점에서 특정 공장이 원료지향적인지 또는 시장지향적인지를 판단하기 위해 '원료지수(MI : material index)' 개념을 사용한다.
- 최소운송비 지점, 최소노동비 지점, 집적이익이 발생하는 구역을 종합적으로 고려해서 최소비용지점을 결정한다.
- 최소운송비 지점으로부터 기업이 입지를 바꿀 경우, 이에 따른 추가적인 운송비의 부담액이 동일한 지점을 연결한 것이 등비용선이다.

① 베버(A. Weber)의 최소비용이론
② 호텔링(H. Hotelling)의 입지적 상호의존설
③ 뢰쉬(A. Lösch)의 최대수요이론
④ 애플바움(W. Applebaum)의 소비자분포기법
⑤ 크리스탈러(W. Christaller)의 중심지이론

12 **컨버스(P. D. Converse)의 분기점 모형에 기초할 때, A시와 B시의 상권 경계지점은 A시로부터 얼마만큼 떨어진 지점인가?** (단, 주어진 조건에 한함)

- A시와 B시는 동일 직선상에 위치하고 있다.
- A시 인구: 64만명
- B시 인구: 16만명
- A시와 B시 사이의 직선거리: 30km

① 5km ② 10km ③ 15km
④ 20km ⑤ 25km

13 **다음은 3가지 효율적 시장(A~C)의 유형과 관련된 내용이다. 시장별 해당되는 내용을 〈보기〉에서 모두 찾아 옳게 짝지어진 것은?**

A. 약성 효율적 시장
B. 준강성 효율적 시장
C. 강성 효율적 시장

〈보기〉
㉠ 과거의 정보를 분석해도 초과이윤을 얻을 수 없다.
㉡ 현재시점에 바로 공표된 정보를 분석해도 초과이윤을 얻을 수 없다.
㉢ 아직 공표되지 않은 정보를 분석해도 초과이윤을 얻을 수 없다.

① A – ㉠ B – ㉡ C – ㉢
② A – ㉠ B – ㉠, ㉡ C – ㉠, ㉡, ㉢
③ A – ㉢ B – ㉡, ㉢ C – ㉠, ㉡, ㉢
④ A – ㉠, ㉡, ㉢ B – ㉠, ㉡ C – ㉠
⑤ A – ㉠, ㉡, ㉢ B – ㉡, ㉢ C – ㉢

14 **현행 법제도상 부동산투기억제제도에 해당하지 않는 것은?**

① 토지거래허가제
② 주택거래신고제
③ 토지초과이득세
④ 개발이익환수제
⑤ 부동산 실권리자명의 등기제도

15 **부동산 조세에 관한 설명으로 틀린 것은?**

① 조세의 중립성은 조세가 시장의 자원배분에 영향을 미치지 않아야 한다는 원칙을 의미한다.
② 양도소득세를 중과하면 부동산의 보유기간이 늘어나는 현상이 발생할 수 있다.
③ 조세의 사실상 부담이 최종적으로 어떤 사람에게 귀속되는 것을 조세의 귀착이라 한다.
④ 양도소득세는 양도로 인해 발생하는 소득에 대해 부과되는 것으로 타인에게 전가될 수 있다.
⑤ 재산세와 종합부동산세는 보유세로서 지방세이다.

16 **부동산 거래규제에 관한 설명으로 틀린 것은?**

① 주택취득시 자금조달계획서의 제출을 요구하는 것은 주택취득을 제한하는 방법이라 볼 수 있다.
② 투기지역으로 지정되면 그 지역에서 건설·공급하는 도시형 생활주택에 대해 분양가상한제가 적용된다.
③ 농지취득자격증명제는 농지취득을 제한하는 제도다.
④ 토지거래허가구역으로 지정된 지역에서 토지거래계약을 체결할 경우 시장·군수 또는 구청장의 허가를 받아야 한다.
⑤ 부동산거래신고제는 부동산 매매계약을 체결하는 경우 그 실제 거래가격 등을 신고하게 하는 제도다.

17 **현재 우리나라에서 시행되고 있는 주택정책수단이 아닌 것은?**

① 공공임대주택제도
② 주거급여제도
③ 주택청약종합저축제도
④ 개발권양도제도
⑤ 재건축초과이익환수제도

18 주택담보대출에 관한 설명으로 틀린 것은?

① 담보인정비율(LTV)은 주택담보대출 취급시 담보가치에 대한 대출취급가능금액의 비율을 말한다.

② 총부채상환비율(DTI)은 차주의 소득을 중심으로 대출규모를 결정하는 기준이다.

③ 담보인정비율이나 총부채상환비율에 대한 구체적인 기준은 한국은행장이 정하는 기준에 의한다.

④ 총부채원리금상환비율(DSR)은 차주의 총 금융부채 상환부담을 판단하기 위하여 산정하는 차주의 연간 소득 대비 연간 금융부채 원리금상환액 비율을 말한다.

⑤ 변동금리 주택담보대출은 이자율 변동으로 인한 위험을 차주에게 전가하는 방식으로 금융기관의 이자율 변동위험을 줄일 수 있다.

19 다음은 투자부동산의 매입, 운영 및 매각에 따른 현금흐름이다. 이에 기초한 순현재가치는?

(단, 0년차 현금흐름은 초기투자액, 1년차부터 7년차까지 현금흐름은 현금유입과 유출을 감안한 순현금흐름이며, 기간이 7년인 연금의 현가계수는 3.50, 7년 일시불의 현가계수는 0.60이고, 주어진 조건에 한함)

(단위: 만원)

기간(년)	0	1	2	3	4	5	6	7
현금흐름	−1,100	120	120	120	120	120	120	1,420

① 100만원
② 120만원
③ 140만원
④ 160만원
⑤ 180만원

20 화폐의 시간가치 계산에 관한 설명으로 옳은 것은?

① 현재 10억원인 아파트가 매년 2%씩 가격이 상승한다고 가정할 때, 5년 후 아파트 가격을 산정하는 경우 연금의 미래가치계수를 사용한다.

② 원리금균등상환방식으로 담보대출을 받은 가구가 매월 상환할 금액을 산정하는 경우, 일시불의 현재가치계수를 사용한다.

③ 연금의 현재가치계수에 감채기금계수를 곱하면 일시불의 현재가치계수이다.

④ 임대기간 동안 월임대료를 모두 적립할 경우, 이 금액의 현재시점가치를 산정한다면 감채기금계수를 사용한다.

⑤ 나대지에 투자하여 5년 후 8억원에 매각하고 싶은 투자자는 현재 이 나대지의 구입금액을 산정하는 경우, 저당상수를 사용한다.

21 **부동산 투자수익률에 관한 설명으로 옳은 것은?** (단, 위험회피형 투자자를 가정함)

① 기대수익률이 요구수익률보다 높을 경우 투자자는 투자가치가 있는 것으로 판단한다.
② 기대수익률은 투자에 대한 위험이 주어졌을 때, 투자자가 투자부동산에 대하여 자금을 투자하기 위해 충족되어야 할 최소한의 수익률을 말한다.
③ 요구수익률은 투자가 이루어진 후 현실적으로 달성된 수익률을 말한다.
④ 요구수익률은 투자에 수반되는 위험이 클수록 작아진다.
⑤ 실현수익률은 다른 투자의 기회를 포기한다는 점에서 기회비용이라고도 한다.

22 **포트폴리오이론에 관한 설명으로 옳은 것은?** (단, 위험회피형 투자자를 가정함)

① 포트폴리오 분산투자를 통해 체계적 위험뿐만 아니라 비체계적 위험도 감소시킬 수 있다.
② 효율적 프론티어(efficient frontier)는 평균-분산 지배원리에 의해 동일한 기대수익률을 얻을 수 있는 상황에서 위험을 최소화할 수 있는 포트폴리오의 집합을 말한다.
③ 분산투자효과는 포트폴리오를 구성하는 투자자산 비중을 늘릴수록 체계적 위험이 감소되어 포트폴리오 전체의 위험이 감소되는 것이다.
④ 최적의 포트폴리오는 투자자의 무차별곡선과 효율적 프론티어의 접점에서 선택된다.
⑤ 두 자산으로 포트폴리오를 구성할 경우, 포트폴리오에 포함된 개별자산의 수익률 간 상관계수에 상관없이 분산투자효과가 있다.

23 **부동산 투자분석기법에 관한 설명으로 옳은 것은?**

① 부동산 투자분석기법 중 화폐의 시간가치를 고려한 방법에는 순현재가치법, 내부수익률법, 회계적 이익률법이 있다.
② 내부수익률이란 순현가를 '1'로 만드는 할인율이고, 기대수익률은 순현가를 '0'으로 만드는 할인율이다.
③ 어림셈법 중 순소득승수법의 경우 승수값이 작을수록 자본회수기간이 길어진다.
④ 순현가법에서는 재투자율로 시장수익률을 사용하고, 내부수익률법에서는 요구수익률을 사용한다.
⑤ 내부수익률법에서는 내부수익률이 요구수익률보다 작은 경우 해당 투자안을 선택하지 않는다.

24

다음 표와 같은 투자사업(A~C)이 있다. 모두 사업기간이 1년이며, 사업 초기(1월 1일)에 현금지출만 발생하고 사업 말기(12월 31일)에는 현금유입만 발생한다고 한다. 할인율이 연 5%라고 할 때 다음 중 옳은 것은?

투자사업	초기 현금지출	말기 현금유입
A	3,800만원	6,825만원
B	1,250만원	2,940만원
C	1,800만원	4,725만원

① 수익성지수(PI)가 가장 큰 사업은 A이다.
② 순현재가치(NPV)가 가장 큰 사업은 B이다.
③ 수익성지수가 가장 작은 사업은 C이다.
④ A의 순현재가치는 B의 순현재가치의 2.5배이다.
⑤ A와 C의 순현재가치는 같다.

25

부채금융(debt financing)에 해당하는 것을 모두 고른 것은?

㉠ 주택저당대출	㉡ 조인트벤처(joint venture)
㉢ 신탁증서금융	㉣ 자산담보부기업어음(ABCP)
㉤ 부동산투자회사(REITs)	

① ㉠, ㉡, ㉢
② ㉠, ㉡, ㉣
③ ㉠, ㉢, ㉣
④ ㉡, ㉢, ㉤
⑤ ㉢, ㉣, ㉤

26

각 지역과 산업별 고용지수가 다음과 같을 때, A지역과 B지역에서 입지계수(LQ)에 따른 기반산업의 개수는? (단, 주어진 조건에 한하며, 결과값은 소수점 셋째 자리에서 반올림함)

구 분		A지역	B지역	전지역 고용자수
X산업	고용자수	30	50	80
	입지계수	0.79	?	
Y산업	고용자수	30	30	60
	입지계수	?	?	
Z산업	고용자수	30	20	50
	입지계수	?	0.76	
고용자수 합계		90	100	190

① A지역 : 0개, B지역 : 1개
② A지역 : 1개, B지역 : 0개
③ A지역 : 1개, B지역 : 1개
④ A지역 : 1개, B지역 : 2개
⑤ A지역 : 2개, B지역 : 1개

27 **A는 주택 구입을 위해 연초에 6억원을 대출 받았다. A가 받은 대출 조건이 다음과 같을 때, ㉠ 대출금리와 3회차에 상환할 ㉡ 원리금은?** (단, 주어진 조건에 한함)

- 대출금리 : 고정금리
- 대출기간 : 30년
- 원리금 상환조건 : 원금균등상환방식, 매년 말 연단위로 상환
- 1회차 원리금상환액 : 4,400만원

① ㉠ : 연 4%, ㉡ : 4,240만원
② ㉠ : 연 4%, ㉡ : 4,320만원
③ ㉠ : 연 5%, ㉡ : 4,240만원
④ ㉠ : 연 5%, ㉡ : 4,320만원
⑤ ㉠ : 연 6%, ㉡ : 4,160만원

28 **메자닌금융(mezzanine financing)에 해당하는 것을 모두 고른 것은?**

㉠ 후순위대출
㉡ 전환사채
㉢ 주택상환사채
㉣ 신주인수권부사채
㉤ 보통주

① ㉠, ㉡, ㉢　② ㉠, ㉡, ㉣　③ ㉠, ㉢, ㉣
④ ㉡, ㉢, ㉤　⑤ ㉡, ㉣, ㉤

29 **모기지(mortgage) 유동화에 관한 설명으로 틀린 것은?**

① MPTS(mortgage pass-through securities)는 지분형 증권이다.
② MPTB(mortgage pay-through bond)의 경우, 조기상환위험은 증권발행자가 부담하고, 채무불이행위험은 투자자가 부담한다.
③ MBB(mortgage backed bond)의 경우, 신용보강을 위한 초과담보가 필요하다.
④ CMO(collateralized mortgage obligation)는 상환우선순위와 만기가 다른 다수의 층(tranche)으로 구성된 증권이다.
⑤ 우리나라의 모기지 유동화중개기관으로는 한국주택금융공사가 있다.

30 **대출상환방식에 관한 설명으로 옳은 것은?** (단, 고정금리 기준이고, 다른 조건은 동일함)

① 원리금균등상환방식의 경우, 매기 상환하는 원금이 점차 감소한다.
② 원금균등상환방식의 경우, 매기 상환하는 원리금이 동일하다.
③ 원금균등상환방식의 경우, 원리금균등상환방식보다 대출금의 가중평균상환기간(duration)이 더 짧다.
④ 점증(체증)상환방식의 경우, 장래 소득이 줄어들 것으로 예상되는 차입자에게 적합하다.
⑤ 만기일시상환방식의 경우, 원금균등상환방식에 비해 대출 금융기관의 이자수입이 줄어든다.

31 **민간투자사업의 유형이 옳게 짝지어진 것은?**

㉠ 민간사업자가 자금을 조달하여 시설을 건설하고, 일정기간 소유 및 운영을 한 후 사업종료 후 국가 또는 지방자치단체 등에게 시설의 소유권을 이전하는 방식
㉡ 민간사업자가 자금을 조달하여 시설을 건설하고 일정기간 동안 타인에게 임대하고, 임대기간 종료 후 국가 또는 지방자치단체 등에게 시설의 소유권을 이전하는 방식
㉢ 민간사업자가 자금을 조달하여 시설을 건설하고, 준공과 함께 민간사업자가 당해 시설의 소유권과 운영권을 갖는 방식

ⓐ BTO(build-transfer-operate) 방식	ⓑ BOT(build-operate-transfer) 방식
ⓒ BTL(build-transfer-lease) 방식	ⓓ BLT(build-lease-transfer) 방식
ⓔ BOO(build-own-operate) 방식	ⓕ ROT(rehabilitate-operate-transfer) 방식

① ㉠ − ⓐ, ㉡ − ⓒ, ㉢ − ⓔ
② ㉠ − ⓐ, ㉡ − ⓓ, ㉢ − ⓔ
③ ㉠ − ⓑ, ㉡ − ⓒ, ㉢ − ⓕ
④ ㉠ − ⓑ, ㉡ − ⓓ, ㉢ − ⓔ
⑤ ㉠ − ⓑ, ㉡ − ⓓ, ㉢ − ⓕ

32 **부동산 마케팅에 관한 설명으로 틀린 것은?**

① 부동산 시장이 공급자 우위에서 수요자 우위의 시장으로 전환되면 마케팅의 중요성이 더욱 증대된다.
② STP전략이란 고객집단을 세분화(Segmentation)하고 표적시장을 선정(Targeting)하여 효과적으로 판매촉진(Promotion)을 하는 전략이다.
③ 경쟁사의 가격을 추종해야 할 경우 4P Mix의 가격전략으로 시가전략을 이용한다.
④ 관계마케팅 전략이란 고객과 공급자 간의 지속적인 관계를 유지하여 마케팅효과를 도모하는 전략이다.
⑤ 시장점유마케팅 전략이란 부동산 시장을 점유하기 위한 전략으로 4P Mix전략, STP전략이 있다.

33 부동산 개발에 관한 설명으로 틀린 것은?

① 부동산개발사업 진행시 행정의 변화에 따른 사업의 인·허가 지연위험은 사업시행자가 스스로 관리할 수 없는 위험이다.
② 공영(공공)개발은 공공성과 공익성을 위해 택지를 조성한 후 분양 또는 임대하는 토지개발방식을 말한다.
③ 환지방식은 택지가 개발되기 전 토지의 위치·지목·면적 등을 고려하여 택지개발 후 개발된 토지를 토지소유자에게 재분배하는 방식을 말한다.
④ 부동산 개발은 미래의 불확실한 수익을 근거로 개발을 진행하기 때문에 위험성이 수반된다.
⑤ 흡수율분석은 재무적 사업타당성분석에서 사용했던 주요변수들의 투입값을 낙관적, 비관적 상황으로 적용하여 수익성을 예측하는 것을 말한다.

34 부동산 마케팅 전략에 관한 설명으로 옳은 것은?

① 바이럴 마케팅(viral marketing) 전략은 SNS, 블로그 등 다양한 매체를 통해 해당 브랜드나 제품에 대해 입소문을 내게 하여 마케팅효과를 극대화시키는 것이다.
② 분양성공을 위해 아파트 브랜드를 고급스러운 이미지로 고객의 인식에 각인시키도록 하는 노력은 STP전략 중 시장세분화(Segmentation) 전략에 해당한다.
③ 아파트 분양 모델하우스 방문고객 대상으로 추첨을 통해 자동차를 경품으로 제공하는 것은 4P Mix 전략 중 유통경로(Place)전략에 해당한다.
④ 아파트의 차별화를 위해 커뮤니티 시설에 헬스장, 골프연습장을 설치하는 방안은 4P Mix 전략 중 가격(Price)전략에 해당한다.
⑤ 고객점유 마케팅 전략에서 AIDA의 원리는 주의(Attention) – 관심(Interest) – 결정(Decision) – 행동(Action)의 과정을 말한다.

제 32 회

35 다음은 감정평가과정상 지역분석 및 개별분석과 관련된 내용이다. (   )에 들어갈 용어는?

> 지역분석은 해당 지역의 (㉠) 및 그 지역 내 부동산의 가격수준을 판정하는 것이며, 개별분석은 대상 부동산의 (㉡)을 판정하는 것이다. 지역분석의 분석 대상지역 중 (㉢)은 대상 부동산이 속한 지역으로서 부동산의 이용이 동질적이고 가치형성요인 중 지역요인을 공유하는 지역이다.

① ㉠: 표준적이용, ㉡: 최유효이용, ㉢: 유사지역
② ㉠: 표준적이용, ㉡: 최유효이용, ㉢: 인근지역
③ ㉠: 최유효이용, ㉡: 표준적이용, ㉢: 유사지역
④ ㉠: 최유효이용, ㉡: 표준적이용, ㉢: 인근지역
⑤ ㉠: 최유효이용, ㉡: 최유효이용, ㉢: 유사지역

36 **원가법에서 사용하는 감가수정방법에 관한 설명으로 틀린 것은?**

① 정률법에서는 매년 감가율이 감소함에 따라 감가액이 감소한다.
② 정액법에서는 감가누계액이 경과연수에 정비례하여 증가한다.
③ 정액법을 직선법 또는 균등상각법이라고도 한다.
④ 상환기금법은 건물 등의 내용연수가 만료될 때 감가누계상당액과 그에 대한 복리계산의 이자상당액분을 포함하여 당해 내용연수로 상환하는 방법이다.
⑤ 정액법, 정률법, 상환기금법은 모두 내용연수에 의한 감가수정방법이다.

37 **감정평가에 관한 규칙상 용어의 정의로 틀린 것은?**

① 기준가치란 감정평가의 기준이 되는 가치를 말한다.
② 가치형성요인이란 대상물건의 경제적 가치에 영향을 미치는 일반요인, 지역요인 및 개별요인 등을 말한다.
③ 원가법이란 대상물건의 재조달원가에 감가수정을 하여 대상물건의 가액을 산정하는 감정평가방법을 말한다.
④ 거래사례비교법이란 대상물건과 가치형성요인이 같거나 비슷한 물건의 거래사례와 비교하여 대상물건의 현황에 맞게 사정보정, 시점수정, 가치형성요인 비교 등의 과정을 거쳐 대상물건의 가액을 산정하는 감정평가방법을 말한다.
⑤ 수익분석법이란 대상물건이 장래 산출할 것으로 기대되는 순수익이나 미래의 현금흐름을 환원하거나 할인하여 대상물건의 가액을 산정하는 감정평가방법을 말한다.

38 **다음 자료를 활용하여 직접환원법으로 산정한 대상 부동산의 수익가액은?** (단, 연간 기준이며, 주어진 조건에 한함)

- 가능총소득(PGI) : 70,000,000원
- 공실상당액 및 대손충당금 : 가능총소득 5%
- 영업경비(OE) : 유효총소득(EGI)의 40%
- 환원율 : 10%

① 245,000,000원 ② 266,000,000원
③ 385,000,000원 ④ 399,000,000원
⑤ 420,000,000원

39 **부동산 가격공시에 관한 법률에 규정된 내용으로 틀린 것은?**

① 국토교통부장관은 표준주택가격을 조사·산정하고자 할 때에는 한국부동산원에 의뢰한다.
② 표준주택가격은 국가·지방자치단체 등이 그 업무와 관련하여 개별주택가격을 산정하는 경우에 그 기준이 된다.
③ 표준주택으로 선정된 단독주택, 그 밖에 대통령령으로 정하는 단독주택에 대하여는 개별주택가격을 결정·공시하지 아니할 수 있다.
④ 개별주택가격 및 공동주택가격은 주택시장의 가격정보를 제공하고, 국가·지방자치단체 등이 과세 등의 업무와 관련하여 주택의 가격을 산정하는 경우에 그 기준으로 활용될 수 있다.
⑤ 개별주택가격 및 공동주택가격에 이의가 있는 자는 그 결정·공시일부터 30일 이내에 서면(전자문서를 포함한다)으로 시장·군수 또는 구청장에게 이의를 신청할 수 있다.

40 **다음 자료를 활용하여 공시지가기준법으로 산정한 대상토지의 가액(원/m²)은?** (단, 주어진 조건에 한함)

- 대상토지: A시 B구 C동 320번지, 일반상업지역
- 기준시점: 2021.10.30.
- 비교표준지: A시 B구 C동 300번지, 일반상업지역, 2021.01.01. 기준 공시지가 10,000,000원/m²
- 지가변동률(A시 B구, 2021.01.01.~2021.10.30.): 상업지역 5% 상승
- 지역요인: 대상토지와 비교표준지의 지역요인은 동일함
- 개별요인: 대상토지는 비교표준지에 비해 가로조건 10% 우세, 환경조건 20% 열세하고, 다른 조건은 동일함(상승식으로 계산할 것)
- 그 밖의 요인 보정치: 1.50

① 9,240,000
② 11,340,000
③ 13,860,000
④ 17,010,000
⑤ 20,790,000

• 민법 · 민사특별법

41 **상대방 있는 단독행위에 해당하지 않는 것은?** (다툼이 있으면 판례에 따름)

① 공유지분의 포기
② 무권대리행위의 추인
③ 상계의 의사표시
④ 취득시효 이익의 포기
⑤ 재단법인의 설립행위

42 **甲은 자기 소유 X토지를 매도하기 위해 乙에게 대리권을 수여하였다. 이후 乙은 丙을 복대리인으로 선임하였고, 丙은 甲을 대리하여 X토지를 매도하였다. 이에 관한 설명으로 옳은 것은?** (다툼이 있으면 판례에 따름)

① 丙은 甲의 대리인임과 동시에 乙의 대리인이다.
② X토지의 매매계약이 갖는 성질상 乙에 의한 처리가 필요하지 않다면, 특별한 사정이 없는 한 丙의 선임에 관하여 묵시적 승낙이 있는 것으로 보는 것이 타당하다.
③ 乙이 甲의 승낙을 얻어 丙을 선임한 경우 乙은 甲에 대하여 그 선임감독에 관한 책임이 없다.
④ 丙을 적법하게 선임한 후 X토지 매매계약 전에 甲이 사망한 경우, 특별한 사정이 없다면 丙의 대리권은 소멸하지 않는다.
⑤ 만일 대리권이 소멸된 乙이 丙을 선임하였다면, X토지 매매에 대하여 민법 제129조에 의한 표현대리의 법리가 적용될 여지가 없다.

43 **행위능력자 乙은 대리권 없이 甲을 대리하여 甲이 보유하고 있던 매수인의 지위를 丙에게 양도하기로 약정하고, 이에 丙은 乙에게 계약금을 지급하였다. 乙은 그 계약금을 유흥비로 탕진하였다. 이에 관한 설명으로 틀린 것은?** (단, 표현대리는 성립하지 않으며, 다툼이 있으면 판례에 따름)

① 매수인의 지위 양도계약 체결 당시 乙의 무권대리를 모른 丙은 甲의 추인이 있을 때까지 계약을 철회할 수 있다.
② 丙이 계약을 유효하게 철회하면, 무권대리행위는 확정적으로 무효가 된다.
③ 丙이 계약을 유효하게 철회하면, 丙은 甲을 상대로 계약금 상당의 부당이득반환을 청구할 수 있다.
④ 丙이 계약을 철회한 경우, 甲이 그 철회의 유효를 다투기 위해서는 乙에게 대리권이 없음을 丙이 알았다는 것에 대해 증명해야 한다.
⑤ 丙의 계약 철회 전 甲이 사망하고 乙이 단독상속인이 된 경우, 乙이 선의·무과실인 丙에게 추인을 거절하는 것은 신의칙에 반한다.

44 **의사와 표시가 불일치하는 경우에 관한 설명으로 옳은 것은?** (다툼이 있으면 판례에 따름)

① 통정허위표시의 무효로 대항할 수 없는 제3자에 해당하는지를 판단할 때, 파산관재인은 파산채권자 일부가 선의라면 선의로 다루어진다.
② 비진의 의사표시는 상대방이 표의자의 진의 아님을 알 수 있었을 경우 취소할 수 있다.
③ 비진의 의사표시는 상대방과 통정이 없었다는 점에서 착오와 구분된다.
④ 통정허위표시의 무효에 대항하려는 제3자는 자신이 선의라는 것을 증명하여야 한다.
⑤ 매수인의 채무불이행을 이유로 매도인이 계약을 적법하게 해제했다면, 착오를 이유로 한 매수인의 취소권은 소멸한다.

45 **효력규정이 아닌 것을 모두 고른 것은?** (다툼이 있으면 판례에 따름)

> ㉠ 「부동산등기 특별조치법」상 중간생략등기를 금지하는 규정
> ㉡ 「공인중개사법」상 개업공인중개사가 중개의뢰인과 직접 거래를 하는 행위를 금지하는 규정
> ㉢ 「공인중개사법」상 개업공인중개사가 법령에 규정된 중개보수 등을 초과하여 금품을 받는 행위를 금지하는 규정

① ㉠ ② ㉡ ③ ㉢
④ ㉠, ㉡ ⑤ ㉡, ㉢

46 **부동산 이중매매에 관한 설명으로 틀린 것은?** (다툼이 있으면 판례에 따름)

① 반사회적 법률행위에 해당하는 제2매매계약에 기초하여 제2매수인으로부터 그 부동산을 매수하여 등기한 선의의 제3자는 제2매매계약의 유효를 주장할 수 있다.
② 제2매수인이 이중매매사실을 알았다는 사정만으로 제2매매계약을 반사회적 법률행위에 해당한다고 볼 수 없다.
③ 특별한 사정이 없는 한, 먼저 등기한 매수인이 목적 부동산의 소유권을 취득한다.
④ 반사회적 법률행위에 해당하는 이중매매의 경우, 제1매수인은 제2매수인에 대하여 직접 소유권이전등기말소를 청구할 수 없다.
⑤ 부동산 이중매매의 법리는 이중으로 부동산임대차계약이 체결되는 경우에도 적용될 수 있다.

47

법률행위의 취소에 관한 설명으로 틀린 것은?

① 취소권은 추인할 수 있는 날로부터 3년 내에 법률행위를 한 날로부터 10년 내에 행사해야 한다.

② 취소할 수 있는 법률행위에 관하여 법정추인이 되려면 취소권자가 취소권의 존재를 인식해야 한다.

③ 취소된 법률행위는 처음부터 무효인 것으로 본다.

④ 취소권의 법적 성질은 형성권이다.

⑤ 취소할 수 있는 법률행위의 상대방이 확정된 경우, 그 취소는 그 상대방에 대한 의사표시로 하여야 한다.

48

표현대리에 관한 설명으로 옳은 것은? (다툼이 있으면 판례에 따름)

① 본인이 타인에게 대리권을 수여하지 않았지만 수여하였다고 상대방에게 통보한 경우, 그 타인이 통보받은 상대방 외의 자와 본인을 대리하여 행위를 한 때는 민법 제125조의 표현대리가 적용된다.

② 표현대리가 성립하는 경우, 과실상계의 법리를 유추적용하여 본인의 책임을 경감할 수 있다.

③ 민법 제129조의 표현대리를 기본대리권으로 하는 민법 제126조의 표현대리는 성립될 수 없다.

④ 대리행위가 강행법규에 위반하여 무효인 경우에는 표현대리의 법리가 적용되지 않는다.

⑤ 유권대리의 주장 속에는 표현대리의 주장이 포함되어 있다.

49

법률행위의 조건과 기한에 관한 설명으로 틀린 것은?

① 법정조건은 법률행위의 부관으로서의 조건이 아니다.

② 조건이 선량한 풍속 기타 사회질서에 위반한 것이면 그 법률행위는 무효이다.

③ 조건부 법률행위는 조건이 성취되었을 때에 비로소 그 법률행위가 성립한다.

④ 조건부 법률행위에서 불능조건이 정지조건이면 그 법률행위는 무효이다.

⑤ 과거의 사실은 법률행위의 부관으로서의 조건으로 되지 못한다.

50 **법률행위의 무효에 관한 설명으로 옳은 것은?** (다툼이 있으면 판례에 따름)

① 무효인 법률행위의 추인은 그 무효의 원인이 소멸한 후에 하여야 그 효력이 인정된다.
② 무효인 법률행위는 무효임을 안 날로부터 3년이 지나면 추인할 수 없다.
③ 법률행위의 일부분이 무효일 때, 그 나머지 부분의 유효성을 판단함에 있어 나머지 부분을 유효로 하려는 당사자의 가정적 의사는 고려되지 않는다.
④ 무효인 법률행위의 추인은 묵시적인 방법으로 할 수는 없다.
⑤ 강행법규 위반으로 무효인 법률행위를 추인한 때에는 다른 정함이 없으면 그 법률행위는 처음부터 유효한 법률행위가 된다.

51 **물권에 관한 설명으로 틀린 것은?** (다툼이 있으면 판례에 따름)

① 민법 제185조에서의 '법률'은 국회가 제정한 형식적 의미의 법률을 의미한다.
② 사용·수익 권능을 대세적·영구적으로 포기한 소유권도 존재한다.
③ 처분권능이 없는 소유권은 인정되지 않는다.
④ 근린공원을 자유롭게 이용한 사정만으로 공원이용권이라는 배타적 권리를 취득하였다고 볼 수는 없다.
⑤ 온천에 관한 권리를 관습법상의 물권이라고 볼 수는 없다.

52 **물권적 청구권에 관한 설명으로 옳은 것은?** (다툼이 있으면 판례에 따름)

① 소유권을 양도한 전소유자가 물권적 청구권만을 분리, 유보하여 불법점유자에 대해 그 물권적 청구권에 의한 방해배제를 할 수 있다.
② 물권적 청구권을 행사하기 위해서는 그 상대방에게 귀책사유가 있어야 한다.
③ 소유권에 기한 방해배제청구권에 있어서 방해에는 과거에 이미 종결된 손해가 포함된다.
④ 소유권에 기한 물권적 청구권은 그 소유권과 분리하여 별도의 소멸시효의 대상이 된다.
⑤ 소유권에 기한 물권적 청구권은 그 소유자가 소유권을 상실하면 더 이상 인정되지 않는다.

53 **등기청구권에 관한 설명으로 옳은 것을 모두 고른 것은?** (다툼이 있으면 판례에 따름)

> ㉠ 등기청구권이란 등기권리자와 등기의무자가 함께 국가에 등기를 신청하는 공법상의 권리이다.
> ㉡ 부동산 매수인이 그 목적물을 인도받아 이를 사용수익하고 있는 이상 그 매수인의 등기청구권은 시효로 소멸하지 않는다.
> ㉢ 취득시효완성으로 인한 소유권이전등기청구권은 시효완성 당시의 등기명의인이 동의해야만 양도할 수 있다.

① ㉠ ② ㉡ ③ ㉢
④ ㉠, ㉡ ⑤ ㉡, ㉢

54 **청구권보전을 위한 가등기에 관한 설명으로 틀린 것은?** (다툼이 있으면 판례에 따름)

① 가등기된 소유권이전청구권은 가등기에 대한 부기등기의 방법으로 타인에게 양도될 수 있다.
② 정지조건부 청구권을 보전하기 위한 가등기도 허용된다.
③ 가등기에 기한 본등기 절차에 의하지 않고 별도의 본등기를 경료받은 경우, 제3자 명의로 중간처분의 등기가 있어도 가등기에 기한 본등기 절차의 이행을 구할 수 없다.
④ 가등기는 물권적 청구권을 보전하기 위해서는 할 수 없다.
⑤ 소유권이전청구권을 보전하기 위한 가등기에 기한 본등기를 청구하는 경우, 가등기 후 소유자가 변경되더라도 가등기 당시의 등기명의인을 상대로 하여야 한다.

55 **甲, 乙, 丙은 X토지를 각 1/2, 1/4, 1/4의 지분으로 공유하고 있다. 이에 관한 설명으로 옳은 것은?** (단, 구분소유적 공유관계는 아니며, 다툼이 있으면 판례에 따름)

① 乙이 X토지에 대한 자신의 지분을 포기한 경우, 乙의 지분은 甲, 丙에게 균등한 비율로 귀속된다.
② 당사자간의 특약이 없는 경우, 甲은 단독으로 X토지를 제3자에게 임대할 수 있다.
③ 甲, 乙은 X토지에 대한 관리방법으로 X토지에 건물을 신축할 수 있다.
④ 甲, 乙, 丙이 X토지의 관리에 관한 특약을 한 경우, 그 특약은 특별한 사정이 없는 한 그들의 특정승계인에게도 효력이 미친다.
⑤ 丙이 甲, 乙과의 협의없이 X토지를 배타적·독점적으로 점유하고 있는 경우, 乙은 공유물에 대한 보존행위로 X토지의 인도를 청구할 수 있다.

56 **소유권에 관한 설명으로 틀린 것은?** (다툼이 있으면 판례에 따름)

① 기술적 착오로 지적도상의 경계선이 진실한 경계선과 다르게 작성된 경우, 그 토지의 경계는 실제의 경계에 따른다.
② 토지가 포락되어 원상복구가 불가능한 경우, 그 토지에 대한 종전 소유권은 소멸한다.
③ 타인의 토지를 통과하지 않으면 필요한 수도를 설치할 수 없는 토지의 소유자는 그 타인의 승낙 없이도 수도를 시설할 수 있다.
④ 포위된 토지가 공로에 접하게 되어 주위토지통행권을 인정할 필요성이 없어진 경우에도 그 통행권은 존속한다.
⑤ 증축된 부분이 기존의 건물과 구조상·이용상 독립성이 없는 경우, 그 부분은 기존의 건물에 부합한다.

57 **부동산의 점유취득시효에 관한 설명으로 틀린 것은?** (다툼이 있으면 판례에 따름)

① 성명불상자(姓名不詳者)의 소유물에 대하여 시효취득을 인정할 수 있다.
② 국유재산도 취득시효기간 동안 계속하여 일반재산인 경우 취득시효의 대상이 된다.
③ 점유자가 자주점유의 권원을 주장하였으나 이것이 인정되지 않는 경우, 특별한 사정이 없는 한 자주점유의 추정은 번복된다.
④ 점유의 승계가 있는 경우 시효이익을 받으려는 자는 자기 또는 전(前)점유자의 점유개시일 중 임의로 점유기산점을 선택할 수 있다.
⑤ 취득시효완성 후 소유권이전등기를 마치지 않은 시효완성자는 소유자에 대하여 취득시효 기간 중의 점유로 발생한 부당이득의 반환의무가 없다.

58 **점유권에 관한 설명으로 틀린 것은?** (다툼이 있으면 판례에 따름)

① 특별한 사정이 없는 한, 건물의 부지가 된 토지는 그 건물의 소유자가 점유하는 것으로 보아야 한다.
② 전후 양 시점의 점유자가 다른 경우 점유승계가 증명되면 점유계속은 추정된다.
③ 적법하게 과실을 취득한 선의의 점유자는 회복자에게 통상의 필요비의 상환을 청구하지 못한다.
④ 점유자가 상대방의 사기에 의해 물건을 인도한 경우 점유침탈을 이유로 한 점유물반환청구권은 발생하지 않는다.
⑤ 선의의 점유자가 본권의 소에서 패소하면 패소 확정시부터 악의의 점유자로 본다.

59 **지상권에 관한 설명으로 틀린 것을 모두 고른 것은?** (다툼이 있으면 판례에 따름)

> ㉠ 담보목적의 지상권이 설정된 경우 피담보채권이 변제로 소멸하면 그 지상권도 소멸한다.
> ㉡ 지상권자의 지료지급 연체가 토지소유권의 양도 전후에 걸쳐 이루어진 경우, 토지양수인은 자신에 대한 연체기간이 2년 미만이더라도 지상권의 소멸을 청구할 수 있다.
> ㉢ 분묘기지권을 시효취득한 자는 토지소유자가 지료를 청구한 날부터의 지료를 지급할 의무가 있다.

① ㉠　② ㉡　③ ㉢
④ ㉠, ㉡　⑤ ㉡, ㉢

60 **지역권에 관한 설명으로 틀린 것은?**

① 지역권은 요역지와 분리하여 따로 양도하거나 다른 권리의 목적으로 하지 못한다.
② 1필의 토지의 일부에는 지역권을 설정할 수 없다.
③ 요역지의 공유자 중 1인이 지역권을 취득한 경우, 요역지의 다른 공유자도 지역권을 취득한다.
④ 지역권에 기한 승역지 반환청구권은 인정되지 않는다.
⑤ 계속되고 표현된 지역권은 시효취득의 대상이 될 수 있다.

61 **전세권에 관한 설명으로 틀린 것은?** (다툼이 있으면 판례에 따름)

① 전세금의 지급은 전세권 성립의 요소이다.
② 당사자가 주로 채권담보의 목적을 갖는 전세권을 설정하였더라도 장차 전세권자의 목적물에 대한 사용수익권을 완전히 배제하는 것이 아니라면 그 효력은 인정된다.
③ 건물전세권이 법정갱신된 경우 전세권자는 전세권갱신에 관한 등기 없이도 제3자에게 전세권을 주장할 수 있다.
④ 전세권의 존속기간 중 전세목적물의 소유권이 양도되면, 그 양수인이 전세권설정자의 지위를 승계한다.
⑤ 건물의 일부에 대한 전세에서 전세권설정자가 전세금의 반환을 지체하는 경우, 전세권자는 전세권에 기하여 건물 전부에 대해서 경매청구할 수 있다.

62 **저당부동산의 제3취득자에 관한 설명으로 옳은 것을 모두 고른 것은?** (다툼이 있으면 판례에 따름)

> ㉠ 저당부동산에 대한 후순위저당권자는 저당부동산의 피담보채권을 변제하고 그 저당권의 소멸을 청구할 수 있는 제3취득자에 해당하지 않는다.
> ㉡ 저당부동산의 제3취득자는 부동산의 보존·개량을 위해 지출한 비용을 그 부동산의 경매대가에서 우선상환을 받을 수 없다.
> ㉢ 저당부동산의 제3취득자는 저당권을 실행하는 경매에 참가하여 매수인이 될 수 있다.
> ㉣ 피담보채권을 변제하고 저당권의 소멸을 청구할 수 있는 제3취득자에는 경매신청 후에 소유권, 지상권 또는 전세권을 취득한 자도 포함된다.

① ㉠, ㉡ ② ㉠, ㉣ ③ ㉡, ㉢
④ ㉠, ㉢, ㉣ ⑤ ㉡, ㉢, ㉣

63 **저당권의 효력이 미치는 목적물의 범위에 관한 설명으로 틀린 것은?** (다툼이 있으면 판례에 따름)

① 당사자는 설정계약으로 저당권의 효력이 종물에 미치지 않는 것으로 정할 수 있다.
② 저당권의 목적토지가 「공익사업을 위한 토지 등의 취득 및 보상에 관한 법률」에 따라 협의취득된 경우, 저당권자는 그 보상금청구권에 대해 물상대위권을 행사할 수 없다.
③ 건물 소유를 목적으로 토지를 임차한 자가 그 토지 위에 소유하는 건물에 저당권을 설정한 경우 건물 소유를 목적으로 한 토지 임차권에도 저당권의 효력이 미친다.
④ 저당목적물의 변형물인 금전에 대해 이미 제3자가 압류한 경우 저당권자는 물상대위권을 행사할 수 없다.
⑤ 저당부동산에 대한 압류 이후의 저당권설정자의 저당부동산에 관한 차임채권에도 저당권의 효력이 미친다.

64 **유치권 성립을 위한 견련관계가 인정되는 경우를 모두 고른 것은?** (다툼이 있으면 판례에 따름)

> ㉠ 임대인과 임차인 사이에 건물명도시 권리금을 반환하기로 약정을 한 때, 권리금반환청구권을 가지고 건물에 대한 유치권을 주장하는 경우
> ㉡ 건물의 임대차에서 임차인의 임차보증금반환청구권으로써 임차인이 그 건물에 유치권을 주장하는 경우
> ㉢ 가축이 타인의 농작물을 먹어 발생한 손해에 관한 배상청구권에 기해 그 타인이 그 가축에 대한 유치권을 주장하는 경우

① ㉠ ② ㉡ ③ ㉢
④ ㉠, ㉢ ⑤ ㉡, ㉢

65 **동시이행관계에 있는 것을 모두 고른 것은?** (단, 이에 관한 특약은 없으며, 다툼이 있으면 판례에 따름)

㉠ 부동산의 매매계약이 체결된 경우 매도인의 소유권이전등기의무와 매수인의 잔대금지급의무 ㉡ 임대차 종료시 임대인의 임차보증금 반환의무와 임차인의 임차물 반환의무 ㉢ 매도인의 토지거래허가 신청절차에 협력할 의무와 매수인의 매매대금지급의무

① ㉠　② ㉡　③ ㉢
④ ㉠, ㉡　⑤ ㉡, ㉢

66 **제3자를 위한 계약에 관한 설명으로 틀린 것은?** (다툼이 있으면 판례에 따름)

① 제3자의 권리는 그 제3자가 채무자에 대해 수익의 의사표시를 하면 계약의 성립시에 소급하여 발생한다.
② 제3자는 채무자의 채무불이행을 이유로 그 계약을 해제할 수 없다.
③ 채무자에게 수익의 의사표시를 한 제3자는 그 채무자에게 그 채무의 이행을 직접 청구할 수 있다.
④ 채무자는 상당한 기간을 정하여 계약이익의 향수 여부의 확답을 제3자에게 최고할 수 있다.
⑤ 채무자와 인수인의 계약으로 체결되는 병존적 채무인수는 제3자를 위한 계약으로 볼 수 있다.

67 **합의해제에 관한 설명으로 틀린 것은?** (다툼이 있으면 판례에 따름)

① 부동산매매계약이 합의해제된 경우, 다른 약정이 없는 한 매도인은 수령한 대금에 이자를 붙여 반환할 필요가 없다.
② 당사자 쌍방은 자기 채무의 이행제공 없이 합의에 의해 계약을 해제할 수 있다.
③ 합의해제의 소급효는 법정해제의 경우와 같이 제3자의 권리를 해하지 못한다.
④ 계약이 합의해제된 경우 다른 사정이 없는 한, 합의해제시에 채무불이행으로 인한 손해배상을 청구할 수 있다.
⑤ 매도인이 잔금기일 경과 후 해제를 주장하며 수령한 대금을 공탁하고 매수인이 이의 없이 수령한 경우, 특별한 사정이 없는 한 합의해제된 것으로 본다.

68 **청약에 관한 설명으로 옳은 것은?** (단, 특별한 사정은 없으며, 다툼이 있으면 판례에 따름)

① 불특정다수인에 대한 청약은 효력이 없다.
② 청약이 상대방에게 도달하여 그 효력이 발생하더라도 청약자는 이를 철회할 수 있다.
③ 당사자 간에 동일한 내용의 청약이 상호교차된 경우, 양 청약이 상대방에게 발송된 때에 계약이 성립한다.
④ 계약내용이 제시되지 않은 광고는 청약에 해당한다.
⑤ 하도급계약을 체결하려는 교섭당사자가 견적서를 제출하는 행위는 청약의 유인에 해당한다.

69 **약관에 관한 설명으로 틀린 것은?** (다툼이 있으면 판례에 따름)

① 고객에게 부당하게 과중한 지연 손해금 등의 손해배상의무를 부담시키는 약관 조항은 무효로 한다.
② 약관내용이 명백하지 못한 때에는 약관작성자에게 불리하게 제한해석해야 한다.
③ 보통거래약관은 신의성실의 원칙에 따라 그 약관의 목적과 취지를 고려하여 공정하고 합리적으로 해석해야 한다.
④ 고객에게 부당하게 불리한 약관조항은 공정을 잃은 것으로 추정된다.
⑤ 보통거래약관의 내용은 개개 계약체결자의 의사나 구체적인 사정을 고려하여 구체적 · 주관적으로 해석해야 한다.

70 **수량을 지정한 매매의 목적물의 일부가 멸실된 경우 매도인의 담보책임에 관한 설명으로 틀린 것은?** (단, 이에 관한 특약은 없으며, 다툼이 있으면 판례에 따름)

① 수량을 지정한 매매란 특정물이 일정한 수량을 가지고 있다는 데 주안을 두고 대금도 그 수량을 기준으로 정한 경우를 말한다.
② 악의의 매수인은 대금감액과 손해배상을 청구할 수 있다.
③ 선의의 매수인은 멸실된 부분의 비율로 대금감액을 청구할 수 있다.
④ 잔존한 부분만이면 매수하지 아니하였을 때에는 선의의 매수인은 계약전부를 해제할 수 있다.
⑤ 선의의 매수인은 일부멸실의 사실을 안 날부터 1년 내에 매도인의 담보책임에 따른 매수인의 권리를 행사해야 한다.

71 **甲은 자기 소유 X토지를 3억원에 乙에게 매도하면서 동시에 환매할 권리를 보유하기로 약정하고 乙이 X토지에 대한 소유권이전등기를 마쳤다. 이에 관한 설명으로 틀린 것은?** (다툼이 있으면 판례에 따름)

① 특별한 약정이 없는 한, 甲은 환매기간 내에 그가 수령한 3억원과 乙이 부담한 매매비용을 반환하고 X토지를 환매할 수 있다.
② 甲과 乙이 환매기간을 정하지 아니한 경우 그 기간은 5년으로 한다.
③ 환매등기는 乙 명의의 소유권이전등기에 대한 부기등기의 형식으로 한다.
④ 만일 甲의 환매등기 후 丙이 乙로부터 X토지를 매수하였다면, 乙은 환매등기를 이유로 丙의 X토지에 대한 소유권이전등기청구를 거절할 수 있다.
⑤ 만일 甲의 환매등기 후 丁이 X토지에 乙에 대한 채권을 담보하기 위하여 저당권을 설정하였다면, 甲이 적법하게 환매권을 행사하여 X토지의 소유권이전등기를 마친 경우 丁의 저당권은 소멸한다.

72 **부동산의 교환계약에 관한 설명으로 옳은 것을 모두 고른 것은?** (다툼이 있으면 판례에 따름)

> ㉠ 유상·쌍무계약이다.
> ㉡ 일방이 금전의 보충지급을 약정한 경우 그 금전에 대하여는 매매대금에 관한 규정을 준용한다.
> ㉢ 다른 약정이 없는 한 각 당사자는 목적물의 하자에 대해 담보책임을 부담한다.
> ㉣ 당사자가 자기 소유 목적물의 시가를 묵비하여 상대방에게 고지하지 않은 경우, 특별한 사정이 없는 한 상대방의 의사결정에 불법적인 간섭을 한 것이다.

① ㉠, ㉡　　② ㉢, ㉣　　③ ㉠, ㉡, ㉢
④ ㉡, ㉢, ㉣　　⑤ ㉠, ㉡, ㉢, ㉣

73 **乙이 甲으로부터 건물의 소유를 목적으로 X토지를 10년간 임차하여 그 위에 자신의 건축물을 신축한 경우에 관한 설명으로 틀린 것은?** (다툼이 있으면 판례에 따름)

① 특별한 사정이 없는 한 甲이 X토지의 소유자가 아닌 경우에도 임대차 계약은 유효하게 성립한다.
② 甲과 乙 사이에 반대약정이 없으면 乙은 甲에 대하여 임대차등기절차에 협력할 것을 청구할 수 있다.
③ 乙이 현존하는 지상건물을 등기해도 임대차를 등기하지 않은 때에는 제3자에 대해 임대차의 효력이 없다.
④ 10년의 임대차 기간이 경과한 때 乙의 지상건물이 현존하는 경우 乙은 임대차 계약의 갱신을 청구할 수 있다.
⑤ 乙의 차임연체액이 2기의 차임액에 달하는 경우, 특약이 없는 한 甲은 임대차 계약을 해지할 수 있다.

74 **甲은 자기 소유 X창고건물 전부를 乙에게 월차임 60만원에 3년간 임대하였고, 乙은 甲의 동의를 얻어 X건물 전부를 丙에게 월차임 70만원에 2년간 전대하였다. 이에 관한 설명으로 틀린 것은?** (단, 이에 관한 특약은 없으며, 다툼이 있으면 판례에 따름)

① 甲과 乙의 합의로 임대차 계약을 종료한 경우 丙의 권리는 소멸한다.
② 丙은 직접 甲에 대해 월차임 60만원을 지급할 의무를 부담한다.
③ 甲은 乙에게 월차임 60만원의 지급을 청구할 수 있다.
④ 甲에 대한 차임연체액이 120만원에 달하여 甲이 임대차 계약을 해지한 경우, 丙에게 그 사유를 통지하지 않아도 해지로써 丙에게 대항할 수 있다.
⑤ 전대차 기간이 만료한 경우 丙은 甲에게 전전대차(前轉貸借)와 동일한 조건으로 임대할 것을 청구할 수 없다.

75 **주택임대차보호법상의 대항력에 관한 설명으로 틀린 것은?** (단, 일시사용을 위한 임대차가 아니고 임차권등기가 이루어지지 아니한 경우를 전제하며 다툼이 있으면 판례에 따름)

① 임차인이 타인의 점유를 매개로 임차주택을 간접점유하는 경우에도 대항요건인 점유가 인정될 수 있다.
② 임차인이 지위를 강화하고자 별도로 전세권 설정등기를 마친 후 「주택임대차보호법」상의 대항요건을 상실한 경우, 「주택임대차보호법」상의 대항력을 상실한다.
③ 주민등록을 마치고 거주하던 자기 명의의 주택을 매도한 자가 매도와 동시에 이를 다시 임차하기로 약정한 경우, 매수인 명의의 소유권이전등기 여부와 관계없이 대항력이 인정된다.
④ 임차인이 주택의 인도와 주민등록을 마친 때에는 그 다음 날 오전 영시부터 대항력이 생긴다.
⑤ 임차인이 가족과 함께 임차주택의 점유를 계속하면서 가족의 주민등록은 그대로 둔 채 임차인의 주민등록만 일시적으로 옮긴 경우 대항력을 상실하지 않는다.

76 **주택임대차보호법상 임차인의 계약갱신요구권에 관한 설명으로 옳은 것을 모두 고른 것은?**

> ㉠ 임대차기간이 끝나기 6개월 전부터 2개월 전까지의 기간에 행사해야 한다.
> ㉡ 임대차의 조건이 동일한 경우 여러 번 행사할 수 있다.
> ㉢ 임차인이 임대인의 동의 없이 목적 주택을 전대한 경우 임대인은 계약갱신요구를 거절하지 못한다.

① ㉠　　② ㉡　　③ ㉢
④ ㉠, ㉢　　⑤ ㉡, ㉢

77 **甲은 2021년 2월 1일 서울특별시에 위치한 乙 소유 X상가건물에 대하여 보증금 5억원, 월차임 5백만원으로 임대차계약을 체결하였다. 甲은 2021년 2월 15일 건물의 인도를 받아 영업을 개시하고, 사업자등록을 신청하였다. 이에 관한 설명으로 옳은 것을 모두 고른 것은?** (다툼이 있으면 판례에 따름)

> ㉠ 위 계약에는 확정일자 부여 등에 대해 규정하고 있는 「상가건물 임대차보호법」 제4조의 규정이 적용된다.
> ㉡ 甲이 임차건물의 일부를 중과실로 파손한 경우, 乙은 甲의 계약갱신요구를 거절할 수 있다.
> ㉢ 甲이 2개월분의 차임을 연체하던 중 매매로 건물의 소유자가 丙으로 바뀐 경우, 특별한 사정이 없는 한 연체차임은 乙에게 지급해야 한다.

① ㉠ ② ㉡ ③ ㉢
④ ㉠, ㉡ ⑤ ㉡, ㉢

78 **가등기담보 등에 관한 법률에 관한 설명으로 틀린 것은?** (다툼이 있으면 판례에 따름)

① 담보가등기를 마친 부동산에 대하여 강제경매가 된 경우 담보가등기권리는 그 부동산의 매각에 의해 소멸한다.
② 가등기의 피담보채권은 당사자의 약정과 관계없이 가등기의 원인증서인 매매예약서상의 매매대금의 한도로 제한된다.
③ 채무자가 청산기간이 지나기 전에 한 청산금에 관한 권리의 양도는 이로써 후순위권리자에게 대항하지 못한다.
④ 가등기가 담보가등기인지 여부는 거래의 실질과 당사자의 의사해석에 따라 결정된다.
⑤ 가등기담보부동산의 예약 당시 시가가 그 피담보채무액에 미달하는 경우에는 청산금평가액의 통지를 할 필요가 없다.

79 **甲은 법령상의 제한을 피하여 乙 소유의 X부동산을 매수하고자 자신의 친구 丙과 X부동산의 매수에 관한 명의신탁약정을 체결하였다. 그에 따라 2021년 5월 丙은 乙과 X부동산 매매계약을 체결하고, 甲의 자금으로 그 대금을 지급하여 丙 명의로 등기 이전을 마쳤다. 이에 관한 설명으로 틀린 것은?** (다툼이 있으면 판례에 따름)

① 甲과 丙 사이의 명의신탁약정은 무효이다.
② 乙이 매매계약 체결 당시 그 명의신탁약정이 있다는 사실을 알았다면 丙은 X부동산의 소유권을 취득할 수 없다.
③ 乙이 매매계약 체결 당시 그 명의신탁약정이 있다는 사실을 몰랐다면, 그 후 명의신탁약정 사실을 알게 되었어도 丙은 X부동산의 소유권을 취득한다.
④ 丙이 X부동산의 소유권을 취득한 경우 甲은 丙에게 제공한 X부동산의 매수자금 상당액을 부당이득으로 반환청구할 수 있다.
⑤ X부동산의 소유권을 유효하게 취득한 丙이 명의신탁약정 외의 적법한 원인에 의하여 甲 앞으로 X부동산에 대한 소유권이전등기를 마친다고 해도 그 소유권이전등기는 무효이다.

80 **집합건물의 소유 및 관리에 관한 법률에 관한 설명으로 틀린 것을 모두 고른 것은?** (다툼이 있으면 판례에 따름)

> ㉠ 구분건물이 객관적·물리적으로 완성되더라도 그 건물이 집합건축물대장에 등록되지 않는 한 구분소유권의 객체가 되지 못한다.
> ㉡ 집합건물구분소유권의 특별승계인이 그 구분소유권을 다시 제3자에게 이전한 경우, 관리규약에 달리 정함이 없는 한, 각 특별승계인들은 자신의 전(前)구분소유자의 공용부분에 대한 체납관리비를 지급할 책임이 있다.
> ㉢ 전유부분은 구분소유권의 목적인 건물부분을 말한다.

① ㉠　　② ㉡　　③ ㉢
④ ㉠, ㉡　　⑤ ㉡, ㉢

제31회 반복학습 체크리스트

반복학습	과목별 점수	평균점수	약점체크
1회 ___ 월 ___ 일	• 부동산학개론 ______ 점 • 민법·민사특별법 ______ 점	______ 점	
2회 ___ 월 ___ 일	• 부동산학개론 ______ 점 • 민법·민사특별법 ______ 점	______ 점	
3회 ___ 월 ___ 일	• 부동산학개론 ______ 점 • 민법·민사특별법 ______ 점	______ 점	
4회 ___ 월 ___ 일	• 부동산학개론 ______ 점 • 민법·민사특별법 ______ 점	______ 점	
5회 ___ 월 ___ 일	• 부동산학개론 ______ 점 • 민법·민사특별법 ______ 점	______ 점	

합격점수 체크그래프

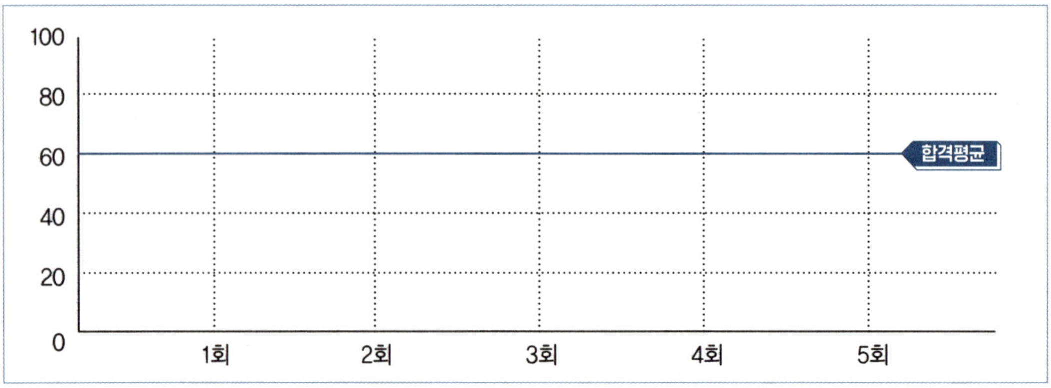

PART

06

제31회 기출문제

제31회 공인중개사 시험(2020. 10. 31. 실시)

교시	시험시간	시험과목
1교시	100분	❶ 부동산학개론 ❷ 민법 · 민사특별법

제31회 공인중개사 시험 (2020. 10. 31. 실시)

• 현재 시행중인 법령을 기준으로 문제를 수정하였습니다.

· 부동산학개론

01 **부동산 개발사업의 분류상 다음 (   )에 들어갈 내용으로 옳은 것은?**

> 토지소유자가 조합을 설립하여 농지를 택지로 개발한 후 보류지(체비지 · 공공시설 용지)를 제외한 개발토지 전체를 토지소유자에게 배분하는 방식
> • 개발 형태에 따른 분류 : (㉠)
> • 토지취득방식에 따른 분류 : (㉡)

① ㉠: 신개발방식, ㉡: 수용방식
② ㉠: 재개발방식, ㉡: 환지방식
③ ㉠: 신개발방식, ㉡: 혼용방식
④ ㉠: 재개발방식, ㉡: 수용방식
⑤ ㉠: 신개발방식, ㉡: 환지방식

02 **한국표준산업분류상 부동산 관련 서비스업에 해당하지 않는 것은?**

① 부동산 투자 자문업
② 주거용 부동산 관리업
③ 부동산 중개 및 대리업
④ 부동산 개발 및 공급업
⑤ 비주거용 부동산 관리업

03 토지의 특성에 관련된 설명으로 옳은 것을 모두 고른 것은?

> ㉠ 개별성은 토지시장을 불완전경쟁시장으로 만드는 요인이다.
> ㉡ 부증성은 토지이용을 집약화시키는 요인이다.
> ㉢ 부동성은 부동산 활동에서 임장활동 필요성의 근거가 된다.
> ㉣ 영속성은 부동산 활동에서 감가상각 필요성의 근거가 된다.

① ㉠
② ㉡, ㉣
③ ㉠, ㉡, ㉢
④ ㉡, ㉢, ㉣
⑤ ㉠, ㉡, ㉢, ㉣

04 부동산 마케팅에서 4P 마케팅믹스(Marketing Mix) 전략의 구성요소를 모두 고른 것은?

> ㉠ Product(제품)
> ㉡ Place(유통경로)
> ㉢ Pride(긍지)
> ㉣ Price(가격)
> ㉤ Public Relations(홍보)
> ㉥ Promotion(판매촉진)

① ㉠, ㉡, ㉢, ㉥
② ㉠, ㉡, ㉣, ㉤
③ ㉠, ㉡, ㉣, ㉥
④ ㉡, ㉢, ㉣, ㉤
⑤ ㉢, ㉣, ㉤, ㉥

05 다음 부동산 정책 중 금융규제에 해당하는 것은?

① 담보인정비율(LTV) 강화
② 양도소득세 강화
③ 토지거래허가제 시행
④ 개발제한구역 해제
⑤ 개발권양도제(TDR) 시행

06

부동산 개발사업의 타당성분석과 관련하여 다음의 설명에 해당하는 (   )에 알맞은 용어는?

> • (㉠): 특정 부동산이 가진 경쟁력을 중심으로 해당 부동산이 분양될 수 있는 가능성을 분석하는 것
> • (㉡): 타당성분석에 활용된 투입요소의 변화가 그 결과치에 어떠한 영향을 주는가를 분석하는 기법

① ㉠: 경제성분석, ㉡: 민감도분석
② ㉠: 경제성분석, ㉡: SWOT분석
③ ㉠: 시장성분석, ㉡: 흡수율분석
④ ㉠: 시장성분석, ㉡: SWOT분석
⑤ ㉠: 시장성분석, ㉡: 민감도분석

07

토지 관련 용어의 설명으로 옳은 것은?

① 획지(劃地)는 하나의 지번이 부여된 토지의 등록단위를 말한다.
② 후보지(候補地)는 택지지역・농지지역・임지지역 내에서 세부지역 간 용도가 전환되고 있는 토지를 말한다.
③ 나지(裸地)는 토지 위에 정착물이 없고 공법상 및 사법상의 제한이 없는 토지를 말한다.
④ 부지(敷地)는 자연 상태 그대로의 토지를 말한다.
⑤ 포락지(浦落地)는 지적공부에 등록된 토지가 물에 침식되어 수면 밑으로 잠긴 토지를 말한다.

08

A지역 아파트시장에서 수요함수는 일정한데, 공급함수는 다음 조건과 같이 변화하였다. 이 경우 균형가격(㉠)과 공급곡선의 기울기(㉡)는 어떻게 변화하였는가? (단, 가격과 수량의 단위는 무시하며, 주어진 조건에 한함)

> • 공급함수: $Q_{S1} = 30+P$ (이전) ⇨ $Q_{S2} = 30 + 2P$ (이후)
> • 수요함수: $Q_d = 150 - 2P$
> • P는 가격, Q_S는 공급량, Q_d는 수요량, X축은 수량, Y축은 가격을 나타냄

① ㉠: 10 감소, ㉡: $\frac{1}{2}$ 감소
② ㉠: 10 감소, ㉡: 1 감소
③ ㉠: 10 증가, ㉡: 1 증가
④ ㉠: 20 감소, ㉡: $\frac{1}{2}$ 감소
⑤ ㉠: 20 증가, ㉡: $\frac{1}{2}$ 증가

09 다음 중 유량(flow)의 경제변수는 모두 몇 개인가?

• 가계 자산	• 노동자 소득
• 가계 소비	• 통화량
• 자본총량	• 신규주택 공급량

① 1개 ② 2개 ③ 3개
④ 4개 ⑤ 5개

10 오피스텔의 분양수요함수가 $Q_d = 600 - \frac{3}{2}P$로 주어져 있다. 이 경우 사업시행자가 분양수입을 극대화하기 위한 오피스텔 분양가격은? (단, P는 분양가격이고 단위는 만원/m^2, Q_d는 수요량이고 단위는 m^2, X축은 수량, Y축은 가격이며, 주어진 조건에 한함)

① 180만원/m^2 ② 190만원/m^2
③ 200만원/m^2 ④ 210만원/m^2
⑤ 220만원/m^2

제 31 회

11 다음은 거미집이론에 관한 내용이다. ( )에 들어갈 모형형태는? (단, X축은 수량, Y축은 가격을 나타내며, 다른 조건은 동일함)

• 수요의 가격탄력성의 절댓값이 공급의 가격탄력성의 절댓값보다 크면 (㉠)이다.
• 수요곡선의 기울기의 절댓값이 공급곡선의 기울기의 절댓값보다 크면 (㉡)이다.

① ㉠: 수렴형, ㉡: 수렴형
② ㉠: 수렴형, ㉡: 발산형
③ ㉠: 발산형, ㉡: 수렴형
④ ㉠: 발산형, ㉡: 발산형
⑤ ㉠: 발산형, ㉡: 순환형

12 부동산 경기순환과 경기변동에 관한 설명으로 틀린 것은?

① 부동산 경기변동이란 부동산 시장이 일반경기변동처럼 상승과 하강 국면이 반복되는 현상을 말한다.
② 부동산 경기는 일반경기와 같이 일정한 주기와 동일한 진폭으로 규칙적이고 안정적으로 반복되며 순환된다.
③ 부동산 경기변동은 일반경기변동에 비해 저점이 깊고 정점이 높은 경향이 있다.
④ 부동산 경기는 부동산의 특성에 의해 일반경기보다 주기가 더 길 수 있다.
⑤ 회복시장에서 직전국면 저점의 거래사례가격은 현재 시점에서 새로운 거래가격의 하한이 되는 경향이 있다.

13 정부의 부동산 시장 직접개입 유형에 해당하는 것을 모두 고른 것은?

㉠ 토지은행	㉡ 공영개발사업
㉢ 총부채상환비율(DTI)	㉣ 종합부동산세
㉤ 개발부담금	㉥ 공공투자사업

① ㉠, ㉡, ㉢
② ㉠, ㉡, ㉥
③ ㉢, ㉣, ㉤
④ ㉢, ㉤, ㉥
⑤ ㉣, ㉤, ㉥

14 다음 중 리카도(D. Ricardo)의 차액지대론에 관한 설명으로 옳은 것을 모두 고른 것은?

㉠ 지대 발생의 원인으로 비옥한 토지의 부족과 수확체감의 법칙을 제시하였다.
㉡ 조방적 한계의 토지에는 지대가 발생하지 않으므로 무지대(無地代) 토지가 된다.
㉢ 토지소유자는 토지 소유라는 독점적 지위를 이용하여 최열등지에도 지대를 요구한다.
㉣ 지대는 잉여이기에 토지생산물의 가격이 높아지면 지대가 높아지고 토지생산물의 가격이 낮아지면 지대도 낮아진다.

① ㉠, ㉢
② ㉡, ㉣
③ ㉠, ㉡, ㉢
④ ㉠, ㉡, ㉣
⑤ ㉡, ㉢, ㉣

15 **주택의 여과과정(filtering process)과 주거분리에 관한 설명으로 틀린 것은?**

① 주택의 하향여과과정이 원활하게 작동하면 저급주택의 공급량이 감소한다.
② 저급주택이 재개발되어 고소득가구의 주택으로 사용이 전환되는 것을 주택의 상향여과과정이라 한다.
③ 저소득가구의 침입과 천이 현상으로 인하여 주거입지의 변화가 야기될 수 있다.
④ 주택의 개량비용이 개량 후 주택가치의 상승분보다 크다면 하향여과과정이 발생하기 쉽다.
⑤ 여과과정에서 주거분리를 주도하는 것은 고소득가구로 정(+)의 외부효과를 추구하고, 부(−)의 외부효과를 회피하려는 동기에서 비롯된다.

16 **부동산 시장에 관한 설명으로 틀린 것은?** (단, 다른 조건은 동일함)

① 부동산은 대체가 불가능한 재화이기에 부동산 시장에서 공매(short selling)가 빈번하게 발생한다.
② 부동산 시장이 강성 효율적 시장일 때 초과이윤을 얻는 것은 불가능하다.
③ 부동산 시장은 부동산의 유형, 규모, 품질 등에 따라 구별되는 하위시장이 존재한다.
④ 부동산 시장이 준강성 효율적 시장일 때 새로운 정보는 공개되는 즉시 시장에 반영된다.
⑤ 부동산 시장은 불완전경쟁시장이더라도 할당 효율적 시장이 될 수 있다.

17 **다음 입지와 도시공간구조에 관한 설명으로 옳은 것을 모두 고른 것은?**

> ㉠ 컨버스(P. Converse)는 소비자들의 특정 상점의 구매를 설명할 때 실측거리, 시간거리, 매장규모와 같은 공간요인뿐만 아니라 효용이라는 비공간요인도 고려하였다.
> ㉡ 호이트(H. Hoyt)는 저소득층의 주거지가 형성되는 요인으로 도심과 부도심 사이의 도로, 고지대의 구릉지, 주요 간선도로의 근접성을 제시하였다.
> ㉢ 넬슨(R. Nelson)은 특정 점포가 최대 이익을 얻을 수 있는 매출액을 확보하기 위해서 어떤 장소에 입지하여야 하는지를 제시하였다.
> ㉣ 알론소(W. Alonso)는 단일도심도시의 토지이용형태를 설명함에 있어 입찰지대의 개념을 적용하였다.

① ㉠　　② ㉠, ㉡　　③ ㉡, ㉢
④ ㉢, ㉣　　⑤ ㉡, ㉢, ㉣

18 **주택시장에서 시장세분화**(market segmentation)**에 관한 설명으로 옳은 것은?**

① 주택 공급자의 신용도에 따라 소비자들의 공급자 선호를 구분하는 것이다.
② 일정한 기준에 의해 주택 수요자를 보다 동질적인 소집단으로 구분하는 것이다.
③ 주택의 수요가 공급보다 많은 매도자 우위의 시장을 의미한다.
④ 공급하고자 하는 주택이 가장 잘 팔릴 수 있는 시장을 의미한다.
⑤ 시장세분화가 이루어지면 시장정보가 증가하여 거래비용이 항상 증가한다.

19 **부동산 시장에서 수요를 감소시키는 요인을 모두 고른 것은?** (단, 다른 조건은 동일함)

㉠ 시장금리 하락 ㉡ 인구 감소 ㉢ 수요자의 실질소득 증가 ㉣ 부동산 가격상승 기대 ㉤ 부동산 거래세율 인상

① ㉠, ㉡　　② ㉠, ㉢　　③ ㉡, ㉤
④ ㉡, ㉢, ㉣　　⑤ ㉠, ㉢, ㉣, ㉤

20 **우리나라의 부동산 조세정책에 관한 설명으로 틀린 것은?**

① 취득세 감면은 부동산 거래의 활성화에 기여할 수 있다.
② 증여세는 국세로서 취득단계에 부과하는 조세이다.
③ 양도소득세의 중과는 부동산 보유자로 하여금 매각을 뒤로 미루게 하는 동결효과(lock-in effect)를 발생시킬 수 있다.
④ 종합부동산세는 국세로서 보유단계에 보유하는 조세이다.
⑤ 재산세는 지방세로서 취득단계에 부과하는 조세이다.

21 **주택정책에 관한 설명으로 틀린 것은?**

① 금융지원정책은 정부의 주택시장 간접개입방식에 속한다.
② 주택정책은 주거안정을 보장해준다는 측면에서 복지기능도 수행한다.
③ 소득대비 주택가격비율(PIR)과 소득대비 임대료비율(RIR)은 주택시장에서 가구의 지불능력을 측정하는 지표이다.
④ 공공임대주택 공급정책은 입주자가 주거지를 자유롭게 선택할 수 있는 것이 장점이다.
⑤ 주거복지정책상 주거급여제도는 소비자보조방식의 일종이다.

22 **공공주택 특별법령상 공공임대주택의 용어 정의로 틀린 것은?**

① 국민임대주택은 국가나 지방자치단체의 재정이나 주택도시기금의 자금을 지원받아 대학생, 사회초년생, 신혼부부 등 젊은 층의 주거안정을 목적으로 공급하는 공공임대주택을 말한다.
② 영구임대주택은 국가나 지방자치단체의 재정을 지원받아 최저소득계층의 주거안정을 위하여 50년 이상 또는 영구적인 임대를 목적으로 공급하는 공공임대주택을 말한다.
③ 장기전세주택은 국가나 지방자치단체의 재정이나 주택도시기금의 자금을 지원받아 전세계약의 방식으로 공급하는 공공임대주택을 말한다.
④ 분양전환공공임대주택은 일정 기간 임대 후 분양전환할 목적으로 공급하는 공공임대주택을 말한다.
⑤ 기존주택전세임대주택은 국가나 지방자치단체의 재정이나 주택도시기금의 자금을 지원받아 기존주택을 임차하여 「국민기초생활 보장법」에 따른 수급자 등 저소득층과 청년 및 신혼부부 등에게 전대(轉貸)하는 공공임대주택을 말한다.

23 **다음 부동산 관련 제도 중 법령상 도입이 빠른 순서대로 나열한 것은?**

㉠ 자산유동화제도	㉡ 공인중개사제도
㉢ 부동산실명제	㉣ 부동산거래신고제

① ㉠ ⇨ ㉡ ⇨ ㉢ ⇨ ㉣
② ㉡ ⇨ ㉠ ⇨ ㉢ ⇨ ㉣
③ ㉡ ⇨ ㉢ ⇨ ㉠ ⇨ ㉣
④ ㉢ ⇨ ㉡ ⇨ ㉣ ⇨ ㉠
⑤ ㉣ ⇨ ㉢ ⇨ ㉡ ⇨ ㉠

24 다음 중 법령을 기준으로 현재 우리나라에서 시행되고 있는 제도를 모두 고른 것은?

㉠ 개발행위허가제	㉡ 택지소유상한제
㉢ 용도지역제	㉣ 토지초과이득세제

① ㉠, ㉢
② ㉡, ㉣
③ ㉠, ㉡, ㉢
④ ㉡, ㉢, ㉣
⑤ ㉠, ㉡, ㉢, ㉣

25 다음에서 설명하고 있는 민간투자사업방식은?

- 사회시반시설의 준공과 동시에 해당 시설의 소유권이 국가 또는 지방자치단체에 귀속되며, 사업시행자에게 일정기간의 시설관리운영권을 인정하되, 그 시설을 국가 또는 지방자치단체 등이 협약에서 정한 기간 동안 임차하여 사용·수익하는 방식
- 학교시설, 문화시설 등 시설이용자로부터 사용료를 징수하기 어려운 사회기반시설 건설의 사업방식으로 활용

① BOT(build-operate-transfer) 방식
② BTO(build-transfer-operate) 방식
③ BLT(build-lease-transfer) 방식
④ BTL(build-transfer-lease) 방식
⑤ BOO(build-own-operate) 방식

26 자본환원율에 관한 설명으로 옳은 것을 모두 고른 것은? (단, 다른 조건은 동일함)

㉠ 자본의 기회비용을 반영하므로, 자본시장에서 시장금리가 상승하면 함께 상승한다.
㉡ 부동산 자산이 창출하는 순영업소득에 해당 자산의 가격을 곱한 값이다.
㉢ 자산가격 상승에 대한 투자자들의 기대를 반영한다.
㉣ 자본환원율이 상승하면 자산가격이 상승한다.
㉤ 프로젝트의 위험이 높아지면 자본환원율도 상승한다.

① ㉠, ㉡
② ㉠, ㉢, ㉤
③ ㉡, ㉢, ㉣
④ ㉡, ㉣, ㉤
⑤ ㉠, ㉢, ㉣, ㉤

27 **향후 2년간 현금흐름을 이용한 다음 사업의 수익성지수(PI)는?** (단, 연간 기준이며, 주어진 조건에 한함)

- 모든 현금의 유입과 유출은 매년 말에만 발생
- 현금유입은 1년차 1,000만원, 2년차 1,200만원
- 현금유출은 현금유입의 80%
- 1년 후 일시불의 현가계수 0.95
- 2년 후 일시불의 현가계수 0.90

① 1.15 ② 1.20 ③ 1.25
④ 1.30 ⑤ 1.35

28 **수익형 부동산의 간접투자에서 자기자본수익률을 상승시키는 전략으로 틀린 것은?** (단, 세후 기준이며, 다른 조건은 동일함)

① 임대관리를 통한 공실률 최소화
② 자본이득(capital gain) 증대를 위한 자산가치 극대화
③ 세금이 감면되는 도관체(conduit)를 활용한 절세효과 도모
④ 효율적 시설관리를 통한 운영경비 절감
⑤ 저당수익률이 총자본수익률보다 클 때, 부채비율을 높이는 자본구조조정

29 **임차인 A는 작년 1년 동안 분양면적 1,000m²의 매장을 비율임대차(percentage lease)방식으로 임차하였다. 계약내용에 따르면, 매출액이 손익분기점 매출액 이하이면 기본임대료만 지급하고, 이를 초과하는 매출액에 대해서는 일정 임대료율을 적용한 추가임대료를 기본임대료에 가산하도록 하였다. 전년도 연임대료로 총 5,500만원을 지급한 경우, 해당 계약내용에 따른 손익분기점 매출액은?** (단, 연간 기준이며, 주어진 조건에 한함)

- 기본임대료: 분양면적 m²당 5만원
- 손익분기점 매출액을 초과하는 매출액에 대한 임대료율: 5%
- 매출액: 분양면적 m²당 30만원

① 1억 6,000만원 ② 1억 7,000만원 ③ 1억 8,000만원
④ 1억 9,000만원 ⑤ 2억원

30

A는 매월 말에 50만원씩 5년 동안 적립하는 적금에 가입하였다. 이 적금의 명목금리는 연 3%이며, 월복리 조건이다. 이 적금의 미래가치를 계산하기 위한 식으로 옳은 것은? (단, 주어진 조건에 한함)

① $500{,}000 \times \left\{\frac{(1+0.03)^5-1}{0.03}\right\}$

② $500{,}000 \times \left\{\frac{\left(1+\frac{0.03}{12}\right)^{5\times12}-1}{\frac{0.03}{12}}\right\}$

③ $500{,}000 \times \left(1+\frac{0.03}{12}\right)^{5\times12}$

④ $500{,}000 \times \left\{\frac{0.03}{1-(1+0.03)^{-5}}\right\}$

⑤ $500{,}000 \times \left\{\frac{\frac{0.03}{12}}{1-\left(1+\frac{0.03}{12}\right)^{-5\times12}}\right\}$

31

A는 아파트를 구입하기 위해 은행으로부터 연초에 4억원을 대출받았다. A가 받은 대출의 조건이 다음과 같을 때, 대출금리(㉠)와 2회차에 상환할 원금(㉡)은? (단, 주어진 조건에 한함)

- 대출금리: 고정금리
- 대출기간: 20년
- 연간 저당상수: 0.09
- 1회차 원금상환액: 1,000만원
- 원리금 상환조건: 원리금균등상환방식, 매년 말 연단위 상환

① ㉠: 연간 5.5%, ㉡: 1,455만원
② ㉠: 연간 6.0%, ㉡: 1,260만원
③ ㉠: 연간 6.0%, ㉡: 1,455만원
④ ㉠: 연간 6.5%, ㉡: 1,065만원
⑤ ㉠: 연간 6.5%, ㉡: 1,260만원

32 **부동산 금융의 자금조달방식 중 지분금융(equity financing)에 해당하는 것을 모두 고른 것은?**

> ㉠ 부동산투자회사(REITs)
> ㉡ 자산담보부기업어음(ABCP)
> ㉢ 공모(public offering)에 의한 증자
> ㉣ 프로젝트 금융
> ㉤ 주택상환사채

① ㉠, ㉡　② ㉠, ㉢　③ ㉢, ㉤
④ ㉡, ㉣, ㉤　⑤ ㉠, ㉡, ㉣, ㉤

33 **한국주택금융공사의 주택담보노후연금(주택연금)에 관한 설명으로 틀린 것은?**

① 주택연금은 주택소유자가 주택에 저당권을 설정하고 연금방식으로 노후생활자금을 대출받는 제도이다.
② 주택연금은 수령기간이 경과할수록 대출잔액이 누적된다.
③ 주택소유자(또는 배우자)가 생존하는 동안 노후생활자금을 매월 지급받는 방식으로 연금을 받을 수 있다.
④ 담보주택의 대상으로 업무시설인 오피스텔도 포함된다.
⑤ 한국주택금융공사는 주택연금 담보주택의 가격하락에 대한 위험을 부담할 수 있다.

34 **A는 연소득이 5,000만원이고 시장가치가 3억원인 주택을 소유하고 있다. 현재 A가 이 주택을 담보로 5,000만원을 대출받고 있을 때, 추가로 대출 가능한 최대금액은?** (단, 주어진 조건에 한함)

> • 연간 저당상수: 0.1
> • 대출승인기준
> 　– 담보인정비율(LTV): 시장가치기준 50% 이하
> 　– 총부채상환비율(DTI): 40% 이하
> ※ 두 가지 대출승인기준을 모두 충족하여야 함

① 5,000만원　② 7,500만원　③ 1억원
④ 1억 5,000만원　⑤ 2억원

35 **부동산 가격공시에 관한 법령상 시장 · 군수 또는 구청장이 개별공시지가를 결정 · 공시하지 아니할 수 있는 토지를 모두 고른 것은?**

> ㉠ 표준지로 선정된 토지
> ㉡ 농지보전부담금의 부과대상이 아닌 토지
> ㉢ 개발부담금의 부과대상이 아닌 토지
> ㉣ 도시 · 군계획시설로서 공원이 지정된 토지
> ㉤ 국세 부과대상이 아닌 토지(국공유지의 경우에는 공공용 토지에만 해당한다)

① ㉠, ㉢
② ㉡, ㉣, ㉤
③ ㉠, ㉡, ㉢, ㉤
④ ㉡, ㉢, ㉣, ㉤
⑤ ㉠, ㉡, ㉢, ㉣, ㉤

36 **감정평가에 관한 규칙상 용어의 정의로 틀린 것은?**

① 인근지역이란 감정평가의 대상이 된 부동산이 속한 지역으로서 부동산의 이용이 동질적이고 가치형성요인 중 지역요인을 공유하는 지역을 말한다.
② 동일수급권(同一需給圈)이란 대상 부동산과 대체 · 경쟁 관계가 성립하고 가치형성에 서로 영향을 미치는 관계에 있는 다른 부동산이 존재하는 권역(圈域)을 말하며, 인근지역과 유사지역을 포함한다.
③ 원가법이란 대상물건의 재조달원가에 감가수정(減價修正)을 하여 대상물건의 가액을 산정하는 감정평가방법을 말한다.
④ 유사지역이란 대상 부동산이 속하지 아니하는 지역으로서 인근지역과 유사한 특성을 갖는 지역을 말한다.
⑤ 가치형성요인이란 대상물건의 시장가치에 영향을 미치는 일반요인, 지역요인 및 개별요인 등을 말한다.

37 **다음은 감정평가방법에 관한 설명이다. ( )에 들어갈 내용으로 옳은 것은?**

> • 공시지가기준법을 적용할 때 비교표준지 공시지가를 기준으로 (㉠), 지역요인 및 개별요인비교, 그 밖의 요인의 보정 과정을 거친다.
> • 수익환원법에서는 대상물건이 장래 산출할 것으로 기대되는 순수익이나 미래의 (㉡)을(를) 환원하거나 할인하여 가액을 산정한다.

① ㉠: 시점수정, ㉡: 현금흐름
② ㉠: 시점수정, ㉡: 투자가치
③ ㉠: 사정보정, ㉡: 복귀가치
④ ㉠: 사정보정, ㉡: 현금흐름
⑤ ㉠: 사정보정, ㉡: 투자가치

38 **원가법으로 산정한 대상물건의 적산가액은?** (단, 주어진 조건에 한함)

> • 사용승인일의 신축공사비: 6천만원(신축공사비는 적정함)
> • 사용승인일: 2018. 9. 1.
> • 기준시점: 2020. 9. 1.
> • 건축비지수
>   − 2018. 9. 1. = 100
>   − 2020. 9. 1. = 110
> • 경제적 내용연수: 40년
> • 감가수정방법: 정액법
> • 내용연수 만료시 잔가율: 10%

① 57,300,000원
② 59,300,000원
③ 62,700,000원
④ 63,030,000원
⑤ 72,600,000원

39 **다음 자료를 활용하여 거래사례비교법으로 산정한 대상토지의 비준가액은?** (단, 주어진 조건에 한함)

- 평가대상토지: X시 Y동 210번지, 대, 110m^2, 일반상업지역
- 기준시점: 2020. 9. 1.
- 거래사례
  - 소재지: X시 Y동 250번지
  - 지목 및 면적: 대, 120m^2
  - 용도지역: 일반상업지역
  - 거래가격: 2억 4천만원
  - 거래시점: 2020. 2. 1.
  - 거래사례는 정상적인 매매임
- 지가변동률(2020. 2. 1.~9. 1.): X시 상업지역 5% 상승
- 지역요인: 대상토지는 거래사례의 인근지역에 위치함
- 개별요인: 대상토지는 거래사례에 비해 3% 우세함
- 상승식으로 계산할 것

① 226,600,000원
② 237,930,000원
③ 259,560,000원
④ 283,156,000원
⑤ 285,516,000원

40 **감정평가에 관한 규칙상 대상물건과 주된 감정평가방법의 연결이 틀린 것은?**

① 과수원 – 공시지가기준법
② 광업재단 – 수익환원법
③ 임대료 – 임대사례비교법
④ 자동차 – 거래사례비교법
⑤ 건물 – 원가법

· 민법 · 민사특별법

41 **법률행위의 효력에 관한 설명으로 틀린 것은?** (다툼이 있으면 판례에 따름)

① 무효행위 전환에 관한 규정은 불공정한 법률행위에 적용될 수 있다.
② 경매에는 불공정한 법률행위에 관한 규정이 적용되지 않는다.
③ 강제집행을 면할 목적으로 허위의 근저당권을 설정하는 행위는 반사회질서의 법률행위로 무효이다.
④ 상대방에게 표시되거나 알려진 법률행위의 동기가 반사회적인 경우, 그 법률행위는 무효이다.
⑤ 소송에서 증언할 것을 조건으로 통상 용인되는 수준을 넘는 대가를 지급하기로 하는 약정은 무효이다.

42 **통정허위표시를 기초로 새로운 법률상 이해관계를 맺은 제3자에 해당하지 않는 자는?** (다툼이 있으면 판례에 따름)

① 가장채권을 가압류한 자
② 가장전세권에 저당권을 취득한 자
③ 채권의 가장양도에서 변제 전 채무자
④ 파산선고를 받은 가장채권자의 파산관재인
⑤ 가장채무를 보증하고 그 보증채무를 이행한 보증인

43 **착오에 관한 설명으로 옳은 것을 모두 고른 것은?** (다툼이 있으면 판례에 따름)

㉠ 매도인의 하자담보책임이 성립하더라도 착오를 이유로 한 매수인의 취소권은 배제되지 않는다. ㉡ 경과실로 인해 착오에 빠진 표의자가 착오를 이유로 의사표시를 취소한 경우, 상대방에 대하여 불법행위로 인한 손해배상책임을 진다. ㉢ 상대방이 표의자의 착오를 알고 이용한 경우, 표의자는 착오가 중대한 과실로 인한 것이더라도 의사표시를 취소할 수 있다. ㉣ 매도인이 매수인의 채무불이행을 이유로 계약을 적법하게 해제한 후에는 매수인은 착오를 이유로 취소권을 행사할 수 없다.

① ㉠, ㉡　② ㉠, ㉢　③ ㉠, ㉣
④ ㉡, ㉢　⑤ ㉡, ㉣

제
31
회

44 **甲은 자신의 X부동산의 매매계약체결에 관한 대리권을 乙에게 수여하였고, 乙은 甲을 대리하여 丙과 매매계약을 체결하였다. 이에 관한 설명으로 옳은 것은?** (다툼이 있으면 판례에 따름)

① 계약이 불공정한 법률행위인지가 문제된 경우, 매도인의 경솔, 무경험 및 궁박 상태의 여부는 乙을 기준으로 판단한다.

② 乙은 甲의 승낙이나 부득이한 사유가 없더라도 복대리인을 선임할 수 있다.

③ 乙이 丙으로부터 대금 전부를 지급받고 아직 甲에게 전달하지 않았더라도 특별한 사정이 없는 한 丙의 대금지급의무는 변제로 소멸한다.

④ 乙의 대리권은 특별한 사정이 없는 한 丙과의 계약을 해제할 권한을 포함한다.

⑤ 乙이 미성년자인 경우, 甲은 乙이 제한능력자임을 이유로 계약을 취소할 수 있다.

45 **임의대리에 관한 설명으로 옳은 것은?** (다툼이 있으면 판례에 따름)

① 원인된 법률관계가 종료하기 전에는 본인은 수권행위를 철회하여 대리권을 소멸시킬 수 없다.

② 권한을 넘은 표현대리의 경우, 기본대리권이 표현대리 행위와 동종 내지 유사할 필요는 없다.

③ 복대리인은 대리인이 자기의 명의로 선임하므로 대리인의 대리인이다.

④ 대리인이 여럿인 경우, 대리인은 원칙적으로 공동으로 대리해야 한다.

⑤ 대리인의 기망행위로 계약을 체결한 상대방은 본인이 그 기망행위를 알지 못한 경우, 사기를 이유로 계약을 취소할 수 없다.

46 **무권대리인 乙이 甲을 대리하여 甲소유의 X부동산을 丙에게 매도하는 계약을 체결하였다. 이에 관한 설명으로 옳은 것을 모두 고른 것은?** (다툼이 있으면 판례에 따름)

> ㉠ 乙이 甲을 단독상속한 경우, 본인 甲의 지위에서 추인을 거절하는 것은 신의성실의 원칙에 반한다.
> ㉡ 丙이 상당한 기간을 정하여 甲에게 추인 여부의 확답을 최고한 경우, 甲이 그 기간 내에 확답을 발하지 않은 때에는 추인을 거절한 것으로 본다.
> ㉢ 丙이 甲을 상대로 제기한 매매계약의 이행청구 소송에서 丙이 乙의 유권대리를 주장한 경우, 그 주장 속에는 표현대리의 주장도 포함된다.
> ㉣ 매매계약을 원인으로 丙명의로 소유권이전등기가 된 경우, 甲이 무권대리를 이유로 그 등기의 말소를 청구하는 때에는 丙은 乙의 대리권의 존재를 증명할 책임이 있다.

① ㉠, ㉡ ② ㉠, ㉢ ③ ㉢, ㉣
④ ㉠, ㉡, ㉣ ⑤ ㉡, ㉢, ㉣

47 **법률행위의 조건과 기한에 관한 설명으로 틀린 것은?** (다툼이 있으면 판례에 따름)

① 조건부 법률행위에서 불능조건이 정지조건이면 그 법률행위는 무효이다.
② 조건부 법률행위에서 기성조건이 해제조건이면 그 법률행위는 무효이다.
③ 법률행위에 조건이 붙어 있다는 사실은 그 조건의 존재를 주장하는 자가 증명해야 한다.
④ 기한이익 상실특약은 특별한 사정이 없으면 정지조건부 기한이익 상실특약으로 추정된다.
⑤ 종기(終期) 있는 법률행위는 기한이 도래한 때로부터 그 효력을 잃는다.

48 **추인할 수 있는 법률행위가 아닌 것은?** (다툼이 있으면 판례에 따름)

① 통정허위표시에 의한 부동산매매계약
② 상대방의 강박으로 체결한 교환계약
③ 무권대리인이 본인을 대리하여 상대방과 체결한 임대차계약
④ 미성년자가 법정대리인의 동의나 허락 없이 자신의 부동산을 매도하는 계약
⑤ 처음부터 허가를 잠탈할 목적으로 체결된 토지거래허가구역 내의 토지거래계약

49 **취소원인이 있는 법률행위는?**

① 불공정한 법률행위
② 불법조건이 붙은 증여계약
③ 강행법규에 위반한 매매계약
④ 상대방의 사기로 체결한 교환계약
⑤ 원시적·객관적 전부불능인 임대차계약

50 **甲은 乙의 모친으로서 X토지의 소유자이다. 권한 없는 乙이 丙은행과 공모하여 대출계약서, X토지에 대한 근저당권설정계약서를 甲명의로 위조한 다음, X토지에 丙 앞으로 근저당권설정등기를 하고 1억원을 대출받았다. 이에 관한 설명으로 틀린 것은?** (다툼이 있으면 판례에 따름)

① 甲과 丙사이의 대출계약은 무효이다.
② 丙명의의 근저당권설정등기는 무효이다.
③ 甲은 丙에게 소유권에 기한 방해배제를 청구할 수 있다.
④ 甲이 乙의 처분행위를 추인하면, 원칙적으로 그 때부터 새로운 법률행위를 한 것으로 본다.
⑤ 甲이 자신의 피담보채무를 인정하고 변제한 경우, 甲은 乙에게 부당이득반환을 청구할 수 있다.

제 31 회

51 **법률행위에 의하지 않은 부동산물권의 변동에 관한 설명으로 틀린 것은?** (다툼이 있으면 판례에 따름)

① 관습상 법정지상권은 설정등기 없이 취득한다.
② 이행판결에 기한 부동산물권의 변동시기는 확정판결시이다.
③ 상속인은 등기 없이 상속받은 부동산의 소유권을 취득한다.
④ 경매로 인한 부동산소유권의 취득시기는 매각대금을 완납한 때이다.
⑤ 건물의 신축에 의한 소유권취득은 소유권보존등기를 필요로 하지 않는다.

52 **X토지는 甲 → 乙 → 丙으로 순차 매도되고, 3자간에 중간생략등기의 합의를 하였다. 이에 대한 설명으로 틀린 것은?** (다툼이 있으면 판례에 따름)

① 丙은 甲에게 직접 소유권이전등기를 청구할 수 있다.
② 乙의 甲에 대한 소유권이전등기청구권은 소멸하지 않는다.
③ 甲의 乙에 대한 매매대금채권의 행사는 제한받지 않는다.
④ 만약 X토지가 토지거래허가구역에 소재한다면, 丙은 직접 甲에게 허가신청절차의 협력을 구할 수 없다.
⑤ 만약 중간생략등기의 합의가 없다면, 丙은 甲의 동의나 승낙 없이 乙의 소유권이전등기청구권을 양도받아 甲에게 소유권이전등기를 청구할 수 있다.

53 **물권적 청구권에 관한 설명으로 옳은 것은?** (다툼이 있으면 판례에 따름)

① 소유권에 기한 물권적 청구권은 소멸시효의 대상이다.
② 타인 토지에 무단으로 신축된 미등기건물을 매수하여 대금을 지급하고 점유하는 자는 건물철거청구의 상대방이 될 수 있다.
③ 소유자는 허무인(虛無人) 명의로 등기한 행위자를 상대로 그 등기의 말소를 구할 수 없다.
④ 저당권자는 목적물에서 임의로 분리, 반출된 물건을 자신에게 반환할 것을 청구할 수 있다.
⑤ 소유자가 말소등기의무자에 의해 소유권을 상실하여 소유권에 기한 등기말소를 구할 수 없는 경우, 그 의무자에게 이행불능에 의한 전보배상청구권을 가진다.

54 **점유자와 회복자의 관계에 관한 설명으로 옳은 것은?** (다툼이 있으면 판례에 따름)

① 선의의 점유자는 과실을 취득하더라도 통상의 필요비의 상환을 청구할 수 있다.
② 이행지체로 인해 매매계약이 해제된 경우, 선의의 점유자인 매수인에게 과실취득권이 인정된다.
③ 악의의 점유자가 책임 있는 사유로 점유물을 훼손한 경우, 이익이 현존하는 한도에서 배상해야 한다.
④ 점유자가 유익비를 지출한 경우, 점유자의 선택에 좇아 그 지출금액이나 증가액의 상환을 청구할 수 있다.
⑤ 무효인 매매계약의 매수인이 점유목적물에 필요비 등을 지출한 후 매도인이 그 목적물을 제3자에게 양도한 경우, 점유자인 매수인은 양수인에게 비용상환을 청구할 수 있다.

55 **등기와 점유의 추정력에 관한 설명으로 틀린 것은?** (다툼이 있으면 판례에 따름)

① 등기부상 권리변동의 당사자 사이에서는 등기의 추정력을 원용할 수 없다.
② 전·후 양시(兩時)에 점유한 사실이 있는 때에는 그 점유는 계속한 것으로 추정한다.
③ 원인 없이 부적법하게 등기가 말소된 경우, 권리소멸의 추정력은 인정되지 않는다.
④ 점유자의 권리추정 규정은 특별한 사정이 없는 한 부동산물권에는 적용되지 않는다.
⑤ 소유권이전등기의 원인으로 주장된 계약서가 진정하지 않은 것으로 증명되면 등기의 적법추정은 깨진다.

56 **甲, 乙, 丙은 각 1/3 지분으로 나대지인 X토지를 공유하고 있다. 이에 관한 설명으로 틀린 것은?** (다툼이 있으면 판례에 따름)

① 甲은 단독으로 자신의 지분에 관한 제3자의 취득시효를 중단시킬 수 없다.
② 甲과 乙이 X토지에 건물을 신축하기로 한 것은 공유물 관리방법으로 부적법하다.
③ 甲이 공유지분을 포기한 경우, 등기를 하여야 포기에 따른 물권변동의 효력이 발생한다.
④ 甲이 단독으로 丁에게 X토지를 임대한 경우, 乙은 丁에게 부당이득반환을 청구할 수 있다.
⑤ 甲은 특별한 사정이 없는 한 X토지를 배타적으로 점유하는 丙에게 보존행위로서 X토지의 인도를 청구할 수 없다.

57 **취득시효에 관한 설명으로 틀린 것은?** (다툼이 있으면 판례에 따름)

① 국유재산 중 일반재산은 취득시효의 대상이 된다.
② 중복등기로 인해 무효인 소유권보존등기에 기한 등기부 취득시효는 부정된다.
③ 취득시효완성으로 인한 소유권이전등기청구권은 원소유자의 동의가 없어도 제3자에게 양도할 수 있다.
④ 취득시효완성 후 등기 전에 원소유자가 시효완성된 토지에 저당권을 설정하였고, 등기를 마친 시효취득자가 피담보채무를 변제한 경우, 원소유자에게 부당이득반환을 청구할 수 있다.
⑤ 취득시효완성 후 명의신탁 해지를 원인으로 명의수탁자에서 명의신탁자로 소유권이전등기가 된 경우, 시효완성자는 특별한 사정이 없는 한 명의신탁자에게 시효완성을 주장할 수 없다.

58 **지상권에 관한 설명으로 옳은 것을 모두 고른 것은?** (다툼이 있으면 판례에 따름)

> ㉠ 지료의 지급은 지상권의 성립요소이다.
> ㉡ 기간만료로 지상권이 소멸하면 지상권자는 갱신청구권을 행사할 수 있다.
> ㉢ 지료체납 중 토지소유권이 양도된 경우, 양도 전·후를 통산하여 2년에 이르면 지상권 소멸청구를 할 수 있다.
> ㉣ 채권담보를 위하여 토지에 저당권과 함께 무상의 담보지상권을 취득한 채권자는 특별한 사정이 없는 한 제3자가 토지를 불법점유하더라도 임료상당의 손해배상청구를 할 수 없다.

① ㉡　② ㉠, ㉢　③ ㉡, ㉣
④ ㉢, ㉣　⑤ ㉠, ㉢, ㉣

59 **지역권에 관한 설명으로 틀린 것은?** (다툼이 있으면 판례에 따름)

① 요역지의 소유권이 양도되면 지역권은 원칙적으로 이전되지 않는다.
② 공유자의 1인이 지역권을 취득한 때에는 다른 공유자도 이를 취득한다.
③ 점유로 인한 지역권취득기간의 중단은 지역권을 행사하는 모든 공유자에 대한 사유가 아니면 그 효력이 없다.
④ 어느 토지에 대하여 통행지역권을 주장하려면 그 토지의 통행으로 편익을 얻는 요역지가 있음을 주장·증명해야 한다.
⑤ 승역지에 관하여 통행지역권을 시효취득한 경우, 특별한 사정이 없는 한 요역지 소유자는 승역지 소유자에게 승역지의 사용으로 입은 손해를 보상해야 한다.

60 **甲은 자신의 X건물에 관하여 乙과 전세금 1억원으로 하는 전세권설정계약을 체결하고 乙명의로 전세권설정등기를 마쳐주었다. 이에 관한 설명으로 틀린 것은?** (다툼이 있으면 판례에 따름)

① 전세권 존속기간을 15년으로 정하더라도 그 기간은 10년으로 단축된다.
② 乙이 甲에게 전세금으로 지급하기로 한 1억원은 현실적으로 수수될 필요 없이 乙의 甲에 대한 기존의 채권으로 전세금에 갈음할 수도 있다.
③ 甲이 X건물의 소유를 위해 그 대지에 지상권을 취득하였다면, 乙의 전세권의 효력은 그 지상권에 미친다.
④ 乙의 전세권이 법정갱신된 경우, 乙은 전세권갱신에 관한 등기 없이도 甲에 대하여 갱신된 전세권을 주장할 수 있다.
⑤ 합의한 전세권 존속기간이 시작되기 전에 乙 앞으로 전세권설정등기가 마쳐진 경우, 그 등기는 특별한 사정이 없는 한 무효로 추정된다.

61 **담보물권이 가지는 특성(통유성) 중에서 유치권에 인정되는 것을 모두 고른 것은?**

㉠ 부종성	㉡ 수반성
㉢ 불가분성	㉣ 물상대위성

① ㉠, ㉡ ② ㉠, ㉣ ③ ㉢, ㉣
④ ㉠, ㉡, ㉢ ⑤ ㉡, ㉢, ㉣

62 **유치권에 관한 설명으로 틀린 것은?** (다툼이 있으면 판례에 따름)

① 유치권이 인정되기 위한 유치권자의 점유는 직접점유이든 간접점유이든 관계없다.
② 유치권자와 유치물의 소유자 사이에 유치권을 포기하기로 특약한 경우, 제3자는 특약의 효력을 주장할 수 없다.
③ 유치권자는 채권의 변제를 받기 위하여 유치물을 경매할 수 있다.
④ 채무자는 상당한 담보를 제공하고 유치권의 소멸을 청구할 수 있다.
⑤ 임차인은 임대인과의 약정에 의한 권리금반환채권으로 임차건물에 유치권을 행사할 수 없다.

63 **甲은 乙소유의 X토지에 저당권을 취득하였다. X토지에 Y건물이 존재할 때, 甲이 X토지와 Y건물에 대해 일괄경매를 청구할 수 있는 경우를 모두 고른 것은?** (다툼이 있으면 판례에 따름)

> ㉠ 甲이 저당권을 취득하기 전, 이미 X토지 위에 乙의 Y건물이 존재한 경우
> ㉡ 甲이 저당권을 취득한 후, 乙이 X토지 위에 Y건물을 축조하여 소유하고 있는 경우
> ㉢ 甲이 저당권을 취득한 후, 丙이 X토지에 지상권을 취득하여 Y건물을 축조하고 乙이 그 건물의 소유권을 취득한 경우

① ㉠ ② ㉡ ③ ㉠, ㉢
④ ㉡, ㉢ ⑤ ㉠, ㉡, ㉢

64 **근저당권에 관한 설명으로 틀린 것은?** (다툼이 있으면 판례에 따름)

① 채무자가 아닌 제3자도 근저당권을 설정할 수 있다.
② 채권자가 아닌 제3자 명의의 근저당권설정등기는 특별한 사정이 없는 한 무효이다.
③ 근저당권에 의해 담보될 채권최고액에 채무의 이자는 포함되지 않는다.
④ 근저당권설정자가 적법하게 기본계약을 해지하면 피담보채권은 확정된다.
⑤ 근저당권자가 피담보채무의 불이행을 이유로 경매신청을 한 경우에는 경매신청시에 피담보채권액이 확정된다.

65 **계약의 종류와 그에 해당하는 예가 잘못 짝지어진 것은?**

① 쌍무계약 – 도급계약
② 편무계약 – 무상임치계약
③ 유상계약 – 임대차계약
④ 무상계약 – 사용대차계약
⑤ 낙성계약 – 현상광고계약

66 **甲은 승낙기간을 2020. 5. 8.로 하여 자신의 X주택을 乙에게 5억원에 팔겠다고 하고, 그 청약은 乙에게 2020. 5. 1. 도달하였다. 이에 관한 설명으로 틀린 것은?** (다툼이 있으면 판례에 따름)

① 甲의 청약은 乙에게 도달한 때에 그 효력이 생긴다.
② 甲이 청약을 발송한 후 사망하였다면, 그 청약은 효력을 상실한다.
③ 甲이 乙에게 “2020. 5. 8.까지 이의가 없으면 승낙한 것으로 본다”고 표시한 경우, 乙이 그 기간까지 이의하지 않더라도 계약은 성립하지 않는다.
④ 乙이 2020. 5. 15. 승낙한 경우, 甲은 乙이 새로운 청약을 한 것으로 보고 이를 승낙함으로써 계약을 성립시킬 수 있다.
⑤ 乙이 5억원을 5천만원으로 잘못 읽어, 2020. 5. 8. 甲에게 5천만원에 매수한다는 승낙이 도달하더라도 계약은 성립하지 않는다.

67 **동시이행의 관계에 있는 것을 모두 고른 것은?** (다툼이 있으면 판례에 따름)

> ㉠ 임대차 종료시 임차보증금 반환의무와 임차물 반환의무
> ㉡ 피담보채권을 변제할 의무와 근저당권설정등기 말소의무
> ㉢ 매도인의 토지거래허가 신청절차에 협력할 의무와 매수인의 매매대금지급의무
> ㉣ 토지임차인이 건물매수청구권을 행사한 경우, 토지임차인의 건물인도 및 소유권이전등기의무와 토지임대인의 건물대금지급의무

① ㉣　② ㉠, ㉡　③ ㉠, ㉣
④ ㉡, ㉢　⑤ ㉠, ㉢, ㉣

제31회

68 **쌍무계약상 위험부담에 관한 설명으로 틀린 것은?** (다툼이 있으면 판례에 따름)

① 계약당사자는 위험부담에 관하여 민법 규정과 달리 정할 수 있다.
② 채무자의 책임 있는 사유로 후발적 불능이 발생한 경우, 위험부담의 법리가 적용된다.
③ 매매목적물이 이행기 전에 강제수용된 경우, 매수인이 대상청구권을 행사하면 매도인은 매매대금 지급을 청구할 수 있다.
④ 채권자의 수령지체 중 당사자 모두에게 책임 없는 사유로 불능이 된 경우, 채무자는 상대방의 이행을 청구할 수 있다.
⑤ 당사자 일방의 채무가 채권자의 책임 있는 사유로 불능이 된 경우, 채무자는 상대방의 이행을 청구할 수 있다.

69 **甲은 자신의 X부동산을 乙에게 매도하면서 대금채권을 丙에게 귀속시키기로 하고, 대금지급과 동시에 소유권이전등기를 해 주기로 했다. 그 후 丙은 乙에게 수익의 의사를 표시하였다. 이에 관한 설명으로 옳은 것은?** (다툼이 있으면 판례에 따름)

① 甲과 乙은 특별한 사정이 없는 한 계약을 합의해제할 수 있다.
② 乙이 대금지급의무를 불이행한 경우, 丙은 계약을 해제할 수 있다.
③ 甲이 乙의 채무불이행을 이유로 계약을 해제한 경우, 丙은 乙에 대하여 손해배상을 청구할 수 있다.
④ 甲이 소유권이전등기를 지체하는 경우, 乙은 丙에 대한 대금지급을 거절할 수 없다.
⑤ 乙이 甲의 채무불이행을 이유로 계약을 해제한 경우, 乙은 이미 지급한 대금의 반환을 丙에게 청구할 수 있다.

70 **계약해제·해지에 관한 설명으로 틀린 것은?** (다툼이 있으면 판례에 따름)

① 계약의 해지는 손해배상청구에 영향을 미치지 않는다.
② 채무자가 불이행 의사를 명백히 표시하더라도 이행기 도래 전에는 최고 없이 해제할 수 없다.
③ 이행불능으로 계약을 해제하는 경우, 채권자는 동시이행관계에 있는 자신의 급부를 제공할 필요가 없다.
④ 일부 이행불능의 경우, 계약목적을 달성할 수 없으면 계약 전부의 해제가 가능하다.
⑤ 계약당사자 일방 또는 쌍방이 여러 명이면, 해지는 특별한 사정이 없는 한 그 전원으로부터 또는 전원에게 해야 한다.

71 **불특정물의 하자로 인해 매도인의 담보책임이 성립한 경우, 매수인의 권리로 규정된 것을 모두 고른 것은?**

㉠ 계약해제권	㉡ 손해배상청구권
㉢ 대금감액청구권	㉣ 완전물급부청구권

① ㉢　　② ㉠, ㉢　　③ ㉡, ㉣
④ ㉠, ㉡, ㉣　　⑤ ㉠, ㉡, ㉢, ㉣

72 **부동산의 매매계약이 합의해제된 경우에 관한 설명으로 틀린 것은?** (다툼이 있으면 판례에 따름)

① 특별한 사정이 없는 한 채무불이행으로 인한 손해배상을 청구할 수 있다.
② 매도인은 원칙적으로 수령한 대금에 이자를 붙여 반환할 필요가 없다.
③ 매도인으로부터 매수인에게 이전되었던 소유권은 매도인에게 당연히 복귀한다.
④ 합의해제의 소급효는 법정해제의 경우와 같이 제3자의 권리를 해하지 못한다.
⑤ 매도인이 잔금기일 경과 후 해제를 주장하며 수령한 대금을 공탁하고 매수인이 이의 없이 수령한 경우, 특별한 사정이 없는 한 합의해제된 것으로 본다.

73 **甲은 자신의 X토지를 乙에게 매도하는 계약을 체결하고 乙로부터 계약금을 수령하였다. 이에 관한 설명으로 틀린 것은?** (다툼이 있으면 판례에 따름)

① 乙이 지급한 계약금은 해약금으로 추정한다.
② 甲과 乙이 계약금을 위약금으로 약정한 경우, 손해배상액의 예정으로 추정한다.
③ 乙이 중도금 지급기일 전 중도금을 지급한 경우, 甲은 계약금 배액을 상환하고 해제할 수 없다.
④ 만약 乙이 甲에게 약정한 계약금의 일부만 지급한 경우, 甲은 수령한 금액의 배액을 상환하고 계약을 해제할 수 없다.
⑤ 만약 X토지가 토지거래허가구역 내에 있고 매매계약에 대하여 허가를 받은 경우, 甲은 계약금 배액을 상환하고 해제할 수 없다.

74 **임대차의 차임에 관한 설명으로 틀린 것은?** (다툼이 있으면 판례에 따름)

① 임차물의 일부가 임차인의 과실 없이 멸실되어 사용·수익할 수 없는 경우, 임차인은 그 부분의 비율에 의한 차임의 감액을 청구할 수 있다.
② 여럿이 공동으로 임차한 경우, 임차인은 연대하여 차임지급의무를 부담한다.
③ 경제사정변동에 따른 임대인의 차임증액청구에 대해 법원이 차임증액을 결정한 경우, 그 결정 다음날부터 지연손해금이 발생한다.
④ 임차인의 차임연체로 계약이 해지된 경우, 임차인은 임대인에 대하여 부속물매수를 청구할 수 없다.
⑤ 연체차임액이 1기의 차임액에 이르면 건물임대인이 차임연체로 해지할 수 있다는 약정은 무효이다.

75 **甲은 乙소유의 X주택에 관하여 乙과 보증금 3억원으로 하는 임대차계약을 체결하고 2018. 3. 5. 대항요건과 확정일자를 갖추었다. 丙은 2018. 5. 6. X주택에 관하여 저당권을 취득하였고, 甲은 2020. 3. 9. X주택에 임차권등기명령의 집행에 따른 임차권등기를 마쳤다. 이에 관한 설명으로 옳은 것은?** (다툼이 있으면 판례에 따름)

① 甲은 임차권등기의 비용을 乙에게 청구할 수 있다.
② 甲이 2020. 3. 10. 다른 곳으로 이사한 경우, 대항력을 잃는다.
③ 乙의 임차보증금반환의무와 甲의 임차권등기말소의무는 동시이행의 관계에 있다.
④ 경매가 2020. 6. 9. 개시되어 X주택이 매각된 경우, 甲이 배당요구를 하지 않으면 丙보다 우선변제를 받을 수 없다.
⑤ 만약 2020. 4. 5. 丁이 X주택을 보증금 2억원에 임차하여 대항요건을 갖춘 다음 X주택이 경매된 경우, 丁은 매각대금에서 丙보다 우선변제를 받을 수 있다.

76 **주택임차인 乙이 보증금을 지급하고 대항요건을 갖춘 후 임대인 甲이 그 주택의 소유권을 丙에게 양도하였다. 이에 관한 설명으로 틀린 것은?** (다툼이 있으면 판례에 따름)

① 甲은 특별한 사정이 없는 한 보증금반환의무를 면한다.
② 임차주택 양도 전 발생한 연체차임채권은 특별한 사정이 없는 한 丙에게 승계되지 않는다.
③ 임차주택 양도 전 보증금반환채권이 가압류된 경우, 丙은 제3채무자의 지위를 승계한다.
④ 丙이 乙에게 보증금을 반환하더라도 특별한 사정이 없는 한 甲에게 부당이득반환을 청구할 수 없다.
⑤ 만약 甲이 채권담보를 목적으로 임차주택을 丙에게 양도한 경우, 甲은 특별한 사정이 없는 한 보증금반환의무를 면한다.

77 **집합건물의 소유 및 관리에 관한 법률에 관한 설명으로 옳은 것을 모두 고른 것은?**

㉠ 각 공유자는 공용부분을 그 용도에 따라 사용할 수 있다. ㉡ 전유부분에 관한 담보책임의 존속기간은 사용검사일부터 기산한다. ㉢ 구조상 공용부분에 관한 물권의 득실변경은 그 등기를 해야 효력이 발생한다. ㉣ 분양자는 원칙적으로 전유부분을 양수한 구분소유자에 대하여 담보책임을 지지 않는다.

① ㉠ ② ㉢ ③ ㉠, ㉡
④ ㉠, ㉣ ⑤ ㉡, ㉢, ㉣

78 **乙은 甲에 대한 1억원의 차용금채무를 담보하기 위해 자신의 X건물**(시가 2억원)**에 관하여 甲명의로 소유권이전등기를 마쳤다. 이에 관한 설명으로 옳은 것은?** (다툼이 있으면 판례에 따름)

① 甲은 X건물의 화재로 乙이 취득한 화재보험금청구권에 대하여 물상대위권을 행사할 수 없다.
② 甲은 乙로부터 X건물을 임차하여 사용하고 있는 丙에게 소유권에 기하여 그 반환을 청구할 수 있다.
③ 甲은 담보권실행으로서 乙로부터 임차하여 X건물을 점유하고 있는 丙에게 그 인도를 청구할 수 있다.
④ 甲은 乙로부터 X건물을 임차하여 사용하고 있는 丙에게 임료 상당의 부당이득반환을 청구할 수 있다.
⑤ 甲이 X건물을 선의의 丁에게 소유권이전등기를 해 준 경우, 乙은 丁에게 소유권이전등기말소를 청구할 수 있다.

79 **乙은 甲소유의 X상가건물을 甲으로부터 임차하고 인도 및 사업자등록을 마쳤다. 乙의 임대차가 제3자 A에 대하여 효력이 있는 경우를 모두 고른 것은?** (다툼이 있으면 판례에 따름)

> ㉠ 乙이 폐업한 경우
> ㉡ 乙이 폐업신고를 한 후에 A가 X상가건물의 소유권을 이전 받고, 乙이 X건물에 다시 같은 상호 및 등록번호로 사업자등록을 한 경우
> ㉢ 丙이 乙로부터 X건물을 적법하게 전차하여 직접 점유하면서 丙명의로 사업자등록을 하고 사업을 운영하는 경우

① ㉠　　② ㉢　　③ ㉠, ㉡
④ ㉡, ㉢　　⑤ ㉠, ㉡, ㉢

80 **甲은 법령상의 제한을 회피하기 위해 2019. 5. 배우자 乙과 명의신탁약정을 하고 자신의 X건물을 乙명의로 소유권이전등기를 마쳤다. 이에 관한 설명으로 틀린 것은?** (다툼이 있으면 판례에 따름)

① 甲은 소유권에 의해 乙을 상대로 소유권이전등기의 말소를 청구할 수 있다.
② 甲은 乙에게 명의신탁해지를 원인으로 소유권이전등기를 청구할 수 없다.
③ 乙이 소유권이전등기 후 X건물을 점유하는 경우, 乙의 점유는 타주점유이다.
④ 乙이 丙에게 X건물을 증여하고 소유권이전등기를 해준 경우, 丙은 특별한 사정이 없는 한 소유권을 취득한다.
⑤ 乙이 丙에게 X건물을 적법하게 양도하였다가 다시 소유권을 취득한 경우, 甲은 乙에게 소유물반환을 청구할 수 있다.

MEMO

2026 박문각 공인중개사

전국 네트워크 시스템

업계 최대 규모 박문각공인중개사 학원!
박문각의 합격시스템을 전국에서 만나보실 수 있습니다.

박문각
공인중개사

회차별 기출문제집 1차

부동산학개론 | 민법·민사특별법

2026 올해의 교육 브랜드파워 1위
교육서비스 부문 1위

2025 고객선호브랜드지수 1위
교육(교육서비스)부문

2024 고객선호브랜드지수 1위
교육(교육서비스)부문

2023 고객선호브랜드지수 1위
교육(교육서비스)부문

2022 한국 브랜드 만족지수 1위
교육(교육서비스)부문 1위

2021 조선일보 국가브랜드 대상
에듀테크 부문 수상

2021 대한민국 소비자 선호도 1위
교육부문 1위

박문각 공인중개사
온라인 동영상강의 무료제공
www.pmg.co.kr

박문각 북스파
박문각 공식
온라인 서점

정가 27,000원

9 791175 199873 14320

ISBN 979-11-7519-987-3
ISBN 979-11-7519-986-6 (1·2차 세트)

2026

전면개정 제37회 공인중개사 시험대비 동영상강의 www.pmg.co.kr

박문각 공인중개사

회차별 기출문제집 1차

정답 및 해설

브랜드만족 1위 박문각

수상내역 후면표기

YouTube 동영상강의 무료제공

박문각 공인중개사연구소 편

합격까지 박문각
합격 노하우가 다르다!

박문각

2026

전면개정 제37회 공인중개사 시험대비 동영상강의 www.pmg.co.kr

박문각 공인중개사

회차별 기출문제집 1차

정답 및 해설

브랜드만족 1위 박문각

수상내역 후면표기

YouTube 동영상강의 무료제공

박문각 공인중개사연구소 편

합격까지 박문각

합격 노하우가 다르다!

박문각

제36회 부동산학개론

시험총평

제36회 기출문제는 난이도가 상(6문제), 중(9문제), 하(25문제)로 '하' 난이도가 많이 출제되어 비교적 쉬운 시험이었다. 기존에 출제된 기출 논점에서 80% 이상이 출제되었고, 계산 문제 또한 대부분 충분히 풀 수 있는 전형적인 패턴의 문제가 출제되었다. 따라서 기출 논점을 잘 이해하고, 기출문제를 반복해서 풀어 본 수험생이 안정적인 점수를 획득한 시험이었다.

Answer

01 ①	02 ①	03 ③	04 ③	05 ④	06 ③	07 ⑤	08 ①	09 ③	10 ⑤
11 ①	12 ⑤	13 ②	14 ①	15 ④	16 ②	17 ⑤	18 ③	19 ②	20 ②
21 ④	22 ②	23 ④	24 ⑤	25 ⑤	26 ①	27 ③	28 ④	29 ②	30 ③
31 ②	32 ③	33 ⑤	34 ①	35 ②	36 ⑤	37 ④	38 ④	39 ③	40 ①

01 ① (하)

출제영역 부동산 특성

키 워 드 최유효이용, 집약화

해 설 ① 부증성과 관련된 내용이다.

02 ① (하)

출제영역 부동산업의 분류

키 워 드 부동산 임대 및 공급업, 부동산 관련 서비스업

해 설 ① 부동산 임대 및 공급업은 부동산 관련 서비스업과 대등한 분류이다.

중분류	소분류	세분류
부동산 임대 및 공급업	부동산 임대업	• 주거용 건물임대업 • 비주거용 건물임대업 • 기타 부동산 임대업
	부동산 개발 및 공급업	• 주거용 건물 개발 및 공급업 • 비주거용 건물 개발 및 공급업 • 기타 부동산 개발 및 공급업
부동산 관련 서비스업	부동산 관리업	• 주거용 부동산 관리업 • 비주거용 부동산 관리업
	부동산 중개, 자문 및 감정 평가업	• 부동산 중개 및 대리업 • 부동산 투자 자문업 • 부동산 감정 평가업 • 부동산 분양 대행업

03 ③ (하)

출제영역 주택의 분류

키워드 공동주택, 단독주택

해설 ③ 다중주택이 단독주택이다.

1. 공동주택: 아파트, 연립주택, 다세대주택
2. 단독주택: 다중주택
3. 준주택: 오피스텔

04 ③ (하)

출제영역 토지의 용어

키워드 택지, 획지, 일단지, 포락지, 후보지

해설 ③ 옳은 지문은 ㉠, ㉢, ㉤이다.

㉡ 획지 ⇨ 필지

㉣ 포락지 ⇨ 빈지

05 ④ (하)

출제영역 마케팅 전략

키워드 STP전략, 4P Mix전략, AIDA원리

해설 ④ 동반자관계(Partnership) ⇨ 포지셔닝(positioning)

06 ③ (하)

출제영역 수요와 공급의 변화

키워드 수요(공급)곡선의 우측 이동 또는 좌측 이동

해설 ③ 수요곡선을 좌측으로 이동하게 한다. ⇨ 우측으로 이동하게 한다.

07 ⑤ (하)

출제영역 경제론의 기본 개념

키워드 유량과 저량

해설 ⑤ 옳은 연결이다.

- 유량(flow)변수: ㉡ 연간 이자비용, ㉣ 주택거래량, ㉤ 신규주택 공급량
- 저량(stock)변수: ㉠ 통화량, ㉢ 자본총량, ㉥ 주택재고량

08 ① (하)

출제영역 부동산 시장의 특성

키워드 국지성, 정보의 비대칭성, 재화의 개별성(이질성)

해설 ① 수급조절이 용이하다. ⇨ 쉽지 않다. 토지의 공급은 제한되어 있다. 따라서 수요와 공급의 조절이 쉽지 않다.

09 ③ 중

출제영역 균형의 변화

키 워 드 균형을 변화시키는 4가지 규칙

해 설 ③ 수요와 공급이 동시에 변화하는 경우의 균형의 변화는 크게 변한 쪽이 시장의 균형을 결정한다. 수요의 증가폭이 공급의 감소폭보다 작을 경우, 크게 변한 공급의 감소가 시장의 균형을 결정한다. 그 결과 균형가격은 상승하고, 균형거래량은 감소한다.

구 분	균형 가격	균형 거래량
수요 증가	상승	증가
수요 감소	하락	감소
공급 증가	하락	증가
공급 감소	상승	감소

10 ⑤ 중

출제영역 경제론의 기본 개념

키 워 드 수요(공급)량, 수요(공급)곡선, 수요(공급)함수

해 설 ⑤ 옳은 지문이다. 공급(수요)함수는 공급(수요)량과 공급(수요)량에 영향을 미치는 요인들과의 관계식을 의미한다.

① 수요곡선은 한계편익곡선이다.

② 최소수량 ⇨ 최대수량

③ 수요량의 변화 ⇨ 수요의 변화

④ 공급곡선은 한계비용곡선이다.

11 ① 상

출제영역 경제론 계산문제

키 워 드 시장수요함수의 도출

해 설

- A의 수요량: $Qd_A = 100 - P$
- B의 수요량: $Qd_B = 50 - 0.5P$
- 시장 수요량(A의 수요량 + B의 수요량): $Qd_M = (100 - P) + (50 - 0.5P) = 150 - 1.5P$
- 시장 수요함수: $Qd_M = 150 - \frac{3}{2}P$ 또는 $P = 100 - \frac{2}{3}Qd_M$

12 ⑤ 하

출제영역 경제론 계산문제

키 워 드 수요의 가격 탄력성

해 설

• 수요의 가격탄력성: $\left\| \frac{\text{수요량 변화율}(\%)}{\text{가격 변화율}(\%)} \right\| = 1.6,\ \left\| \frac{\text{수요량 변화율}(\%)}{-5\%} \right\| = 1.6,$

수요량 변화율(%) = +8%

• 수요량 변화: 가격이 하락했으므로 수요량은 8% 증가한다.

13 ② (상)

출제영역 공업입지이론

키 워 드 최소비용이론

해 설 ② 옳은 지문이다.

① 음(−)의 값 ⇨ 양(+)의 값, 원료지수는 국지원료의 중량을 측정하는 지표이다. 따라서 국지원료의 중량이 무거우면, 원료지수는 양(+)의 값을 갖는다.

③ 운송비 절감액과 운송비 추가 부담액이 동일한 등비용선 ⇨ 노동비 절감액과 운송비 추가 부담액이 동일한 등비용선

④ 원료 및 제품의 중량 ⇨ 수송비, 최소운송비지점은 수송비, 노동비, 집적이익에 따라 결정된다.

⑤ 베버의 이론은 최소비용을 강조한 이론이다.

14 ① (상)

출제영역 지대이론

키 워 드 차액지대, 입찰지대, 위치지대

해 설 ① 옳은 것은 ㉠이다.

㉡ 알론소 ⇨ 마르크스, 토지를 소유하고 있다는 독점적 지위로 발생하는 지대는 마르크스의 절대지대이다.

㉢ 운송수단의 차이 ⇨ 수송비의 차이, 튀넨은 위치에 따른 수송비의 차이를 강조하였다.

15 ④ (하)

출제영역 부동산 시장

키 워 드 효율적 시장, 할당 효율적 시장

해 설 ④ 될 수 없다. ⇨ 될 수 있다. 부동산시장 등 불완전경쟁시장도 초과이윤이 없다면, 할당 효율적 시장이 될 수 있다.

16 ② (상)

출제영역 상업입지 계산문제

키 워 드 허프의 확률모형

해 설 ② 2024년 점포 A의 월 매출액은 10억원이다.

• 점포 A가 증축을 하기 전

1. 유인력 산정

(1) 점포 A: $500/5^2 = 20$

(2) 점포 B: $2{,}000/10^2 = 20$

(3) 점포 C: $1{,}000/5^2 = 40$

2. 점포 A의 유인력 비율: $20/(20 + 20 + 40) = 0.25(25\%)$
3. 점포 A의 월 매출액: 지역의 월 매출액 × 25%(A점포 유인력 비율) = 4억원

   지역의 월 매출액 = 16억원

• 점포 A가 증축을 한 경우

1. 유인력 산정

   (1) 점포 A: $2{,}500/5^2 = 100$

   (2) 점포 B: $2{,}000/10^2 = 20$

   (3) 점포 C: $1{,}000/5^2 = 40$

2. 점포 A의 유인력 비율: $100/(100 + 20 + 40) = 0.625(62.5\%)$
3. 점포 A의 월 매출액: 16억원 × 0.625(62.5%) = 10억원

17 ⑤ 하

출제영역 부동산 조세 정책

키워드 국세와 지방세, 보유단계 조세

해설 ⑤ 종합부동산세: 국세, 보유세(보유단계)

① 재산세: 지방세, 보유단계

② 상속세: 국세, 취득단계

③ 등록면허세: 지방세, 취득단계

④ 양도소득세: 국세, 양도단계

18 ③ 하

출제영역 부동산 정책

키워드 우리나라 용도지역의 분류

해설 ③ 도시지역은 3개(준주거지역, 근린상업지역, 자연녹지지역)이다.

도시지역의 분류

1. 주거지역: 전용주거지역, 일반주거지역, 준주거지역
2. 상업지역: 중심상업지역, 일반상업지역, 근린상업지역, 유통상업지역
3. 공업지역: 전용공업지역, 일반공업지역, 준공업지역
4. 녹지지역: 보전녹지지역, 생산녹지지역, 자연녹지지역

19 ② 하

출제영역 투자분석기법

키워드 할인법, 화폐의 시간가치를 고려하는 방법

해설 할인법은 ㉠, ㉢, ㉤이다.

• 할인법: ㉠ 순현재가치법, ㉢ 내부수익률법, ㉤ 수익성지수법

• 비할인법: ㉡ 회수기간법, ㉣ 승수법

20 ② ······ 상

출제영역 부동산 조세

키워드 취득세, 양도소득세, 토지단일세

해설 ② 옳은 지문은 ㉠, ㉣이다.

㉡ 경제적 순손실이 발생하지 않는다. ⇨ 발생한다. 부동산 거래세 등 모든 조세는 사회 전체적인 측면의 손실(= 경제적 순손실)을 발생시킨다.

㉢ 부동산가격이 하락한다. ⇨ 상승한다. 동결효과가 발생하면 부동산 공급(매물)이 감소하고, 그 결과 부동산 가격은 상승한다.

㉤ 토지세가 임차인에게 모두 전가되는 것을 근거로 ⇨ 토지세가 임차인에게 전가되지 않는다는 것을 근거로

21 ④ ······ 중

출제영역 임대주택 정책

키워드 임대료 규제 또는 임대료 상한제

해설 ④ 초과수요량은 180호이다.

- 가격(P)이 120만원으로 규제된 경우의 수요량과 공급량
  1. 수요량: $Qd = 1{,}000 - (2 \times 120) = 760$
  2. 공급량: $Qs = 100 + (4 \times 120) = 580$
- 초과수요량(= 수요량 − 공급량): $760 - 580 = 180$

22 ② ······ 하

출제영역 정부의 시장개입

키워드 정부의 직접개입과 간접개입

해설 ② 옳은 연결이다.

- 직접개입방식: ㉢ 공공임대주택 공급, ㉣ 공공토지비축제도
- 간접개입방식: ㉠ 임대료 보조, ㉡ 재산세 부과, ㉥ 개발부담금제도

㉤ 토지거래허가제도는 토지이용규제로 분류된다.

23 ④ ······ 하

출제영역 금융의 위험

키워드 LTV, DTI, DSR

해설 ④ 옳은 지문이다.

① 자기자본비율도 증가한다. ⇨ 자기자본비율은 감소한다. LTV가 올라갈수록 대출을 많이 활용했음을 의미하므로, 차입자의 자기자본비율은 감소한다.

② 상업용 부동산의 순수입에 대한 ⇨ 차입자의 연간 소득에 대한. DTI는 차입자의 연간 소득에 대한 연간채무부담액을 의미한다.

③ 고정금리대출 ⇨ 변동금리대출. 변동금리대출은 이자율 변동으로 인한 위험을 차입자에게 전가하는 방식이므로 금융기관(대출자)은 금리가 변동할 때 위험을 낮출 수 있다.

⑤ 조기상환위험 ⇨ 채무불이행위험

24 ⑤ 하

출제영역 임대주택 정책

키 워 드 임대료 규제, 임대료 보조, 공공임대주택

해 설 ⑤ 주거급여 수급권자는 가구의 소득인정액(소득평가액 + 재산의 소득환산액)으로 결정된다. 즉 주택의 소유여부와 상관없이 법이 정한 소득인정액으로 그 대상자가 결정된다. 따라서 주택을 소유한 사람도 주거급여의 수급권자가 될 수 있다.

25 ⑤ 하

출제영역 부동산 투자의 수익과 위험

키 워 드 요구수익률, 민감도 분석, 유동성 위험

해 설 ⑤ 유동성 위험 ⇨ 법적 위험

26 ① 하

출제영역 투자의 위험

키 워 드 포트폴리오, 위험감소 효과

해 설 ① 옳은 지문이다. 시장으로부터 발생되는 체계적 위험은 포트폴리오를 통해 제거할 수 없다.

② 상관계수는 1이다. ⇨ 상관계수는 '-1'이다. 수익률이 서로 아무런 관계없이 움직인다면, 수익률의 측면에서 서로 연관성이 없음을 의미한다. 이 경우 상관계수는 '-1'이 된다.

③ 효율적 투자선 ⇨ 무차별곡선

④ 위험감소의 효과가 크다. ⇨ 작다.

⑤ 수익 ⇨ 위험. 분산 또는 표준편차는 투자안의 위험을 측정하는 지표이다.

27 ③ 하

출제영역 투자의 성과측정

키 워 드 1년간 자기자본수익률

해 설 ③ 1년간 자기자본수익률은 30%이다.

1. 1년간 자기자본수익
   (1) 순영업소득: 40,000,000원
   (2) 이자비용: (8억원 × 80%) × 0.05(5%) = 32,000,000원
   (3) 가격상승분: 8억원 × 0.05(5%) = 40,000,000원
   (4) 1년간 자기자본수익: 40,000,000원 − 32,000,000원 + 40,000,000원 = 48,000,000원
2. 자기자본(지분투자금액): 1.6억원
3. 1년간 자기자본수익률: 48,000,000원/1.6억원 = 0.3(30%)

28 ④ 상

출제영역 투자분석기법

키 워 드 할인법, 수익성지수법

해 설 ④ 수익성지수(PI)는 1.43이다.

1. 수익성지수 산정
   (1) 수익의 현가: 800만원 × 0.90 + 1,000만원 × 0.85 + 1,200만원 × 0.80 = 2,530만원
   (2) 비용의 현가: 2,530만원 × 0.70 = 1,771만원
   (3) 수익성지수: 2,530만원/1,771만원 = 1.4285(≒1.43)
2. 편법: 1/0.7 = 1.4285(≒1.43)

29 ② 중

출제영역 투자의 현금흐름 분석

키 워 드 가능총소득, 유효총소득, 순영업소득

해 설 ② 순영업소득은 4,320만원이다.

1. 가능총소득: 2,000m^2 × 0.8(80%) × 6만원 = 9,600만원
2. 유효총소득: 9,600만원 × 0.9(90%) = 8,640만원
3. 순영업소득: 8,640만원 × 0.5(50%) = 4,320만원

30 ③ 하

출제영역 부동산 개발 금융

키 워 드 프로젝트 금융(대출)

해 설 ③ 영향이 없다. ⇨ 영향이 있다.

31 ② 하

출제영역 주택담보대출

키 워 드 대출금액, LTV, DTI

해 설 ② 추가대출의 최대금액은 9,000만원이다.

1. LTV 기준: 4억원 × 60% = 2.4억원
2. DTI 기준: (7,000만원 × 40%) ÷ 0.2(저당상수) = 1.4억원
3. 최대 대출금액: 1.4억원
4. 추가대출의 최대금액: (1.4억원 − 5,000만원) = 9,000만원

32 ③ (중)

출제영역 주택담보대출

키 워 드 원금균등분할상환방식

해 설 ③ 옳은 연결이다.

1. 상환 흐름의 정리

구분	1회차	…	10회차
㉠ 원금 주1)	3,000만원		3,000만원
㉡ 이자	(2,700만원) 주2)		(1,890만원)
㉢ 원리금	5,700만원		

주1) 원금 : 9억원 × 30년 = 3,000만원

주2) 5,700만원 − 3,000만원 = 2,700만원

2. 대출금리(㉠) : 2,700만원(1회차 이자)/9억원 = 0.03(3%)

3. 10회차 이자납부액(㉡)

(1) 매년 이자 감소액 : 3,000만원 × 0.03(3%) = 90만원

(2) 10회차 이자(㉡) : 2,700만원(1회차 이자) − 90만원 × 9번 = 1,890만원

33 ⑤ (하)

출제영역 부동산 금융

키 워 드 부동산투자회사

해 설 ⑤ 부동산투자회사는 필요한 경우, 자금을 차입하거나 사채를 발행할 수 있다.

34 ① (하)

출제영역 주택담보대출

키 워 드 원리금균등분할상환방식, 원금균등분할상환방식, 체증식상환방식

해 설 ① 더 적다. ⇨ 더 많다. 원금균등상환방식은 빚을 빠르게 갚는 방식이다. 따라서 초기에 은행에 지불하는 원리금상환액이 가장 많은 방식이다.

35 ② (하)

출제영역 감정평가에 관한 규칙

키 워 드 감정평가방식, 일괄평가, 현황평가

해 설 ② 적산법 ⇨ 수익분석법

36 ⑤ (하)

출제영역 지역분석과 개별분석

키 워 드 인근지역, 유사지역, 동일수급권

해 설 ⑤ 개별요인을 공유하는 지역 ⇨ 지역요인을 공유하는 지역

37 ④ (중)

출제영역 감정평가방식

키워드 공시지가기준법

해설 ④ 토지의 단위면적(m^2)당 가액은 8,618,400원이다.

- 비교표준지: 5,000,000원/m^2
- 토지가액: 5,000,000원/m^2 × 1.05(주거지역) × 0.95 × 1.08 × 1.60 = 8,618,400원/m^2

38 ④ (중)

출제영역 감정평가방식

키워드 공시지가기준법

해설 ④ 그 해 6월 1일 또는 다음 해 1월 1일 ⇨ 그 해 7월 1일 또는 다음 해 1월 1일

분할 · 합병 등이 발생한 토지에 대한 개별공시지가 산정

1. 시장 · 군수 또는 구청장은 공시기준일 이후에 분할 · 합병 등이 발생한 토지에 대하여는 대통령령으로 정하는 날을 기준으로 하여 개별공시지가를 결정 · 공시하여야 한다.
2. '대통령령으로 정하는 날'이란 다음의 구분에 따른 날을 말한다.
   (1) 1월 1일부터 6월 30일까지의 사이에 사유가 발생한 토지: 그해 7월 1일
   (2) 7월 1일부터 12월 31일까지의 사이에 사유가 발생한 토지: 다음 해 1월 1일

39 ③ (중)

출제영역 감정평가방식

키워드 원가법

해설 ③ 건물의 가액은 308,000,000원이다.

1. 재조달원가: (1,400,000원/m^2 × 200m^2) × 1.25 = 350,000,000원
2. 감가수정: 350,000,000원 ÷ 50년(내용연수) × 6년(경과연수) = 42,000,000원
3. 적산가액: 350,000,000원 − 42,000,000원 = 308,000,000원

잔가율이 없는 경우, 편법

350,000,000원 ÷ 50년(내용연수) × 44년(잔존내용연수) = 308,000,000원

40 ① (중)

출제영역 감정평가방식

키워드 물건별 주된 평가방법

해설 ① 옳은 연결은 2개(기업가치, 건물)이다.

- 광업재단 − 수익환원법
- 기업가치 − 수익환원법
- 건물 − 원가법
- 자동차 − 거래사례비교법
- 항공기 − 원가법
- 임대료 − 임대사례비교법
- 과수원 − 거래사례비교법

제36회 민법 · 민사특별법

시험총평

제36회 시험은 예년과 비교하여 전반적으로 무난하게 출제되었다고 평가할 수 있다. 특히 문제의 전반부에 배치된 문제들이 기본적인 개념과 이론을 중심으로 풀어낼 수 있도록 평이하게 출제되면서 수험생들이 느끼는 체감 난이도가 비교적 낮았을 것이다.
민사특별법 부분에서 다소 어려운 문제가 출제되었는데, 단순 지식을 묻는 형태가 아닌 최신 판례를 포함한 박스형 문제로 정답을 도출하기가 까다로웠을 것이다.
수험생 입장에서는 풀이할 수 없는 문제나 지나치게 지엽적인 문제는 적극적으로 배제하고 평이한 문제 위주로 공략했다면 좋은 성과가 있었을 것이다. 향후 시험을 준비할 때에도 핵심이론과 판례를 철저히 숙지하고 박스형 문제를 반복적으로 풀이하며 적응력을 높인다면 안정적인 점수를 기대할 수 있을 것이다.

Answer

41 ②	42 ③	43 ①	44 ⑤	45 ③	46 ①	47 ②	48 ③	49 ④	50 ③
51 ④	52 ②	53 ①	54 ⑤	55 ④	56 ④	57 ③	58 ①	59 ②	60 ⑤
61 ④	62 ④	63 ②	64 ⑤	65 ①	66 ③	67 ⑤	68 ④	69 ①	70 ④
71 ⑤	72 ③	73 ②	74 ②	75 ⑤	76 ②	77 ③	78 ⑤	79 ①	80 ②

41 ② (하)

출제영역 법률행위의 목적

키워드 반사회적 법률행위

해설 ② 반사회질서의 법률행위의 무효는 절대적 무효에 해당하므로 선의의 제3자에게도 대항할 수 있다.

① 반사회적 법률행위 또는 불공정한 법률행위에 해당하는지 여부는 법률행위 당시를 기준으로 판단하여야 한다(대판 2013.9.26, 2012다13637).

③ 수사기관에서 허위 진술하는 대가로 지급받기로 한 급부는 그 급부의 상당성이 있는지 여부를 판단할 필요 없이 무효이다(대판 2001.4.24, 2000다71999).

④⑤ 민법 제103조에 의하여 무효로 되는 반사회질서 행위는 법률행위의 목적인 권리 · 의무의 내용이 선량한 풍속 기타 사회질서에 위반되는 경우뿐 아니라 그 내용 자체는 반사회질서적인 것이 아니라고 하여도 법률적으로 이를 강제하거나 법률행위에 반사회질서적인 조건 또는 금전적 대가가 결부됨으로써 반사회질서적 성질을 띠게 되는 경우 및 표시되거나 상대방에게 알려진 법률행위의 동기가 반사회질서적인 경우를 포함하나, … 단지 법률행위의 성립과정에 강박이라는 불법적 방법이 사용된 데에 불과한 때에는 강박에 의한 의사표시의 하자나 의사의 흠결을 이유로 효력을 논의할 수는 있을지언정 반사회질서의 법률행위로서 무효라고 할 수는 없다(대판 2002.12.27, 2000다47361).

42 ③ (하)

출제영역 의사표시

키 워 드 통정허위표시

해 설 ㉠ 통정한 허위표시에 의하여 외형상 형성된 법률관계로 생긴 채권을 가압류한 경우, 그 가압류권자는 허위표시에 기초하여 새로운 법률상 이해관계를 가지게 되므로 민법 제108조 제2항의 제3자에 해당한다고 봄이 상당하고, 또한 민법 제108조 제2항의 제3자는 선의이면 족하고 무과실은 요건이 아니다(대판 2004.5.28, 2003다70041).

㉡ 파산관재인이 민법 제108조 제2항의 경우 등에 있어 제3자에 해당하는 것은 파산관재인은 파산채권자 전체의 공동의 이익을 위하여 선량한 관리자의 주의로써 그 직무를 행하여야 하는 지위에 있기 때문이므로, 그 선의・악의도 파산관재인 개인의 선의・악의를 기준으로 할 수는 없고 총파산채권자를 기준으로 하여 파산채권자 모두가 악의로 되지 않는 한 파산관재인은 선의의 제3자라고 할 수밖에 없다(대판 2006.11.10, 2004다10299).

㉢ 구 상호신용금고법(2000. 1. 28. 법률 제6203호로 개정되기 전의 것) 소정의 계약이전은 금융거래에서 발생한 계약상의 지위가 이전되는 사법상의 법률효과를 가져오는 것이므로, 계약이전을 받은 금융기관은 계약이전을 요구받은 금융기관과 대출채무자 사이의 통정허위표시에 따라 형성된 법률관계를 기초로 하여 새로운 법률상 이해관계를 가지게 된 민법 제108조 제2항의 제3자에 해당하지 않는다(대판 2004.1.15, 2002다31537).

43 ① (중)

출제영역 대리

키 워 드 무권대리

해 설 ① 무권대리행위의 추인은 무권대리인에 의하여 행하여진 불확정한 행위에 관하여 그 행위의 효과를 자기에게 직접 발생케 하는 것을 목적으로 하는 의사표시이며, 무권대리인 또는 상대방의 동의나 승락을 요하지 않는 단독행위로서 추인은 의사표시의 전부에 대하여 행하여져야 하고, 그 일부에 대하여 추인을 하거나 그 내용을 변경하여 추인을 하였을 경우에는 상대방의 동의를 얻지 못하는 한 무효이다(대판 1982.1.26, 81다카549).

② 본인이 매매계약을 체결한 무권대리인으로부터 매매대금의 전부 또는 일부를 받았다면 특단의 사유가 없는 한 무권대리인의 매매계약을 추인하였다고 봄이 타당하다(대판 1963.4.11, 63다64).

③ 대리 권한 없이 타인의 부동산을 매도한 자가 그 부동산을 상속한 후 소유자의 지위에서 자신의 대리행위가 무권대리로서 무효임을 주장하여 등기말소 등을 구하는 것은 금반언 원칙이나 신의성실의 원칙에 반하여 허용될 수 없다(대판 1994.9.27, 94다20617).

④ 대리권없는 자가 타인의 대리인으로 계약을 한 경우에 상대방은 상당한 기간을 정하여 본인에게 그 추인여부의 확답을 최고할 수 있다. 본인이 그 기간 내에 확답을 발하지 아니한 때에는 추인을 거절한 것으로 본다(민법 제131조).

⑤ 민법 제132조는 본인이 무권대리인에게 무권대리 행위를 추인한 경우에 상대방이 이를 알지 못하는 동안에는 본인은 상대방에게 추인의 효과를 주장하지 못한다는 취지이므로 상대방은 그때까지 민법 제 134조에 의한 철회를 할 수 있고, 또 무권대리인에의 추인이 있었음을 주장할 수도 있다(대판 1981.4.14, 80다2314).

44 ⑤ (하)

출제영역 대리

키 워 드 복대리

해 설 ⑤ 민법 제122조 참고

> **제120조 【임의대리인의 복임권】** 대리권이 법률행위에 의하여 부여된 경우에는 대리인은 본인의 승낙이 있거나 부득이한 사유있는 때가 아니면 복대리인을 선임하지 못한다.
> **제121조 【임의대리인의 복대리인선임의 책임】** ① 전조의 규정에 의하여 대리인이 복대리인을 선임한 때에는 본인에게 대하여 그 선임감독에 관한 책임이 있다.
> ② 대리인이 본인의 지명에 의하여 복대리인을 선임한 경우에는 그 부적임 또는 불성실함을 알고 본인에게 대한 통지나 그 해임을 태만한 때가 아니면 책임이 없다.
> **제122조 【법정대리인의 복임권과 그 책임】** 법정대리인은 그 책임으로 복대리인을 선임할 수 있다. 그러나 부득이한 사유로 인한 때에는 전조 제1항에 정한 책임만이 있다.

① 복대리인은 대리인이 자신의 이름으로 선임한 본인의 대리인이다.

② 대리인이 복대리인을 선임하더라도 대리인의 대리권은 소멸하지 않는다.

③ 임의대리인이 본인의 승낙을 얻어서 복대리인을 선임한 경우, 본인에 대하여 그 선임감독에 관한 책임이 있다(민법 제121조 제1항 참고).

④ 임의대리인은 본인의 승낙이나 부득이한 사유가 없으면 복대리인을 선임할 수 없다. 하지만 법정대리인은 자신의 책임으로 자유롭게 복대리인을 선임할 수 있다(민법 제120조, 제122조 참고).

45 ③ (하)

출제영역 의사표시

키 워 드 의사표시 종합

해 설 ③ 불법행위로 인한 손해배상책임이 성립하기 위하여는 가해자의 고의 또는 과실 이외에 행위의 위법성이 요구되므로, … 과실로 인하여 착오에 빠져 계약보증서를 발급한 것이나 그 착오를 이유로 보증계약을 취소한 것이 위법하다고 할 수는 없다(대판 1997.8.22, 97다13023).

① 민법 제112조

② 비진의 의사표시에 있어서의 진의란 특정한 내용의 의사표시를 하고자 하는 표의자의 생각을 말하는 것이지 표의자가 진정으로 마음속에서 바라는 사항을 뜻하는 것은 아니라고 할 것이므로, 비록 재산을 강제로 뺏긴다는 것이 표의자의 본심으로 잠재되어 있었다 하여도 표의자가 강박에 의하여서나마 증여를 하기로 하고 그에 따른 증여의 의사표시를 한 이상 증여의 내심의 효과의사가 결여된 것이라고 할 수는 없다(대판 1993.7.16, 92다41528 · 41535).

④ 채무자의 법률행위가 통정허위표시인 경우에도 채권자취소권의 대상이 되고, 한편 채권자취소권의 대상으로 된 채무자의 법률행위라도 통정허위표시의 요건을 갖춘 경우에는 무효라고 할 것이다(대판 1998.2.27, 97다50985).

⑤ 공무원이 사직의 의사표시를 하여 의원면직처분을 하는 경우 그 사직의 의사표시는 그 법률관계의 특수성에 비추어 외부적 · 객관적으로 표시된 바를 존중하여야 할 것이므로, 비록 사직원제출자의 내심의 의사가 사직할 뜻이 아니었다고 하더라도 진의 아닌 의사표시에 관한 민법 제107조는 그 성질상 사직의 의사표시와 같은 사인의 공법행위에는 준용되지 아니하므로 그 의사가 외부에 표시된 이상 그 의사는 표시된 대로 효력을 발한다(대판 1997.12.12, 97누13962).

46 ① (하)

출제영역 의사표시

키 워 드 착오

해 설 ① 당사자의 합의로 착오로 인한 의사표시 취소에 관한 민법 제109조 제1항의 적용을 배제할 수 있다(대판 2016.4.15, 2013다97694).

② 착오로 인하여 표의자가 경제적 불이익을 입은 것이 아니라면, 이를 법률행위 내용의 중요부분의 착오라고 할 수 없다(대판 1999.2.23, 98다47924).

③ 민법 제109조 제1항 단서에서 규정하는 착오한 표의자의 중대한 과실 유무에 관한 주장과 입증책임은 착오자가 아니라 의사표시를 취소하게 하지 않으려는 상대방에게 있다(대판 2005.5.12, 2005다6228).

④ 민법 제146조

⑤ 매도인이 매수인의 중도금 지급채무불이행을 이유로 매매계약을 적법하게 해제한 후라도 매수인으로서는 상대방이 한 계약해제의 효과로서 발생하는 손해배상책임을 지거나 매매계약에 따른 계약금의 반환을 받을 수 없는 불이익을 면하기 위하여 착오를 이유로 한 취소권을 행사하여 위 매매계약 전체를 무효로 돌리게 할 수 있다(대판 1991.8.27, 91다11308).

47 ② (하)

출제영역 법률행위의 목적

키 워 드 불공정한 법률행위

해 설 ①②⑤ [1] 불공정한 법률행위가 성립하기 위한 요건인 궁박, 경솔, 무경험은 모두 구비되어야 하는 요건이 아니라 그 중 일부만 갖추어져도 충분한데, 여기에서 '궁박'이라 함은 '급박한 곤궁'을 의미하는 것으로서 경제적 원인에 기인할 수도 있고 정신적 또는 심리적 원인에 기인할 수도 있으며, '무경험'이라 함은 일반적인 생활체험의 부족을 의미하는 것으로서 어느 특정영역에 있어서의 경험부족이 아니라 거래일반에 대한 경험부족을 뜻하고, … 한편 피해 당사자가 궁박, 경솔 또는 무경험의 상태에 있었다고 하더라도 그 상대방 당사자에게 그와 같은 피해 당사자측의 사정을 알면서 이를 이용하려는 의사, 즉 폭리행위의 악의가 없었다거나 또는 객관적으로 급부와 반대급부 사이에 현저한 불균형이 존재하지 아니한다면 불공정 법률행위는 성립하지 않는다.

[2] 대리인에 의하여 법률행위가 이루어진 경우 그 법률행위가 민법 제104조의 불공정한 법률행위에 해당하는지 여부를 판단함에 있어서 경솔과 무경험은 대리인을 기준으로 하여 판단하고, 궁박은 본인의 입장에서 판단하여야 한다(대판 2002.10.22, 2002다38927). 궁박에는 경제적인 궁박뿐만 아니라 정신적·심리적 궁박도 포함된다.

③ 객관적으로 급부와 반대급부 사이에 현저한 불균형이 존재하는지를 판단하려면 우선 해당 법률행위의 급부와 반대급부가 무엇인지를 확정한 뒤 그 각각의 객관적 가치를 비교·평가해야 한다. 또한 급부와 반대급부 사이에 현저한 불균형이 있는지는 단순히 시가와의 차액 또는 시가와의 배율로 판단할 수 있는 것은 아니고, 구체적·개별적 사안에서 일반인의 사회통념에 따라 결정하여야 한다(대판 2024.3.12, 2023다301712).

④ 매매계약이 약정된 매매대금의 과다로 말미암아 민법 제104조에서 정하는 '불공정한 법률행위'에 해당하여 무효인 경우에도 무효행위의 전환에 관한 민법 제138조가 적용될 수 있다. 따라서 당사자 쌍방이 위와 같은 무효를 알았더라면 대금을 다른 액으로 정하여 매매계약에 합의하였을 것이라고 예외적으로 인정되는 경우에는, 그 대금액을 내용으로 하는 매매계약이 유효하게 성립한다(대판 2010.7.15, 2009다50308).

48 ③ (하)

출제영역 조건과 기한

키 워 드 조건과 기한 종합

해 설 ③ 기한이익 상실의 특약은 그 내용에 의하여 일정한 사유가 발생하면 채권자의 청구 등을 요함이 없이 당연히 기한의 이익이 상실되어 이행기가 도래하는 것으로 하는 정지조건부 기한이익 상실의 특약과 일정한 사유가 발생한 후 채권자의 통지나 청구 등 채권자의 의사행위를 기다려 비로소 이행기가 도래하는 것으로 하는 형성권적 기한이익 상실의 특약의 두 가지로 대별할 수 있고, 기한이익 상실의 특약이 위의 양자 중 어느 것에 해당하느냐는 당사자의 의사해석의 문제이지만 일반적으로 기한이익 상실의 특약이 채권자를 위하여 둔 것인 점에 비추어 명백히 정지조건부 기한이익 상실의 특약이라고 볼 만한 특별한 사정이 없는 이상 형성권적 기한이익 상실의 특약으로 추정하는 것이 타당하다(대판 2002.9.4, 2002다28340).

① 민법 제151조 제1항

② 어느 법률행위에 어떤 조건이 붙어 있었는지 아닌지는 사실인정의 문제로서 그 조건의 존재를 주장하는 자가 이를 입증하여야 한다고 할 것이다(대판 2006.11.24, 2006다35766).

④ 당사자가 불확정한 사실이 발생한 때를 이행기한으로 정한 경우에는 그 사실이 발생한 때는 물론 그 사실의 발생이 불가능하게 된 때에도 이행기한은 도래한 것으로 보아야 한다(대판 2002.3.29, 2001다41766).

⑤ 민법 제149조

49 ④ (하)

출제영역 무효와 취소

키 워 드 무효

해 설 ④ 권리자가 무권리자의 처분을 추인하면 무권대리에 대해 본인이 추인을 한 경우와 당사자들 사이의 이익상황이 유사하므로, 무권대리의 추인에 관한 민법 제130조, 제133조 등을 무권리자의 추인에 유추 적용할 수 있다. 따라서 무권리자의 처분이 계약으로 이루어진 경우에 권리자가 이를 추인하면 원칙적으로 계약의 효과가 계약을 체결했을 때에 소급하여 권리자에게 귀속된다고 보아야 한다(대판 2017.6.8, 2017다3499).

① 대판 2011.2.10, 2010다83199 · 83205

② 대판 1997.12.12, 95다38240

③ 대판 2003.3.28, 2002다72125

⑤ 대판 2019.1.31, 2017다228618

50 ③ .... 하

출제영역 무효와 취소

키워드 취소

해설 ㉠ 민법 제145조에 규정된 법정추인 사유 중 제2호의 이행의 청구와 제5호의 취득한 권리의 양도는 취소권자에 의한 행위일 때에만 법정추인사유가 되고, 취소권자의 상대방에 의한 행위의 경우에는 법정추인사유로 되지 않는다.

㉡ 취소된 법률행위는 처음부터 무효인 것으로 본다. 다만, 제한능력자는 그 행위로 인하여 받은 이익이 현존하는 한도에서 상환(償還)할 책임이 있다(민법 제141조).

㉢ 민법 제109조 제1항 단서는 의사표시의 착오가 표의자의 중대한 과실로 인한 때에는 그 의사표시를 취소하지 못한다고 규정하고 있는데, 위 단서 규정은 표의자의 상대방의 이익을 보호하기 위한 것이므로, 상대방이 표의자의 착오를 알고 이를 이용한 경우에는 착오가 표의자의 중대한 과실로 인한 것이라고 하더라도 표의자는 의사표시를 취소할 수 있다(대판 2014.11.27, 2013다49794).

51 ④ .... 하

출제영역 부동산등기

키워드 등기청구권

해설 ㉠ 매수인의 소유권이전등기청구권은 채권적 청구권이므로 10년의 소멸시효에 걸리지만 매수인이 매매목적물인 부동산을 인도받아 점유하고 있는 이상 매매대금의 지급 여부와는 관계없이 그 소멸시효가 진행되지 아니한다(대판 1991.3.22, 90다9797).

㉡ 소유권에 기한 물권적 방해배제청구로서 소유권등기의 말소를 구하는 소송이나 진정명의 회복을 원인으로 한 소유권이전등기절차의 이행을 구하는 소송 중에 그 소송물에 대하여 화해권고결정이 확정되면 상대방은 여전히 물권적인 방해배제의무를 지는 것이고, 화해권고결정에 창설적 효력이 있다고 하여 그 청구권의 법적 성질이 채권적 청구권으로 바뀌지 아니한다(대판 2012.5.10, 2010다2558).

㉢ 부동산에 대한 점유취득시효 완성을 원인으로 하는 소유권이전등기청구권은 채권적 청구권으로서, 취득시효가 완성된 점유자가 그 부동산에 대한 점유를 상실한 때로부터 10년간 이를 행사하지 아니하면 소멸시효가 완성한다(대판 1995.12.5, 95다24241).

52 ② .... 하

출제영역 물권법 총설

키워드 물권법정주의

해설 ② 유치권은 점유하는 물건으로써 유치권자의 피담보채권에 대한 우선적 만족을 확보하여 주는 법정담보물권이다. 민법 제320조 제1항은 "타인의 물건 또는 유가증권을 점유한 자는 그 물건이나 유가증권에 관하여 생긴 채권이 변제기에 있는 경우에는 변제를 받을 때까지 그 물건 또는 유가증권을 유치할 권리가 있다."라고 규정하고 있으므로, 유치권의 피담보채권은 '그 물건에 관하여 생긴 채권'이어야 한다. 민법 제185조는 "물권은 법률 또는 관습법에 의하는 외에는 임의로 창설하지 못한다."라고 정하여 물권법정주의를 선언하고 있다. 물권법의 강행법규성에 따라 법률과 관습법이 인정하지 않는 새로운 종류나 내용의 물권을 창설하는 것은 허용되지 않는다(대판 2023.4.27, 2022다273018).

① 대판 1970.5.26, 69다1239
③ 저당권은 일반적으로 저당권설정자와 저당권자의 설정계약에 의하여 성립되지만 민법 제649조 등에 의하여 법률 규정에 의하여서도 성립될 수 있다.
④ 대판 2021.12.30, 2018다40235 · 40242
⑤ 대결 1995.5.23, 94마2218

53 ① ······ 하

출제영역 물권법 총론

키 워 드 저당권

해 설 ㉠ 저당권자는 채무자 또는 제삼자가 점유를 이전하지 아니하고 채무의 담보로 제공한 부동산에 대하여 다른 채권자보다 자기채권의 우선변제를 받을 권리가 있다(민법 제356조).
㉡㉢ 지상권과 전세권은 용익물권에 해당하므로 토지를 점유 사용하는 것을 주된 내용으로 한다.

54 ⑤ ······ 중

출제영역 공동소유

키 워 드 합유

해 설 ⑤ 합유지분 포기가 적법하다면 그 포기된 합유지분은 나머지 잔존 합유지분권자들에게 균분으로 귀속하게 되지만 그와 같은 물권변동은 합유지분권의 포기라고 하는 법률행위에 의한 것이므로 등기하여야 효력이 있고 지분을 포기한 합유지분권자로부터 잔존 합유지분권자들에게 합유지분권 이전등기가 이루어지지 아니하는 한 지분을 포기한 지분권자는 제3자에 대하여 여전히 합유지분권자로서의 지위를 가지고 있다고 보아야 한다(대판 1997.9.9, 96다16896).
① 민법 제271조 제1항
② 민법 제274조 제1항
③ 민법 제273조 제2항
④ 민법 제273조 제1항

55 ④ ······ 상

출제영역 소유권

키 워 드 취득시효

해 설 ④ 취득시효가 완성된 토지가 수용됨으로써 취득시효 완성을 원인으로 하는 소유권이전등기의무가 이행불능이 된 경우에는, 그 소유권이전등기청구권자는 소위 대상청구권의 행사로서, 그 토지의 소유자가 그 토지의 대가로서 지급받은 수용보상금의 반환을 청구할 수 있다고 보아야 할 것이다(대판 1994.12.9, 94다25025).
① 취득시효가 완성된 점유자는 점유권에 기하여 등기부상의 명의인을 상대로 점유방해의 배제를 청구할 수 있다(대판 2005.3.25, 2004다23899 · 23905).
②③ 토지의 소유자는 그 토지에 대하여 점유취득시효를 완성하였으나 등기를 경료하지 않은 점유자에 대하여 토지 사용에 따른 부당이득의 반환을 청구하거나 지상건물의 철거 및 대지의 인도를 청구하는 것은 불가능하다(대판 1988.5.10, 87다카1979).

⑤ 점유자가 취득시효를 주장하면서 소유권이전등기청구소송을 제기하여 그에 관한 입증까지 마쳤다면 부동산 소유자로서는 시효취득사실을 알 수 있다 할 것이고 이러한 경우에 부동산 소유자가 부동산을 제3자에게 처분하여 소유권이전등기를 넘겨줌으로써 취득시효완성을 원인으로 한 소유권이전등기의무가 이행불능에 빠짐으로써 시효취득을 주장하는 자가 손해를 입었다면 불법행위를 구성한다(대판 1993.2.9, 92다47892).

56 ④ ·········· 중

출제영역 소유권

키 워 드 공유

해 설 ④ 공유물의 소수지분권자가 다른 공유자와 협의 없이 공유물의 전부 또는 일부를 독점적으로 점유·사용하고 있는 경우 다른 소수지분권자는 공유물의 보존행위로서 그 인도를 청구할 수는 없고, 다만 자신의 지분권에 기초하여 공유물에 대한 방해 상태를 제거하거나 공동 점유를 방해하는 행위의 금지 등을 청구할 수 있다고 보아야 한다(대판 전합 2020.5.21, 2018다287522).
① 공유물의 관리에 관한 사항은 공유자의 지분의 과반수로써 결정한다(민법 제265조 전단).
② 공유자는 다른 공유자의 동의없이 공유물을 처분하거나 변경하지 못한다(민법 제264조).
③ 공유자는 그 지분을 처분할 수 있고 공유물 전부를 지분의 비율로 사용·수익할 수 있다(민법 제263조).
⑤ 공유자가 그 지분을 포기하거나 상속인없이 사망한 때에는 그 지분은 다른 공유자에게 각 지분의 비율로 귀속한다(민법 제267조).

57 ③ ·········· 하

출제영역 부동산물권변동

키 워 드 등기

해 설 ③ 매매 등 법률행위를 원인으로 한 소유권이전등기절차 이행의 소에서의 원고 승소판결은 부동산물권취득이라는 형성적 효력이 없어 민법 제187조 소정의 판결에 해당하지 않으므로 승소판결에 따른 소유권이전등기 경료시까지는 부동산의 소유권을 취득한다고 볼 수 없다(대판 1982.10.12, 82다129).
①②⑤ 상속, 공용징수, 판결, 경매 기타 법률의 규정에 의한 부동산에 관한 물권의 취득은 등기를 요하지 아니한다. 그러나 등기를 하지 아니하면 이를 처분하지 못한다(민법 제187조).
④ 신축 건물의 소유권은 그 건물을 신축한 자가 등기 없이 원시취득한다.

58 ① ·········· 중

출제영역 용익물권

키 워 드 전세권

해 설 ① 전세권자가 전세권설정계약 또는 그 목적물의 성질에 의하여 정하여진 용법으로 이를 사용, 수익하지 아니한 경우에는 전세권설정자는 전세권의 소멸을 청구할 수 있다(민법 제311조 제1항).
② 타인의 토지에 있는 건물에 전세권을 설정한 때에는 전세권의 효력은 그 건물의 소유를 목적으로 한 지상권 또는 임차권에 미친다(민법 제304조 제1항). 전항의 경우에 전세권설정자는 전세권자의 동의없이 지상권 또는 임차권을 소멸하게 하는 행위를 하지 못한다(민법 제304조 제2항).

③ 전세권이 존속하는 동안은 전세권을 존속시키기로 하면서 전세금반환채권만을 전세권과 분리하여 확정적으로 양도하는 것은 허용되지 않는 것이며, 다만 전세권 존속 중에는 장래에 그 전세권이 소멸하는 경우에 전세금 반환채권이 발생하는 것을 조건으로 그 장래의 조건부 채권을 양도할 수 있을 뿐이라 할 것이다(대판 2002.8.23, 2001다69122).
④ 전세권은 물권이므로 전세권의 목적물이 양도되더라도 소멸하지 않고, 전세금반환채무를 포함한 전세권설정자의 의무는 전세권 목적물의 소유권을 양도 받은 자에게 이전한다.
⑤ 전세권이 소멸한 때에는 전세권설정자는 전세권자로부터 그 목적물의 인도 및 전세권설정등기의 말소등기에 필요한 서류의 교부를 받는 동시에 전세금을 반환하여야 한다(민법 제317조).

59 ② ······ 하

출제영역 용익물권

키워드 지상권

해설 ② 근저당권 등 담보권 설정의 당사자들이 그 목적이 된 토지 위에 차후 용익권이 설정되거나 건물 또는 공작물이 축조·설치되는 등으로써 그 목적물의 담보가치가 저감하는 것을 막는 것을 주요한 목적으로 하여 채권자 앞으로 아울러 지상권을 설정하였다면, 그 피담보채권이 변제 등으로 만족을 얻어 소멸한 경우는 물론이고 시효소멸한 경우에도 그 지상권은 피담보채권에 부종하여 소멸한다(대판 2011.4.14, 2011다6342).
① 지상권자의 갱신청구권은 거절이 가능한 청구권이고, 지상권설정자가 지상권의 갱신을 거절하는 경우에 행사하는 지상권자의 지상물매수청구권은 성질상 형성권이다.
③ 민법 제280조 제1항 제1호가 석조·석회조·연와조 또는 이와 비슷한 견고한 건물이나 수목의 '소유를 목적으로 하는' 지상권의 경우 그 존속기간은 30년보다 단축할 수 없다고 규정하고 있음에 비추어 볼 때 위 법조 소정의 최단 존속기간에 관한 규정은 지상권자가 그 소유의 건물 등을 건축하거나 수목을 식재하여 토지를 이용할 목적으로 지상권을 설정한 경우에만 그 적용이 있다고 할 것이다(대판 1996.3.22, 95다49318).
④ 기존의 건물 기타의 공작물이나 수목이 멸실되더라도 존속기간이 만료되지 않는 한 지상권이 소멸되지 아니한다(대판 1996.3.22, 95다49318).
⑤ 지상권이 저당권의 목적인 때 또는 그 토지에 있는 건물, 수목이 저당권의 목적이 된 때에는 전조의 청구는 저당권자에게 통지한 후 상당한 기간이 경과함으로써 그 효력이 생긴다(민법 제288조).

60 ⑤ ······ 하

출제영역 용익물권

키워드 지역권

해설 ⑤ 승역지의 소유자는 지역권의 행사를 방해하지 아니하는 범위 내에서 지역권자가 지역권의 행사를 위하여 승역지에 설치한 공작물을 사용할 수 있다. 이 경우에 승역지의 소유자는 수익정도의 비율로 공작물의 설치, 보존의 비용을 분담하여야 한다(민법 제300조 참고).
① 민법 제291조부터 제302조까지 지역권에는 존속기간에 관한 규정을 두고 있지 않다.
② 민법 제292조 제1항
③ 민법 제295조 제2항
④ 민법 제301조

61 ④ (중)

출제영역 용익물권

키워드 법정지상권

해설 ④ 관습상의 지상권은 법률행위로 인한 물권의 취득이 아니고 관습법에 의한 부동산물권의 취득이므로 등기를 필요로 하지 아니하고 지상권취득의 효력이 발생하고 이 관습상의 법정지상권은 물권으로서의 효력에 의하여 이를 취득할 당시의 토지소유자나 이로부터 소유권을 전득한 제3자에게 대하여도 등기없이 위 지상권을 주장할 수 있다(대판 1988.9.27, 87다카279).

① 미등기 건물을 위한 법정지상권도 인정된다(대판 1991.5.28, 91다6658).

② 건축법령상 가설건축물의 존치기간은 통상 3년 이내로 정해져 있다. 따라서 가설건축물은 특별한 사정이 없는 한 독립된 부동산으로서 건물의 요건을 갖추지 못하여 법정지상권이 성립하지 않는다(대판 2021.10.28, 2020다224821).

③ 건물소유자가 토지소유자와 건물소유를 목적으로 하는 토지임대차 계약을 체결한 경우 관습상 법정지상권을 포기하였다고 볼 수 있다(대판 1992.10.27, 92다3984).

⑤ 법정지상권을 가진 건물소유자로부터 건물을 양수하면서 법정지상권까지 양도받기로 한 자는 채권자대위의 법리에 따라 전건물소유자 및 대지소유자에 대하여 차례로 지상권의 설정등기 및 이전등기절차이행을 구할 수 있다 할 것이므로 이러한 법정지상권을 취득할 지위에 있는 자에 대하여 대지소유자가 소유권에 기하여 건물철거를 구함은 지상권의 부담을 용인하고 그 설정등기절차를 이행할 의무있는 자가 그 권리자를 상대로 한 청구라 할 것이어서 신의성실의 원칙상 허용될 수 없다(대판 전합 1985.4.9, 84다카1131 · 1132).

62 ④ (하)

출제영역 담보물권

키워드 저당권

해설 ④ 저당권의 효력은 저당부동산에 부합된 물건과 종물에 미친다. 그러나 법률에 특별한 규정 또는 설정행위에 다른 약정이 있으면 그러하지 아니하다(민법 제358조).

① 저당권은 원본, 이자, 위약금, 채무불이행으로 인한 손해배상 및 저당권의 실행비용을 담보한다. 그러나 지연배상에 대하여는 원본의 이행기일을 경과한 후의 1년분에 한하여 저당권을 행사할 수 있다(민법 제360조).

② 저당권의 피담보채권에는 그 종류에 관한 제한이 없다.

③ 저당물의 소유권을 취득한 제삼자도 경매인이 될 수 있다(민법 제363조).

⑤ 저당권자는 채무자 또는 제삼자가 점유를 이전하지 아니하고 채무의 담보로 제공한 부동산에 대하여 다른 채권자보다 자기채권의 우선변제를 받을 권리가 있다(민법 제356조).

63 ② (하)

출제영역 담보물권

키워드 저당권

해설 ② 질권은 질물의 멸실, 훼손 또는 공용징수로 인하여 질권설정자가 받을 금전 기타 물건에 대하여도 이를 행사할 수 있다. 이 경우에는 그 지급 또는 인도 전에 압류하여야 한다(민법 제342조). 또한 민법 제370조에 의하여 민법 제342조는 저당권에도 준용된다.

64 ⑤ (상)

출제영역 담보물권

키워드 유치권

해설 ⑤④ 하나의 채권을 피담보채권으로 하여 여러 필지의 토지에 대하여 유치권을 취득한 유치권자가 그 중 일부 필지의 토지에 대하여 선량한 관리자의 주의의무를 위반하였다면 특별한 사정이 없는 한 위반행위가 있었던 필지의 토지에 대하여만 유치권 소멸청구가 가능하다고 해석하는 것이 타당하다(대판 2022.6.16, 2018다301350).

① 대판 2021.8.19, 2021다213866

② 대판 2014.12.24, 2011다62618

③ 유치권은 그 목적물에 관하여 생긴 채권이 변제기에 있는 경우에 성립하는 것이므로 아직 변제기에 이르지 아니한 채권에 기하여 유치권을 행사할 수는 없다고 할 것이다(대판 2007.9.21, 2005다41740).

65 ① (중)

출제영역 민법상 불능

키워드 위험부담

해설 ㉠ 위험부담에 관한 민법 제537조는 임의규정이므로 당사자의 합의로 규정의 내용과 달리 정할 수 있다.

㉡ 이행불능으로 인한 해제권은 채무자인 매도인의 귀책사유로 인한 경우에만 인정되고, 재결수용에 의한 경우에는 위험부담의 문제가 발생할 뿐 해제권이 인정되지 않는다.

㉢ 소유권이전등기의무의 목적 부동산이 수용되어 그 소유권이전등기의무가 이행불능이 된 경우, 등기청구권자는 등기의무자에게 대상청구권의 행사로써 등기의무자가 지급받은 수용보상금의 반환을 구하거나 또는 등기의무자가 취득한 수용보상금청구권의 양도를 구할 수 있을 뿐 그 수용보상금청구권 자체가 등기청구권자에게 귀속되는 것은 아니다(대판 1996.10.29, 95다56910).

66 ③ (하)

출제영역 계약의 성립

키워드 청약과 승낙

해설 ③ 승낙자가 청약에 대하여 조건을 붙이거나 변경을 가하여 승낙한 때에는 그 청약의 거절과 동시에 새로 청약한 것으로 본다(민법 제534조). 합의해제도 성질상 계약이므로 그 청약에 대하여 조건을 붙여 승낙을 한 때에는 최초의 합의해제 청약은 거절된 것으로 보아야 한다.

① 청약의 유인은 청약과 달리 구체적 확정적 의사표시가 아니므로 청약의 유인에 대응하는 의사표시를 승낙으로 단정할 수 없다.

② 당사자간에 동일한 내용의 청약이 상호교차된 경우에는 양청약이 상대방에게 도달한 때에 계약이 성립한다(민법 제533조).

④ 명예퇴직이란 근로자가 명예퇴직의 신청(청약)을 하면 사용자가 요건을 심사한 후 이를 승인(승낙)함으로써 합의에 의하여 근로관계를 종료시키는 것으로, 명예퇴직 대상자로 확정되었다고 하여 그 때에 명예퇴직의 효력이 발생하는 것이 아니라 예정된 명예퇴직일자에 비로소 퇴직의 효력이 발생하여 명예퇴직예정일이 도래하면 근로자는 당연히 퇴직되고 사용자는 명예퇴직금을 지급할 의무를 부담하게 되는 것이고, 명예퇴직의 합의가 있은 후에는 당사자 일방이 임의로 그 의사표시를 철회할 수 없다(대판 2000.7.7, 98다42172).

⑤ 매매의 예약은 당사자의 일방이 매매를 완결할 의사를 표시한 때에 매매의 효력이 생기는 것이므로 적어도 일방예약이 성립하려면 그 예약에 터잡아 맺어질 본계약의 요소가 되는 매매목적물, 이전방법, 매매가액 및 지급방법 등의 내용이 확정되어 있거나 확정할 수 있어야 한다(대판 1993.5.27, 93다4908·4915·4922).

67 ⑤ ········· 중

출제영역 동시이행항변권

키 워 드 동시이행관계

해 설 ㉠ 채무담보의 목적으로 경료된 채권자 명의의 소유권이전등기나 그 청구권보전의 가등기의 말소를 구하려면 먼저 채무를 변제하여야 하고 피담보채무의 변제와 교환적으로 말소를 구할 수는 없다(대판 1984.9.11, 84다카781).

㉡ 임차인의 임차목적물 반환의무는 임대차계약의 종료에 의하여 발생하나, 임대인의 권리금 회수방해로 인한 손해배상의무는 상가건물 임대차보호법에서 정한 권리금 회수기회 보호의무 위반을 원인으로 하고 있으므로 양 채무는 동일한 법률요건이 아닌 별개의 원인에 기하여 발생한 것일 뿐 아니라 공평의 관점에서 보더라도 그 사이에 이행상 견련관계를 인정하기 어렵다(대판 2019.7.10, 2018다242727).

㉢ 근저당권 실행을 위한 경매가 무효로 되어 채권자(= 근저당권자)가 채무자를 대위하여 낙찰자에 대한 소유권이전등기 말소청구권을 행사하는 경우, 낙찰자가 부담하는 소유권이전등기 말소의무는 채무자에 대한 것인 반면, 낙찰자의 배당금 반환청구권은 실제 배당금을 수령한 채권자(= 근저당권자)에 대한 채권인바, 채권자가 낙찰자에 대하여 부담하는 배당금 반환채무와 낙찰자가 채무자에 대하여 부담하는 소유권이전등기 말소의무는 서로 이행의 상대방을 달리하는 것으로서, 채권자(= 근저당권자)의 배당금 반환채무가 동시이행의 항변권이 부착된 채 채무자로부터 승계된 채무도 아니므로, 위 두 채무는 동시에 이행되어야 할 관계에 있지 아니하다(대판 2006.9.22, 2006다24049).

68 ④ ········· 하

출제영역 계약의 해제

키 워 드 합의해제

해 설 ④ 매매계약을 합의해제한 후 그 합의해제를 무효화시키고, 해제된 매매계약을 부활시키는 약정은 계약자유의 원칙상 적어도 당사자 사이에서는 가능하다 할 것이다(대판 1980.7.8, 80다1077).

① 매매계약이 합의해제된 경우에도 매수인에게 이전되었던 소유권은 당연히 매도인에게 복귀하는 것이므로 합의해제에 따른 매도인의 원상회복청구권은 소유권에 기한 물권적 청구권이라고 할 것이고 이는 소멸시효의 대상이 되지 아니한다(대판 1982.7.27, 80다2968).
② 대판 1989.4.25, 86다카1147
③ 대판 1980.5.13, 79다932
⑤ 대판 1995.8.25, 94므1515

69 ① 중

출제영역 매매

키워드 예약완결권

해설 ㉠㉡ 매매의 일방예약에서 예약자의 상대방이 매매예약 완결의 의사표시를 하여 매매의 효력을 생기게 하는 권리 즉, 매매예약 완결권은 일종의 형성권으로서 당사자 사이에 그 행사기간을 약정한 때에는 그 기간 내에, 그러한 약정이 없는 때에는 그 예약이 성립한 때로부터 10년 내에 이를 행사하여야 하고, 그 기간을 지난 때에는 상대방이 예약 목적물인 부동산을 인도받은 경우라도 예약 완결권은 제척기간의 경과로 인하여 소멸한다(대판 1997.7.25, 96다47494).
㉢ 매매의 일방예약에서 예약자의 상대방이 매매예약완결의 의사표시를 하여 매매의 효력을 생기게 하는 권리, 즉 매매예약의 완결권은 일종의 형성권으로서 당사자 사이에 그 행사기간을 약정한 때에는 그 기간 내에, 그러한 약정이 없는 때에는 그 예약이 성립한 때부터 10년 내에 이를 행사하여야 하고 그 기간이 지난 때에는 예약완결권은 제척기간의 경과로 인하여 소멸한다. 예약완결권의 제척기간이 도과하였는지 여부는 직권조사사항으로서 이에 대한 당사자의 주장이 없더라도 법원이 당연히 직권으로 조사하여 재판에 고려하여야 한다(대판 2019.7.25, 2019다227817).

70 ④ 중

출제영역 매매

키워드 담보책임

해설 ④ 매매의 목적이 된 권리의 일부가 타인에게 속함으로 인하여 매도인이 그 권리를 취득하여 매수인에게 이전할 수 없는 때에는 매수인은 그 부분의 비율로 대금의 감액을 청구할 수 있다(민법 제572조 제1항).
① 물건의 하자로 인한 담보책임 규정은 경매에는 적용하지 않는다(민법 제580조 제2항 참고).
② 매매의 목적물을 종류로 지정한 경우에도 그 후 특정된 목적물에 하자가 있는 때에는 전조(물건의 하자에 관한 담보책임 규정)의 규정을 준용한다(민법 제581조 제1항).
③ 물건의 하자로 인한 담보책임은 매수인이 그 사실을 안 날로부터 6월내에 행사하여야 한다(민법 제582조 참고).
⑤ 변제기에 도달하지 아니한 채권의 매도인이 채무자의 자력을 담보한 때에는 변제기의 자력을 담보한 것으로 추정한다(민법 제579조 제2항).

71 ⑤ ······ 중

출제영역 계약법 각론 종합문제

키워드 교환

해설 ㉠ 계약은 당사자 사이의 합의에 의하여 성립하는 것이고 이때 승낙은 묵시적인 것으로도 충분하다.

㉡ 교환계약은 성질상 쌍무계약이므로 양 당사자의 의무는 특별한 사정이 없는 한 동시이행의 관계가 된다.

㉢ 일방 당사자가 자기가 소유하는 목적물의 시가를 묵비하여 상대방에게 고지하지 아니하거나 혹은 허위로 시가보다 높은 가액을 시가라고 고지하였다 하더라도 이는 상대방의 의사결정에 불법적인 간섭을 한 것이라고 볼 수 없다(대판 2002.9.4, 2000다54406).

72 ③ ······ 상

출제영역 임대차

키워드 전대차

해설 ㉠ 임차인이 임대인의 동의를 얻어 임차물을 전대한 경우에는 임대인과 임차인의 합의로 계약을 종료한 때에도 전차인의 권리는 소멸하지 아니한다(민법 제631조).

㉡ 임차인이 임대인의 동의를 받지 않고 제3자에게 임차권을 양도하거나 전대하는 등의 방법으로 임차물을 사용·수익하게 하더라도, 임대인이 이를 이유로 임대차계약을 해지하거나 그 밖의 다른 사유로 임대차계약이 적법하게 종료되지 않는 한 임대인은 임차인에 대하여 여전히 차임청구권을 가지므로, 임대차계약이 존속하는 한도 내에서는 제3자에게 불법점유를 이유로 한 차임상당 손해배상청구나 부당이득반환청구를 할 수 없다(대판 2008.2.28, 2006다10323).

㉢ 민법 제646조

73 ② ······ 중

출제영역 임대차

키워드 지상물매수청구권

해설 ㉢ 토지 임대인과 임차인 사이에 임대차기간 만료 후 임차인이 지상건물을 철거하여 토지를 인도하고 만약 지상건물을 철거하지 아니할 경우에는 그 소유권을 임대인에게 이전하기로 한 약정은 민법 제643조 소정의 임차인의 지상물매수청구권을 배제키로 하는 약정으로서 임차인에게 불리한 것이므로 민법 제652조의 규정에 의하여 무효이다(대판 1991.4.23, 90다19695).

㉠ 임대차계약 종료시에 경제적 가치가 잔존하고 있는 건물은 그것이 토지의 임대 목적에 반하여 축조되고 임대인이 예상할 수 없을 정도의 고가의 것이라는 등의 특별한 사정이 없는 한, 비록 행정관청의 허가를 받은 적법한 건물이 아니더라도 임차인의 건물매수청구권의 대상이 될 수 있다(대판 1997.12.23, 97다37753).

㉡ 건물의 소유를 목적으로 한 기간의 약정 없는 토지임대차계약을 임대인이 해지함으로써 임대차가 종료하여 임차인이 임대인에게 토지를 인도하여야 하는 법률관계라면, 임차인은 임대인에게 계약갱신청구의 유무에 불구하고 건물매수청구권을 행사하여 건물대금의 지급을 구할 수 있다(대판 1995.2.3, 94다51178).

74 ② (하)

출제영역 계약법 총론 서론

키 워 드 계약의 종류

해 설 ②① 매매계약은 쌍무, 유상, 낙성, 불요식계약이다.

③ 교환계약은 쌍무, 유상, 낙성, 불요식계약이다.

④⑤ 임대차계약은 쌍무, 유상, 낙성, 불요식계약이다.

75 ⑤ (중)

출제영역 주택임대차보호법

키 워 드 임대차 기간의 갱신

해 설 ㉠ 기간을 정하지 아니하거나 2년 미만으로 정한 임대차는 그 기간을 2년으로 본다. 다만, 임차인은 2년 미만으로 정한 기간이 유효함을 주장할 수 있다(주택임대차보호법 제4조 제1항).

㉡㉢ 임차인이 주택임대차보호법 제6조의3 제1항에 따라 임대차계약의 갱신을 요구하면 임대인에게 갱신거절 사유가 존재하지 않는 한 임대인에게 갱신요구가 도달한 때 갱신의 효력이 발생한다. 갱신요구에 따라 임대차계약에 갱신의 효력이 발생한 경우 임차인은 제6조의2 제1항에 따라 언제든지 계약의 해지통지를 할 수 있고, 해지통지 후 3개월이 지나면 그 효력이 발생하며, 이는 계약해지의 통지가 갱신된 임대차계약 기간이 개시되기 전에 임대인에게 도달하였더라도 마찬가지이다(대판 2024.1.11, 2023다258672).

76 ② (하)

출제영역 집합건물의 소유 및 관리에 관한 법률

키 워 드 담보책임

해 설 ② 전유부분에 관한 담보책임의 존속기간은 구분소유자에게 인도한 날로부터 기산한다(집합건물의 소유 및 관리에 관한 법률 제9조의2 제2항 제1호).

① 집합건물의 공용부분에 대하여 취득시효의 완성을 인정하여 그 부분에 대한 소유권취득을 인정한다면 전유부분과 분리하여 공용부분의 처분을 허용하고 일정 기간의 점유로 인하여 공용부분이 전유부분으로 변경되는 결과가 되어 집합건물법의 취지에 어긋나게 된다. 따라서 집합건물의 공용부분은 취득시효에 의한 소유권 취득의 대상이 될 수 없다(대판 2013.12.12, 2011다78200).

③ 집합건물법상 관리단은 관리비징수에 관한 유효한 규약이 있으면 그에 따라, 유효한 규약이 없더라도 구 집합건물법 제25조 제1항 등에 따라 적어도 공용부분에 대한 관리비에 대하여는 이를 그 부담의무자인 구분소유자에 대하여 청구할 수 있다(대판 2021.9.16, 2016다260882).

④ 집합건물의 소유 및 관리에 관한 법률 제24조 제1항

⑤ 집합건물의 소유 및 관리에 관한 법률 제20조

77 ③ .... 상

출제영역 가등기담보 등에 관한 법률

키 워 드 청산절차

해 설 ㉠ 금전소비대차나 준소비대차에 기한 차용금반환채무와 그 외의 원인으로 발생한 채무를 동시에 담보할 목적으로 경료된 가등기나 소유권이전등기라도 그 후 후자의 채무가 변제 기타의 사유로 소멸하고 금전소비대차나 준소비대차에 기한 차용금반환채무의 전부 또는 일부만이 남게 된 경우에는 그 가등기담보나 양도담보에 가등기담보 등에 관한 법률이 적용된다(대판 2004.4.27, 2003다29968).

㉡ 채권자가 담보권 실행을 위해 경매를 신청한 경우에 그 경매를 직접 목적으로 하여 지출된 돈으로서 경매절차의 준비 또는 실시를 위하여 필요한 비용이어야 집행비용(민사집행법 제275조, 제53조 제1항)으로서 배당재단에서 우선적으로 변상된다. 매각에 따라 소유권을 취득한 매수인은 소유권이전등기를 넘겨받기 위해 지출한 비용과 취득세 등을 자기가 부담해야 한다. 이는 경매를 신청한 채권자가 매수인이 된 경우에도 마찬가지이다(대판 2022.4.14, 2017다266177).

㉢ 가등기담보 등에 관한 법률(이하 '가등기담보법'이라고 한다) 제3조, 제4조의 청산절차를 위반하여 이루어진 담보가등기에 기한 본등기가 무효라고 하더라도 선의의 제3자가 그 본등기에 터 잡아 소유권이전등기를 마치는 등으로 담보목적부동산의 소유권을 취득하면, 가등기담보법 제2조 제2호에서 정한 채무자 등(이하 '채무자 등'이라고 한다)은 더 이상 가등기담보법 제11조 본문에 따라 채권자를 상대로 그 본등기의 말소를 청구할 수 없게 된다. 이 경우 그 반사적 효과로서 무효인 채권자 명의의 본등기는 그 등기를 마친 시점으로 소급하여 확정적으로 유효하게 되고, 이에 따라 담보목적부동산에 관한 채권자의 가등기담보권은 소멸하며, 청산절차를 거치지 않아 무효였던 채권자의 위 본등기에 터 잡아 이루어진 등기 역시 소급하여 유효하게 된다고 보아야 한다(대판 2021.10.28, 2016다248325).

78 ⑤ .... 상

출제영역 부동산 실권리자명의 등기에 관한 법률

키 워 드 유효한 명의신탁

해 설 ⑤ 명의신탁된 부동산에 대하여 점유취득시효가 완성된 후 시효취득자가 그 소유권이전등기를 경료하기 전에 명의신탁이 해지되어 그 등기명의가 명의수탁자로부터 명의신탁자에게로 이전된 경우에는 그 부동산에 대한 내부적인 소유권의 변동은 없으나, 대외적으로는 그 소유권에 변동이 있을 뿐 아니라 그 등기명의에도 변동이 있고, 명의신탁 제도가 대외적 관계에서는 등기명의자만이 소유권자로 취급될 뿐이고 시효 완성 당시 시효취득자에게 져야 할 등기의무도 대외적으로는 명의신탁자에게 있지 아니하고 명의수탁자에게 있음에 불과하므로 대외적 등기명의자인 수탁자로부터 소유자로 취급되지 않던 명의신탁자에게 등기가 옮겨간 것도 점유시효취득자 등과의 관계와 같은 외부적 관계에서는 완전한 새로운 권리변동으로 보아야 하므로, 그 명의신탁자의 등기취득이 등기의무자의 배임행위에 적극 가담한 반사회적 행위에 근거한 등기이든가 또는 기타 다른 이유로 인한 원인무효의 등기인 경우는 별론으로 하고, 그 명의신탁자는 취득시효 완성 후에 소유권을 취득한 자에 해당하여 그에 대하여 취득시효를 주장할 수 없다(대판 1995.12.8, 95다38493).

① 대판 2013.1.24, 2011다99498
② 대판 1996.8.20, 96다18656
③ 유효한 양자간 명의신탁의 경우, 외부적으로는 수탁자가 소유자로 평가될 것이므로 신탁자는 제3자에게 직접 물권적청구권을 행사하지 못한다.
④ 유효한 양자간 명의신탁의 경우, 신탁자는 수탁자에게 명의신탁 해지를 원인으로 소유권이전등기나 말소등기를 청구할 수 있다.

79 ① ······ 상

출제영역 부동산 실권리자명의 등기에 관한 법률

키워드 무효인 명의신탁

해설 ① 양자간 등기명의신탁에 있어서 그 명의신탁자로서는 명의수탁자를 상대로 소유권에 기하여 원인무효인 소유권이전등기의 말소를 구하거나 진정한 등기명의의 회복을 원인으로 한 소유권이전등기절차의 이행을 구할 수 있음은 별론으로 하고 침해부당이득반환을 원인으로 하여 소유권이전등기절차의 이행을 구할 수는 없다고 할 것이다(대판 2014.2.13, 2012다97864).
② 양자간 등기명의신탁에서 명의수탁자가 신탁부동산을 처분하여 제3취득자가 유효하게 소유권을 취득하고 이로써 명의신탁자가 신탁부동산에 대한 소유권을 상실하였다면, 명의신탁자의 소유권에 기한 물권적 청구권, 즉 말소등기청구권이나 진정명의회복을 원인으로 한 이전등기청구권도 더 이상 그 존재 자체가 인정되지 않는다. 그 후 명의수탁자가 우연히 신탁부동산의 소유권을 다시 취득하였다고 하더라도 명의신탁자가 신탁부동산의 소유권을 상실한 사실에는 변함이 없으므로, 여전히 물권적 청구권은 그 존재 자체가 인정되지 않는다(대판 2013.2.28, 2010다89814).
③ 명의신탁 약정 및 물권변동의 무효로 제3자에게 대항하지 못한다(부동산 실권리자명의 등기에 관한 법률 제4조 제3항 참고).
④ 명의수탁자가 양자간 명의신탁에 따라 명의신탁자로부터 소유권이전등기를 넘겨받은 부동산을 임의로 처분한 행위가 형사상 횡령죄로 처벌되지 않더라도, 위 행위는 명의신탁자의 소유권을 침해하는 행위로서 형사상 횡령죄의 성립 여부와 관계없이 민법상 불법행위에 해당하여 명의수탁자는 명의신탁자에게 손해배상책임을 부담한다(대판 2021.6.3, 2016다34007).
⑤ 부동산 소유자가 그 소유하는 부동산의 전부 또는 일부 지분에 관하여 제3자(명의신탁자)를 위하여 '대외적으로만' 보유하는 관계에 관한 약정(명의신탁약정)을 하는 경우에도 '부동산 실권리자명의 등기에 관한 법률'에서 정하는 명의신탁관계가 성립할 수 있다(대판 2010.2.11, 2008다16899).

80 ② 중

출제영역 상가건물 임대차보호법

키 워 드 적용범위

해 설

상가건물 임대차보호법 제2조 【적용범위】 ① 이 법은 상가건물(제3조제1항에 따른 사업자등록의 대상이 되는 건물을 말한다)의 임대차(임대차 목적물의 주된 부분을 영업용으로 사용하는 경우를 포함한다)에 대하여 적용한다. 다만, 제14조의2에 따른 상가건물임대차위원회의 심의를 거쳐 대통령령으로 정하는 보증금액을 초과하는 임대차에 대하여는 그러하지 아니하다.

② 제1항 단서에 따른 보증금액을 정할 때에는 해당 지역의 경제 여건 및 임대차 목적물의 규모 등을 고려하여 지역별로 구분하여 규정하되, 보증금 외에 차임이 있는 경우에는 그 차임액에 「은행법」에 따른 은행의 대출금리 등을 고려하여 대통령령으로 정하는 비율을 곱하여 환산한 금액을 포함하여야 한다.

③ 제1항 단서에도 불구하고 제3조(대항력), 제10조 제1항, 제2항, 제3항 본문(갱신요구권), 제10조의2부터 제10조의9까지의 규정(권리금, 연체로 인한 해지), 제11조의2(폐업으로 인한 해지) 및 제19조는 제1항 단서(표준계약서)에 따른 보증금액을 초과하는 임대차에 대하여도 적용한다.

제35회 부동산학개론

시험총평

1. 이론 문제 : 최근 5년 동안 출제된 주제들은 계속해서 시험에 출제되기 때문에 중요한 주제들이다. 그리고 수험생들은 이러한 주제에서 출제된 문제를 통해 점수를 획득해야 한다. 35회 기출은 대부분의 문제가 기존의 출제 논점에서 출제되었기 때문에 어렵지 않은 시험이었다.
2. 계산 문제 : 제한된 시간에 모든 계산 문제를 해결하는 것은 어렵기 때문에 수험생들은 이해하기 쉽고, 적은 시간을 투자해서 풀 수 있는 문제를 전략적으로 선택해야 한다. 35회 기출은 다행히 정형화되고 이해하기 쉬운 계산 문제가 대부분 출제되었다. 시간의 제약으로 모든 문제를 풀 수는 없겠지만, 어렵지 않은 문제였다.

Answer

01 ④	02 ②	03 ④	04 ①	05 ⑤	06 ⑤	07 ②	08 ④	09 ①	10 ③
11 ②	12 ①	13 ⑤	14 ④	15 ②	16 ③	17 ③	18 ①	19 ⑤	20 ⑤
21 ④	22 ①	23 ④	24 ③	25 ⑤	26 ④	27 ③	28 ②	29 ③	30 ②
31 ④	32 ②	33 ③	34 ⑤	35 ①	36 ①	37 ②	38 ③	39 ⑤	40 ①

01 ④ 중

출제영역 토지의 특성

키워드 부동성, 개별성, 부증성, 용도의 다양성, 영속성

해설 ④ 옳은 지문이다. 경제적 공급은 용도적 공급을 의미한다. 따라서 용도의 다양성으로 인해 토지의 경제적 공급(용도적 공급)은 증가할 수 있다.

① 발생하지 않는다. ⇨ 발생한다.

② 지가 산정이 쉽다. ⇨ 지가 산정이 어렵다.

③ 탄력적이다. ⇨ 비탄력적이다. : 부증성으로 인해 토지의 물리적 공급량(지표총량의 공급량)은 단기적으로 고정되어 있다. 즉 단기적으로 완전비탄력적이다.

⑤ 고려하여야 한다. ⇨ 고려할 필요가 없다. : 영속성으로 인해 토지의 물리적(외형적) 측면의 감가상각은 고려할 필요가 없다.

02 ② 하

출제영역 토지의 용어 정의

키워드 나지

해설 ② ㉠: 지목, ㉡: 나지가 옳은 연결이다.

03 ④ 중

출제영역 주택법상 주택의 분류

키워드 다세대주택

해설 ④ 다세대 주택: 주택으로 쓰는 1개 동의 (㉠ 바닥면적) 합계가 660제곱미터 이하이고, 층수가 (㉡ 4개 층) 이하인 주택

04 ① 상

출제영역 준부동산 중 등기대상물

키워드 준부동산

해설 ① ㉠이 옳은 지문이다.

㉠ 총톤수 25톤인 기선(機船): 등기 대상물이다. 20톤 이상의 선박은 선박등기법에 의해 등기한다.

㉡ 적재용량 25톤인 덤프트럭: 등록 대상물

㉢ 최대 이륙중량 400톤인 항공기: 등록 대상물

㉣ 토지에 부착된 한 그루의 수목: 한 그루의 수목은 수목의 집단이 아니기 때문에 입목으로 등기될 수 없다. 따라서 한 그루의 수목은 일반 정착물로 등기나 등록의 대상이 될 수 없다.

05 ⑤ 하

출제영역 공영개발의 방식

키워드 수용방식, 환지방식

해설 ⑤ 일반적으로 환지방식의 절차가 복잡하고, 수용방식의 절차는 상대적으로 간단하다.

06 ⑤ 하

출제영역 부동산 개발의 방식

키워드 위탁방식, 토지개발신탁방식

해설 ⑤ 신탁회사에 형식적으로 소유권이 이전되는 방식은 신탁개발방식이다. 신탁방식은 개발 노하우나 자금이 부족한 토지소유자가 신탁회사에 토지를 신탁(형식적 소유권 이전)하면, 신탁회사가 개발을 대신해주는 방식이다. 사업위탁방식은 토지소유자가 개발사업을 위탁자에게 위탁하고 위탁수수료를 지급하는 방식이다.

07 ② 하

출제영역 부동산 마케팅

키워드 4P(제품, 가격, 유통경로, 촉진)

해설 ② 4P는 ㉠ Price(가격), ㉡ Product(제품), ㉢ Place(유통경로), ㉤ Promotion(판매촉진)이다.

08 ④ 하

출제영역 균형의 변화

키워드 수요와 공급이 동시에 변화하는 경우

해 설 ④ 옳은 지문이다. 소비자와 공급자의 행동 중 큰 쪽이 시장을 결정한다. 지문은 공급의 감소폭이 큰 경우이니 공급의 감소에 의해 시장이 결정된다. 따라서 균형거래량은 감소한다.

① 수요의 증가(거래량 증가)폭과 공급의 증가(거래량 증가)폭이 동일한 경우, 균형거래량은 증가한다.

② 공급의 감소폭이 큰 경우라면, 균형가격은 상승한다.

③ 수요의 감소폭이 큰 경우라면, 균형가격은 하락한다.

⑤ 수요의 증가(가격 상승)폭과 공급의 감소(가격 상승)폭이 동일한 경우, 균형가격은 상승한다.

09 ① (중)

출제영역 수요의 탄력성 계산

키 워 드 수요의 가격탄력성, 수요의 교차탄력성

해 설 ① A지역 소형아파트 수요량의 전체 변화율: 0.7%

1. 수요의 가격탄력성 = 0.9
   (1) ‖ 소형아파트 수요량% / 소형아파트 가격 +2% ‖ = 0.9
   (2) 소형아파트 수요량 = −1.8%(1.8% 감소)
2. 수요의 교차탄력성 = 0.5
   (1) 소형아파트 수요량% / 오피스텔 가격 +5% = 0.5
   (2) 소형아파트 수요량 = +2.5%(2.5% 증가)
3. 소형아파트 전체 수요량의 변화율: −1.8% + 2.5% = +0.7%

10 ③ (상)

출제영역 수요의 변화와 공급의 변화

키 워 드 수요의 증가를 통한 가격 상승, 공급의 감소를 통한 가격 상승

해 설 ③ 2개: 가구의 실질소득 증가, 아파트 건축자재 가격의 상승

- 가구의 실질소득 증가: 수요 증가 ⇨ 가격 상승
- 아파트에 대한 선호도 감소: 수요 감소 ⇨ 가격 하락
- 아파트 건축자재 가격의 상승: 공급 감소 ⇨ 가격 상승
- 아파트 담보대출 이자율의 상승: 수요 감소 ⇨ 가격 하락

11 ② (하)

출제영역 균형의 변화 계산

키 워 드 균형가격의 변화, 균형거래량의 변화

해 설 ② ㉠ 균형가격: 160 상승, ㉡ 균형거래량: 40 증가

1. 최초의 균형
   (1) 균형가격: $900-P = 100+\frac{1}{4}P$, $3{,}200 = 5P$, $P = 640$
   (2) 균형거래량: $Q = 260$

2. 수요함수 변화 후 균형

(1) 균형가격: $1{,}500-\frac{3}{2}P=100+\frac{1}{4}P$, $5{,}600=7P$, $P=800$

(2) 균형거래량: $Q=300$

12 ①

하

출제영역 경제론의 기본 개념

키 워 드 유량 변수와 저량 변수

해　 설 ① 옳은 지문이다.

1. 저량: 주택재고
2. 유량: 가계소득, 주택거래량, 임대료 수입, 신규주택 공급량

13 ⑤

하

출제영역 도시정비사업의 구분

키 워 드 주거환경개선사업

해　 설 ⑤ 제시된 지문은 주거환경개선사업이다.

1. 주거환경개선사업: 도시저소득 주민이 집단거주하는 지역으로서 정비기반시설이 극히 열악하고 노후·불량건축물이 과도하게 밀집한 지역의 주거환경을 개선하거나 단독주택 및 다세대주택이 밀집한 지역에서 정비기반시설과 공동이용시설 확충을 통하여 주거환경을 보전·정비·개량하기 위한 사업
2. 재개발사업: 정비기반시설이 열악하고 노후·불량건축물이 밀집한 지역에서 주거환경을 개선하거나 상업지역·공업지역 등에서 도시기능의 회복 및 상권활성화 등을 위하여 도시환경을 개선하기 위한 사업
3. 재건축사업: 정비기반시설은 양호하나 노후·불량건축물에 해당하는 공동주택이 밀집한 지역에서 주거환경을 개선하기 위한 사업

14 ④

하

출제영역 컨버스의 분기점 모형

키 워 드 상권의 경계

해　 설 ④ A시로부터 상권의 경계까지 거리: 30km

1. $\frac{84만}{a^2}=\frac{21만}{b^2}$, $\frac{4}{a^2}=\frac{1}{b^2}$, $a=2$ $b=1$

2. A시로부터 분기점: $45\text{km}\times\frac{2}{3}=30\text{km}$

15 ②

하

출제영역 입지 및 도시공간구조 이론

키 워 드 동심원이론, 선형이론, 다핵심이론, 최소비용이론

해　 설 ② 동심원이론 ⇨ 중심지이론: 크리스탈러는 중심지이론을 전개하였다.

16 ③ 하

출제영역 지대이론

키 워 드 튀넨의 위치지대설

해 설 ③ 접근성(위치), 작물재배형태, 농업적 토지이용은 모두 튀넨의 위치지대설의 내용이다.

17 ③ 하

출제영역 정보가치 계산

키 워 드 개발정보의 현재가치

해 설 ③ 정보의 현재가치: 2억원

1. 1년 후 개발정보의 가치: (143,000만원 − 88,000만원) × 40%(들어오지 않을 가능성) = 22,000만원
2. 개발정보의 현재가치: 22,000만원 ÷ 1.1 = 20,000만원(2억원)

18 ① 중

출제영역 다양한 부동산 정책

키 워 드 용도지역제, 개발권양도제, 토지비축제도(토지은행제도)

해 설 ① 도시·군기본계획 ⇨ 도시·군관리계획: 지구단위계획이란 도시·군계획 수립 대상지역의 일부에 대하여 토지 이용을 합리화하고 그 기능을 증진시키며 미관을 개선하고 양호한 환경을 확보하며, 그 지역을 체계적·계획적으로 관리하기 위하여 수립하는 도시·군관리계획을 말한다.

19 ⑤ 하

출제영역 공공임대주택 정책

키 워 드 공공임대주택의 종류

해 설 ⑤ 모두 옳은 지문이다.

20 ⑤ 하

출제영역 부동산 정책의 구분

키 워 드 총부채원리금상환비율(DSR)

해 설 ⑤ 대부비율(LTV), 총부채원리금상환비율(DSR) 등 대출규제는 금융규제에 해당한다.

21 ④ 상

출제영역 주택의 분류

키 워 드 도시형 생활주택, 토지임대부 분양주택, 세대구분형 공동주택

해 설 ④ 세대구분형 공동주택은 주택 내부 공간의 일부를 세대별로 구분하여 생활이 가능한 구조이어야 하며, 그 구분된 공간의 일부를 구분소유할 수 없다.

22 ① (하)

출제영역 부동산 조세 정책

키워드 우리나라 부동산 조세

해설 ① ㉡이 옳은 지문이다.

㉠ 매각을 앞당기게 하는 ⇨ 매각을 미루게 하는

㉢ 취득세(취득단계, 지방세), 상속세(취득단계, 국세)

㉣ 증여세(취득단계, 국세), 양도소득세(처분단계, 국세)

23 ④ (상)

출제영역 투자분석 계산

키워드 비할인법, 순소득승수, 세전현금흐름승수

해설 ④ ㉠ 순소득승수: 10.0, ㉡ 세전현금흐름승수: 8.0

1. 투자의 현금흐름 분석
   (1) 가능총소득: 7,000만원
   (2) 유효총소득: 7,000만원 − 500만원(공실 등) + 100만원(기타소득) = 6,600만원
   (3) 영업경비: 200만원(수선유지비) + 100만원(용역비) + 100만원(재산세) + 200만원(직원인건비) = 600만원
   (4) 순영업소득: 6,600만원 − 600만원 = 6,000만원
   (5) 세전현금수지: 6,000만원 − 1,500만원(부채서비스액) = 4,500만원
2. 순소득승수(=투자금액/순소득): 6억원/6,000만원 = 10%
3. 세전현금흐름승수(=지분투자금액/세전현금수지): 3.6억원/4,500만원 = 8.0

24 ③ (중)

출제영역 투자결정이론

키워드 기대수익의 평균(기대수익률), 표준편차(위험)

해설 ③ 위험은 표준편차로 측정된다. 자산 C의 위험(표준편차 0.71%)과 자산 D의 위험(표준편차 4.24%)은 동일하지 않다.

① 기대수익률은 평균(기댓값)을 통해 측정된다. 자산 A의 기대수익률(평균 4%)과 자산 B의 기대수익률(평균 4%)은 동일하다.

② 낙관적 시장전망에서는 자산 D의 수익률(14%)이 가장 높다.

④ 평균−분산 지배원리에 따르면 자산 C는 자산 A보다 수익은 높고 위험은 낮다. 따라서 자산 C는 자산 A보다 선호된다.

⑤ 포트폴리오의 수익과 위험은 각 자산의 투자비중에 따라 달라진다.

25 ⑤ 중

출제영역 부동산 투자분석기법

키 워 드 순현가법, 수익성지수법, 내부수익률법

해 설 ⑤ 투자자의 요구수익률 ⇨ 내부수익률

> 1. 내부수익률법의 재투자율: 내부수익률
> 2. 순현가법의 재투자율: 요구수익률(시장금리, 국채금리, 예금금리)

26 ④ 하

출제영역 부동산 조세 정책

키 워 드 토지단일세

해 설 ④ 토지단일세는 헨리 조지가 주장하였다.

27 ③ 상

출제영역 투자이론, 감정평가론

키 워 드 자본환원율

해 설 ③ 낮추는 ⇨ 높이는: 자본환원율은 자본의 기회비용이다. 따라서 금리의 상승은 자본환원율을 높이는 요인이다.

28 ② 상

출제영역 건물의 관리 계산

키 워 드 비율임대차

해 설 ② 임대료의 합계: 19,320만원

1. 예상 매출액 분석
   (1) 1월~6월: 매월 10만원/m^2 × 300m^2 = 매월 3,000만원, 기본임대료만 지급
   (2) 7월~12월: 매월 19만원/m^2 × 300m^2 = 매월 5,700만원, 기본임대료와 추가임대료 지급
   (3) 기본임대료: 매월 5만원/m^2 × 300m^2 = 매월 1,500만원
   (4) 7월~12월 추가임대료: (5,700만원 − 3,500만원) × 10% = 220만원
2. 예상임대료 합계
   (1) 1월~6월: 1,500만원 × 6월 = 9,000만원
   (2) 7월~12월: (1,500만원 + 220만원) × 6월 = 10,320만원
   (3) 합계: 19,320만원

29 ③ 하

출제영역 대출금액

키 워 드 담보인정비율(LTV), 총부채상환비율(DTI)

해 설 ③ 추가로 대출받을 수 있는 최대금액: 3억원

1. LTV 기준: 5억원 × 70%(LTV) = 3.5억원
2. DTI 기준: 6,000만원(소득) × 60%(DTI) ÷ 0.1(저당상수) = 3.6억원
3. 최대 대출금액: 두 기준을 모두 만족하는 3.5억원(작은 금액)
4. 추가로 대출받을 수 있는 최대금액: 3.5억원 − 5,000만원(기존 대출) = 3억원

30 ② (하)

출제영역 부동산 관리

키 워 드 자가관리, 위탁관리

해 설 ② 제시된 내용은 모두 위탁관리에 대한 내용이다.

31 ④ (중)

출제영역 대출의 상환방식

키 워 드 원리금균등상환방식, 원금균등상환방식, 체증식상환방식

해 설 ④ ㉡, ㉢, ㉣이 옳은 지문이다.

㉠ 원금 ⇨ 이자: 만기일시상환대출은 대출기간 동안 차입자가 이자만 상환하고 대출기간 만료시에 원금을 일시에 상환하는 방식이다.

32 ② (중)

출제영역 주택연금

키 워 드 주택연금의 가입조건, 저당방식 등

해 설 ② 옳은 지문이다. 주택소유자가 담보를 제공하는 방식에는 기존에 저당권 설정 방식만이 존재했는데 최근에는 신탁 방식을 함께 허용하고 있다.

① 주택소유자 또는 그 배우자의 연령이 보증을 위한 등기시점 현재 55세 이상인 자로서 소유하는 주택의 공시가격 등이 12억원 이하인 경우 가입할 수 있다.

③ 연금의 지급방식은 다양하나, 크게 종신지급방식(생존해 있는 동안 연금을 받는 방식)과 확정기간방식(계약으로 정한 기간 동안 연금을 받는 방식)으로 구분할 수 있고, 연금은 배우자에게 승계되는 것이 원칙이다.

④ 주거목적으로 사용되는 오피스텔의 소유자도 가입할 수 있다.

⑤ 주택담보노후연금(주택연금)을 받을 권리는 양도·압류할 수 없다.

33 ③ (상)

출제영역 부동산투자회사

키 워 드 자산운용 전문인력

해 설 ③ ㉡, ㉣의 경우 자산운영 전문인력이 될 수 있다.

㉠ 3년 ⇨ 5년

㉢ 부동산투자회사, 자산관리회사, 그 밖에 이에 준하는 부동산관계 회사나 기관 등에서 5년 이상 근무한 사람으로서 부동산의 취득·처분·관리·개발 또는 자문 등의 업무에 3년 이상 종사한 경력이 있는 사람

34 ⑤ 중

출제영역 주택저당채권 유동화

키 워 드 유동화 증권

해 설 ⑤ 옳은 지문이다. MBB의 경우 모든 위험을 발행자가 부담한다. 즉 투자자는 부담하지 않는다.

① 지분성격의 증권은 MPTS이다.

② 차입자가 상환한 원리금이 투자자에게 직접 전달되는 증권은 MPTS이다.

③ MBB 발행자는 초과담보를 제공하는 것이 일반적이다.

④ 투자자 입장에서 MBB의 현금흐름이 보다 안정적이다.

35 ① 중

출제영역 감정평가에 관한 규칙

키 워 드 기준시점, 일괄평가, 구분평가

해 설 ① 기준시점은 대상물건의 가격조사를 완료한 날짜로 한다. 다만, 기준시점을 미리 정하였을 때에는 그 날짜에 가격조사가 가능한 경우에만 기준시점으로 할 수 있다.

36 ① 상

출제영역 감정평가방식 계산

키 워 드 직접환원법, 환원율

해 설 ① 환원율: 7.0%

1. 순수익(순영업소득)
   (1) 가능총소득: 50,000,000원
   (2) 유효총소득: 50,000,000원 − 5,000,000원(공실 및 대손) = 5,000,000원
   (3) 순영업소득: 45,000,000원 − 10,000,000원(운영경비) = 35,000,000원
2. 부동산 가격: 500,000,000원
3. 환원율(= 순영업소득/부동산가격): 35,000,000원/500,000,000원 = 7%

37 ② 중

출제영역 감정평가방식 계산

키 워 드 거래사례비교법

해 설 ② 토지의 시산가액: 286,000,000원

1. 거래사례의 거래가격 중 토지의 거래가격(/m^2)
   (1) 전체 거래가액: 625,000,000원
   (2) 토지 거래가액: 625,000,000원 × 0.8(토지구성비) ÷ 200m^2(사례토지면적) = 2,500,000원/m^2
2. 대상 토지의 가격: 2,500,000원/m^2 × 1.04(주거지역) × 1.1 × 100m^2 = 286,000,000원

38 ③ 상

출제영역 감정평가방식

키 워 드 원가법, 재조달원가

해 설 ③ 제세공과금은 제외한다. ⇨ 포함한다.: 재조달원가는 직접적인 공사비 이외에도 제세공과금 등 부대비용이 포함되어 산정된다.

39 ⑤ 중

출제영역 부동산 가격공시제도

키 워 드 표준주택가격, 개별주택가격, 공동주택가격

해 설 ⑤ 공동주택가격 ⇨ 개별주택가격: 시장 · 군수 또는 구청장은 개별주택가격을 결정 · 공시한다. 공동주택가격은 국토교통부장관이 결정 · 공시한다.

40 ① 상

출제영역 물건별 주된 평가방법

키 워 드 건물, 구분소유권, 자동차, 선박, 영업권

해 설 ① ㉠, ㉡이 옳은 지문이다.

㉢ 자동차의 주된 감정평가방법은 거래사례비교법, 선박의 주된 감정평가방법은 원가법이다.

㉣ 수익분석법 ⇨ 수익환원법: 영업권, 특허권 등 권리의 주된 감정평가방법은 수익환원법이다.

제35회 민법 · 민사특별법

시험총평

제35회 공인중개사 민법 및 민사특별법은 41번~60번까지의 전반부는 다소 무난한 문제로 출제되었으나 61번~80번까지의 문제는 어려운 문제로 배치되어 시간 배분에 용이한 구성이라고 할 수 있다. 다만 민사특별법 부분에서는 종전에 알려지지 않았던 최근 대법원 판례를 사례형으로 문제화하여 수험생의 입장에서는 대응하기 어려웠을 것으로 보인다.

박스형 문제는 11문제 출제되었고 박스 안 지문을 3~4개 정도 제시하면서 선택을 어렵게 하는 형태를 띠고 있다는 점 및 사례형 문제가 17문제로 다소 많이 출제되었다는 점에서 단순 암기형 학습보다는 이해력을 요하는 출제경향이라고 볼 수 있다. 또한 일반적인 학습으로는 풀이할 수 없는 형태의 문제를 3문제 정도 배치하여 시험의 난이도를 조절하려는 듯한 최근 출제경향이 올해에도 반복되었다.

Answer

41 ③	42 ⑤	43 ③	44 ③	45 ②	46 ⑤	47 ⑤	48 ①	49 ①	50 ②
51 ④	52 ③	53 ⑤	54 ②	55 ④	56 ⑤	57 ①	58 ⑤	59 ②	60 ①
61 ④	62 ④	63 ②	64 ③	65 ⑤	66 ⑤	67 ④	68 ⑤	69 ①	70 ⑤
71 ①	72 ④	73 ③	74 ③	75 ③	76 ①	77 ①	78 ①	79 ②	80 ④

41 ③ (하)

출제영역 법률행위의 목적

키워드 반사회적 법률행위

해설 ③ 보험계약자가 다수의 보험계약을 통하여 보험금을 부정취득할 목적으로 보험계약을 체결한 경우, 이러한 목적으로 체결된 보험계약에 의하여 보험금을 지급하게 하는 것은 보험계약을 악용하여 부정한 이득을 얻고자 하는 사행심을 조장함으로써 사회적 상당성을 일탈하게 될 뿐만 아니라, 또한 합리적인 위험의 분산이라는 보험제도의 목적을 해치고 위험발생의 우발성을 파괴하며 다수의 선량한 보험가입자들의 희생을 초래하여 보험제도의 근간을 해치게 되므로, 이와 같은 보험계약은 민법 제103조 소정의 선량한 풍속 기타 사회질서에 반하여 무효이다(대판 2005.7.28, 2005다23858).

① 반사회적 행위가 아니라 강행규정 위반에 의한 무효(대판 2002.9.4, 2000다54406 · 54413)

② 반사회적 행위가 아니라 허위표시에 해당하여 무효(대판 2004.5.28, 2003다70041)

④ 비자금 조성행위가 반사회적 행위일지라도 이를 임치하는 행위 부분은 유효(대판 2001.4.10, 2000다49343)

⑤ 단속규정 위반행위에 해당하여 유효(대판 1992.12.22, 91다35540 · 35557)

42 ⑤ ······ 중

출제영역 의사표시

키 워 드 통정허위표시

해 설 ⑤ 통정허위표시의 무효로 선의의 제3자에게 대항하지 못한다(민법 제108조 제2항). 이때 통정허위표시의 무효를 대항할 수 없는 제3자란 허위표시의 당사자 및 포괄승계인 이외의 자로서 허위표시에 의하여 외형상 형성된 법률관계를 토대로 새로운 법률원인으로써 이해관계를 갖게 된 자를 말한다(대판 1982.5.25, 80다1403). 따라서 허위표시의 당사자로부터 직접 이해관계를 갖게 된 丙뿐만 아니라 악의의 丙과 새로운 이해관계를 맺은 丁도 선의의 제3자로 보호받을 수 있다.

① 민법 제108조 제1항

② 대판 1998.2.27, 97다50985

③ 대판 2004.5.28, 2003다70041

④ 대판 2006.3.10, 2002다1321

43 ③ ······ 중

출제영역 의사표시

키 워 드 착오

해 설 ㉠ (○) 민법 제109조 제2항

㉡ (○) 민법 제109조 제1항 단서는 의사표시의 착오가 표의자의 중대한 과실로 인한 때에는 그 의사표시를 취소하지 못한다고 규정하고 있는데, 위 단서 규정은 표의자의 상대방의 이익을 보호하기 위한 것이므로, 상대방이 표의자의 착오를 알고 이를 이용한 경우에는 착오가 표의자의 중대한 과실로 인한 것이라고 하더라도 표의자는 의사표시를 취소할 수 있다(대판 2014.11.27, 2013다49794).

㉢ (×) 부동산의 매매계약에 있어 쌍방 당사자가 모두 특정의 X토지를 계약의 목적물로 삼았으나 그 목적물의 지번 등에 관하여 착오를 일으켜 계약을 체결함에 있어서는 계약서상 그 목적물을 X토지와는 별개인 Y토지로 표시하였다 하여도 X토지에 관하여 이를 매매의 목적물로 한다는 쌍방당사자의 의사합치가 있은 이상 위 매매계약은 X토지에 관하여 성립한 것으로 보아야 할 것이다(대판 1993.10.26, 93다2629,2636). 따라서 X토지에 대한 계약은 착오가 없고, Y토지에 대한 계약은 성립되지 않았으므로 어느 계약도 취소의 대상이 될 수 없다.

44 ③ ······ 하

출제영역 의사표시

키 워 드 사기

해 설 ㉠ (○) 고지의무 있는 사항에 대한 묵비는 묵시적 기망행위에 해당한다(대판 2007.6.1, 2005다5812 · 5829 · 5836).

㉡ (×) 고지의무 없는 사항에 대한 묵비는 묵시적 기망행위에 해당하지 않는다(대판 2002.9.4, 2000다54406).

㉢ (○) 의사표시의 상대방이 아닌 자로서 기망행위를 하였으나 민법 제110조 제2항에서 정한 제3자에 해당되지 아니한다고 볼 수 있는 자란 그 의사표시에 관한 상대방의 대리인 등 상대방과 동일시할 수 있는 자만을 의미하고, 단순히 상대방의 피용자이거나 상대방이 사용자책임을 져야 할 관계에

있는 피용자에 지나지 않는 자는 상대방과 동일시할 수는 없어 이 규정에서 말하는 제3자에 해당한다(대판 1998.1.23, 96다41496).

45 ② 하

출제영역 법률행위의 무효와 취소

키 워 드 취소

해 설 ㉠ (×) 취소권은 추인할 수 있는 날로부터 3년내에 법률행위를 한 날로부터 10년 내에 행사하여야 한다(민법 제146조).

㉡ (○) 취소할 수 있는 행위에 대한 추인은 원칙적으로 취소원인 종료 전에 하여야 하지만 취소는 취소원인 종료 전에도 할 수 있다.

㉢ (×) 취소할 수 있는 법률행위의 상대방이 확정한 경우에는 그 취소는 그 상대방에 대한 의사표시로 하여야 한다(민법 제142조). 따라서 목적물 양도 여부에 관계없이 취소할 수 있는 행위의 직접 상대방에게 취소권을 행사하여야 한다.

46 ⑤ 하

출제영역 의사표시

키 워 드 도달주의

해 설 ⑤ 상대방이 정당한 사유 없이 통지의 수령을 거절한 경우에는 상대방이 그 통지의 내용을 알 수 있는 객관적 상태에 놓여 있는 때에 의사표시의 효력이 생기는 것으로 보아야 한다(대판 2008.6.12, 2008다19973).

① 의사표시자가 그 통지를 발송한 후 사망하거나 제한능력자가 되어도 의사표시의 효력에 영향을 미치지 아니한다(민법 제111조 제2항).

② 의사표시의 상대방이 의사표시를 받은 때에 제한능력자인 경우에는 의사표시자는 그 의사표시로써 대항할 수 없다. 다만, 그 상대방의 법정대리인이 의사표시가 도달한 사실을 안 후에는 그러하지 아니하다(민법 제112조).

③ 도달이라 함은 사회통념상 상대방이 통지의 내용을 알 수 있는 객관적 상태에 놓여 있는 경우를 가리키는 것으로서, 상대방이 통지를 현실적으로 수령하거나 통지의 내용을 알 것까지는 필요로 하지 않는다(대판 1983.8.23, 82다카439).

④ 우편물이 등기취급의 방법으로 발송된 경우 반송되는 등의 특별한 사정이 없는 한 그 무렵 수취인에게 배달되었다고 보아야 한다(대판 1992.3.27, 91누3819).

47 ⑤ 중

출제영역 법률행위의 대리

키 워 드 협의의 무권대리

해 설 ⑤ 무권대리행위에 대하여 본인이 그 직후에 그것이 자기에게 효력이 없다고 이의를 제기하지 아니하고 이를 장시간에 걸쳐 방치하였다고 하여 무권대리 행위를 추인하였다고 볼 수 없다(대판 1990.3.27, 88다카181).

① 추인은 다른 의사표시가 없는 때에는 계약시에 소급하여 그 효력이 생긴다. 그러나 제삼자의 권리를 해하지 못한다(민법 제133조).
② 무권대리행위의 추인에 특별한 방식이 요구되는 것이 아니므로 명시적인 방법만 아니라 묵시적인 방법으로도 할 수 있고, 그 추인은 무권대리인, 무권대리행위의 직접의 상대방 및 그 무권대리행위로 인한 권리 또는 법률 관계의 승계인에 대하여도 할 수 있다(대판 1981.4.14, 80다2314).
③ 대리권없는 자가 한 계약은 본인의 추인이 있을 때까지 상대방은 본인이나 그 대리인에 대하여 이를 철회할 수 있다. 그러나 계약당시에 상대방이 대리권 없음을 안 때에는 그러하지 아니하다(민법 제134조).
④ 대리권없는 자가 타인의 대리인으로 계약을 한 경우에 상대방은 상당한 기간을 정하여 본인에게 그 추인여부의 확답을 최고할 수 있다. 본인이 그 기간내에 확답을 발하지 아니한 때에는 추인을 거절한 것으로 본다(민법 제131조).

48 ① ······ 중

출제영역 법률행위의 대리
키 워 드 대리 종합
해 설 ㉠ 대리권이 법률행위에 의하여 부여된 경우에는 대리인은 본인의 승낙이 있거나 부득이한 사유있는 때가 아니면 복대리인을 선임하지 못한다(민법 제120조).
㉡ 계약을 대리하여 체결하였다 하여 곧바로 그 사람이 체결된 계약의 해제 등 일체의 처분권과 상대방의 의사를 수령할 권한까지 가지고 있다고 볼 수는 없다(대판 2008.1.31, 2007다74713).
㉢ 매매위임장을 제시하고 매매계약을 체결하는 자는 특단의 사정이 없는 한 소유자를 대리하여 매매행위하는 것이라고 보아야 하고 매매계약서에 대리관계의 표시없이 그 자신의 이름을 기재하였다고 해서 그것만으로 그 자신이 매도인으로서 타인물을 매매한 것이라고 볼 수는 없다(대판 1982.5.25, 81다1349·81다카1209).

49 ① ······ 하

출제영역 법률행위의 무효와 취소
키 워 드 취소할 수 있는 행위의 추인
해 설

제145조【법정추인】 취소할 수 있는 법률행위에 관하여 전조의 규정에 의하여 추인할 수 있는 후에 다음 각호의 사유가 있으면 추인한 것으로 본다. 그러나 이의를 보류한 때에는 그러하지 아니하다.
1. 전부나 일부의 이행
2. 이행의 청구
3. 경개
4. 담보의 제공
5. 취소할 수 있는 행위로 취득한 권리의 전부나 일부의 양도
6. 강제집행

50 ② (하)

출제영역 법률행위의 조건과 기한

키워드 기한이익 상실특약

해설 ② 명백히 정지조건부 기한이익 상실의 특약이라고 볼 만한 특별한 사정이 없는 이상 형성권적 기한이익 상실의 특약으로 추정하는 것이 타당하다(대판 2002.9.4, 2002다2834).

① 대판 2020.7.9, 2020다202821

③ 대결 2005.11.8, 2005마541

④ 대판 1993.9.28, 93다20832

⑤ 대판 2002.3.29, 2001다41766

51 ④ (하)

출제영역 물권 일반

키워드 일물일권주의

해설 ④ 경매와 우선변제를 목적으로 하는 저당권은 1필 토지의 일부에 대해서는 성립할 수 없다.

① 물권은 법률 또는 관습법에 의하는 외에는 임의로 창설하지 못한다(민법 제185조).

② 토지임대인이 변제기를 경과한 최후 2년의 차임채권에 의하여 그 지상에 있는 임차인소유의 건물을 압류한 때에는 저당권과 동일한 효력이 있다(민법 제649조).

③ 현행 민법은 무효인 소유권보존등기를 신뢰하여 그 등기 명의인으로부터 소유권이전등기를 경료받은 자의 소유권 취득을 인정하지 않고 있다. 따라서 부동산 물권변동에 관해서 공신의 원칙을 인정하지 않는 것으로 평가된다.

⑤ 일반적으로 일단의 증감 변동하는 동산을 하나의 물건으로 보아 이를 채권담보의 목적으로 삼으려는 이른바 집합물에 대한 양도담보설정계약체결도 가능하다(대판 1990.12.26, 88다카20224).

52 ③ (하)

출제영역 물권변동

키워드 물권변동과 등기

해설 ㉠ 부동산에 관한 법률행위로 인한 물권의 득실변경은 등기하여야 그 효력이 생긴다(민법 제186조).

㉡ 건물을 신축하여 기둥, 지붕, 주벽이 완성됨으로써 1동 건물의 요소를 갖춘 이상 그 건물을 위한 소유권은 신축자가 원시취득하는 것이고, 소유권 보존등기가 경료되지 않았다고 하여 현실적으로 존재하는 건물에 소유권이 존재하지 않는다고 평가될 수 없다.

㉢ 20년간 소유의 의사로 평온, 공연하게 부동산을 점유하는 자는 등기함으로써 그 소유권을 취득한다(민법 제245조 제1항).

㉣ 상속, 공용징수, 판결, 경매 기타 법률의 규정에 의한 부동산에 관한 물권의 취득은 등기를 요하지 아니한다. 그러나 등기를 하지 아니하면 이를 처분하지 못한다(민법 제187조). 이 규정의 판결이란 공유물분할판결과 같은 형성판결을 의미한다.

53 ⑤ 중

출제영역 점유권

키 워 드 점유보호청구권

해　설 ⑤ 현재 점유를 하지 않고 있는 자는 점유물반환청구권의 상대방이 될 수 없다.

① 민법 제208조

② 성질상 물권적청구권에 해당하는 점유물방해제거청구권은 침해자에게 고의나 과실이 없는 경우에도 행사할 수 있다.

③ 사기의 의사표시에 의해 건물을 명도해 준 것이라면 건물의 점유를 침탈당한 것이 아니므로 피해자는 점유회수의 소권을 가진다고 할 수 없다(대판 1992.2.28, 91다17443).

④ 민법 제205조 제3항

54 ② 중

출제영역 부동산 물권변동

키 워 드 중간생략등기

해　설 ①② 토지의 매수인이 아직 소유권이전등기를 경료 받지 아니하였다 하여도 매매계약의 이행으로 그 토지를 인도받은 때에는 매매계약의 효력으로서 이를 점유・사용할 권리가 생기게 된 것으로 보아야 하고, 또 매수인으로부터 위 토지를 다시 매수한 자는 위와 같은 토지의 점유・사용권을 취득한 것으로 봄이 상당하므로 매도인은 매수인으로부터 다시 위 토지를 매수한 자에 대하여 토지 소유권에 기한 물권적청구권을 행사할 수 없다(대판 1998.6.26, 97다42823).

③ 당사자 전원의 합의가 있으면 최종매수인 丙이 甲에게 직접 소유권이전등기를 청구할 수 있다(대판 1995.8.22, 95다15575).

④ 중간생략등기의 합의가 있었다 하더라도 중간매수인의 소유권이전등기청구권이 소멸되지 않는다(대판 1991.12.13, 91다18316). 따라서 중간생략등기에 관한 전원합의에도 불구하고 최종매수인 丙은 乙을 대위하여 甲에게 소유권이전등기를 청구할 수 있다.

⑤ 乙이 그 부동산을 인도받은 이상 이를 사용・수익하다가 그 부동산에 대한 보다 적극적인 권리 행사의 일환으로 丙에게 그 부동산을 처분하고 그 점유를 승계하여 준 경우에도 이전등기청구권의 소멸시효는 진행되지 않는다고 보아야 한다(대판 전합 1999.3.18, 98다32175).

55 ④ 하

출제영역 소유권

키 워 드 공유

해　설 ④ 부동산 공유자의 한 사람이 공유물의 보존행위로서 그 공유물의 일부 지분에 관하여서만 재판상 청구를 하였으면 그로 인한 시효중단의 효력은 그 공유자와 그 청구한 소송물에 한하여 발생한다(대판 1999.8.20, 99다15146).

① 민법 제265조

② 민법 제263조

③ 민법 제264조

⑤ 대판 2001.12.11, 2000다13948

56 ⑤ (상)

출제영역 소유권

키 워 드 공유

해 설 ㉠ 대판 1993.12.7, 93다27819

㉡ 협의에 의한 공유물의 분할은 법률행위에 의한 물권변동에 해당하므로 등기하여야 효력이 발생한다(민법 제186조 참고). 이때 등기의 효력은 등기를 접수한 때에 발생한다(부동산등기법 제6조 참고).

㉢ 민법 제270조

㉣ 대판 1995.1.12, 94다30348

57 ① (중)

출제영역 물권 일반

키 워 드 물권적청구권

해 설 ① 건물이 그 존립을 위한 토지사용권을 갖추지 못하여 토지의 소유자가 건물의 소유자에 대하여 당해 건물의 철거 및 그 대지의 인도를 청구할 수 있는 경우에라도 건물소유자가 아닌 사람이 건물을 점유하고 있다면 토지소유자는 그 건물 점유를 제거하지 아니하는 한 위의 건물 철거 등을 실행할 수 없다. 따라서 그때 토지소유권은 위와 같은 점유에 의하여 그 원만한 실현을 방해당하고 있다고 할 것이므로, 토지소유자는 자신의 소유권에 기한 방해배제로서 건물점유자에 대하여 건물로부터의 퇴출을 청구할 수 있다(대판 2010.8.19, 2010다43801).

②④ 대판 1999.7.9, 98다57457 · 57464

③ 대판 2022.6.30, 2021다276256

⑤ 건물의 소유자는 건물의 불법점유자에게 건물의 인도를 청구할 수 있다.

58 ② (중)

출제영역 지상권

키 워 드 분묘기지권

해 설 ㉠ 분묘기지권이 성립하기 위하여는 봉분 등 외부에서 분묘의 존재를 인식할 수 있는 형태를 갖추고 있어야 한다(대판 1991.10.25, 91다18040). 분묘기지권에 관하여서는 현행법상 등기제도를 두고 있지 않다.

㉡㉢ 분묘의 기지인 토지가 분묘의 수호 · 관리권자 아닌 다른 사람의 소유인 경우에 그 토지 소유자가 분묘 수호 · 관리권자에 대하여 분묘의 설치를 승낙한 때에는 그 분묘의 기지에 관하여 분묘기지권을 설정한 것으로 보아야 한다. 이와 같이 승낙에 의하여 성립하는 분묘기지권의 경우 성립 당시 토지 소유자와 분묘의 수호 · 관리자가 지료 지급의무의 존부나 범위 등에 관하여 약정을 하였다면 그 약정의 효력은 분묘 기지의 승계인에 대하여도 미친다.

자기 소유 토지에 분묘를 설치한 사람이 그 토지를 양도하면서 분묘를 이장하겠다는 특약을 하지 않음으로써 분묘기지권을 취득한 경우, 특별한 사정이 없는 한 분묘기지권자는 분묘기지권이 성립한 때부터 토지 소유자에게 그 분묘의 기지에 대한 토지사용의 대가로서 지료를 지급할 의무가 있다(대판 2021.9.16, 2017다271834 · 271841).

59 ② ·· 하

출제영역 용익물권

키 워 드 지역권

해 설 ② 지역권은 계속되고 표현된 것에 한하여 제245조(소유권 취득시효 규정)의 규정을 준용한다(민법 제294조).

① 민법 제292조 제2항

③ 민법 제292조 제1항

④ 민법 제293조 제1항

⑤ 민법 제295조 제1항

60 ① ·· 하

출제영역 용익물권

키 워 드 전세권

해 설 ① 전세권이 소멸한 때에는 전세권설정자는 전세권자로부터 그 목적물의 인도 및 전세권설정등기의 말소등기에 필요한 서류의 교부를 받는 동시에 전세금을 반환하여야 한다(민법 제317조).

② 성질상 용익물권인 전세권의 경우 유익비상환청구권은 인정되지만 필요비상환청구권은 허용되지 않는다.

③ 민법 제308조

④ 민법 제305조

⑤ 민법 제304조 제2항

61 ④ ·· 하

출제영역 담보물권

키 워 드 유치권

해 설 ④ 유치권은 우선변제권이 없다.

① 대판 1994.10.14, 93다62119

② 민법 제326조

③ 대판 2009.9.24, 2009다40684

⑤ 대결 2008.5.30, 2007마98

62 ④ ·· 중

출제영역 용익물권

키 워 드 법정지상권

해 설 ㉠ 가설건축법령상 가설건축물의 존치기간은 통상 3년 이내로 정해져 있다. 따라서 가설건축물은 특별한 사정이 없는 한 독립된 부동산으로서 건물의 요건을 갖추지 못하여 법정지상권이 성립하지 않는다(대판 2021.10.28, 2020다224821).

㉡ 미등기 건물을 위한 법정지상권도 인정된다(대판 1991.5.28, 91다6658).

㉢ 민법 제366조의 법정지상권은 저당권 설정 당시부터 저당권의 목적되는 토지 위에 건물이 존재할 경우에 한하여 인정되며, 토지에 관하여 저당권이 설정될 당시 그 지상에 토지소유자에 의한 건물의 건축이 개시되기 이전이었다면, 건물이 없는 토지에 관하여 저당권이 설정될 당시 근저당권자가 토지소유자에 의한 건물의 건축에 동의하였다고 하더라도 그러한 사정은 주관적 사항이고 공시할 수도 없는 것이어서 토지를 낙찰받는 제3자로서는 알 수 없는 것이므로 그와 같은 사정을 들어 법정지상권의 성립을 인정한다면 토지 소유권을 취득하려는 제3자의 법적 안정성을 해하는 등 법률관계가 매우 불명확하게 되므로 법정지상권이 성립되지 않는다(대판 2003.9.5, 2003다26051).

63 ② ㊤

출제영역 담보물권

키 워 드 저당권

해 설 소비대차에서 변제기 후의 이자약정이 없는 경우 특별한 의사표시가 없는 한 변제기가 지난 후에도 당초의 약정이자를 지급하기로 한 것으로 보는 것이 당사자의 의사이다(대판 1981.9.8, 80다2649). 또한 지연배상에 대하여는 원본의 이행기일을 경과한 후의 1년분에 한하여 저당권을 행사할 수 있다(민법 제360조 후단).

따라서 원금(1억원) + 만기일 까지의 약정이자(500만원) + 지연이자 1년분(500만원) 합계 1억 1천만원이 甲이 우선변제 받을 수 있는 채권액이다.

64 ③ ㊦

출제영역 담보물권

키 워 드 근저당권

해 설 ㉠ 민법 제356조

㉡ 대판 1993.3.12, 92다48567

㉢ 민법 제357조

> **제357조 【근저당】** ① 저당권은 그 담보할 채무의 최고액만을 정하고 채무의 확정을 장래에 보류하여 이를 설정할 수 있다. 이 경우에는 그 확정될 때까지의 채무의 소멸 또는 이전은 저당권에 영향을 미치지 아니한다.
> ② 전항의 경우에는 채무의 이자는 최고액 중에 산입한 것으로 본다.

65 ⑤ ㊦

출제영역 계약법 총론

키 워 드 계약의 종류

해 설 ⑤ 임대차계약은 쌍무, 유상, 낙성, 불요식 계약이다.

① 매매계약은 낙성계약이다.

② 도급계약은 쌍무계약이다.

③ 교환계약은 유상계약이다.

④ 증여계약은 불요식계약이다.

66 ⑤ ······ ⓗ

출제영역 계약법 총론

키 워 드 계약의 성립

해 설 ⑤ 분양계약의 목적물인 아파트의 외형 · 재질에 관하여 별다른 내용이 없는 분양계약서는 그 자체로서 완결된 것이라고 보기 어려우므로 위 아파트 분양계약은 목적물의 외형 · 재질 등이 견본주택(모델하우스) 및 각종 인쇄물에 의하여 구체화될 것을 전제로 하는 것이라고 보아, 광고 내용 중 도로확장 등 아파트의 외형 · 재질과 관계가 없을 뿐만 아니라 사회통념에 비추어 보더라도 수분양자들 입장에서 분양자가 그 광고 내용을 이행한다고 기대할 수 없는 것은 그 광고 내용이 그대로 분양계약의 내용을 이룬다고 볼 수 없다(대판 2007.6.1, 2005다5812 · 5829 · 5836).

① 민법 제531조

② 민법 제532조

③ 민법 제533조

④ 민법 제534조

67 ④ ······ ⓙ

출제영역 계약법 총론

키 워 드 계약 체결상의 과실책임

해 설 ㉡ 대판 2002.4.9, 99다47396

㉢ 민법 제535조

> **제535조 【계약체결상의 과실】** ① 목적이 불능한 계약을 체결할 때에 그 불능을 알았거나 알 수 있었을 자는 상대방이 그 계약의 유효를 믿었음으로 인하여 받은 손해를 배상하여야 한다. 그러나 그 배상액은 계약이 유효함으로 인하여 생길 이익액을 넘지 못한다.
> ② 전항의 규정은 상대방이 그 불능을 알았거나 알 수 있었을 경우에는 적용하지 아니한다.

㉠ 계약이 의사의 불합치로 성립하지 아니한 경우 그로 인하여 손해를 입은 당사자가 상대방에게 부당이득반환청구 또는 불법행위로 인한 손해배상청구를 할 수 있는지는 별론으로 하고, 상대방이 계약이 성립되지 아니할 수 있다는 것을 알았거나 알 수 있었음을 이유로 민법 제535조를 유추적용하여 계약체결상의 과실로 인한 손해배상청구를 할 수는 없다(대판 2017.11.14, 2015다10929).

68 ⑤ ······ ⓙ

출제영역 계약법 총론

키 워 드 동시이행의 항변권

해 설 ⑤ 채무담보의 목적으로 경료된 채권자 명의의 소유권이전등기나 그 청구권보전의 가등기의 말소를 구하려면 먼저 채무를 변제하여야 하고 피담보채무의 변제와 교환적으로 말소를 구할 수는 없다(대판 1984.9.11, 84다카781).

① 대판 1995.9.15, 94다55071

② 대판 2008.6.26, 2004다32992

③ 대판 2004.5.28, 2001다81245
④ 대판 1999.7.9, 98다13754 · 13761

69 ① ⋯ 중

출제영역 계약법 총론

키워드 위험부담

해설 ㉠㉡ 민법 제537조는 채무자위험부담주의를 채택하고 있는바, 쌍무계약에서 당사자 쌍방의 귀책사유 없이 채무가 이행불능된 경우 채무자는 급부의무를 면함과 더불어 반대급부도 청구하지 못하므로, 쌍방 급부가 없었던 경우에는 계약관계는 소멸하고 이미 이행한 급부는 법률상 원인 없는 급부가 되어 부당이득의 법리에 따라 반환청구할 수 있다(대판 2009.5.28, 2008다98655 · 98662).
㉢ 쌍무계약의 당사자 일방의 채무가 채권자의 책임있는 사유로 이행할 수 없게 된 때에는 채무자는 상대방의 이행을 청구할 수 있다. 채권자의 수령지체 중에 당사자쌍방의 책임없는 사유로 이행할 수 없게 된 때에도 같다(민법 제538조 제1항).

70 ⑤ ⋯ 중

출제영역 계약법 총론

키워드 제3자를 위한 계약

해설 ⑤ 제3자를 위한 계약에 있어서, 제3자가 민법 제539조 제2항에 따라 수익의 의사표시를 함으로써 제3자에게 권리가 확정적으로 귀속된 경우에는, 요약자와 낙약자의 합의에 의하여 제3자의 권리를 변경 · 소멸시킬 수 있음을 미리 유보하였거나, 제3자의 동의가 있는 경우가 아니면 계약의 당사자인 요약자와 낙약자는 제3자의 권리를 변경 · 소멸시키지 못한다(대판 2002.1.25, 2001다30285).
① 제3자를 위한 유상 쌍무계약의 경우 요약자는 낙약자의 채무불이행을 이유로 제3자의 동의없이 계약을 해제할 수 있다(대판 1970.2.24, 69다1410 · 1411).
② 계약의 당사자가 아닌 수익자에게는 취소권이나 해제권이 인정되지 않는다.
③ 대가관계의 하자를 이유로 한 항변은 허용되지 않는다(대판 2003.12.11, 2003다49771).
④ 제3자를 위한 계약관계에서 낙약자와 요약자 사이의 법률관계(이른바 기본관계)를 이루는 계약이 해제된 경우 그 계약관계의 청산은 계약의 당사자인 낙약자와 요약자 사이에 이루어져야 하므로, 특별한 사정이 없는 한 낙약자가 이미 제3자에게 급부한 것이 있더라도 낙약자는 계약해제에 기한 원상회복 또는 부당이득을 원인으로 제3자를 상대로 그 반환을 구할 수 없다(대판 2005.7.22, 2005다7566 · 7573).

71 ① 하

출제영역 계약법 총론

키 워 드 해제의 제3자

해 설 민법 제548조 제1항 단서에서 말하는 제3자란 일반적으로 그 해제된 계약으로부터 생긴 법률효과를 기초로 하여 해제 전에 새로운 이해관계를 가졌을 뿐 아니라 등기, 인도 등으로 완전한 권리를 취득한 자를 말하므로 계약상의 채권을 양수한 자나 그 채권 자체를 압류 또는 전부한 채권자는 여기서 말하는 제3자에 해당하지 아니한다(대판 2000.4.11, 99다51685).

72 ④ 중

출제영역 계약법 총론

키 워 드 해제 종합

해 설 ④ 매수인은 매매목적물에 대하여 가압류집행이 되었다고 하여 매매에 따른 소유권이전등기가 불가능한 것도 아니므로, 이러한 경우 매수인으로서는 신의칙 등에 의해 대금지급채무의 이행을 거절할 수 있음은 별론으로 하고, 매매목적물이 가압류되었다는 사유만으로 매도인의 계약 위반을 이유로 매매계약을 해제할 수는 없다(대판 1999.6.11, 99다11045).

① 대판 1998.12.23, 98다43175

② 민법 제548조 제2항

③ 대판 1991.8.27, 91다11308

⑤ 대판 1982.7.27, 80다2968

73 ③ 중

출제영역 계약법 각론

키 워 드 지상물매수청구권

해 설 ③ 토지 소유자가 아닌 제3자가 토지 임대행위를 한 경우에는 제3자가 토지 소유자를 적법하게 대리하거나 토지 소유자가 제3자의 무권대리행위를 추인하는 등으로 임대차계약의 효과가 토지 소유자에게 귀속되었다면 토지 소유자가 임대인으로서 지상물매수청구권의 상대방이 된다. 그러나 제3자가 임대차계약의 당사자로서 토지를 임대하였다면, 토지 소유자가 임대인의 지위를 승계하였다는 등의 특별한 사정이 없는 한 임대인이 아닌 토지 소유자가 직접 지상물매수청구권의 상대방이 될 수는 없다(대판 2017.4.26, 2014다72449·72456).

① 지상물매수청구권은 지상물의 소유자에 한하여 행사할 수 있다(대판 1993.7.27, 93다6386). 따라서 지상건물의 소유권을 상실한 임차인은 지상물매수청구권을 행사할 수 없다.

② 건물의 소유를 목적으로 한 토지임대차계약의 기간이 만료함에 따라 지상건물 소유자가 임대인에 대하여 행사하는 민법 제643조 소정의 매수청구권은 매수청구의 대상이 되는 건물에 근저당권이 설정되어 있는 경우에도 인정된다(대판 2008.5.29, 2007다4356).

④ 임대인이 제3자에게 토지를 양도하는 등으로 토지 소유권이 이전된 경우에는 임대인의 지위가 승계되거나 임차인이 토지 소유자에게 임차권을 대항할 수 있다면 새로운 토지 소유자를 상대로 지상물매수청구권을 행사할 수 있다(대판 2017.4.26, 2014다72449·72456).

⑤ 건물의 소유를 목적으로 한 기간의 약정 없는 토지임대차계약을 임대인이 해지함으로써 임대차가 종료하여 임차인이 임대인에게 토지를 인도하여야 하는 법률관계라면, 임차인은 임대인에게 계약갱신청구의 유무에 불구하고 건물매수청구권을 행사하여 건물대금의 지급을 구할 수 있다(대판 1995.2.3, 94다51178).

74 ③ 중

출제영역 계약법 각론

키 워 드 보증금

해 설 ③ 임차건물의 양수인이 건물 소유권을 취득한 후 임대차관계가 종료되어 임차인에게 임대차보증금을 반환해야 하는 경우에는, 임대인의 지위를 승계하기 전까지 발생한 연체차임이나 관리비 등은 그에 관하여 채권양도의 요건을 갖추지 않았다고 하더라도 임대차보증금에서 당연히 공제된다(대판 2017.3.22, 2016다218874).

① 주택임대차보호법 제3조 제4항

②④ 부동산 임대차에 있어서 수수된 보증금은 차임채무, 목적물의 멸실・훼손 등으로 인한 손해배상채무 등 임대차에 따른 임차인의 모든 채무를 담보하는 것으로서 그 피담보채무 상당액은 임대차관계의 종료 후 목적물이 반환될 때에 특별한 사정이 없는 한 별도의 의사표시 없이 보증금에서 당연히 공제되는데(대판 1999.12.7, 99다50729 등 참조), 보증금에 의하여 담보되는 채권에는 연체차임 및 그에 대한 지연손해금도 포함된다고 할 것이다. 한편 차임지급채무는 그 지급에 확정된 기일이 있는 경우에는 그 지급기일 다음 날부터 지체책임이 발생하고 보증금에서 공제되었을 때 비로소 그 채무 및 그에 따른 지체책임이 소멸되는 것이므로, 연체차임에 대한 지연손해금의 발생종기는 다른 특별한 사정이 없는 한 임대차계약의 해지 시가 아니라 목적물이 반환되는 때라고 할 것이다(대판 2014.2.27, 2009다39233).

⑤ 대판 2007.8.23, 2007다21856

75 ③ 상

출제영역 주택임대차보호법

키 워 드 묵시적 갱신

해 설 임차인이 주택임대차보호법 제6조의3 제1항에 따라 임대차계약의 갱신을 요구하면 임대인에게 갱신거절 사유가 존재하지 않는 한 임대인에게 갱신요구가 도달한 때 갱신의 효력이 발생한다. 갱신요구에 따라 임대차계약에 갱신의 효력이 발생한 경우 임차인은 제6조의2 제1항에 따라 언제든지 계약의 해지통지를 할 수 있고, 해지통지 후 3개월이 지나면 그 효력이 발생하며, 이는 계약해지의 통지가 갱신된 임대차계약 기간이 개시되기 전에 임대인에게 도달하였더라도 마찬가지이다 (대판 2024.1.11, 2023다258672).

76 ① (하)

출제영역 집합건물의 소유 및 관리에 관한 법률

키워드 관리인

해설 ①③ 관리인은 구분소유자일 필요가 없으며, 그 임기는 2년의 범위에서 규약으로 정한다(집합건물의 소유 및 관리에 관한 법률 제24조 제2항).

② 집합건물의 소유 및 관리에 관한 법률 제25조 제1항 제1호

④ 집합건물의 소유 및 관리에 관한 법률 제26조의4 제2항

⑤ 집합건물의 소유 및 관리에 관한 법률 제25조 제2항

77 ① (중)

출제영역 가등기담보 등에 관한 법률

키워드 귀속청산

해설 ① 가등기담보권자가 본등기를 경료하더라도 선순위 저당권은 소멸하지 않는다.

② 가등기담보 등에 관한 법률 제15조

③ 대판 1996.7.30, 96다6974·6981

④ 가등기담보 등에 관한 법률 제15조

⑤ 대판 2001.2.27, 2000다20465

78 ① (상)

출제영역 부동산 실권리자명의 등기에 관한 법률

키워드 양자간 명의신탁

해설 ① 명의수탁자가 양자간 명의신탁에 따라 명의신탁자로부터 소유권이전등기를 넘겨받은 부동산을 임의로 처분한 행위가 형사상 횡령죄로 처벌되지 않더라도, 위 행위는 명의신탁자의 소유권을 침해하는 행위로서 형사상 횡령죄의 성립 여부와 관계없이 민법상 불법행위에 해당하여 명의수탁자는 명의신탁자에게 손해배상책임을 부담한다(대판 2021.6.3, 2016다34007).

② 명의신탁 약정의 무효와 무관하게 수탁자와 제3자의 계약은 유효하다.

③ 신탁자는 명의신탁 약정의 무효로 제3자에게 대항하지 못한다(부동산 실권리자명의 등기에 관한 법률 제4조 제3항).

④ 유예기간이 경과한 날 이후부터 명의신탁약정과 그에 따라 행하여진 등기에 의한 부동산에 관한 물권변동이 무효가 되므로 명의신탁자는 더 이상 명의신탁해지를 원인으로 하는 소유권이전등기를 청구할 수 없다(대판 1999.1.26, 98다1027).

⑤ 양자간 등기명의신탁에서 명의수탁자가 신탁부동산을 처분하여 제3취득자가 유효하게 소유권을 취득하고 이로써 명의신탁자가 신탁부동산에 대한 소유권을 상실하였다면, 명의신탁자의 소유권에 기한 물권적 청구권, 즉 말소등기청구권이나 진정명의회복을 원인으로 한 이전등기청구권도 더 이상 그 존재 자체가 인정되지 않는다. 그 후 명의수탁자가 우연히 신탁부동산의 소유권을 다시 취득하였다고 하더라도 명의신탁자가 신탁부동산의 소유권을 상실한 사실에는 변함이 없으므로, 여전히 물권적 청구권은 그 존재 자체가 인정되지 않는다(대판 2013.2.28, 2010다89814).

79 ② ······ 상

출제영역 상가건물 임대차보호법

키 워 드 묵시적 갱신

해 설 상가의 임차인이 임대차기간 만료 1개월 전부터 만료일 사이에 갱신거절의 통지를 한 경우 해당 임대차계약은 묵시적 갱신이 인정되지 않고 임대차기간의 만료일에 종료한다고 보아야 한다(대판 2024.6.27, 2023다307024).

80 ④ ······ 상

출제영역 임대차

키 워 드 보증금 회수 종합

해 설 ①②④ [1] 법률상의 원인 없이 이득하였음을 이유로 한 부당이득의 반환에 있어 이득이라 함은 실질적인 이익을 의미하므로, 임차인이 임대차계약관계가 소멸된 이후에도 임차목적물을 계속 점유하기는 하였으나 이를 본래의 임대차계약상의 목적에 따라 사용・수익하지 아니하여 실질적인 이득을 얻은 바 없는 경우에는 그로 인하여 임대인에게 손해가 발생하였다 하더라도 임차인의 부당이득반환의무는 성립되지 않는다.

[2] 임대차계약의 종료에 의하여 발생된 임차인의 목적물반환의무와 임대인의 연체차임을 공제한 나머지 보증금의 반환의무는 동시이행의 관계에 있으므로, 임대차계약 종료 후에도 임차인이 동시이행의 항변권을 행사하여 임차건물을 계속 점유하여 온 것이라면, 임대인이 임차인에게 보증금반환의무를 이행하였다거나 현실적인 이행의 제공을 하여 임차인의 건물명도의무가 지체에 빠지는 등의 사유로 동시이행의 항변권을 상실하지 않는 이상, 임차인의 건물에 대한 점유는 불법점유라고 할 수 없으며, 따라서 임차인으로서는 이에 대한 손해배상의무도 없다(대판 1998.5.29, 98다6497).

③ 임대차계약이 존속하는 한도 내에서는 제3자에게 불법점유를 이유로 한 차임 상당 손해배상청구나 부당이득반환청구를 할 수 없다(대판 2023.3.30, 2022다296165).

⑤ 보증금반환채권은 유치권의 피담보채권이 될 수 없다(대판 1976.5.11, 75다1305).

제34회 부동산학개론

시험총평

제34회 부동산학개론은 제33회 시험에 비해서 난이도가 높게 출제되었다. 옳은 지문을 묻는 문항수가 증가했고, 박스에 괄호 넣기 형태의 문제가 증가하여 수험생들이 느끼는 체감 난이도는 상당히 높았을 것이다. 지대입지론 문제가 6문제, 투자론이 8문제 출제되었고, 금융론은 3문제가 출제되어 다소 감소했으며, 계산문제는 10문제 중 투자론에서 4문제가 출제되어 비중이 증가했다.
난이도 하급문제와 상급문제가 확실하게 구분되고, 상급문제수가 증가하여 전체적으로 난이도가 가장 높은 시험이었다. 매번 느끼지만 합격 점수를 안정적으로 확보하는 공부방법은 기출문제 중심으로 기본적인 사항을 계속적·반복적으로 학습하는 것이 필요하다.

Answer

01 ①	02 ③	03 ④	04 ②	05 ③	06 ④	07 ⑤	08 ④	09 ②	10 ①
11 ②	12 ③	13 ②	14 ③	15 모두정답	16 ②	17 ④	18 ③	19 ③	20 ⑤
21 ④	22 ①	23 ②	24 ①	25 ③	26 ①	27 모두정답	28 ①	29 ④	30 ⑤
31 ②	32 ⑤	33 ⑤	34 ④	35 ④	36 ⑤	37 ⑤	38 ①	39 ②	40 ①

01 ① ························· 하

출제영역 토지의 특성

키 워 드 용도의 다양성

해 설 ① 토지는 용도의 다양성으로 인해 두 개 이상의 용도가 동시에 경합할 수 있고 용도의 전환 및 합병·분할이 가능하다.

02 ③ ························· 하

출제영역 부동산의 개념

키 워 드 물리적 측면의 부동산

해 설 ③ 물리적 측면의 부동산에는 공간, 자연, 위치, 환경이 포함된다.
생산요소, 자산, 자본, 소비재, 상품은 경제적 측면의 부동산에 해당한다.

복합개념의 부동산

법률적 개념	• 좁은 의미의 부동산(협의의 부동산, 민법상 부동산): 토지 및 그 정착물 • 넓은 의미의 부동산(광의의 부동산): 좁은 의미의 부동산 + 준부동산
경제적 개념	자산, 자본, 생산요소(생산재), 소비재, 상품
기술적(물리적) 개념	자연, 공간, 위치, 환경

03 ④ 하

출제영역 부동산의 분류

키 워 드 토지의 용어

해 설 ④ ㉠: 빈지, ㉡: 법지, ㉢: 이행지, ㉣: 후보지

토지의 용어

구 분	개 념
택 지	주거용·상업용·공업용으로 이용 중이거나 이용 가능한 토지
부 지	어떤 것의 밑바탕이 되는 토지로 토지의 용어 중 가장 포괄적인 용어이다. 건축용지(택지)와 건축이 불가능한 토지(하천부지·철도부지 등)가 있다.
후보지	부동산의 용도(적) 지역인 택지지역, 농지지역, 임지지역 상호 간에 용도전환"중"에 있는 토지를 말한다.
이행지	택지지역(주거지, 상업지, 공업지) 내에서, 농지지역(전지, 답지, 과수원) 내에서, 임지지역(용재림지역, 신탄림지역) 내에서 용도전환 중인 토지
필 지	하나의 지번이 붙은 토지의 등록단위. 법적 개념
획 지	토지이용상황이 동일 유사하여 가격수준이 유사한 일단의 토지. 경제적 개념
나 지	토지에 건물 기타의 정착물이 없고, 지상권 등 토지의 사용·수익을 제한하는 사법상의 권리가 설정되어 있지 아니한 토지
건부지	건축물의 용도로 이용 중인 토지. 건부증가, 건부감가가 발생
공 지	건축법에 의한 건폐율, 용적률 제한으로 인하여 한 필지 내에서 건축하지 못하고 비워둔 토지
맹 지	타인의 토지에 둘러싸여 도로에 접속면이 없는 토지
대지(袋地)	타인의 토지에 둘러싸여 좁은 통로에 의해서 도로에 접하는 토지. 자루형 토지
법 지	경사면의 토지로 법적 소유권이 인정되지만, 경제적 활용실익 없거나 작은 토지
빈 지	만조수위선에서 지적공부등록선 사이의 토지로 법적 소유권의 대상이 아니나, 경제적 활용실익이 있는 바닷가 토지(해변토지)
소 지	택지나 대지 등으로 개발되기 이전의 자연 상태의 토지. 원지
선하지	고압선 아래의 토지로, (선하지)감가의 대상이 된다.
포락지	논·밭 등이 무너져 내려 하천으로 변한 토지
휴한지	농지의 지력회복이나 농지 개량을 위해 일정기간 쉬게 하는 토지. 휴경지
표준지	지가의 공시를 위해 가치형성요인이 같거나 유사하다고 인정되는 일단의 토지 중에서 선정한 토지
표본지	지가변동률 조사·산정대상 지역에서 행정구역별·용도지역별·이용상황별로 지가변동을 측정하기 위해 선정한 대표적인 필지
환지(換地)	도시개발사업에 소요된 비용과 공공용지를 제외한 후 도시개발사업 전 토지의 위치·지목·면적 등을 고려하여 토지소유자에게 재분배하는 토지
체비지(替費地)	도시개발사업에 필요한 경비에 충당하기 위해 환지로 정하지 아니한 토지

04 ② 중

출제영역 수요의 변화

키 워 드 보완재 가격 하락

해 설 보완재 가격의 하락은 해당 부동산의 수요를 증가시켜 수요곡선을 우측(우상향)으로 이동시킨다.

① 대출금리의 상승, ③ 대체재 수요량의 증가, ⑤ 해당 부동산 선호도의 감소는 해당 부동산의 수요를 감소요인으로 수요곡선을 좌측(좌하향)으로 이동시킨다.

④ 해당 부동산 가격의 상승은 해당 부동산의 수요곡선상의 점이 상향으로 이동한다.

수요증가요인과 수요감소요인

수요증가요인	수요감소요인
1. 인구 증가	1. 인구 감소
2. (정상재) 소득 증가	2. (정상재) 소득 감소
3. 대체재 가격상승, 보완재 가격하락	3. 대체재 가격하락, 보완재 가격상승
4. 대체재 수요감소, 보완재 수요증가	4. 대체재 수요증가, 보완재 수요감소
5. 수요자의 가격상승 예상	5. 수요자의 가격하락 예상
6. 이자율하락, 기준금리하락, 대부비율 상승, 총부채상환비율 상향 조정	6. 이자율상승, 기준금리상승, 대부비율 하락, 총부채상환비율 하향 조정
7. 세율인하 등 공적 규제의 완화	7. 세율인상 등 공적 규제의 강화
8. 대체투자자산의 수익률 하락 등	8. 대체투자자산의 수익률 상승 등
9. 대체재 수요 감소	9. 대체재 수요 증가

05 ③ 중

출제영역 거미집이론

키 워 드 거미집모형의 유형

해 설 옳은 설명은 ③이다.

① 수요의 가격탄력성이 공급의 가격탄력성보다 크면 수렴형이다. (**암기**: ㉠수 ㉡탄 ㉢수)

② 가격이 변동하면 수요는 즉각적으로 반응하고 공급은 일정기간 후에 반응한다는 가정을 전제하고 있다.

④ 수요와 공급의 시차성을 전제로 한 균형의 변화를 동태적으로 분석한 모형이다.

⑤ 공급자는 현재의 가격만 고려해 미래의 공급을 결정한다는 가정을 전제하고 있다.

거미집 모형의 유형

수렴형	1. 수요가격탄력성 > 공급가격탄력성	⇨ **암기**: (수)(탄)(수)
	2. 수요곡선 기울기의 절댓값 < 공급곡선 기울기의 절댓값	⇨ **암기**: (공)(기)(수)
발산형	1. 수요가격탄력성 < 공급가격탄력성	⇨ **암기**: (공)(탄)(발)
	2. 수요곡선 기울기의 절댓값 > 공급곡선 기울기의 절댓값	⇨ **암기**: (수)(기)(발)
순환형	1. 수요가격탄력성 = 공급가격탄력성	
	2. 수요곡선 기울기의 절댓값 = 공급곡선 기울기의 절댓값	

06 ④ (상)

출제영역 수요 · 공급이론

키 워 드 균형가격과 균형량 계산

해 설 ④ 기존 아파트 시장에서 공급함수 변화로 인한 아파트 시장 균형가격은 28만원/m^2에서 22만원/m^2로 6만원/m^2만큼 하락하였다.

1. 기존시장의 균형(원래의 균형)

(1) 균형거래량

$\frac{2}{3}Qs + 20$(공급함수) = $-Qd + 40$(수요함수) ⇨ $\frac{5}{3}Q = 20$ ⇨ $Q = 20 \times \frac{3}{5}$ ⇨ $Q = 12m^2$

(2) 균형가격(수요함수에 균형거래량 12 대입)

$P = -Qd + 40$ ⇨ P(균형가격) = $-12 + 40 = 28$만원/m^2

2. 새로운 균형

(1) 균형거래량

$\frac{2}{3}Qs + 10$(공급함수) = $-Qd + 40$(수요함수) ⇨ $\frac{5}{3}Q = 30$ ⇨ $Q = 30 \times \frac{3}{5}$ ⇨ $Q = 18m^2$

(2) 균형가격(수요함수에 균형거래량 18 대입)

$P = -Qd + 40$ ⇨ P(균형가격) = $-18 + 40 = 22$만원/m^2

① 아파트 공급량의 증가에 따른 공급량의 변화로 공급곡선이 우측(우하향)으로 이동하였다.

② 기존 아파트 시장 균형가격은 28만원/m^2이다.

③ 공급함수 변화 이후의 아파트 시장 균형량은 $18m^2$이다.

⑤ 기존 아파트 시장에서 공급함수 변화로 인한 아파트 시장 균형량은 $6m^2$($12m^2$ ⇨ $18m^2$)만큼 증가하였다.

07 ⑤ (중)

출제영역 수요 · 공급이론

키 워 드 수요와 공급의 탄력성

해 설 ① 가격이 변화하여도 수요량이 전혀 변화하지 않는다면, 수요의 가격탄력성은 완전비탄력적이다. (완전탄력적 ⇨ 완전비탄력적)

② 가격변화율보다 공급량의 변화율이 커서 1보다 큰 값을 가진다면, 공급의 가격탄력성은 탄력적이다. (비탄력적 ⇨ 탄력적)

③ 공급의 가격탄력성이 0이라면, 완전비탄력적이다. (완전탄력적 ⇨ 완전비탄력적)

④ 수요의 가격탄력성이 1보다 작은 값을 가진다면, 수요의 가격탄력성은 비탄력적이다. (탄력적 ⇨ 비탄력적)

수요의 가격탄력성과 수요곡선의 형태(기울기) ⇨ 이 논리는 공급의 가격탄력성에 그대로 적용된다.

1. 수요의 가격탄력성이 완전탄력적: 미세한 가격변화에 수요량이 무한대로 변화. 수평선
2. 수요의 가격탄력성이 완전비탄력적: 가격의 변화와는 상관없이 수요량이 고정. 수직선
3. 수요의 가격탄력성이 단위탄력적: 수요량변화율 = 가격변화율. 직각쌍곡선
4. 수요의 가격탄력성이 탄력적: 수요량변화율 > 가격변화율
5. 수요의 가격탄력성이 비탄력적: 수요량변화율 < 가격변화율

탄력성	이 름	수요량변화율 가격변화율	수요곡선의 형태
① 탄력성 = ∞	완전탄력적	수요량변화율 = ∞	수평선
② 1 < 탄력성 < ∞	탄력적	수요량변화율 > 가격변화율	완만(기울기 작다)
③ 탄력성 = 1	단위탄력적	수요량변화율 = 가격변화율	직각쌍곡선
④ 0 < 탄력성 < 1	비탄력적	수요량변화율 < 가격변화율	급경사(기울기 크다)
⑤ 탄력성 = 0	완전비탄력적	수요량변화율 = 0	수직선

08 ④ (상)

출제영역 수요 · 공급이론

키 워 드 시장수요곡선

해 설 ④ 부동산 시장수요(량)는 각 가격수준에서 개별 수요자의 수요(량)을 전부 합한 것이고, 시장수요곡선은 각 개별수요자의 개별수요곡선을 수평으로 합하여 도출한다. 즉 시장수요곡선은 개별수요곡선의 수평적 합계로 도출한다.

09 ② (중)

출제영역 지대이론

키 워 드 마샬의 준지대

해 설 ① 튀넨(J. H. von Thünen)의 위치지대설은 농업지역의 지대에 관한 이론으로 토지의 위치에 따른 수송비(운송비)의 차이를 지대결정의 요소로 본다.

③ 리카도(D. Ricardo)의 차액지대설에서 지대는 농촌토지의 비옥도의 차이로 인한 농작물 수확량의 차이로 본다.

④ 마르크스(K. Marx)의 절대지대설은 토지의 사유화를 지대 발생 원인으로 본다. 따라서 최열등지에서도 지대가 발생한다.

⑤ 헤이그(R. Haig)의 마찰비용이론에서 마찰비용은 지대와 교통비의 합으로 산정된다.

10 ① (하)

출제영역 도시공간구조이론 및 입지이론

키 워 드 버제스의 동심원이론의 구성

해 설 ① 버제스(E. Burgess)의 동심원이론에 의하면 도시의 기능은 5개의 지대로 구분된다.

중심업무지구 − 전이지대(점이지대, 천이지대) − 저소득층지대 − 고소득층지대 − 통근자지대

② 호이트(H. Hoyt)의 선형이론에 따르면, 도시공간구조는 교통축(도로망)을 따라 원을 변형한 부채꼴 모양으로 확대되면서 나타난다.

③ 해리스(C. Harris)와 울만(E. Ullman)의 다핵심이론은 동심원이론과 선형이론을 결합한 이론이다. 따라서 중심업무지구가 존재하지 않는다고 할 수 없다.

④ 뢰쉬(A. Lösch)의 최대수요이론은 수요가 가장 많은 지점을 최적의 공업입지로 본다. 운송비와 집적이익을 고려한 공업입지이론은 베버의 최소비용이론이다.

⑤ 특정 점포가 최대이익을 확보하기 위해 어떤 장소에 입지하는가에 대한 8원칙을 제시한 것은 넬슨의 소매입지이론이다.

도시공간구조이론

이 론	내 용
버제스의 동심원이론	1. 튀넨의 고립국 이론을 도시공간구조이론에 원용한 이론이다. 2. 생태학적 관점의 이론 ⇨ 침입과 계승의 논리로 도시공간구조 설명 3. ㊥심업무지대 ⇨ ㊉이지대(천이지대, 점이지대) ⇨ ㊈소득층지대 ⇨ ㊋소득층지대(중산층지대) ⇨ ㊌근자지대 (**암기**: ㊥, ㊉, ㊈, ㊋, ㊌) 4. 도심에서 외곽으로 갈수록 ⇨ 접근성, 인구밀도, 지대가 낮아지는 반면, 범죄율, 빈곤, 질병 등의 도시문제 감소
호이트의 선형이론	1. 도시는 교통망(축)을 따라 부채꼴 모양으로 발전 2. 주택가격 지불능력을 주거 공간 유형을 결정하는 가장 중요한 요인으로 파악 3. 고소득층 주거지역은 접근성이 양호한 도로교통망의 축에 가까이 입지, 중급주택지역은 고소득층 주거지역 인근에 입지, 저소득층 주거지역은 최고급주택지역 반대편에 입자는 경향이 있다.
해리스와 울만의 다핵심이론	1. 현대 대도시의 공간구조 2. 다핵이 성립하는 이유 (1) 유사업종(동종업종) 간의 집중지향성(양립성) ⇨ 동종활동 간의 집적이익 (2) 이종업종 간의 분산지향성(비양립성) (3) 특정위치나 특정시설의 필요성 (4) 특정장소에 대한 업종별 지대 지불능력 차이

11 ② ······ (상)

출제영역 부동산 개발

키 워 드 입지계수 계산

해 설 ② X지역의 기반산업의 개수는 D산업 1개이다.

1. 입지계수(LQ)를 계산하여 1보다 크면 기반산업(특화산업), 1보다 작으면 비기반산업이다.

$$\text{X지역의 A산업 입지계수} = \frac{\text{X지역 A산업비율}}{\text{전국 A산업비율}} = \frac{\dfrac{\text{X지역 A산업 고용자수}}{\text{X지역 전산업 고용자수}}}{\dfrac{\text{전국 A산업 고용자수}}{\text{전국 전체산업 고용자수}}}$$

2. X지역의 산업별 입지계수

(1) A산업 입지계수 : $\frac{\frac{30}{320}}{\frac{80}{540}} = 0.633$ (2) B산업 입지계수 : $\frac{\frac{50}{320}}{\frac{90}{540}} = 0.937$

(3) C산업 입지계수 : $\frac{\frac{60}{320}}{\frac{110}{540}} = 0.923$ (4) D산업 입지계수 : $\frac{\frac{100}{320}}{\frac{120}{540}} = 1.406$

(5) E산업 입지계수 : $\frac{\frac{80}{320}}{\frac{140}{540}} = 0.964$

3. X지역 산업 중 입지계수가 1보다 큰 기반산업은 D산업 1개이다.

12 ③ 상

출제영역 상업입지이론

키 워 드 허프의 확률모형의 공간마찰계수

해 설 ③ 점포 A의 월 매출액은 3억원 증가한다.

• 점포 A의 월 매출액을 추정

1. 올바른 공간(거리)마찰계수 2를 적용한 경우

(1) 점포 A의 월 추정매출액 : 점포 A의 이용객수 × 1인당 월 소비액

점포 A의 이용객수 : 소비자수(X지역의 현재 주민) × 점포 A의 확률

10,000명 × 0.4 = 4,000명

$$* \text{ 점포 A의 확률} : \frac{\frac{750}{5^2}}{\frac{750}{5^2} + \frac{2,500}{10^2} + \frac{500}{5^2}} = \frac{30}{30 + 25 + 20} = 40\%$$

(2) 점포 A의 월 추정매출액 : 4,000명 × 30만원 = 12억원

2. 잘못된 공간(거리)마찰계수 1을 적용한 경우

(1) 점포 A의 월 추정매출액 : 점포 A의 이용객수 × 1인당 월 소비액

점포 A의 이용객수 : 소비자수(X지역의 현재 주민) × 점포 A의 확률

10,000명 × 0.3 = 3,000명

$$* \text{ 점포 A의 확률} : \frac{\frac{750}{5^1}}{\frac{750}{5^1} + \frac{2,500}{10^1} + \frac{500}{5^1}} = \frac{150}{150 + 250 + 100} = 30\%$$

(2) 점포 A의 월 추정매출액 : 3,000명 × 30만원 = 9억원

- 올바르게 추정한 점포 A의 월 매출액은 12억원, 잘못 추정한 점포 A의 월 매출액은 9억원이다. 따라서 올바르게 추정한 점포 A의 월 매출액은 잘못 추정한 점포 A의 월 매출액보다 3억원이 증가한다.

13 ② ······ 중

출제영역 공업입지이론 – 베버의 최소비용이론

키워드 등비용선

해 설 ② 등비용선(isodapane)은 최소운송비 지점으로부터 기업이 입지를 바꿀 경우, 이에 따라 추가적인 운송비(수송비) 부담액이 동일한 지점을 연결한 곡선을 의미한다.

14 ③ ······ 중

출제영역 상업입지이론

키워드 크리스탈러의 중심지이론

해 설 ③ 옳은 설명이다.

① 최소요구치에 대한 설명이다.
최소요구치: 중심지 기능이 유지되기 위한 최소한의 수요 요구 규모

② 재화의 도달범위에 대한 설명이다.
재화의 도달 범위: 중심지로부터 어느 기능에 대한 수요가 0이 되는 곳까지의 거리

④ 최소요구범위에 대한 설명이다.
최소요구범위: 판매자가 정상이윤을 얻을 만큼의 충분한 소비자들을 포함하는 경계까지의 거리

⑤ 중심지 재화 및 서비스 – 중심지에서 배후지로 제공되는 재화 및 서비스

크리스탈러의 중심지이론

1. 중심지 형성과정에 중점을 둔 거시적 분석법이다.
2. 주요개념
   (1) 중심지: 주변지역에 재화와 서비스를 생산, 판매하는 곳
   (2) 최소요구치: 중심지 기능을 유지시키기 위해서 필요한 최소한의 수요 요구 규모(인구수)
   (3) 최소요구범위: 판매자가 정상이윤을 얻을 만큼의 충분한 소비자들을 포함하는 경계까지의 거리
   (4) 재화의 도달범위: 중심지로부터 어느 기능에 대한 수요가 0이 되는 곳까지의 거리. 재화나 용역을 얻기 위해 사람들이 통행하는 최대거리
3. 중심지가 성립(유지)되기 위한 조건: 재화의 도달거리 〉 최소요구치

15 모두정답 ······ 중

출제영역 조세정책

키워드 부동산 관련 조세의 종류

해 설 모두정답: 기존 정답은 ③이었으나, 정답심사위원회의 심의 결과 모두정답 처리되었다.

① 취득세는 취득단계의 지방세이다. 따라서 취득세는 ㉠과 ㉢에 해당하고, ㉤ 보유단계에 해당하지 않는다.

② 종합부동산세는 납세의무자별로 합산한 과세표준에 대한 과세 ㉦에 해당한다.

③ 재산세는 지방세(㉠), 물건별 과세표준에 대한(㉥)이나, 납세의무자별로 합산한 과세표준에 대한 과세(㉦)가 되는 경우도 있다.
④ 양도소득세는 처분단계(㉣)에 해당한다.
⑤ 양도소득세는 처분단계(㉣)에 해당한다.

16 ② ······ 하

출제영역 부동산 정책

키 워 드 시행되지 않고 있는 정책

해 설 ② 시행되고 있지 않는 정책: ㉠ 택지소유상한제, ㉢ 토지초과이득세, ㉧ 공한지세

- 현재 시행하지 않는 정책: 개발권양도제, 택지소유상한제, 토지초과이득세제, 종합토지세, 공한지세 등

17 ④ ······ 하

출제영역 부동산 정책

키 워 드 시장개입방법

해 설 ④ 토지수용은 부동산 시장에 대한 직접개입수단이고, 종합부동산세, 담보인정비율, 개발부담금은 부동산 시장에 대한 간접개입수단이다.

시장개입의 방법

직접개입방법	공영개발사업, 공공투자사업, 공공임대보유, 공공임대주택공급, 토지은행(공공토지비축), 토지수용, 토지선매, 토지초과매수, 도시개발사업, 도시재개발사업, 행복주택 등
간접개입방법	조세(취득세, 종부세 등), 각종 부담금, 보조금, 금융지원, 임대료보조, 대부비율(담보인정비율), 총부채상환비율, 정보제공, 토지행정상의 지원(지적제도, 등기제도) 등

18 ③ ······ 상

출제영역 부동산 투자론

키 워 드 부동산 투자가치 계산

해 설 ③ 부동산의 투자가치는 5억원이다.

$$\text{투자가치} = \frac{\text{기대(예상)순수익}}{\text{요구수익률}}$$

- 요구수익률: 무위험(수익)률 + 위험할증률 + 예상인플레이션
  $= 3\% + 4\% + 2\% = 9\%$
- 투자가치: $\frac{\text{4,500만원}}{0.09} = \text{5억원}$

19 ③ ······ 중

출제영역 부동산 정책

키 워 드 주거정책

해 설 ③ 틀린 것은 ㉠, ㉣, ㉤이다.

㉠ 우리나라는 주거기본법 등으로 주거에 대한 권리를 인정하고 있다.

㉣ 임대료 보조정책은 민간임대주택의 공급을 장기적으로 증가시켜 시장임대료를 낮춘다.

임대료보조의 효과

1. 단기: 임대주택 수요증가 ⇨ 임대료 상승 ⇨ 임대인 혜택
2. 장기: 임대주택 공급증가 ⇨ 임대료 하락 ⇨ 임차인 혜택

㉤ 임대료를 균형가격 이하로 통제하면 민간임대주택의 공급량은 감소하고 질적 수준은 저하된다.

20 ⑤ (중)

출제영역 임대주택정책

키 워 드 공공임대주택, 민간임대주택

해 설 ⑤ ㉠: 장기전세주택, ㉡: 민간매입임대주택

공공임대주택의 유형(용어), 민간임대주택

1. 공공주택(「공공주택 특별법」 제2조): 공공주택이란 공공주택사업자가 국가 또는 지방자치단체의 재정이나 주택도시기금을 지원받아 건설, 매입 또는 임차하여 공급하는 공공임대주택과 공공분양주택을 말한다.
   (1) 공공임대주택
      ① 공공건설임대주택
      ② 공공매입임대주택
   (2) 공공분양주택
2. 공공임대주택
   (1) 영구임대주택: 국가 또는 지방자치단체의 재정을 지원받아 50년 이상 또는 영구적인 임대를 목적으로 공급하는 공공임대주택
   (2) 국민임대주택: 국가 또는 지방자치단체의 재정이나 주택도시기금의 자금을 지원받아 30년 이상 장기간 임대를 목적으로 공급하는 공공임대주택
   (3) 행복주택: 대학생, 사회초년생, 신혼부부 등 젊은층의 주거안정을 목적으로 공급하는 공공임대주택
   (4) 장기전세주택: 전세계약의 방식으로 공급하는 공공임대주택
   (5) 분양전환공공임대주택: 일정 기간 임대 후 분양전환할 목적으로 공급하는 공공임대주택을 말한다.
   (6) 기존주택등매입임대주택: 기존주택을 매입하여 수급자 등 저소득층과 청년 및 신혼부부 등에게 공급하는 공공임대주택을 말한다.
   (7) 기존주택전세임대주택: 기존주택을 임차하여 「국민기초생활 보장법」에 따른 수급자 등 저소득층과 청년 및 신혼부부 등에게 전대(轉貸)하는 공공임대주택을 말한다.
   (8) 통합공공임대주택: 최저소득 계층, 저소득 서민, 젊은층 및 장애인·국가유공자 등 사회 취약계층 등의 주거안정을 목적으로 공급하는 공공임대주택
3. 민간임대주택에 관한 특별법상 민간임대주택
   (1) 민간건설임대주택: 임대사업자가 임대를 목적으로 건설하여 임대하는 민간임대주택을 말한다.
   (2) 민간매입임대주택: 민간임대주택에 관한 특별법에 따른 임대사업자가 매매 등으로 소유권을 취득하여 임대하는 민간임대주택을 말한다.
   (3) 공공지원민간임대주택: 임대사업자가 민간임대주택을 10년 이상 임대할 목적으로 취득하여 이 법에 따른 임대료 및 임차인의 자격 제한 등을 받아 임대하는 민간임대주택을 말한다.
   (4) 장기일반민간임대주택: 임대사업자가 공공지원민간임대주택이 아닌 주택을 10년 이상 임대할 목적으로 취득하여 임대하는 민간임대주택을 말한다.
   (5) 단기민간임대주택: 임대사업자가 6년 이상 임대할 목적으로 취득하여 임대하는 민간임대주택을 말한다.

21 ④ (하)

출제영역 투자 위험

키 워 드 위험의 종류

해 설 ④ 옳은 것은 ㉡, ㉣이다.

㉠ 표준편차가 작을수록 투자에 수반되는 위험은 작아진다.

㉢ 경기침체, 인플레이션 심화는 체계적 위험에 해당한다.

부동산 투자의 위험

사업상 위험	부동산 사업자체에서 연유하는 수익성에 관한 위험 ① 시장위험: 경기침체 등 수요공급의 변화에 따른 위험 ② 운영위험: 근로자의 파업, 영업경비의 변동으로 인한 위험 ③ 위치적 위험: 입지선정의 실패로 인한 위험, 상대적 위치의 변화
금융적 위험	① 타인자본(차입금) 이용하여 투자할 때 원리금을 상환 못할 위험 ② 부채가 많을수록 지렛대효과가 크게 나타날 수 있으나 금융적 위험(투자위험)도 증가한다. ③ 대부비율이 높을수록, 부채비율이 높을수록 금융적 위험은 증가한다. ④ 전액 자기자본으로 투자할 때 금융적 위험은 없다.
유동성 위험	① 부동산을 현금화하는 과정에서 발생하는 시장가치의 손실 가능성 ② 원하는 시기에 현금화할 수 없는 위험
인플레 위험	① 변동금리로 차입하는 경우 인플레상황에서 발생하는 위험 ② 인플레가 예상되면 대출자는 변동이자율을 선호한다. ③ 인플레가 예상되면 임대인은 임대료 인상 임대차계약이 유리
법률적 위험	① 부동산세제의 변화, 감가상각방법의 변경, 임대료 규제 등 ② 법률적 사항(법적 환경)의 변경으로 인한 위험

22 ① (상)

출제영역 비율분석법

키 워 드 부채감당률

해 설 ① 부채감당률은 1.08이다.

$$\text{부채감당률} = \frac{\text{순영업소득}}{\text{부채서비스액}}$$

1. 순영업소득 계산
   (1) 유효총소득: 가능총소득 − 공실손실상당액 및 대손충당금
   5,000만원 − (5,000만원 × 0.1) = 4,500만원
   (2) 순영업소득: 유효총소득 − 영업경비
   4,500만원 − (4,500만원 × 0.28) = 3,240만원

2. 부채서비스액(원리금상환액) 계산
부채서비스액 : 융자액 × 저당상수
(1) 융자액 : 시장가치 × 담보인정비율(대부비율) = 5억 × 0.5 = 2억 5천만원
(2) 부채서비스액 : 2억 5천만원 × 0.12 = 3천만원

3. 부채감당률 : $\frac{3{,}240\text{만원}}{3{,}000\text{만원}} = 1.08$

23 ② (상)

출제영역 어림셈법

키워드 세후현금흐름(수지)승수

해설 ② A부동산의 세후현금흐름승수는 10이다.

$$\text{세후현금흐름(수지)승수} = \frac{\text{지분투자액}}{\text{세후현금흐름(수지)}}$$

1. 지분투자액 : 36,000만원
2. 세후현금흐름(수지) 계산

	가능총소득		6,000만원	
−	공실손실상당액	−	900만원	※ (6,000만원 × 0.15)
	유효총소득		5,100만원	
−	영업경비	−	500만원(재산세)	
	순영업소득		4,600만원	
−	부채서비스액	−	600만원(원리금상환액)	
	세전현금흐름		4,000만원	
−	영업소득세	−	400만원	
	세후현금흐름		3,600만원	

3. 세후현금흐름(수지)승수 : $\frac{36{,}000\text{만원}}{3{,}600\text{만원}} = 10$

24 ① (하)

출제영역 수익률, 레버리지 효과

키워드 요구수익률의 구성

해설 ① 시중금리 상승은 부동산 투자자의 요구수익률을 상승시키는 요인이다.

요구수익률 = 무위험(수익)률 + 위험할증률 + 예상인플레이션

1. 무위험(수익률) : 예금 이자율(시중금리), 국・공채수익률
2. 무위험(수익률) 상승, 위험할증률 상승, 예상인플레이션 상승 ⇨ 요구수익률 상승

25 ③ (상)

출제영역 어림셈법, 비율분석법

키워드 지분환원이율(지분배당률, 세전수익률)

해설 ③ 지분환원율은 22.5%이다.

① 유효총소득승수를 이용하여 유효총소득을 계산한다.

- $\text{유효총소득승수} = \dfrac{\text{총투자액(부동산가격)}}{\text{유효총소득}}$ ⇨ $\text{유효총소득} = \dfrac{\text{총투자액(부동산가격)}}{\text{유효총소득승수}}$
- $\text{유효총소득} = \dfrac{\text{10억원}}{4} = \text{2억 5천만원}$

② $\text{부채비율} = \dfrac{\text{부채(저당)}}{\text{자본(지분)}} = \dfrac{\text{2억원}}{\text{8억원}} = 25\%$

③ $\text{지분환원율} = \dfrac{\text{세전현금수지}}{\text{지분투자액}} = \dfrac{\text{1억 8,000만원}}{\text{8억원}} = 0.225 = 22.5\%$

- 세전현금수지 : 순영업소득(2억원) − 부채서비스액(2,000만원) = 1억 8,000만원

④ $\text{순소득승수} = \dfrac{\text{총투자액}}{\text{순영업소득}} = \dfrac{\text{10억원}}{\text{2억원}} = 5$

⑤ $\text{종합환원율} = \dfrac{\text{순영업소득}}{\text{부동산가격(총투자액)}} = \dfrac{\text{2억원}}{\text{10억원}} = 0.2 = 20\%$

어림셈법

승 수		수익률
$\text{총소득승수} = \dfrac{\text{총투자액}}{\text{총소득}}$	역수	$\text{총자산회전율} = \dfrac{\text{총소득}}{\text{총자산(총투자액)}}$
$\text{순(영업)소득승수(자본회수기간)} = \dfrac{\text{총투자액}}{\text{순(영업)소득}}$	역수	$\text{(종합)자본환원이율} = \dfrac{\text{순(영업)소득}}{\text{부동산가격(총투자액)}}$
$\text{세전현금수지승수} = \dfrac{\text{지분투자액}}{\text{세전현금수지}}$	역수	$\text{지분배당율(지분환원율)} = \dfrac{\text{세전현금수지}}{\text{지분투자액}}$
$\text{세후현금수지승수} = \dfrac{\text{지분투자액}}{\text{세후현금수지}}$	역수	$\text{세후수익률} = \dfrac{\text{세후현금수지}}{\text{지분투자액}}$

26 ① (하)

출제영역 투자분석기법

키워드 내부수익률의 개념

해설 ① 내부수익률은 수익성지수를 1로, 순현재가치를 0으로 만드는 할인율이다.

내부수익률

1. 현금유입의 현재가치와 현금유출의 현재가치를 같게 만드는 할인율이다.
2. 순현재가치를 '0'으로 만드는 할인율이다.
3. 수익성지수를 '1'로 만드는 할인율이다.

할인현금흐름기법

할인현금흐름기법	개념, 종류	1. 대상 부동산으로부터 장래에 예상되는 현금수입과 지출을 현재가치로 할인하여 현금수입의 현재가치와 현금지출의 현재가치를 비교하여 투자판단하는 방법 2. 순현재가치법, 수익성지수법, 내부수익률법
	순현재가치법	1. 순현재가치 ≧ 0 ⇨ 투자 선택 2. 순현재가치 : 현금유입액의 현가 − 현금유출액의 현가 3. 할인율, 재투자수익률 : 요구수익률 4. 가치가산(합산)원리 성립, 항상 부(富)의 극대화 달성
	수익성지수법	1. 수익성지수 ≧ 1 ⇨ 투자 선택 2. 수익성지수 : 현금유입액의 현가 ÷ 현금유출액의 현가 ⇨ 현금지출의 현재가치에 대한 현금수입의 현재가치에 대한 비율 3. 가치가산(합산)원리 성립(×), 항상 부(富)의 극대화 달성(×)
	내부수익률법	1. 내부수익률 ≧ 요구수익률 ⇨ 투자 선택 2. 내부수익률 ① 현금유입액의 현가와 현금유출액의 현가를 같게 만들고 ② 순현재가치를 '0'으로 만들고 ③ 수익성지수를 '1'로 만드는 할인율 3. 할인율, 재투자수익률 : 내부수익률 4. 가치가산(합산)원리 성립(×), 항상 부(富)의 극대화 달성(×)

27 모두정답 (상)

출제영역 자산유동화

키워드 자산유동화증권과 자산담보부 기업어음

해설 모두정답 : 기존 정답 ⑤번이었지만, 정답심사위원회 심의 결과 모두정답 처리되었다.

① ABS와 ABCP는 질권 또는 저당권의 방법으로 대출채권을 담보로 확보해야 한다.

② ABS는 금융위원회에 등록한 이전 회차의 유동화계획을 따를 경우라도, 금융위원회에 등록해야 금번 회차에도 동일하게 재발행할 수 있다.

③ ABS는 대출기관이 부동산개발업체에 대출하고 이 대출채권을 유동화 도관체인 유동화전문회사(SPC)에 대출채권을 양도하고, 유동화전문회사는 이를 기초로 ABS를 발행하여 유동화한다.

④ 공사대금 재원이 필요한 경우, 시행사는 분양대금을 담보로 ABCP를 발행하고 이를 통해 조달한 재원을 시공사에 지급한다.

⑤ 채권형 ABS와 ABCP에서 수령하는 이자에 대하여 모든 개인투자자가 소득세 납세의무를 가지는 것이 아니다.

28 ① (상)

출제영역 부동산 관리

키 워 드 비율임대차의 임대료

해 설 ① 추가임대료율은 15%이다.

$$추가임대료율 = \frac{추가임대료}{초과매출액}$$

1. 기본임대료: $750m^2$ × 10만원 = 7,500만원
2. 초과매출액 계산: 전년도 매출액 − 손익분기점 매출액
   (1) 전년도 매출액: $750m^2$ × 1,000만원 = 7억 5,000만원
   (2) 손익분기점 매출액: $750m^2$ × 60만원 = 4억 5,000만원
   (3) 초과매출액: 7억 5,000만원 − 4억 5,000만원 = 3억원
3. 추가임대료: 연임대료 − 기본임대료 = 12,000만원 − 7,500만원 = 4,500만원
4. 추가임대료율: $\frac{추가임대료}{초과매출액} = \frac{4,500만원}{3억원} = 15\%$

29 ④ (하)

출제영역 부동산투자회사법

키 워 드 자기관리 부동산투자회사

해 설 ④ 자기관리 부동산투자회사는 자산운용전문인력을 상근으로 두고 자산의 투자·운용을 직접 수행하는 회사이다. 자기관리 부동산투자회사는 자산의 투자·운용을 위탁하지 않는다. 자산의 투자·운용을 자산관리회사에 위탁하는 부동산투자회사는 위탁관리 부동산투자회사와 기업구조조정 부동산투자회사이다.

30 ⑤ (중)

출제영역 저당담보부증권(MBS)

키 워 드 채권의 가격과 채권 수익률의 관계

해 설 ⑤ 옳은 설명이다.

① 투자자들이 가까운 시일에 채권시장 수익률의 하락을 예상한다면, 저당담보부증권의 가격은 상승할 것이다. 그런데 가중평균상환기간(duration)이 긴(만기가 장기) 저당담보부증권일수록 그 가격이 더 크게 상승한다.

② 채무불이행위험이 없는 저당담보부증권의 가격도 채권시장 수익률의 변동에 영향을 받는다.

③ 자본시장 내 다른 투자수단들과 경쟁하므로, 동일위험수준의 다른 투자수단들의 수익률이 상승하면 저당담보부증권의 수요가 감소한다. 따라서 저당담보부증권의 가격은 하락한다.

④ 채권시장 수익률이 상승할 때 가중평균상환기간이 긴 저당담보부증권일수록 그 가격의 변동 정도가 커서 가격은 크게 하락할 것이다.

31 ② 중

출제영역 투자위험, 투자분석기법

키 워 드 사업위험, 최적의 포트폴리오, 민감도 분석

해 설 ② 옳은 지문은 ㉠, ㉢, ㉤이다.

㉡ 공실률은 유효총소득을 산정하는 데 필요한 항목이나 부채서비스액은 유효총소득을 산정하는 데 필요한 항목이 아니다.

- 영업현금흐름(수지) 산정할 때 유효총소득 산정할 때 필요한 항목(고려할 항목)은 유효총소득보다 위쪽에 있는 항목들이다. 예상임대료, 공실률, 회수불능채권(불량부채, 대손충당금), 기타소득(영업외소득)이다.

㉣ 부동산의 개별성에 기인한 위험은 비체계적위험이다. 포트폴리오를 통해 제거 가능한 비체계적인 위험은 부동산의 개별성에 기인한다.

32 ⑤ 중

출제영역 부동산 관리

키 워 드 자기관리방식과 위탁관리방식

해 설 ⑤ 위탁관리방식 – ㉡, ㉣, ㉤, ㉥

- 자기관리방식: ㉠ 소유자의 직접적인 통제권이 강화된다. ㉢ 기밀 및 보안 유지가 유리하다.
- 위탁관리방식: ㉡ 관리의 전문성과 효율성을 높일 수 있다. ㉣ 건물설비의 고도화에 대응할 수 있다. ㉤ 대형건물의 관리에 더 유용하다. ㉥ 소유와 경영의 분리가 가능하다.

관리방식 비교

구 분	장 점	단 점
자가관리 (직접관리)	1. 기밀유지 및 보안이 용이 2. 친절한 서비스 제공 3. 부동산 애호정신이 높음 4. 신속한 업무처리 5. 소유자의 강한 통제력 6. 직접관리 ⇨ 관리비 절약	1. 전문성 결여 2. 관리업무의 타성화 3. 인력관리의 비효율성 4. 관리비가 필요 이상으로 상승하여 불합리하게 관리비 지출
위탁관리 (외주관리)	1. 전문성이 높다. 2. 관리업무의 타성화(매너리즘) 방지 3. 소유자 본업에 전념 4. 경영합리화 ⇨ 관리비용의 저렴 안정 5. 소유와 경영의 분리	1. 기밀유지 및 보안관리의 불완전 2. 애호심이 낮다. 3. 업자의 신뢰도 문제 4. 종합적 관리가 불완전하고, 관리업자가 영리만 추구할 경우 부실한 관리가 초래될 수 있다.
혼합관리 (과도기)	1. 일부 자가관리하고 필요한 부분만 위탁관리 2. 자가관리와 위탁관리의 장점 채택	1. 문제발생시 책임소재가 불명확 2. 잘못 운영되면 두 방식 단점만 노출

33 ⑤ (하)

출제영역 부동산 마케팅

키 워 드 AIDA의 원리(고객점유 마케팅)

해 설 ⑤ AIDA원리는 주의(attention), 관심(interest), 욕망(desire), 행동(action)의 단계를 통해 수요자의 욕구를 파악하여 마케팅 효과를 극대화하는 고객점유마케팅 전략의 하나이다.

마케팅 전략

구 분	내 용
시장점유 마케팅 전략	1. STP전략: 시장세분화, 표적시장 선정, 차별화 (1) 시장세분화(Segmentation): 수요자 집단을 인구, 경제학적 특성에 따라 세분하여 상품의 판매지향점을 분명히 하는 전략 (2) 표적시장 선정(Target): 세분화된 시장에서 공략 대상 시장을 선정하는 전략 (3) 차별화전략(Positioning): 고객의 마음에 들게 경쟁기업의 제품과 차별화하는 전략 2. 4P믹스전략: 제품, 가격, 유통경로, 판촉 (1) 제품(Product)전략: 지상주차장의 지하화, 자연친화적인 단지 설계, 보안설비의 디지털화 등 (2) 가격(Price)전략: 고가전략, 저가전략, 시가전략, 신축가격전략 등 (3) 유통경로(Place): 직접분양, 중개업자 이용, 금융기관 활용 등 (4) 판촉(Promotion): 가전제품 등 경품 제공, 홍보, 광고 등 3. 가격전략 (1) 고가전략: 브랜드가치가 높은 경우, 수요탄력성이 작은 경우에 높은 가격을 설정하는 정책 (2) 저가전략: 브랜드가치가 낮은 경우, 수요탄력성이 큰 경우, 빠른 자금회수, 지역의 수요자가 소득이 낮은 경우에 낮은 가격을 설정하는 정책 (3) 시가전략: 다른 경쟁 업체와 동일한 가격을 설정하는 정책 (4) 신축가격전략: 지역, 위치, 방향, 층, 호에 따라 다른 가격을 설정하는 전략
고객점유 마케팅 전략	1. 수요자 중심 마케팅 전략 ① 주의(Attention) – ② 관심(Interest) – ③ 욕망(Desire) – ④ 행동(Action)
관계 마케팅 전략	1. 수요자와 공급자의 지속적인 관계, 1회성(×) 2. 브랜드 마케팅

34 ④ (하)

출제영역 부동산 개발

키 워 드 민간자본유치 개발방식

해 설 옳은 것은 ④ ㉠ – b, ㉡ – c, ㉢ – e, ㉣ – d이다.

BOT(build–operate–transfer) 방식

사회기반시설의 (㉠ 준공 후)에 일정 기간 동안 (㉡ 사업시행자)에게 해당 시설의 소유권이 인정되며 그 기간이 만료되면 (㉢ 시설소유권)이 (㉣ 국가 또는 지방자치단체)에 귀속되는 방식이다.

민간자본유치 개발방식

구 분	내 용
BTO 방식	1. 민간이 사회간접자본시설을 준공하고(B), 준공시점에서 시설의 소유권을 정부 등에 이전하고(T), 민간이 일정기간 동안 시설의 관리운영권(O)을 부여받아 투하자본을 회수하는 방식 2. 투하자본 회수: 시설사용자(수요자)의 사용료 3. 대상사업: 도로, 터널 등 최종 수요자에게 사용료를 부과할 수 있는 시설
BTL 방식	1. 민간이 사회간접자본시설을 준공하고(B), 준공시점에서 시설의 소유권을 정부 등에 이전하고(T), 민간이 일정기간 동안 시설의 관리운영권을 획득하여 민간이 시설을 정부에 임대(L)하여 투자비를 회수하는 방식 2. 투하자본 회수: 정부의 임대료 3. 대상사업: 학교, 도서관 등 최종 수요자에게 사용료를 부과할 수 없는 시설
BOT 방식	• 민간이 사회간접자본시설을 준공 후 일정기간 동안 민간이 당해 시설의 소유권(운영권)을 갖고, 그 기간의 만료시 시설의 소유권(운영권)을 정부 등에 귀속시키는 방식
BLT 방식	• 민간이 사회간접자본시설을 준공하고, 일정기간 동안 운영권을 정부 등에 임대하여 투하자본(투자비용)을 회수하며, 약정 임대기간 종료 후에 시설물의 소유권을 정부 등에 이전하는 방식
BOO 방식	• 민간이 사회간접자본시설의 준공과 동시에 당해 시설의 소유권 및 운영권을 가지는 방식

35 ④ 상

출제영역 감정평가방식

키 워 드 공시지가기준법

해 설 ④ 토지가액은 12,222,000/m²이다.

공시지가기준법

비교표준지공시지가 × 시점수정치 × 지역요인비교치 × 개별요인비교치 × 그 밖의 요인비교 = 토지가격

1. 비교표준지 선정: 대상 토지와 용도지역(일반상업지역)과 이용상황(상업용)이 같은 기호 2를 선정
2. 시점수정치: (1 + 0.05) 상업지역 5% 상승
3. 지역요인비교치: $\frac{100}{100}$ (표준지와 대상 토지는 인근지역에 위치)
4. 개별요인비교치: $\frac{100}{100} = \frac{100-3}{100} = \frac{97}{100}$ (대상 토지는 표준지 기호 2에 비해 3% 열세)
5. 그 밖의 요인보정: (1 + 0.5) = 1.5
6. 토지가액: 8,000,000(원/m²) × (1 + 0.05) × $\frac{100}{100} \times \frac{97}{100}$ × 1.5 = 12,222,000원/m²

36 ⑤ 상

출제영역 감정평가방식

키워드 원가법

해설 ⑤ 적산가액은 378,000,000원이다.

적산가액 = 재조달원가 − 감가누계액

1. (기준시점) 재조달원가

(1) $1{,}200{,}000원/m^2 \times \frac{150}{100} = 1{,}800{,}000원/m^2$

(2) $250m^2 \times 1{,}800{,}000원/m^2$ = 4억 5,000만원

2. 감가누계액(감가수정액): 정액법, 감가수정액 = 매년의 감가액 × 경과연수

(1) 매년의 감가액: (재조달원가 − 잔존가치) ÷ (경제적) 내용연수
(4억 5,000만원 − 0) ÷ 50 = 900만원

(2) 감가누계액: 매년의 감가액 × 경과연수
900만원 × 8년 = 7,200만원

3. 적산가액 = 4억 5,000만원 − 7,200만원 = 3억 7,800만원

제 34 회

37 ⑤ 중

출제영역 감정평가에 관한 규칙

키워드 수익환원법이 주된 평가방법인 물건

해설 ⑤ 감정평가방법(주된 방법)이 수익환원법인 대상 물건: 상표권, 저작권, 특허권, 기업가치, 광업재단, 실용신안권

- 임대료: 임대사례비교법
- 과수원: 거래사례비교법

감정평가에 관한 규칙상 물건별 평가방법

물 건	감정평가방법
토지(제14조)	1. 제①항 공시지가기준법 2. 제②항 적정한 실거래가를 기준으로 감정평가할 때: 거래사례비교법
건물(제15조)	원가법
건물과 토지의 일괄평가 등(제16조)	"집합건물법"에 따른 구분소유권의 대상이 되는 건물부분과 그 대지사용권을 일괄하여 감정평가하는 경우 등 토지와 건물을 일괄하여 감정평가할 때에는 거래사례비교법
산림(제17조)	1. 원칙: 산지와 입목을 구분하여 평가 입목: (원칙)거래사례비교법, 소경목림(지름이 작은 나무·숲): 원가법 가능 2. 예외: 산지와 입목을 일체로 일괄평가 ⇨ 거래사례비교법

과수원(제18조)	거래사례비교법
공장재단 (제19조 제1항)	공장재단을 구성하는 개별물건의 감정평가액을 합산하여 평가한다. 단, 계속적인 수익이 예상되는 경우 일괄평가할 때는 수익환원법을 적용할 수 있다.
광업재단 (제19조 제2항)	수익환원법
자동차 등 (제20조)	1. 제①항 자동차를 감정평가할 때에 거래사례비교법을 적용하여야 한다. 2. 제②항 감정평가법인등은 건설기계를 감정평가할 때에 원가법을 적용하여야 한다. 3. 제③항 감정평가법인등은 선박을 감정평가할 때에 선체・기관・의장(艤裝)별로 구분하여 감정평가하되, 각각 원가법을 적용하여야 한다. 4. 제④항 감정평가법인등은 항공기를 감정평가할 때에 원가법을 적용하여야 한다. 5. 제⑤항 감정평가법인등은 제①항부터 제④항까지에도 불구하고 본래 용도의 효용가치가 없는 물건은 해체처분가액으로 감정평가할 수 있다.
동산의 감정평가 (제21조)	1. 제①항 감정평가법인등은 동산을 감정평가할 때에는 거래사례비교법을 적용해야 한다. 다만, 본래 용도의 효용가치가 없는 물건은 해체처분가액으로 감정평가할 수 있다. 2. 제②항 제①항 본문에도 불구하고 기계・기구류를 감정평가할 때에는 원가법을 적용해야 한다.
임대료(제22조)	임대사례비교법
무형자산 (제23조)	1. 제①항 광업권의 평가: 광업재단의 평가액에서 광산의 현존시설 가액을 빼고 평가 2. 제②항 어업권의 평가: 어장 전체를 수익환원법에 따라 평가한 가액에서 해당 어장의 현존시설가액을 빼고 평가 3. 제③항 영업권, 특허권, 실용신안권, 상표권, 저작권 등 그 밖의 무형자산을 평가할 때에는 수익환원법을 적용
유가증권 등 (제24조)	1. 상장주식, 상장채권: 거래사례비교법 2. 비상장채권: 수익환원법 3. 기업가치: 수익환원법
소음 등으로 인한 가치하락분 (제25조)	소음・진동・일조침해 또는 환경오염으로 대상물건에 직접적 또는 간접적인 피해가 발생하여 대상물건의 가치가 하락한 경우 그 가치하락분을 감정평가할 때 소음 등이 발생하기 전의 대상물건의 가액 및 원상회복비용 등을 고려하여야 한다.

38 ① 하

출제영역 감정평가에 관한 규칙

키 워 드 적산법

해 설 ① 적산법에 대한 설명이다. 적산법이란 대상 물건의 기초가액에 기대이율을 곱하여 산정된 기대수익에 대상 물건을 계속하여 임대하는 데에 필요한 경비를 더하여 대상 물건의 임대료를 산정하는 감정평가방법을 말한다.

- 적산법: 적산임대료 = ㉠초가액 × ㉠대이율 + ㉡요경비

감정평가에 관한 규칙

「감정평가에 관한 규칙」 제2조 【정의】

1. "시장가치"란 감정평가 대상이 되는 토지 등(대상물건)이 통상적인 시장에서 충분한 기간 거래를 위하여 공개된 후 그 대상물건의 내용에 정통한 당사자 사이에 신중하고 자발적인 거래가 있을 경우 성립될 가능성이 가장 높다고 인정되는 대상물건의 가액을 말한다.
2. "기준시점"이란 대상물건의 감정평가액을 결정하는 기준이 되는 날짜를 말한다.
3. "기준가치"란 감정평가의 기준이 되는 가치를 말한다.
4. "가치형성요인"이란 대상물건의 경제적 가치에 영향을 미치는 일반적 요인, 지역요인 및 개별요인 등을 말한다.
5. "원가법"이란 대상물건의 재조달원가에 감가수정을 하여 대상물건의 가액을 산정하는 감정평가방법을 말한다.
6. "적산법"이란 대상물건의 기초가액에 기대이율을 곱하여 산정된 기대수익에 대상물건을 계속하여 임대하는 데에 필요한 경비를 더하여 대상물건의 임대료(사용료를 포함한다.)를 산정하는 감정평가방법을 말한다.
7. "거래사례비교법"이란 대상물건과 가치형성요인이 같거나 비슷한 물건의 거래사례와 비교하여 대상물건의 현황에 맞게 사정보정, 시점수정, 가치형성요인 비교 등을 거쳐 대상물건의 가액을 산정하는 감정평가방법을 말한다.
8. "임대사례비교법"이란 대상물건과 가치형성요인이 같거나 비슷한 물건의 임대사례와 비교하여 대상물건의 현황에 맞게 사정보정, 시점수정, 가치형성요인 비교 등을 거쳐 대상물건의 임대료를 산정하는 감정평가방법을 말한다.
9. "공시지가기준법"이란 감정평가의 대상이 된 토지와 가치형성요인이 같거나 비슷하여 유사한 이용가치를 지닌다고 인정되는 표준지(비교표준지)의 공시지가를 기준으로 대상토지의 현황에 맞게 시점수정, 지역요인 및 개별요인 비교, 그 밖의 요인의 보정을 거쳐 대상토지의 가액을 산정하는 감정평가방법을 말한다.
10. "수익환원법"이란 대상물건이 장래에 산출할 것으로 기대되는 순수익 또는 미래의 현금흐름을 환원하거나 할인하여 대상물건의 가액을 산정하는 감정평가방법을 말한다.
11. "수익분석법"이란 일반 기업경영에 의하여 산출된 총수익을 분석하여 대상물건이 일정한 기간에 산출할 것으로 기대되는 순수익에 대상물건을 계속하여 임대하는 데에 필요한 경비를 더하여 대상물건의 임대료를 산정하는 감정평가방법을 말한다.
12. "감가수정"이란 대상물건에 대한 재조달원가를 감액하여야 할 요인이 있는 경우에 물리적 감가, 기능적 감가 또는 경제적 감가 등을 고려하여 그에 해당하는 금액을 재조달원가에서 공제하여 기준시점에 있어서의 대상물건의 가격을 적정화하는 작업을 말한다.
13. "인근지역"이란 감정평가의 대상이 된 부동산이 속한 지역으로서 부동산의 이용이 동질적이고 가치형성요인 중 지역요인을 공유하는 지역을 말한다.

14. "유사지역"이란 대상부동산이 속하지 아니한 지역으로서 인근지역과 유사한 특성을 갖는 지역을 말한다.
15. "동일수급권"이란 대상부동산과 대체·경쟁관계가 성립하고, 가치형성에 서로 영향을 미치는 관계에 있는 다른 부동산이 존재하는 권역을 말하며, 인근지역과 유사지역을 포함한다.

제5조 【시장가치기준 원칙】 ① 대상물건에 대한 감정평가액은 시장가치를 기준으로 결정한다.
② 다음 각 호의 어느 하나에 해당하는 경우에는 대상물건의 감정평가액을 시장가치 외의 가치를 기준으로 결정할 수 있다.
1. 법령에 다른 규정이 있는 경우
2. 감정평가 의뢰인이 요청하는 경우
3. 감정평가의 목적이나 대상물건의 특성에 비추어 사회통념상 필요하다고 인정되는 경우

제6조 【현황기준 원칙】 ① 감정평가는 기준시점에서의 대상물건의 이용상황(불법적이거나 일시적인 이용은 제외한다) 및 공법상 제한을 받는 상태를 기준으로 한다.
② 다음 각 호의 어느 하나에 해당하는 경우에는 기준시점의 가치형성요인 등을 실제와 다르게 가정하거나 특수한 경우로 한정하는 조건(감정평가조건)을 붙여 감정평가할 수 있다.
1. 법령에 다른 규정이 있는 경우
2. 감정평가 의뢰인이 요청하는 경우
3. 감정평가의 목적이나 대상물건의 특성에 비추어 사회통념상 필요하다고 인정되는 경우

제7조 【개별물건기준 원칙 등】 ① 감정평가는 대상물건마다 개별로 행하여야 한다.
② 둘 이상의 대상물건이 일체로 거래되거나 대상물건 상호간 용도상 불가분의 관계에 있는 경우에는 일괄하여 감정평가할 수 있다.
③ 하나의 대상물건이라도 가치를 달리하는 부분은 이를 구분하여 평가할 수 있다.
④ 일체로 이용되고 있는 대상물건의 일부분에 대하여 감정평가하여야 할 특수한 목적 또는 합리적인 이유가 있는 경우에는 그 부분에 대하여 감정평가할 수 있다.

제9조 【기본적 사항의 확정】 ② 기준시점은 대상물건의 가격조사를 완료한 날짜로 한다. 다만, 기준시점을 미리 정하였을 때에는 그 날짜에 가격조사가 가능한 경우에만 기준시점으로 할 수 있다.

39 ② ······ 중

출제영역 부동산가격공시에 관한 법률

키 워 드 표준지공시지가를 조사·산정 의뢰

해 설 ② 국토교통부장관이 표준지공시지가를 조사·산정할 때에는 감정평가법인등에 이를 의뢰하여야 한다.

부동산 가격조사·산정 의뢰

1. 표준지공시지가: 감정평가법인등
2. 표준주택가격, 공동주택가격: 「한국부동산원법」에 따른 한국부동산원
3. 비주거용 표준부동산가격, 비주거용 집합부동산가격: 한국부동산원 또는 감정평가법인등

40 ① (중)

출제영역 지역분석과 개별분석

키 워 드 지역분석과 개별분석의 비교

해 설 ② 지역분석이란 대상 부동산이 속해 있는 지역의 지역요인을 분석하여 대상 부동산의 표준적 사용을 판정하는 것을 말한다.(최유효이용 ⇨ 표준적 사용)

③ 인근지역이란 대상 부동산이 속한 지역으로서 부동산의 이용이 동질적이고 가치형성요인 중 지역요인을 공유하는 지역을 말한다.(개별요인 ⇨ 지역요인)

④ 개별분석이란 대상 부동산의 개별적 요인을 분석하여 해당 부동산의 최유효이용과 구체적 가격을 판정하는 것을 말한다.

⑤ 지역분석을 개별분석보다 먼저 실시하는 것이 일반적이다.

지역분석과 개별분석

구 분	지역분석	㉠개별분석
의 의	지역요인을 분석하여 표준적 사용을 판정	개별요인을 분석하여 최유효이용 판정
분석목적	표준적인 사용 판정, 가격수준 판정	(최)유효이용 판정, (구)체적 가격 판정
분석대상	인근지역, 유사지역, 동일수급권	대상 부동산
선·후 관계	선행분석	(후)행분석
가격원칙	적합의 원칙, 외부성의 원칙	(균)형의 원칙
감가요인	경제적 감가	(기)능적 감가
부동산특성	부동성, 인접성	개별성
분석범위	거시적, 광역적, 전체적 분석	(미)시적, 부분적 분석

[암기] 개별분석: (개) (미)는 (최) (구)는 작지만 (균)형 있게 (기)어 간다. (후)!

제34회 민법 · 민사특별법

시험총평

제34회 민법 및 민사특별법 시험에서는 지금까지 출제되지 않았던 대법원 판례가 출제되어서 수험생들이 시험시간에 다소 당황하였을 것이다. 출제형태를 살펴보면 박스형 문제가 12문제 출제되어 문제를 해결하는 데 시간이 많이 소요되었을 것이다. 한편 사례문제는 11문제 출제되었다. 그리고 조문 · 이론 · 대법원 판례를 묻는 문제가 다양하게 출제되어서 제34회 시험의 전반적인 난이도는 어려운 편이었다. 또한 조문을 묻는 문제와 이론을 묻는 문제가 다소 출제되었는데 이러한 출제경향은 최근 들어 계속되고 있다. 다만 제34회 시험도 최근 기출문제에서 80% 이상 출제된 점을 보면 기본이론을 정리하고 기출문제를 철저히 분석한 수험생들은 안정적인 점수를 얻었을 것이다. 따라서 이론서로 기본이론을 빠짐없이 공부한 다음 기출문제로 그 내용을 확인하는 방식으로 공부한다면 시험에서 좋은 결과가 있을 것이다.

Answer

41 ①	42 ⑤	43 ①	44 ④	45 ③	46 ①	47 ④	48 ②	49 ①	50 ⑤
51 ②	52 ③	53 ③	54 ①	55 ②	56 ④	57 ③	58 ②	59 ⑤	60 ④
61 ⑤	62 ④	63 ②	64 ④	65 ①	66 ③	67 ③	68 ⑤	69 ②	70 ④
71 ⑤	72 ④	73 ③	74 ⑤	75 ⑤	76 ③	77 ①	78 ②	79 ①	80 ②

41 ① 중

출제영역 임대차계약

키 워 드 임차인의 비용상환청구권

해 설 ① 임차인의 필요비상환청구권의 법적성질은 청구권이다.

42 ⑤ 중

출제영역 법률행위의 대리

키 워 드 대리권의 남용

해 설 ⑤ 대리권의 남용은 대리인이 대리권한 범위 내에서 대리행위를 한 것이므로 원칙적으로 유효하므로 본인에게 그 효력이 미친다. 다만 상대방이 대리권의 남용 사실을 알았거나 알 수 있었을 경우에는 본인에게 그 효력이 없다(제107조 제1항 유추적용).

②③④ 대리인이 그 권한 내에서 본인을 위한 것임을 표시한 의사표시는 직접 본인에게 대하여 효력이 있다. 의사표시의 효과뿐만 아니라 그 부수적인 효과인 취소권, 해제권, 무효의 주장 등도 본인에게 귀속한다. 그리고 계약상 채무의 불이행을 이유로 계약이 상대방 당사자에 의하여 유효하게 해제되었다면, 해제로 인한 원상회복의무나 손해배상의무는 대리인이 아니라 계약의 당사자인 본인이 부담한다.

43 ① ········ 하

출제영역 법률행위의 목적

키 워 드 불공정한 법률행위

해 설 ② 경매는 법률행위가 아니므로, 경락대금과 목적물의 시가에 현저한 차이가 있는 경우에도 불공정한 법률행위가 성립할 수 없다.

③ 급부와 반대급부 사이에 현저한 불균형이 있는 경우, 원칙적으로 그 법률행위 전부가 무효이다.

④ 대리인에 의한 법률행위에서 궁박은 본인을 기준으로 판단한다.

⑤ 계약의 피해당사자가 급박한 곤궁 상태에 있었더라도 그 상대방에게 폭리행위의 악의가 없었다면 불공정한 법률행위는 성립하지 않는다.

44 ④ ········ 중

출제영역 법률행위의 대리

키 워 드 복대리

해 설 ④ 임의대리인은 본인의 승낙이 있거나 부득이한 사유가 있지 아니하면 복대리인을 선임할 수 없는 것인바, 아파트 분양업무는 그 성질상 분양 위임을 받은 수임인의 능력에 따라 그 분양사업의 성공 여부가 결정되는 사무로서, 본인의 명시적인 승낙 없이는 복대리인의 선임이 허용되지 아니하는 경우로 보아야 한다(대판 1999.9.3, 97다56099).

45 ③ ········ 상

출제영역 비정상적 의사표시

키 워 드 통정허위표시

해 설 ㉢ 구 상호신용금고법 소정의 계약이전은 금융거래에서 발생한 계약상의 지위가 이전되는 사법상의 법률효과를 가져오는 것이므로, 계약이전을 받은 금융기관은 계약이전을 요구받은 금융기관과 대출채무자 사이의 통정허위표시에 따라 형성된 법률관계를 기초로 하여 새로운 법률상 이해관계를 가지게 된 민법 제108조 제2항의 제3자에 해당하지 않는다(대판 2004.1.15, 2002다31537).

46 ① ········ 상

출제영역 법률행위의 대리

키 워 드 무권대리

해 설 ① 추인은 다른 의사표시가 없는 때에는 계약시에 소급하여 그 효력이 생긴다. 그러나 제삼자의 권리를 해하지 못한다(제133조). 위 매매계약이 체결된 후에 甲이 X토지를 丁에게 매도하고 소유권이전등기를 마쳤다면, 甲이 乙의 대리행위를 추인하더라도 제3자의 권리를 해하지 못하므로 丁은 유효하게 그 소유권을 취득한다.

② 무권대리인이 본인을 단독상속한 경우, 특별한 사정이 없는 한 무권대리인이 본인의 지위에서 추인을 거절하는 것은 신의성실의 원칙에 반하여 허용되지 않는다(대판).

③ 무권대리인이 아닌 戊가 甲을 상속한 경우, 상속인 戊는 포괄승계인으로서 본인 甲의 지위를 승계하므로 추인할 수 있다.

④ 철회권은 선의의 상대방에게만 인정된다(제134조).

⑤ 제한능력자는 무권대리인의 책임(계약의 이행, 손해배상책임)을 지지 않는다(제135조 제2항).

47 ④ ······ 상

출제영역 법률행위의 목적

키워드 반사회질서의 법률행위

해설 반사회적 행위에 의하여 조성된 재산인 이른바 비자금을 소극적으로 은닉하기 위하여 체결한 임치약정은 사회질서에 반하는 법률행위로 볼 수 없다.

㉢ 출생 전 상태인 태아의 신체에 대한 상해를 보험의 담보범위에 포함하는 것이 보험제도의 목적과 취지에 부합하고 보험계약자나 피보험자에게 불리하지 않으므로 민법 제103조의 공서양속에도 반하지 않는다(대판 2019.3.28, 2016다211224).

48 ② ······ 중

출제영역 법률행위의 무효

키워드 유동적 무효

해설 매도인의 허가절차 협력의무와 매수인의 대금지급의무는 동시이행관계가 아니다. 즉, 매수인은 협력의무의 이행을 청구함에 있어 대금채무의 이행제공을 할 필요가 없으므로, 매도인은 매매대금의 이행제공이 없었음을 이유로 협력의무의 이행을 거절할 수 없다(대판).

㉢ 매매계약 체결 당시 일정한 기간 안에 토지거래허가를 받기로 약정하였다고 하더라도, 특별한 사정이 없는 한 이를 쌍무계약에서 이행기를 정한 것과 달리 볼 것이 아니므로 위 약정기간이 경과하였다는 사정만으로 곧바로 매매계약이 확정적으로 무효가 된다고 할 수 없다(대판 2009.4.23, 2008다50615).

49 ① ······ 하

출제영역 조건과 기한

키워드 불법조건

해설 ① 조건이 선량한 풍속 기타 사회질서에 위반한 경우, 그 조건뿐만 아니라 법률행위 전부가 무효이다.

50 ⑤ ······ 상

출제영역 법률행위의 효력

키워드 법률행위의 무효와 추인

해설 ㉠ 대판

㉡ 무권리자의 처분행위에 대한 권리자의 추인은 무권대리행위의 추인을 유추적용하여 소급효가 인정된다(대판).

㉢ 당사자의 양도금지의 의사표시로써 채권은 양도성을 상실한다. 그런데 이러한 양도금지특약에 위반하여 무효인 채권양도에 대해 양도대상이 된 채권의 채무자가 승낙하면 채무자의 사후승낙에 의하여 무효인 채권양도행위가 추인되어 유효하게 되며 이 경우 다른 약정이 없는 한 소급효가 인정되지 않고 양도의 효과는 승낙시부터 발생한다(대판 2009.10.29, 2009다47685).

51 ② (중)

출제영역 점유권

키워드 점유자와 회복자의 관계

해설 ② 악의의 점유자는 과실을 반환하여야 하므로 통상의 필요비의 상환을 청구할 수 있다(대판).

① 선의의 타주점유자는 전손해를 배상하여야 한다(제202조).

③ 필요비에 대해서는 상환기간의 허여가 인정되지 않는다(제203조 제3항).

④ 해제의 경우에는 원상회복의무가 있으므로 점유자와 회복자의 관계의 규정(제210조~제203조)이 적용되지 않는다. 따라서 선의의 매수인이라도 과실수취권이 인정되지 않는다.

⑤ 은비에 의한 점유자는 악의의 점유자로 취급되므로 과실수취권이 인정되지 않는다(제201조 제3항).

52 ③ (하)

출제영역 공동소유

키워드 합유

해설 ③ 부동산의 합유자 중 일부가 사망한 경우 합유자 사이에 특별한 약정이 없는 한 사망한 합유자의 상속인은 합유자로서의 지위를 승계하지 못하므로, 해당 부동산은 잔존 합유자가 2인 이상일 경우에는 잔존 합유자의 합유로 귀속되고 잔존 합유자가 1인인 경우에는 잔존 합유자의 단독소유로 귀속된다.

53 ③ (중)

출제영역 물권의 변동

키워드 부동산 소유권이전등기청구권

해설 ① 교환으로 인한 이전등기청구권은 채권행위인 교환에 기한 권리이므로 채권적 청구권이다.

②⑤ 부동산매매계약에서 매도인과 매수인은 서로 동시이행관계에 있는 일정한 의무를 부담하므로 이행과정에 신뢰관계가 따른다. 이러한 이유로 매매로 인한 소유권이전등기청구권의 양도는 특별한 사정이 없는 이상 양도가 제한되고 양도에 채무자의 승낙이나 동의를 요한다고 할 것이므로 통상의 채권양도와 달리 양도인의 채무자에 대한 통지만으로는 채무자에 대한 대항력이 생기지 않으며 반드시 채무자의 동의나 승낙을 받아야 대항력이 생긴다. 그러나 취득시효완성으로 인한 소유권이전등기청구권은 채권자와 채무자 사이에 아무런 계약관계나 신뢰관계가 없다. 따라서 취득시효완성으로 인한 소유권이전등기청구권의 양도의 경우에는 매매로 인한 소유권이전등기청구권에 관한 양도제한의 법리가 적용되지 않으므로 특별한 사정이 없는 한 양도인의 채무자에 대한 통지만으로 대항력이 생긴다(대판 2018.7.12, 2015다36167).

④ 점유취득시효 완성으로 인한 이전등기청구권은 시효완성자의 점유가 계속되는 한 시효로 소멸하지 않는다(대판).

54 ① (하)

출제영역 물권의 효력

키워드 물권적 청구권

해설 ① 점유를 수반하지 않는 저당권에는 반환청구권이 준용(인정)되지 않는다.

55 ② 중

출제영역 소유권

키 워 드 점유취득시효

해 설 ② 시효완성 당시의 소유권보존등기가 무효라면 그 등기명의인은 시효완성 당시의 소유자가 아니므로 원칙적으로 시효완성을 원인으로 한 소유권이전등기청구의 상대방이 될 수 없다.

① 국유재산 중 일반재산이 시효완성 후 행정재산으로 되면 시효완성을 원인으로 한 소유권이전등기를 청구할 수 없다.

③ 소유자는 시효완성자인 점유자에게 소유권이전등기의무를 부담하므로 목적물 반환청구권, 점유로 인한 부당이득반환청구권, 손해배상청구권을 행사할 수 없다(대판).

④ 미등기부동산이라도 등기를 하여야 점유취득시효로 소유권을 취득할 수 있다(대판).

⑤ 점유로 인한 부동산소유권의 시효취득에 있어 취득시효의 중단사유는 종래의 점유상태의 계속을 파괴하는 것으로 인정될 수 있는 사유이어야 하는데, 취득시효기간의 완성 전에 부동산에 압류 또는 가압류 조치가 이루어졌다고 하더라도 이로써 종래의 점유상태의 계속이 파괴되었다고는 할 수 없으므로 이는 취득시효의 중단사유가 될 수 없다.

56 ④ 중

출제영역 물권의 변동

키 워 드 등기를 요하지 아니하는 부동산물권취득

해 설 ④ 부동산소유권 이전을 내용으로 하는 화해조서에 기한 소유권취득에는 등기를 요한다(대판).

57 ③ 상

출제영역 물권의 효력

키 워 드 물권의 효력 일반

해 설 ③ 구분소유의 목적이 되는 하나의 부동산에 대한 등기부상 표시 중 전유부분의 면적 표시가 잘못된 경우, 이는 경정등기의 방법으로 바로 잡아야 하는 것이고 그 잘못 표시된 면적만큼의 소유권보존등기의 말소를 구하는 소는 법률상 허용되지 아니한다(대판 2010.10.27, 2000다39582).

① 지상권, 전세권에 저당권을 설정할 수 있는 것처럼 권리도 물권의 객체가 될 수 있다(제371조 제1항).

② 물권은 법률 또는 관습법에 의하는 외에는 임의로 창설하지 못한다(제185조). 민법 제185조에서의 '법률'은 국회가 제정한 형식적 의미의 법률만을 의미하며, 규칙이나 명령은 이에 포함되지 않는다.

④ 용익물권은 물건의 일부 위에도 성립할 수 있다.

⑤ 실제 경계와 지적도상의 경계가 일치하지 않는 경우, 원칙적으로는 지적도상의 경계에 의하나, 기술적인 착오로 지적도의 경계선이 실제 경계선과 다르게 작성된 경우에는 실제 경계에 의한다(대판).

58 ② ········· 중

출제영역 용익물권

키워드 전세권

해설 ② 타인의 토지에 있는 건물에 전세권을 설정한 때에는 전세권의 효력은 그 건물의 소유를 목적으로 한 지상권 또는 임차권에 미친다(제304조).

① 전세금의 지급은 전세권의 성립요건이다. 다만 목적물 인도는 전세권의 성립요건이 아니다.

③ 전세권이 용익물권적 성격과 담보물권적 성격을 겸비하고 있다는 점 및 목적물의 인도는 전세권의 성립요건이 아닌 점 등에 비추어 볼 때, 당사자가 주로 채권담보의 목적으로 전세권을 설정하였고, 그 설정과 동시에 목적물을 인도하지 아니한 경우라 하더라도, 장차 전세권자가 목적물을 사용・수익하는 것을 완전히 배제하는 것이 아니라면, 그 전세권의 효력을 부인할 수는 없다(대판). 다만 전세권은 용익물권적 성격도 있으므로 전세권의 사용・수익 권능을 배제하고 채권담보만을 위해 전세권을 설정하는 것은 허용되지 않는다.

④ 전세권자는 목적물의 현상을 유지하고 그 통상의 관리에 속한 수선을 하여야 한다(제309조).

⑤ 건물전세권이 법정갱신된 경우, 이는 법률규정에 의한 물권변동이므로 전세권자는 이를 등기없이도 전세권설정자나 제3자에게 대항할 수 있다(대판).

제34회

59 ⑤ ········· 중

출제영역 용익물권

키워드 지상권

해설 ㉠㉡ 지상권자는 지상권을 유보한 채 지상물 소유권만을 양도할 수도 있고 지상물 소유권을 유보한 채 지상권만을 양도할 수도 있는 것이어서 지상권자와 그 지상물의 소유권자가 반드시 일치하여야 하는 것은 아니다(대판).

㉢ 지상권자가 2년 이상의 지료를 지급하지 아니한 때에는 지상권설정자는 지상권의 소멸을 청구할 수 있다(제287조).

60 ④ ········· 하

출제영역 용익물권

키워드 지역권

해설 ④ 요역지의 불법점유자는 통행지역권을 시효취득할 수 없다.

61 ⑤ ········· 중

출제영역 담보물권

키워드 저당권

해설 ㉠ 피담보채권이 소멸하면, 저당권은 말소등기를 하지 않아도 소멸한다(제187조).

㉡ 저당권자에게 물상대위성이 인정된다(제370조, 제342조).

㉢ 저당권은 그 담보한 채권과 분리하여 타인에게 양도하거나 다른 채권의 담보로 하지 못한다(제361조).

62 ④ ······ 중

출제영역 담보물권

키워드 근저당권

해설 ④ 채무자의 실제채무액이 채권최고액을 초과하는 경우, 채무자는 실제 채무액 전액을 변제하여야 근저당권의 말소를 청구할 수 있으나, 물상보증인이나 제3취득자는 채권최고액만 변제하면 근저당권의 말소를 청구할 수 있다(대판).

63 ② ······ 하

출제영역 담보물권

키워드 유치권

해설 ② 유치권은 법정담보물권이지만 임의규정이므로 유치권의 발생을 배제하는 특약은 유효하다(대판).

③ 건물의 신축공사를 도급받은 수급인이 사회통념상 독립한 건물이라고 볼 수 없는 정착물을 토지에 설치한 상태에서 공사가 중단된 경우에 위 정착물은 토지의 부합물에 불과하여 이러한 정착물에 대하여 유치권을 행사할 수 없는 것이고, 또한 공사중단시까지 발생한 공사금 채권은 토지에 관하여 생긴 것이 아니므로 위 공사금 채권에 기하여 토지에 대하여 유치권을 행사할 수도 없는 것이다.

64 ④ ······ 중

출제영역 담보물권

키워드 저당권

해설 ① 지상권, 전세권은 저당권의 객체가 될 수 있다(제371조 제1항).

② 저당권 설정은 권리의 설정적 승계에 해당한다.

③ 토지를 목적으로 저당권을 설정한 후 그 설정자가 그 토지에 건물을 축조한 때에는 저당권자는 토지와 함께 그 건물에 대하여도 경매를 청구할 수 있다. 그러나 그 건물의 경매대가에 대하여는 우선변제를 받을 권리가 없다(제365조).

⑤ 저당물의 제삼취득자가 그 부동산의 보존, 개량을 위하여 필요비 또는 유익비를 지출한 때에는 저당물의 경매대가에서 우선상환을 받을 수 있다(제367조).

65 ① ······ 중

출제영역 매매계약

키워드 환매

해설 ① 환매권은 재산권이므로 양도할 수 있고 상속도 가능하다. 따라서 환매권은 일신전속권이 아니다.

66 ③ ······ 중

출제영역 계약의 효력

키워드 제3자를 위한 계약

해 설 ③ 제3자를 위한 계약관계에서 낙약자와 요약자 사이의 법률관계(이른바 기본관계)를 이루는 계약이 해제된 경우 그 계약관계의 청산은 계약의 당사자인 낙약자와 요약자 사이에 이루어져야 하므로, 특별한 사정이 없는 한 낙약자가 이미 제3자에게 급부한 것이 있더라도 낙약자는 계약해제에 기한 원상회복 또는 부당이득을 원인으로 제3자를 상대로 그 반환을 구할 수 없다(대판).

67 ③ (중)

출제영역 계약의 효력

키 워 드 이행불능

해 설 ㉢ 채권자의 수령지체 중에 양 당사자의 책임 없는 사유로 이행이 불가능하게 된 경우에도 채무자는 상대방의 이행을 청구할 수 있다(제538조 제1항 제2문).

68 ⑤ (상)

출제영역 매매계약

키 워 드 과실의 귀속

해 설 ㉠ 특별한 사정이 없는 한 매매목적물의 인도 전이라도 매수인이 매매대금을 완납한 때에는 그 이후의 과실수취권은 매수인에게 귀속된다(대판).

㉡ 민법 제587조는 "매매계약이 있은 후에도 인도하지 아니한 목적물로부터 생긴 과실은 매도인에게 속한다. 매수인은 목적물의 인도를 받은 날로부터 대금의 이자를 지급하여야 한다."고 규정하고 있다. 그러나 매수인의 대금지급의무와 매도인의 소유권이전등기의무가 동시이행관계에 있는 등으로 매수인이 대금지급을 거절할 정당한 사유가 있는 경우에는 매매목적물을 미리 인도받았다 하더라도 위 민법 규정에 의한 이자를 지급할 의무는 없다고 보아야 한다(대판 1996.5.10, 96다6554).

㉢ 쌍무계약이 취소된 경우 선의의 매수인에게 민법 제201조가 적용되어 과실취득권이 인정되는 이상 선의의 매도인에게도 민법 제587조의 유추적용에 의하여 대금의 운용이익 내지 법정이자의 반환을 부정함이 형평에 맞다(대판 1993.5.14, 92다45025).

69 ② (상)

출제영역 매매계약

키 워 드 매매의 일방예약

해 설 ②③ 매매의 일방예약에서 예약자의 상대방이 매매예약 완결의 의사표시를 하여 매매의 효력을 생기게 하는 권리 즉, 매매예약 완결권은 일종의 형성권으로서 당사자 사이에 그 행사기간을 약정한 때에는 그 기간 내에, 그러한 약정이 없는 때에는 그 예약이 성립한 때로부터 10년 내에 이를 행사하여야 하고, 그 기간을 지난 때에는 상대방이 예약 목적물인 부동산을 인도받은 경우라도 예약 완결권은 제척기간의 경과로 인하여 소멸한다(대판 1997.7.25, 96다47494).

④ 백화점 점포에 관하여 매매예약이 성립한 이후 일시적으로 법령상의 제한으로 인하여 분양이 금지되었다가 다시 그러한 금지가 없어진 경우, 그 매매예약에 기한 매매예약완결권의 행사가 이행불능이라고 할 수는 없다(대판 2000.10.13, 99다18725).

⑤ 예약완결권 행사의 의사표시를 담은 소장 부본의 송달로써 예약완결권을 재판상 행사하는 경우, 예약완결권 행사의 의사표시가 담긴 소장 부본이 제척기간 내에 상대방에게 송달되어야만 예약완결권자가 제척기간 내에 적법하게 예약완결권을 행사하였다고 볼 수 있다(대판 2019.7.25, 2019다227817).

70 ④ 하

출제영역 매매계약

키 워 드 매매계약 일반

해 설 ④ 매매계약에 관한 비용은 당사자 쌍방이 균분하여 부담한다(제566조).

71 ⑤ 중

출제영역 매매계약

키 워 드 계약금계약

해 설 ㉠㉡ 특별한 사정이 없는 한 이행기 전에도 이행에 착수할 수 있으므로, 매수인이 중도금 지급지일인 2023. 10. 30. 이전에 중도금을 지급하였어도 이행의 착수에 해당하므로 甲과 乙은 모두 계약금 해제를 할 수 없다.

㉢ 매매계약 당시 매수인이 중도금 일부의 지급에 갈음하여 매도인에게 제3자에 대한 대여금채권을 양도하기로 약정하고, 그 자리에 제3자도 참석한 경우, 매수인은 매매계약과 함께 채무의 일부 이행에 착수하였으므로, 매도인은 민법 제565조 제1항에 정한 해제권을 행사할 수 없다(대판 2006.11.24, 2005다39594).

72 ④ 중

출제영역 임대차계약

키 워 드 임대차계약 일반

해 설 ④ 묵시의 갱신

> **제639조【묵시의 갱신】** ① 임대차기간이 만료한 후 임차인이 임차물의 사용, 수익을 계속하는 경우에 임대인이 상당한 기간 내에 이의를 하지 아니한 때에는 전임대차와 동일한 조건으로 다시 임대차한 것으로 본다. 그러나 당사자는 제635조의 규정에 의하여 해지의 통고를 할 수 있다.
> ② 전항의 경우에 전임대차에 대하여 제삼자가 제공한 담보는 기간의 만료로 인하여 소멸한다.

③ 임대차계약에서 임대인은 목적물을 계약존속 중 사용・수익에 필요한 상태를 유지하게 할 의무를 부담하고(민법 제623조), 이러한 의무와 관련한 임차물의 보존을 위한 비용도 임대인이 부담해야 하므로, 임차인이 필요비를 지출하면, 임대인은 이를 상환할 의무가 있다. 임대인의 필요비상환의무는 특별한 사정이 없는 한 임차인의 차임지급의무와 서로 대응하는 관계에 있으므로, 임차인은 지출한 필요비 금액의 한도에서 차임의 지급을 거절할 수 있다(대판 2019.11.14, 2016다227694).

⑤ 임대차 종료로 인한 임차인의 원상회복의무는 임차인이 사용하고 있던 부동산의 점유를 임대인에게 이전하는 것은 물론 임대인이 임대 당시의 부동산 용도에 맞게 다시 사용할 수 있도록 협력할 의무도 포함한다(대판 2008.10.9, 2008다34903).

73 ③ 하

출제영역 임대차계약

키 워 드 지상물매수청구권

해 설 ③ 건물 소유를 목적으로 하는 토지임대차에 있어서 임차인 소유 건물이 임대인이 임대한 토지 외에 임차인 또는 제3자 소유의 토지 위에 걸쳐서 건립되어 있는 경우에는, 임차지 상에 서 있는 건물 부분 중 구분소유의 객체가 될 수 있는 부분에 한하여 임차인에게 매수청구가 허용된다.

74 ⑤ ······ 상

출제영역 계약의 효력

키 워 드 계약의 해제

해 설 ㉠ 대판 2001.6.29, 2001다21441·21458

㉡ 매매계약이 해제되면 그 효력이 소급적으로 소멸함에 따라 각 당사자는 상대방에 대하여 원상회복의무가 있으므로 이미 그 계약상 의무에 기하여 이행된 급부는 원상회복을 위하여 부당이득으로 반환되어야 하고, 그 원상회복의 대상에는 매매대금은 물론 이와 관련하여 그 매매계약의 존속을 전제로 수령한 지연손해금도 포함된다(대판 2022.4.28, 2017다284236).

㉢ 과실상계는 본래 채무불이행 또는 불법행위로 인한 손해배상책임에 대하여 인정되는 것이고, 매매계약이 해제되어 원상회복의무의 이행으로서 이미 지급한 매매대금 기타의 급부의 반환을 구하는 경우에는 적용되지 아니한다(대판 2014.3.13, 2013다34143).

75 ⑤ ······ 중

출제영역 집합건물의 소유 및 관리에 관한 법률

키 워 드 공용부분 및 대지사용권

해 설 ⑤ 경매절차에서 전유부분을 낙찰받은 사람은 대지사용권까지 취득하는 것이고, 규약이나 공정증서로 다르게 정하였다는 특별한 사정이 없는 한 대지사용권을 전유부분과 분리하여 처분할 수는 없으며, 이를 위반한 대지사용권의 처분은 법원의 강제경매절차에 의한 것이라 하더라도 무효이다(대판 2009.6.23, 2009다26145).

76 ③ ······ 하

출제영역 가등기담보 등에 관한 법률

키 워 드 가등기담보 등에 관한 법률 적용범위

해 설 ①⑤ 등기 또는 등록이 되지 않으면 가등기담보법이 적용되지 않는다.

② 매매대금에는 가등기담보법이 적용되지 않는다.

④ 재산권 이전의 예약 당시 재산에 대하여 선순위 근저당권이 설정되어 있는 경우에는 재산의 가액에서 피담보채무액을 공제한 나머지 가액이 차용액 및 이에 붙인 이자의 합산액을 초과하는 경우에만 적용된다(대판). 따라서 이미 2억원의 다른 채무에 대한 저당권이 설정된 4억원 상당의 부동산에 대해 대물변제예약을 하고 가등기한 경우에는 예약 당시 부동산목적물의 가액이 피담보채무액에 미치지 못하므로 가등기담보법이 적용되지 않는다.

77 ① ······ 상

출제영역 부동산 실권리자명의 등기에 관한 법률

키 워 드 부동산 명의신탁약정과 제3자의 보호

해 설 ㉠ 상속인은 포괄승계인이므로 제3자에 해당하지 않는다.

㉢ 명의수탁자와 계약은 맺은 자가 아니므로 제3자에 해당하지 않는다(대판).

㉣ 학교법인이 명의신탁약정에 기하여 명의수탁자로서 기본재산에 관한 등기를 마침으로써 관할청이 기본재산 처분에 관하여 허가권을 갖게 된다고 하더라도, 위 관할청의 허가권은 위와 같은 목적 달성을 위하여 관할청에게 주어진 행정상 권한에 불과한 것이어서 위 관할청을 부동산실명법 제4조 제3항에서 규정하는 제3자에 해당한다고 할 수 없다(대판 2013.8.22, 2013다31403).

78 ② ······ 중

출제영역 주택임대차보호법

키 워 드 주택임대차보호법 일반

해 설 ② 보증금반환채권은 경매절차에서 원칙적으로 배당요구채권이므로, 우선변제권이 있는 임차인이라도 배당요구를 하지 않으면 우선변제를 받을 수 없다(대판).

79 ① ······ 상

출제영역 상가건물 임대차보호법

키 워 드 상가건물 임대차보호법 적용범위

해 설 ㉡ 서울특별시에서 보증금이 9억원을 초과하는 임차인에게는 상가임대차의 최단존속기간 규정(제9조)이 적용되지 않는다.

㉢ 상가건물 임대차보호법(이하 '상가임대차법'이라고 한다)에서 기간을 정하지 않은 임대차는 그 기간을 1년으로 간주하지만(제9조 제1항), 대통령령으로 정한 보증금액을 초과하는 임대차는 위 규정이 적용되지 않으므로, 원래의 상태 그대로 기간을 정하지 않은 것이 되어 민법의 적용을 받는다. 민법 제635조에 따라 이러한 임대차는 임대인이 언제든지 해지를 통고할 수 있고 임차인이 통고를 받은 날로부터 6개월이 지남으로써 효력이 생기므로, 임대차기간이 정해져 있음을 전제로 기간 만료 6개월 전부터 1개월 전까지 사이에 행사하도록 규정된 임차인의 계약갱신요구권은 발생할 여지가 없다(대판 2021.12.30, 2021다233730).

80 ② ······ 중

출제영역 부동산 실권리자명의 등기에 관한 법률

키 워 드 2자간 명의신탁

해 설 ② 甲과 乙이 체결한 명의신탁약정은 무효이고, 甲으로부터 乙 앞으로 이루어진 소유권이전등기도 무효이다. 따라서 乙이 얻은 부당이득이 없으므로, 甲은 乙을 상대로 '부당이득반환을 원인으로 한' 소유권이전등기를 청구할 수 없다. 다만 甲은 乙을 상대로 소유권에 기하여 진정명의회복을 원인으로 한 소유권이전등기를 청구할 수 있다.

① 甲은 乙을 상대로 무효등기의 말소를 청구하거나 진정명의회복을 원인으로 한 소유권이전등기를 청구할 수 있다.

⑤ 명의수탁자가 양자간 명의신탁에 따라 명의신탁자로부터 소유권이전등기를 넘겨받은 부동산을 임의로 처분한 행위는 명의신탁자의 소유권을 침해하는 행위로서 형사상 횡령죄의 성립 여부와 관계없이 민법상 불법행위에 해당하여 명의수탁자는 명의신탁자에게 손해배상책임을 부담한다(대판 2021.6.3, 2016다34007).

제33회 부동산학개론

시험총평

제33회 부동산학개론은 최근 2~3년 중 가장 어렵게 출제되었다. 난이도 상급의 문제가 계산문제를 포함하여 30% 정도 출제되었고, 조금은 생소한 지문들이 몇 개가 포함되어 수험생들이 느끼는 체감 난이도는 높았을 것으로 생각된다. 그러나 쉽게 풀 수 있는 하급문제가 40% 이상이고, 중급문제가 30% 이상 출제되어 합격점수를 획득하는 것은 크게 어려움이 없었을 것이다. 제33회 시험은 기출문제 유형의 문제가 다수 출제되었으며, 계산문제는 경제론, 시장론, 투자론, 감정평가론이 각 2문제, 금융론 1문제로 총 9문제가 기출문제의 유형으로 출제되어 기출문제를 철저하게 분석하는 학습 전략이 필요할 것으로 보인다.

Answer

01 ③	02 ①	03 ④	04 ④	05 ②	06 ④	07 ④	08 ②	09 ②	10 모두정답
11 ⑤	12 ③	13 ①	14 ③	15 ⑤	16 ①	17 ③	18 ③	19 ②	20 ⑤
21 ⑤	22 ①	23 ③	24 ①	25 ⑤	26 ④	27 ①	28 ⑤	29 ④	30 ①
31 ⑤	32 ④	33 ①	34 ②	35 ④	36 ④	37 ③	38 ②	39 ②	40 ③

01 ③ (하)

출제영역 부동산의 개념 – 법률적 개념(좁은 의미의 부동산)

키워드 정착물의 개념

해설 ③ 토지 정착물은 건물, 명인방법을 갖춘 수목, 구거, 다년생식물, 담장, 교량 등 항구적·고정적으로 부착된 것을 말한다. 따라서 가식중인 수목처럼 임시적·일시적으로 부착된 것들은 정착물이 아니다.

토지 정착물의 구분

독립정착물	• 토지와 독립된 물건으로 취급되는 정착물 • 건물(주택, 상가 등), 명인방법을 갖춘 수목, 등기된 입목 등
종속정착물	• 토지의 일부로 간주되는 정착물 • 나무(수목), 다년생식물, 돌담, 담장, 제방, 구거, 교량, 포장 등
동산으로 보는 것	• 정착물이 아닌 것 • 고정성(계속성)이 없는 판잣집, 가식중인 수목, 묘목, 가건물, 임차인 정착물 등

02 ① ······ 중

출제영역 부동산(토지)의 특성

키 워 드 부동성(= 물리적 위치의 고정성, 지리적 위치의 고정성): 시장의 국지화(지역화), 임장활동

해 설 ② 토지를 경제적 개념으로 보면 생산요소(생산재), 자본, 소비재의 성격을 가진다.

• 경제적 개념의 부동산: 자산, 자본, 생산요소(생산재), 소비재, 상품

③ 토지는 용도가 다양하여(용도의 다양성) 용도전환을 통한 용도적 관점에서 공급(용도적 공급)을 늘릴 수 있다. 개별성과 용도적 공급은 관련이 없다.

토지의 공급

1. 물리적 공급 증가: 불가능(부증성)
2. 용도적 공급 증가: 가능(용도의 다양성)

④ 토지는 부증성으로 인해 물리적으로 공급이 불가능하여 토지의 물리적량이 고정된다. 따라서 토지의 물리적 공급곡선은 장기, 단기 모두 완전비탄력적이다[토지의 물리적 공급곡선: 장·단기 모두 수직선(완전비탄력적)].

그러나 용도가 다양하여 용도전환을 통해 용도적 공급이 가능하다. 그러므로 토지의 용도적 공급곡선은 장기적으로 완전비탄력적이라 할 수 없다.

⑤ 토지는 영속성으로 인해 물리적 측면에서는 감가상각의 대상이 아니다. 그러나 부동성과 인접성으로 인접한 토지이용에 따라서 경제적인 측면에는 감가상각의 대상이 된다.

03 ④ ······ 하

출제영역 부동산의 분류 – 토지의 용어

키 워 드 빈지

해 설 ④ 소유권이 인정되지 않는 바다와 육지 사이의 해변 토지는 빈지이다.

• 포락지(浦落地): 지적공부에 등록된 토지가 물에 침식되어 수면 밑으로 잠긴 토지

구 분	개 념
택 지	주거용·상업용·공업용으로 이용 중이거나 이용 가능한 토지
부 지	어떤 것의 밑바탕이 되는 토지로 토지의 용어 중 가장 포괄적인 용어이다. 건축용지(택지)와 건축이 불가능한 토지(하천부지·철도부지 등)가 있다.
후보지	부동산의 용도(적) 지역인 택지지역, 농지지역, 임지지역 상호간에 용도전환"중"에 있는 토지를 말한다.
이행지	택지지역(주거지, 상업지, 공업지) 내에서, 농지지역(전지, 답지, 과수원) 내에서, 임지지역(용재림지역, 신탄림지역) 내에서 용도전환 중인 토지
필 지	하나의 지번이 붙은 토지의 등록단위. 법적 개념
획 지	토지이용상황이 동일 유사하여 가격수준이 유사한 일단의 토지. 경제적 개념
나 지	토지에 건물 기타의 정착물이 없고, 지상권 등 토지의 사용·수익을 제한하는 사법상의 권리가 설정되어 있지 아니한 토지

건부지	건축물의 용도로 이용 중인 토지. 건부증가, 건부감가가 발생
공 지	건축법에 의한 건폐율, 용적률 제한으로 인하여 한 필지 내에서 건축하지 못하고 비워둔 토지
맹 지	타인의 토지에 둘러싸여 도로에 접속면이 없는 토지
대지(袋地)	타인의 토지에 둘러싸여 좁은 통로에 의해서 도로에 접하는 토지. 자루형 토지
법 지	경사면의 토지로 법적 소유권이 인정되지만, 경제적 활용실익 없거나 작은 토지
빈 지	만조수위선에서 지적공부등록선 사이의 토지로 법적 소유권의 대상이 아니나, 경제적 활용실익이 있는 바닷가 토지(해변토지)
소 지	택지나 대지 등으로 개발되기 이전의 자연 상태의 토지. 원지
선하지	고압선 아래의 토지로, (선하지)감가의 대상이 된다.
포락지	논·밭 등이 무너져 내려 하천으로 변한 토지
휴한지	농지의 지력회복이나 농지 개량을 위해 일정기간 쉬게 하는 토지. 휴경지
표준지	지가의 공시를 위해 가치형성요인이 같거나 유사하다고 인정되는 일단의 토지 중에서 선정한 토지
표본지	지가변동률 조사·산정대상 지역에서 행정구역별·용도지역별·이용상황별로 지가변동을 측정하기 위해 선정한 대표적인 필지
환지(換地)	도시개발사업에 소요된 비용과 공공용지를 제외한 후 도시개발사업 전 토지의 위치·지목·면적 등을 고려하여 토지소유자에게 재분배하는 토지
체비지(替費地)	도시개발사업에 필요한 경비에 충당하기 위해 환지로 정하지 아니한 토지

04 ④ ······ 중

출제영역 수요·공급이론

키워드 공급감소요인

해 설 ④ 공급감소요인은 ㉠, ㉡, ㉣이다.

1. 공급감소요인
   - ㉠ 주택가격의 하락 기대: 주택가격 하락이 기대(예상)되면 신규주택시장에서 공급자들은 공급을 감소시킨다.
   - ㉡ 주택건설업체 수의 감소
   - ㉣ 주택건설에 대한 정부 보조금 축소
2. 공급증가요인
   - ㉢ 주택건설용 토지의 가격 하락과 ㉤ 주택건설기술 개발에 따른 원가절감은 건축비(생산비)를 감소시키는 공급증가요인이다.

05 ② (상)

출제영역 탄력성

키 워 드 수요의 소득탄력성

해 설 ② 오피스텔 수요의 소득탄력성은 0.4이다.

오피스텔 수요의 소득탄력성 $= \frac{\text{오피스텔 수요량의 변화율(\%)}}{\text{소득변화율(\%)}}$ 이다. 소득변화율은 5% 상승으로 주어졌으므로 소득변화에 따른 오피스텔 수요량의 변화율을 산정해서 수요의 소득탄력성을 계산할 수 있다.

1. 소득변화에 따른 오피스텔 수요량의 변화율 산정

오피스텔 전체 수요량이 1% 변화했는데 수요의 가격탄력성과 교차탄력성을 이용하여 소득변화에 따른 오피스텔 수요량의 변화율을 산정할 수 있다.

(1) 오피스텔 가격변화에 따른 오피스텔 수요량의 변화

$$\text{오피스텔 수요의 가격탄력성} = \frac{\text{오피스텔 수요량의 변화율}}{\text{오피스텔 가격 변화율}} = \frac{\text{수요량 변화율}}{\text{5\% 상승}} = 0.5$$

오피스텔 수요량 변화율은 수요의 가격탄력성이 0.5인데 가격이 5% 상승했으므로 2.5% 감소한다.

(2) 아파트 가격변화에 따른 오피스텔 수요량의 변화율 산정

$$\text{아파트 가격에 대한 오피스텔 수요의 교차탄력성} = \frac{\text{오피스텔 수요량의 변화율}}{\text{아파트 가격 변화율}}$$

$$= \frac{\text{수요량의 변화율}}{\text{5\% 상승}} = 0.3$$

오피스텔 수요량 변화율은 교차탄력성이 0.3인데 아파트 가격이 5% 상승했으므로 수요량은 1.5% 증가한다.

(3) 소득변화에 따른 오피스텔 수요량의 변화율 산정

오피스텔 가격변화에 따른 오피스텔 수요량은 2.5% 감소하고, 아파트 가격변화에 따른 오피스텔 수요량은 1.5% 증가하여 오피스텔 가격과 아파트 가격의 변화로 수요량이 1% 감소(2.5% 감소 + 1.5% 증가)했는데 전체적으로 오피스텔 수요량이 1% 변화하려면 소득변화에 따라 오피스텔 수요량이 2% 증가해야 한다.

2. 오피스텔 수요의 소득탄력성 계산

$$\text{오피스텔 수요의 소득탄력성} = \frac{\text{오피스텔 수요량의 변화율}}{\text{소득변화율}} = \frac{\text{2\% 증가}}{\text{5\% 증가}} = 0.4$$

06 ④ 중

출제영역 수요 · 공급이론 – 균형과 균형의 변동

키 워 드 수요변화와 공급변화

해 설 ① 수요가 불변이고 공급이 감소하는 경우, 균형가격은 상승하고 균형거래량은 감소한다. (하락 ⇨ 상승)

② 공급이 불변이고 수요가 증가하는 경우, 균형가격은 상승하고 균형거래량은 증가한다. (감소 ⇨ 증가)

③ 수요와 공급이 동시에 증가하고 공급의 증가폭이 수요의 증가폭보다 더 큰 경우에는 변화폭(증가폭)이 큰 쪽인 공급 증가로 답을 한다. 따라서 균형가격은 하락하고 균형거래량은 증가한다. (상승 ⇨ 하락)

⑤ 수요는 증가하고 공급이 감소하는데 수요의 증가폭이 공급의 감소폭보다 더 큰 경우에는 변화폭이 큰 쪽인 수요증가로 답을 한다. 따라서 균형가격은 상승하고 균형거래량은 증가한다. (감소 ⇨ 증가)

07 ④ 하

출제영역 경기변동이론

키 워 드 순환국면별 특징

해 설 ① 하향시장 국면에 대한 내용이다. 상향시장 국면에서는 부동산 가격이 지속적으로 상승하고 거래량은 증가한다.

② 상향시장 국면에 대한 내용이다. 후퇴시장 국면에서는 경기하락이 시작되어 하향시장 국면으로 진행되는 시장국면이다.

③ 상향시장 국면에 대한 내용이다. 하향시장 국면에서는 건축허가신청이 지속적으로 감소한다.

⑤ 안정시장 국면에서는 과거의 거래가격은 새로운 거래에서 신뢰할 수 있는 기준가격으로 활용할 수 있다.

순환국면별 특징

구 분	회복시장	상향시장	후퇴시장	하향시장
건축허가신청 · 거래량	증가시작	최대	감소시작	최소 (거의 없음)
부동산 가격	상승시작	최고수준	하락시작	최저수준
공실(공가)률	감소시작	최저	증가시작	최대
과거의 사례가격	기준가격, 하한선	하한선	기준가격, 상한선	상한선
시장 주도자	매도인중심 매도인중심으로 전환	매도인중심시장	매수인중심 매수인중심으로 전환	매수인중심시장

1. 상향시장 ⇨ ㊤㊦(상)(하)(도)

(㉦향시장에서 과거의 사례가격은 새로운 거래의 (하)한선, 매(도)인중심시장)

2. 하향시장 ⇨ (하)(상)(수)

((하)향시장에서 과거의 사례가격은 새로운 거래의 (상)한선, 매(수)인중심시장)

08 ② ······ 상

출제영역 균형의 변동

키 워 드 균형가격과 균형거래량 변동 계산

해 설 ② 균형가격은 5 상승, 균형거래량은 10 증가했다.

균형가격과 균형거래량은 수요함수와 공급함수를 이용하여 계산한다.

1. 변화 전(원래의 균형): 수요함수($Q_{D1} = 120 - 2P$) = 공급함수($Q_S = 2P - 20$)
   $2P - 20 = 120 - 2P$ ⇨ $4P = (120 + 20)$ ⇨ $4P = 140$
   ⇨ P(균형가격) = 35, Q(균형거래량) = $(2 \times 35) - 20 = 50$
2. 변화 후(변화 후의 균형): 수요함수($Q_{D2} = 120 - \frac{3}{2}P$) = 공급함수($Q_S = 2P - 20$)
   $2P - 20 = 120 - \frac{3}{2}P$ ⇨ $\frac{7}{2}P = (120 + 20)$ ⇨ $\frac{7}{2}P = 140$
   ⇨ P(균형가격) = 40, Q(균형거래량) = $(2 \times 40) - 20 = 60$
3. 균형가격은 35에서 40으로 5 상승, 균형거래량은 50에서 60으로 10 증가했다.

09 ② ······ 하

출제영역 부동산 시장이론

키 워 드 부동산 시장의 특징

해 설 ② 부동산 시장은 장기보다 단기에서 공급이 비탄력적이다. 따라서 단기적으로 수급조절이 곤란하다. 단기보다는 장기적으로 공급이 탄력적이므로 장기적으로 수급조절이 용이하다.

10 모두정답 ······ 중

출제영역 상업입지이론

키 워 드 허프의 확률 모형

해 설 ㉠, ㉢, ㉣, ㉤은 옳은 지문이지만, ㉡은 옳은 지문으로 볼 수 없다. 왜냐하면 허프의 확률모형에서는 공간(거리)마찰계수를 적용하는데 공간마찰계수가 주어지지 않았으므로 매장을 방문하는 고객의 행동력은 방문하고자 하는 매장의 크기에 비례하고, 매장까지의 거리에 반비례한다고 단정적으로 말할 수 없다. 따라서 ㉡은 옳은 지문으로 볼 수 없다. 따라서 옳은 것(㉠, ㉢, ㉣, ㉤)으로 구성된 답이 없다. 그러므로 정답이 없다(모두 정답으로 해야 한다).

11 ⑤ ······ 하

출제영역 상업입지이론

키 워 드 크리스탈러(W. Christaller)의 중심지이론

해 설 ⑤ 크리스탈러(W. Christaller)의 중심지이론에 대한 내용이다.

12 ③ ········· 중

출제영역 부동산 시장론 – 효율적 시장이론

키 워 드 정보가치 계산

해 설 ③ 정보의 현재가치는 3억 3,000만원이다.

정보의 (현재)가치 = 확실성하(정보를 아는 경우)의 현재가치 – 불확실성하(정보를 모르는 경우)의 현재가치

1. 확실성하(정보를 아는 경우)의 현재가치

$$\frac{12억\ 1{,}000만원}{(1+0.1)^2} = 10억원$$

2. 불확실성하(정보를 모르는 경우)의 현재가치

$$\frac{(12억\ 1{,}000만 \times 0.45) + (4억\ 8{,}400만원 \times 0.55)}{(1+0.1)^2} = 6억\ 7{,}000만원$$

3. 정보의 현재가치 : 10억원 – 6억 7,000만원 = 3억 3,000만원

13 ① ········· 하

출제영역 지대이론

키 워 드 튀넨(J. H. von Thünen)의 위치지대설

해 설 ① 튀넨(J. H. von Thünen)의 위치지대설에 대한 내용이다.

14 ③ ········· 상

출제영역 입지이론

키 워 드 레일리(W. Reilly)의 소매중력모형(소매인력법칙)

해 설 ③ A도시와 B도시의 시장점유율을 산정하고 시장점유율에 따라 C신도시 소비자의 잠재 월 추정소비액 10억원을 A도시와 B도시에 배분한다.

1. A도시의 시장점유율과 B도시의 시장점유율 산정

(1) A도시의 시장점유율 : $\frac{A도시의\ 흡인력}{A도시의\ 흡인력 + B도시의\ 흡인력} = \frac{2{,}000}{2{,}000 + 8{,}000} = 20\%$

- A도시의 흡인력 = $\frac{A도시\ 인구}{(A도시까지\ 거리)^2} = \frac{50{,}000}{(5)^2} = 2{,}000$
- B도시의 흡인력 = $\frac{B도시\ 인구}{(B도시까지\ 거리)^2} = \frac{32{,}000}{(2)^2} = 8{,}000$

(2) B도시의 시장점유율 : A도시의 시장점유율이 20%이므로 B도시의 시장점유율은 80%이다.

2. A도시와 B도시의 월 추정소비액

(1) A도시의 월 추정소비액 : 10억원 × 0.2 = 2억원

(2) B도시의 월 추정소비액 : 10억원 × 0.8 = 8억원

15 ⑤ (중)

출제영역 입지이론과 도시공간구조이론

키 워 드 베버와 뢰시의 공업입지이론, 해리스와 울만의 다핵심이론

해 설 ⑤ 모두 옳은 지문이다.

16 ① (하)

출제영역 토지정책 – 지역지구제(용도지역)

키 워 드 도시지역의 구분

해 설 ① 국토의 계획 및 이용에 관한 법령상 용도지역 중 도시지역은 주거지역, 상업지역, 공업지역, 녹지지역으로 구분된다.

용도지역	도시지역, 관리지역, 농림지역, 자연환경보전지역
도시지역	주거지역, 상업지역, 공업지역, 녹지지역
주거지역	전용주거지역, 일반주거지역, 준주거지역 1. 전용주거지역: 양호한 주거환경 보호 • 제1종 전용주거지역: 단독주택중심의 양호한 주거환경 보호 • 제2종 전용주거지역: 공동주택중심의 양호한 주거환경 보호 2. 일반주거지역: 편리한 주거환경 조성 • 제1종 일반주거지역: 저층중심의 편리한 주거환경 조성 • 제2종 일반주거지역: 중층중심의 편리한 주거환경 조성 • 제3종 일반주거지역: 중·고층중심의 편리한 주거환경 조성
상업지역	중심상업지역, 일반상업지역, 유통상업지역, 근린상업지역

17 ③ (하)

출제영역 부동산 금융론 – 부동산투자회사법상 부동산투자회사

키 워 드 자기관리 부동산투자회사와 위탁관리 부동산투자회사

해 설 ③ ㉠: 자기관리 부동산투자회사, ㉡: 위탁관리 부동산투자회사이다.

18 ③ (하)

출제영역 부동산 정책론

키 워 드 개발부담금제와 재건축부담금제의 도입 연도

해 설 ③ 법령상 개발부담금제가 재건축부담금제보다 먼저 도입되었다. 개발부담금제는 1990년, 재건축부담금제는 2006년에 도입되었다.

① 분양가상한제는 현재 시행되고 있는 정책이고, 택지소유상한제는 현재 시행하지 않는다.

② 토지비축제도(토지은행)는 직접개입방법이고 부동산가격공시제도는 정부가 간접적으로 부동산시장에 개입하는 수단이다.

④ 주택시장의 지표로서 PIR(Price to Income Ratio)은 개인의 주택지불능력을 나타내며, 그 값이 클수록 주택구매가 더 어렵다는 의미다.
⑤ 부동산실명제의 근거 법률은 「부동산 실권리자명의 등기에 관한 법률」이다.

19 ② (하)

출제영역 조세정책
키워드 부동산 취득, 보유, 처분단계에 부과하는 조세
해 설 ② 옳은 것은 ㉠, ㉡이다.
㉢ 상속세는 국세로 부동산의 취득단계에 부과하는 세금이고, 재산세는 부동산의 보유단계에 부과한다.
㉣ 증여세는 취득단계에 부과하고, 종합부동산세는 부동산의 보유단계에 부과한다.

부동산 관련 조세

구 분	취 득	보 유	처 분
국 세	상속세, 증여세, 인지세	종합부동산세	양도소득세
지방세	취득세, 등록면허세	재산세	지방소득세

20 ⑤ (중)

출제영역 건축법상의 주택의 분류(종류)
키워드 다세대주택
해 설 ⑤ 건축법상 다세대주택은 주택으로 쓰이는 1개 동의 바닥면적의 합계가 660m² 이하이고, 층수가 4개 층 이하인 주택이다. 층수가 4층인 1개 동의 건축물이고, 전체 층을 주택으로 쓰면 주택으로 쓰이는 층수가 4개 층이고, 1개 동의 바닥면적의 합계가 600m²이므로(660m² 이하) 다세대주택이다.

건축법상의 주택

1. 단독주택: 단독주택, 다중주택, 다가구주택, 공관

단독주택	1건물에 1세대가 거주하는 주택(가정보육시설 포함)
다중주택	학생 또는 직장인 등의 다수인이 장기간 거주할 수 있는 구조로 된 주택으로서 독립된 주거형태가 아니고, 주택으로 쓰이는 바닥면적 합계가 660m² 이하, 주택으로 쓰이는 층수가 3개 층 이하인 주택
다가구주택	주택으로 쓰이는 층수(지하층 제외)가 3개 층 이하, 1개 동으로 쓰이는 바닥면적의 합계가 660m² 이하이며 19세대 이하가 거주할 수 있는 주택으로서 공동주택에 해당하지 아니한 것

2. 공동주택: 아파트, 연립주택, 다세대주택, 기숙사

아파트	주택으로 쓰이는 층수가 5개 층 이상인 주택
연립주택	주택으로 쓰이는 1개 동의 바닥면적의 합계가 660m²를 초과하고, 층수가 4개 층 이하인 주택
다세대주택	주택으로 쓰이는 1개 동의 바닥면적의 합계가 660m² 이하이고, 층수가 4개 층 이하인 주택

기숙사	다음의 어느 하나에 해당하는 건축물로서 공간의 구성과 규모 등에 관하여 국토교통부장관이 정하여 고시하는 기준에 적합한 것. 다만, 구분소유된 개별 실(室)은 제외한다. ① 일반기숙사 : 학교 또는 공장 등의 학생 또는 종업원 등을 위하여 사용하는 것으로서 해당 기숙사의 공동취사시설 이용 세대 수가 전체 세대 수의 50퍼센트 이상인 것(「교육기본법」 제27조 제2항에 따른 학생복지주택을 포함한다) ② 임대형기숙사 : 「공공주택 특별법」 제4조에 따른 공공주택사업자 또는 「민간임대주택에 관한 특별법」 제2조 제7호에 따른 임대사업자가 임대사업에 사용하는 것으로서 임대 목적으로 제공하는 실이 20실 이상이고 해당 기숙사의 공동취사시설 이용 세대 수가 전체 세대 수의 50퍼센트 이상인 것

21 ⑤ (하)

출제영역 부동산 투자론

키워드 순현재가치법의 할인율

해설 ⑤ 순현재가치는 투자자의 요구수익률로 할인한 현금유입의 현가에서 현금유출의 현가를 뺀 값이다(내부수익률 ⇨ 요구수익률). 순현재가치법의 순현재가치를 산정할 때 할인율은 투자자의 요구수익률이다.

22 ① (중)

출제영역 포트폴리오이론

키워드 상관계수 크기와 위험감소효과

해설 ① 개별자산의 기대수익률 간 상관계수가 "−1"인 경우 두 개의 자산으로 포트폴리오를 구성할 때 포트폴리오의 위험감소효과가 최대로 나타난다.

포트폴리오

1. 개념 : 여러 자산에 분산투자하여 (비체계적)위험 제거 · 감소시키는 투자 전략
2. 총위험 : 체계적 위험 + 비체계적 위험

체계적 위험(피할 수 없는 위험)	비체계적 위험(피할 수 있는 위험)
① 모든 부동산에 공통된 위험 ② 경기변동, 인플레이션, 이자율 변동 등 시장의 전반적인 힘에 의한 위험 ③ 포트폴리오 구성으로 회피 불가능한 위험 ④ 위험과 수익의 비례관계에서 위험은 체계적 위험	① 개별부동산의 고유한 위험 ② 근로자의 파업, 영업경비의 변동, 법적 소송 등의 위험 ③ 포트폴리오 구성으로 회피 가능한 위험

3. 포트폴리오(분산투자)효과를 크게 하는 방법
   (1) 구성자산 수가 많을수록 ⇨ 분산투자효과 크다.
   (2) 수익률의 변동 방향이 동일 · 유사하지 않을수록 ⇨ 분산투자효과 크다.
   (3) 상관계수를 작게(−1에 가깝게) 할수록 ⇨ 분산투자효과 크다.

4. 상관계수와 분산투자효과
  (1) 상관계수가 +1: 완전 양의 상관관계 ⇨ 분산투자효과 없다.
  (2) 상관계수가 −1: 완전 음의 상관관계 ⇨ 분산투자효과 완전 ⇨ 비체계적 위험 "0"까지 감소
  총위험 "0"까지 감소(×)
5. 최적의 포트폴리오: 효율적 전선과 무차별곡선의 접점. 교차점(×)
  (1) 효율적 전선(투자선, 프론티어)
    1) 평균·분산지배원리에 의해서 선택된 점들을 연결한 선. 동일한 위험에서 최고의 수익률을 연결한 선
    2) 우상향한다. ⇨ 더 높은 수익을 얻기 위해서는 더 높은 위험을 부담해야 하기 때문이다.
  (2) 무차별곡선
    1) 투자자에게 동일한 효용을 주는 위험과 수익의 조합을 연결한 곡선
    2) 위험회피성향이 강할수록 무차별곡선의 기울기는 급경사
    3) 보수적 투자자의 무차별곡선의 기울기: 급경사(가파른 형태, 기울기 크다.)
    4) 공격적 투자자의 무차별곡선의 기울기: 완만
  (3) 최적 포트폴리오의 선정은 투자자의 위험에 대한 태도에 따라 달라질 수 있다.

제 33 회

23 ③ (중)

출제영역 부동산 투자론 − 어림셈법

키 워 드 자본환원율과 자산가격은 반비례관계

해 설 ③ 자본환원율 = $\frac{\text{순영업소득}}{\text{부동산(자산)가격}}$ 이다. 따라서 자본환원율과 자산가격은 반비례관계이므로 자산가격이 상승하면 자본환원율은 낮아진다.

24 ① (중)

출제영역 부동산 투자분석기법

키 워 드 화폐의 시간가치를 고려하는 방법과 고려하지 않는 방법

해 설 ① 수익률법과 승수법은 어림셈법으로 투자현금흐름의 (화폐)시간가치를 고려하지 않는 투자타당성분석방법이다.

투자의 타당성분석방법의 구분

화폐의 시간가치를 고려하는 방법	화폐의 시간가치를 고려하지 않는 방법
1. 순현재가치법 2. 수익성지수법 3. 내부수익률법 4. 연평균순현재가치법 5. 현가회수기간법	1. 어림셈법 (1) 승수법 (2) 수익률법 2. 비율분석법 (1) 대부비율 (2) 부채비율 (3) 부채감당률 등

25 ⑤ (상)

출제영역 투자분석기법 – 어림셈법

키 워 드 순소득승수 계산

해 설 ⑤ 순소득승수는 20이다.

$$순소득승수 = \frac{부동산가격(총투자액)}{순영업소득}$$

1. 순영업소득의 산정
   순영업소득: 유효총소득 − 영업경비(비용) = 1,000만원 − 500만원 = 500만원
2. $순소득승수 = \frac{부동산가격(총투자액)}{순영업소득} = \frac{10,000만원}{500만원} = 20$

26 ④ (상)

출제영역 지렛대효과

키 워 드 자기자본수익률 계산

해 설 ④ 자기자본수익률은 ㉠ 7.5%, ㉡ 6.5%이다.

$$자기자본수익률 = \frac{(순영업소득 - 이자비용) \pm 가치변화}{자기자본}$$

1. (㉠)타인자본을 40% 활용하는 경우
   $\frac{(7백만원 - 8천만원 \times 0.05) + (2억원 \times 0.03)}{1억\ 2천만원} = 7.5\%$
2. (㉡)타인자본을 활용하지 않는 경우
   $\frac{7백만원 + (2억원 \times 0.03)}{2억원} = 6.5\%$

27 ① (하)

출제영역 주택금융

키 워 드 주택소비금융의 기능

해 설 ① 정부가 주택가격의 급격한 상승에 대처하기 위해서는 주택소비금융의 축소와 금리인상, 대출규제를 강화해야 한다.

28 ⑤ (하)

출제영역 주택연금(주택담보노후연금)

키 워 드 주택연금(주택담보노후연금)의 보증기관

해 설 ⑤ 주택연금(주택담보노후연금)의 보증기관은 한국주택금융공사이다.

29 ④ ································ 상

출제영역 부동산 금융론 – 저당상환방법, 화폐의 시간가치

키워드 대출잔액 계산

해설 ④ 대출잔액은 9,237만원이다.

5년이 지난 시점의 대출잔액: 원리금상환액 × 연금의 현재가치계수(잔여기간 25년)

1. 원리금상환액 계산
   원리금상환액: 융자액 × 저당상수 = 1억원 × 0.0054 = 54만원
2. 대출잔액 계산
   대출잔액: 원리금상환액 × 연금의 현재가치계수(25년) = 54만원 × 171.06 = 9,237만원
   • 54만원 × 171.06 = 92,372,400원에서 만원 단위 미만 절사하면 9,237만원이다.

30 ① ································ 중

출제영역 저당상환방법

키워드 가중평균상환기간(회수기간)

해설 ① 차입자 입장에서는 가중평균상환기간이고 대출자의 입장에서는 회수기간이다.

• 가중평균상환기간(회수기간)의 순서(짧은 기간에서 긴 기간의 순서)는 원금균등분할상환 ⇨ 원리금균등분할상환 ⇨ 만기일시상환의 순서이다.

31 ⑤ ································ 상

출제영역 자산유동화

키워드 자산유동화계획의 등록

해설 ⑤ 자산유동화계획은 금융위원회에 등록한다. (금융감독원 ⇨ 금융위원회)

32 ④ ································ 하

출제영역 주택정책

키워드 공공임대주택의 종류

해설 ④ 공공지원민간임대주택은 공공주택 특별법령상 공공임대주택에 해당하지 않는다. 공공지원민간임대주택은 "민간임대주택에 관한 특별법"상 민간임대주택이다.

• 공공주택 특별법령상 공공임대주택: 영구임대주택, 국민임대주택, 행복주택, 통합공공임대주택, 장기전세주택, 분양전환공공임대주택, 기존주택등매입임대주택, 기존주택전세임대주택

33 ① .... 하

출제영역 마케팅 전략

키 워 드 시장점유 마케팅

해 설 ① 시장점유 전략은 공급자 측면(공급자 중심)의 접근으로 목표시장을 선점하거나 점유율을 높이는 것을 말한다. (수요자 측면 ⇨ 공급자 측면)

마케팅 전략

구 분	내 용
시장점유 마케팅 전략	1. STP전략: 시장세분화, 표적시장 선정, 차별화 (1) 시장세분화(Segmentation): 수요자 집단을 인구, 경제학적 특성에 따라 세분하여 상품의 판매지향점을 분명히 하는 전략 (2) 표적시장 선정(Target): 세분화된 시장에서 공략 대상 시장을 선정하는 전략 (3) 차별화전략(Positioning): 고객의 마음에 들게 경쟁기업의 제품과 차별화하는 전략 2. 4P믹스전략: 제품, 가격, 유통경로, 판촉 (1) 제품(Product)전략: 지상주차장의 지하화, 자연친화적인 단지 설계, 보안설비의 디지털화 등 (2) 가격(Price)전략: 고가전략, 저가전략, 시가전략, 신축가격전략 등 (3) 유통경로(Place): 직접분양, 중개업자 이용, 금융기관 활용 등 (4) 판촉(Promotion): 가전제품 등 경품 제공, 홍보, 광고 등 3. 가격전략 (1) 고가전략: 브랜드가치가 높은 경우, 수요탄력성이 작은 경우에 높은 가격을 설정하는 정책 (2) 저가전략: 브랜드가치가 낮은 경우, 수요탄력성이 큰 경우, 빠른 자금회수, 지역의 수요자가 소득이 낮은 경우에 낮은 가격을 설정하는 정책 (3) 시가전략: 다른 경쟁 업체와 동일한 가격을 설정하는 정책 (4) 신축가격전략: 지역, 위치, 방향, 층, 호에 따라 다른 가격을 설정하는 전략
고객점유 마케팅 전략	1. 수요자 중심 마케팅 전략 ① 주의(Attention) − ② 관심(Interest) − ③ 욕망(Desire) − ④ 행동(Action)
관계 마케팅 전략	1. 수요자와 공급자의 지속적인 관계. 1회성(×) 2. 브랜드 마케팅

34 ② (하)

출제영역 부동산 관리방식

키 워 드 위탁관리방식의 장점, 단점

해 설 ② 위탁관리방식에 대한 내용이다.

관리방식 비교

구 분	장 점	단 점
자가관리 (직접관리)	1. 기밀유지 및 보안이 용이 2. 친절한 서비스 제공 3. 부동산 애호정신이 높음 4. 신속한 업무처리 5. 소유자의 강한 통제력 6. 직접관리 ⇨ 관리비 절약	1. 전문성 결여 2. 관리업무의 타성화 3. 인력관리의 비효율성 4. 관리비가 필요 이상으로 상승하여 불합리하게 관리비 지출
위탁관리 (외주관리)	1. 전문성이 높다. 2. 관리업무의 타성화(매너리즘) 방지 3. 소유자 본업에 전념 4. 경영합리화 ⇨ 관리비용의 저렴 안정 5. 소유와 경영의 분리	1. 기밀유지 및 보안관리의 불완전 2. 애호심이 낮다. 3. 업자의 신뢰도 문제 4. 종합적 관리가 불완전하고, 관리업자가 영리만 추구할 경우 부실한 관리가 초래될 수 있다.
혼합관리 (과도기)	1. 일부 자가관리하고 필요한 부분만 위탁관리 2. 자가관리와 위탁관리의 장점 채택	1. 문제발생시 책임소재가 불명확 2. 잘못 운영되면 두 방식 단점만 노출

35 ④ (상)

출제영역 감정평가방식 − 원가법

키 워 드 감가수정

해 설 ④ 옳은 것은 ㉡, ㉢, ㉣이다.

㉠ 감가수정과 관련된 내용연수는 물리적 내용연수가 아닌 경제적 내용연수를 의미한다.

㉤ 정률법은 미상각잔액에 매년 일정한 감가율(정율)을 곱하여 감가액을 구하는 방법으로 매년 감가액은 초기에 크고 후기로 갈수록 점점 감소한다.

감가수정방법의 비교

1. 내용연수를 기준으로 하는 방법: 정액법, 정률법, 상환기금법
   (1) 정액법(직선법, 균등상각법)
      1) 매년의 감가액: (재조달원가 − 잔존가액) ÷ 내용연수. 항상 일정(정액)
      2) 감가누계액: 경과연수에 비례하여 증가
   (2) 정률법(체감상각법)
      1) 매년의 감가액: 미상각잔액 × 감가율(정률). 초기에 크고 후기로 갈수록 점점 감소
      2) 감가누계액: 점점 증가
   (3) 상환기금법: 복리 이자상당액
2. 관찰감가(상태)법: 직접관찰하여 감가액 산정. 주관적(○), 객관적(×)
3. 분해법(내구성 분해방식): 감가요인을 물리적 감가, 기능적 감가, 경제적 감가로 구분하고 이를 다시 치유 가능한 감가와 치유 불가능한 감가로 구분하여 각각의 감가액을 산정한 후, 이를 합산하여 감가액을 산정한다. 다만 경제적 감가는 치유 불가능한 감가이다.

제 33 회

36 ④ 중

출제영역 감정평가에 관한 규칙

키 워 드 시장가치기준

해　설 ④ 감정평가법인등은 감정평가 의뢰인이 요청하여 시장가치 외의 가치를 기준으로 감정평가할 때에는 해당 시장가치 외의 가치의 성격과 특징, 시장가치 외의 가치를 기준으로 하는 감정평가의 합리성 및 적법성을 검토하여야 한다.

37 ③ 상

출제영역 감정평가방식 – 수익환원법(직접환원법)

키 워 드 수익가액 계산

해　설 ③ 수익가액은 5억 5천만원이다.

$$\text{직접환원법에 의한 수익가액} = \frac{\text{순(영업)소득}}{\text{환원율}}$$

1. 순영업소득 산정
   (1) 유효총소득: 가능총소득(44,000,000) − 공실 및 불량부채(44,000,000 × 0.1) = 39,600,000원
   - 공실 및 불량부채(공실손실상당액 및 대손충당금): 44,000,000 × 0.1 = 4,400,000원
     유효총소득: 44,000,000 × (1 − 0.1) = 39,600,000원

   (2) 순영업소득: 유효총소득(39,600,000) − 영업경비(44,000,000 × 0.025) = 38,500,000원
   - 영업경비(= 운영경비): 44,000,000 × 0.025 = 1,100,000원
2. 환원율 산정: 물리적 투자결합법
   환원율 = (토지비율 × 토지환원율) + (건물비율 × 건물환원율)
   (0.6 × 0.05) + (0.4 × 0.1) = 7%(0.07)
3. 수익가액: $\frac{38,500,000}{0.07}$ = 550,000,000원(5억 5천만원)

38 ② 하

출제영역 부동산 가격공시제도

키 워 드 부동산 가격공시제도의 내용

해　설 ① 국토교통부장관이 표준지공시지가를 조사·평가할 때에는 업무실적, 신인도(信認度) 등을 고려하여 둘 이상의 감정평가법인등에게 의뢰하여야 한다. 다만, 지가 변동이 작은 경우 등 대통령령으로 정하는 기준에 해당하는 표준지에 대해서는 하나의 감정평가법인등에게 의뢰할 수 있다. 표준지공시지가를 조사·평가할 때 반드시 둘 이상의 감정평가법인등에게 의뢰하는 것은 아니다.
③ 국토교통부장관은 표준주택에 대하여 매년 공시기준일 현재 적정가격을 조사·산정하고, 중앙부동산가격공시위원회의 심의를 거쳐 이를 공시하여야 한다. 표준지공시지가, 표준주택가격, 공동주택가격 등 국토교통부장관이 조사·산정하는 것은 중앙부동산가격공시위원회의 심의를 거친다. 개별공시지가, 개별주택가격 등 시장·군수·구청장이 공시하는 것들은 시·군·구 부동산가격공시위원회의 심의를 거친다.

④ 국토교통부장관은 표준주택가격을 조사・산정하고자 할 때에는 한국부동산원에 의뢰한다.
⑤ 표준주택가격은 개별주택가격을 산정하는 경우에 그 기준이 된다. 표준공동주택가격과 개별공동주택가격은 없다.

39 ② (상)

출제영역 감정평가방식 – 거래사례비교법

키워드 거래사례비교법에 의한 비준가액 계산

해설 ② 토지의 비준가액은 538,650,000원이다.

거래사례비교법의 공식

거래사례의 가액 × 사정보정(치) × 시점보정(치) × 지역요인비교(치) × 개별요인비교(치) × 면적비교(치) = 비준가액

$$800{,}000{,}000\text{원} \times 0.9 \times (1 + 0.05) \times \frac{100}{100} \times \frac{95}{100} \times \frac{150}{200} = 538{,}650{,}000\text{원}$$

(사정보정) (시점수정) (지역요인비교) (개별요인비교) (면적비교)

1. 시점수정(치): 대상토지가 제2종 일반주거지역(용도지역)이므로 주거지역의 지가변동률 5%를 적용한다. ⇨ (1 + 0.05)

2. 지역요인비교(치): 거래사례와 대상토지가 지역요인이 동일하다. ⇨ $\frac{100}{100}$

3. 개별요인비교(치)

(1) $\frac{\text{대상토지 개별요인}}{\text{사례토지 개별요인}}$

(2) 대상토지가 거래사례에 비해 5% 열세하므로 개별요인비교치는 대상토지 100에서 5를 차감하여 95가 된다. 따라서 개별요인비교치는 $\frac{100-5}{100} = \frac{95}{100}$이다.

4. 면적비교(치): $\frac{\text{대상토지 면적}}{\text{사례토지 면적}} = \frac{150}{200}$

40 ③ (하)

출제영역 감정평가에 관한 규칙

키워드 공시지가기준법은 비교방식이다.

해설 ③ 거래사례비교법, 공시지가기준법은 비교방식에 해당한다.

- 비교방식: 가액을 산정하는 거래사례비교법, 임대료를 산정하는 임대사례비교법, 토지가액을 산정하는 공시지가기준법

제33회 민법 · 민사특별법

시험총평

제33회 민법 및 민사특별법 문제는 박스형 문제가 무려 14문제 출제되어 문제를 해결하는 데 시간이 많이 소요되었을 것이다. 한편 "옳은 것은?"을 묻는 긍정형 문제가 지금까지 가장 많이 출제되고, 난이도 높은 문제가 많이 출제되었다. 사례문제가 전보다 조금 적게 출제되었으나 9문제 출제되었다. 그리고 해당 주제에 대한 전반적인 이해를 묻는 문제가 많이 출제되었고 조문 · 이론 · 판례가 혼합된 종합문제가 많이 출제되어서 제33회 시험의 전반적인 난이도는 어려운 편이었다. 그리고 조문을 묻는 문제가 18문제, 이론을 묻는 문제가 6문제 출제되었는데 이러한 출제경향은 앞으로도 계속될 것이다. 따라서 판례 외에 조문과 이론도 더욱 깊이 있게 학습해야 안정적인 점수를 받을 수 있을 것으로 예상된다.

Answer

41 ④	42 ⑤	43 ④	44 ③	45 ①	46 ②	47 ①	48 ⑤	49 ⑤	50 ①
51 ②	52 ⑤	53 ②	54 ①	55 ②	56 ⑤	57 ④	58 ①	59 ①	60 ③
61 ②	62 ②	63 ⑤	64 ③	65 ③	66 ②	67 ④	68 ④	69 ③	70 ③
71 ⑤	72 ⑤	73 ①	74 ③	75 ③	76 ④	77 ④	78 ④	79 ⑤	80 ②

41 ④ (하)

출제영역 법률행위

키 워 드 단독행위

해 설 ④ 상대방 없는 단독행위

①②③⑤ 상대방 있는 단독행위

42 ⑤ (하)

출제영역 법률행위의 목적

키 워 드 반사회적 법률행위

해 설 ⑤ 반사회질서 법률행위로 무효이다(대판 2000.2.11, 99다49064).

① 단속규정 위반으로 유효하다(대판 2017.2.3, 2016다259677).

② 단속규정 위반으로 유효하다(대판 2012.6.14, 2010다86525).

③ 형사사건에서의 성공보수약정은 반사회질서 법률행위로 무효이지만 민사소송에서의 성공보수약정은 반사회질서 법률행위가 아니다(대판 전합 2015.7.23, 2015다200111).

43 ④ ······ 하

출제영역 의사표시

키 워 드 통정허위표시

해 설 ① 인식 외에 상대방과의 통정(합의)이 있어야 한다.
② 가장행위는 무효이더라도 은닉행위는 그 법률행위의 효력요건을 갖추는 한 유효하다.
③ 대리행위에서 본인과 대리인은 제3자에 해당하지 않는다.
⑤ 가장채권의 선의의 양수인은 보호받는 제3자에 해당한다(대판 2004.5.28, 2003다70041).

44 ③ ······ 중

출제영역 무효와 취소

키 워 드 토지거래허가제

해 설 ㉠ 토지거래허가구역 내에서의 토지거래허가를 받은 것만으로는 이행의 착수에 해당하지 않으므로, 여전히 계약금해제가 가능하다(대판 2009.4.23, 2008다62427).
㉣ 유동적 무효상태에서 토지거래허가구역 지정이 해제되면 더 이상 허가를 받을 필요 없이 계약은 확정적 유효가 된다(대판 전합 1999.6.17, 98다40459).

45 ① ······ 하

출제영역 무효와 취소

키 워 드 취소권의 행사

해 설 ① 제한능력자도 법정대리인의 동의 없이 단독으로 취소권을 행사할 수 있다(제140조).

46 ② ······ 상

출제영역 조건과 기한

키 워 드 조건부 법률행위

해 설 ② 해제조건이 선량한 풍속 기타 사회질서에 위반하면 조건만이 아니라 법률행위 전부가 (반사회질서 법률행위로) 무효가 된다(대결 2005.11.8, 2005마541). 조건 없는 법률행위는 유효를 의미한다.

47 ① ······ 중

출제영역 법률행위의 대리

키 워 드 대리권

해 설 ① 대리인이 사망하면 대리권은 소멸한다(제127조 제2호).

48 ⑤ ······ 중

출제영역 법률행위의 대리

키 워 드 복대리

해 설 ① 각자대리가 원칙이다(제119조).

② 대리행위의 효과는 본인에게 귀속한다.
③ 대리권의 존재도 추정되므로 전등기명의인 측에서 대리권의 부존재나 등기서류가 위조되었다는 등의 사실을 증명하여야 한다(대판 2009.9.24, 2009다37831).
④ 복대리인은 본인의 대리인이다.

49 ⑤ 중

출제영역 법률행위의 대리
키 워 드 권한을 넘은 표현대리
해 설 ① 기본적인 어떠한 대리권도 없는 자에게는 권한을 넘은 표현대리가 성립할 수 없다(대판 1984.10.10, 84다카780).
② 복임권이 없는 대리인이 선임한 복대리인의 권한도 권한을 넘은 표현대리의 기본대리권이 될 수 있다(대판 1998.3.27, 97다48982).
③ 대리행위가 강행규정을 위반하여 무효인 경우에는 표현대리는 성립할 여지가 없다(대판 1996.8.23, 94다38199).
④ 법정대리권도 권한을 넘은 표현대리의 기본대리권이 될 수 있다.

50 ① 중

출제영역 법률행위의 대리
키 워 드 협의의 무권대리
해 설 ① 추인을 '거절'한 것으로 본다(제131조).

51 ② 하

출제영역 물권의 종류
키 워 드 토지를 점유할 수 있는 권리
해 설 ㉢ 저당권은 점유를 수반하지 않는 권리이다.
㉣ 임차권은 채권이다.

52 ⑤ 상

출제영역 점유권
키 워 드 점유권의 효력
해 설 ① 간접점유자에게도 점유보호청구권이 인정된다(제207조).
② 간접점유로도 취득시효가 가능하다(대판 1998.2.24, 97다49053).
③ 점유자는 자주점유가 추정되므로(제197조 제1항) 취득시효의 성립을 부정하는 상대방이 점유자의 점유가 타주점유임을 증명하여야 한다(대판 전합 1983.7.12, 82다708).
④ 선의의 점유자가 본권에 관한 소에 패소한 경우, 소가 제기된 때로부터 악의의 점유자로 본다(제197조 제2항).

53 ② ······························ 중

출제영역 물권의 효력

키 워 드 물권적 청구권

해 설 ㉠ 소유자는 소유권에 기한 물권적 청구권을, 지상권자는 지상권에 기한 물권적 청구권을 행사할 수 있다.

㉡ 소유권을 상실한 전소유자는 불법점유자에 대하여 물권적 청구권에 의하여 방해배제를 청구할 수 없다(대판 전합 1969.5.27, 68다725).

54 ① ······························ 중

출제영역 점유권

키 워 드 점유자와 회복자의 관계

해 설 ② 은비에 의한 점유자는 악의점유자와 같이 취급되므로(제201조 제3항), 점유물의 과실을 수취할 권리가 없다.

③ 선의의 자주점유자는 현존이익만 반환하면 된다(제202조).

④ 점유자가 회복자로부터 점유물의 반환을 청구받거나 그에 따라 점유물을 반환할 때에 비로소 비용상환을 청구할 수 있다(대판 1994.9.9, 94다4592).

⑤ 비용상환청구권은 악의의 점유자에게도 인정된다.

55 ② ······························ 상

출제영역 소유권

키 워 드 상린관계

해 설 ㉠ 이웃 거주자는 소음이 이웃 토지의 통상의 용도에 적당한 것인 때에는 이를 인용할 의무가 있다(대판 2016.11.25, 2014다57846).

㉢ 민법 제221조 제1항 소정의 자연유수의 승수의무란 토지소유자는 다만 소극적으로 이웃 토지로부터 자연히 흘러오는 물을 막지 못한다는 것뿐이지 적극적으로 그 자연유수의 소통을 유지할 의무까지 토지소유자로 하여금 부담케 하려는 것은 아니다(대판 1977.11.22, 77다1588).

56 ⑤ ······························ 중

출제영역 소유권

키 워 드 소유권의 취득과 등기

해 설 ① 경락대금만 완납하면 등기가 없어도 소유권을 취득한다(제187조 참조).

② 부동산은 무주물 선점의 대상이 아니고 항상 국유이다(제252조 제2항).

③ 전2조(점유취득시효와 등기부취득시효 규정)의 규정에 의한 소유권취득의 효력은 점유를 개시한 때에 소급한다(제247조 제1항).

④ 토지소유자와 발견자가 절반하여 취득한다(제254조).

57 ④ (중)

출제영역 소유권

키워드 공동소유

해설 ① 공유지분의 처분은 자유이므로 다른 공유자의 동의가 필요 없다(제263조).

② '포기'는 법률행위이므로 포기의 의사표시 외에 그에 따른 등기를 하여야 물권변동의 효력이 발생한다(대판 2016.10.27, 2015다52978).

③ 합유자는 전원의 동의 없이 합유물에 대한 지분을 처분하지 못한다(제273조 제1항).

⑤ 종중이 그 소유의 토지의 매매를 중개한 중개업자에게 중개수수료를 지급하기로 하는 약정을 체결하는 것은 단순한 채무부담행위에 불과하여 이를 총유물의 관리·처분행위라고 할 수 없다(대판 2012.4.12, 2011다107900).

58 ① (하)

출제영역 제한물권

키워드 용익물권

해설 ②③④⑤ 일물일권주의의 원칙상 물건의 일부에는 권리가 성립할 수 없으나, 용익권(지상권, 지역권, 전세권, 임차권)과 유치권은 물건의 일부 위에도 성립할 수 있다. 또한 권원의 성질상 점유권도 물건의 일부에 성립할 수 있다.

59 ① (상)

출제영역 담보물권

키워드 근저당권

해설 ㉡ 피담보채권확정 후 발생하는 원본채권은 더 이상 근저당권에 의하여 담보되지 않으나, 확정된 채권액에 대하여 확정 후에 발생하는 이자나 지연손해금은 채권최고액 범위 내에서 여전히 담보가 된다(대판 2007.4.26, 2005다38300).

㉢ 채권최고액(2억 5천만원)의 한도 내에서 우선변제를 받는다.

60 ③ (하)

출제영역 담보물권

키워드 저당권의 효력

해설 ㉡ 유류저장탱크는 부합물이므로 토지 저당권의 효력이 미친다.

㉢ 저당목적물의 '압류 후'에 발생한 차임채권에도 저당권의 효력이 미친다(대판 2016.7.27, 2015다230020).

㉠ 건물과 농작물은 토지에 부합하지 않으므로 건물과 농작물에는 토지 저당권의 효력이 미치지 않는다.

㉣ 전세권(정당한 권원)에 기해 부속한 입목은 토지와 별개의 부동산이므로 토지 저당권의 효력이 미치지 않는다.

61 ② 중

출제영역 담보물권

키 워 드 유치권의 효력

해 설 ① 유치권자에게 경매신청권은 인정된다(제322조 제1항).

③ 유치권자는 원칙적으로 채무자의 승낙이 있어야 유치목적물을 사용, 대여, 담보제공 할 수 있다(제324조 제2항).

④ 채무자를 직접점유자로 하여 채권자가 간접점유하는 경우에는 유치권은 성립할 수 없다(대판 2008.4.11, 2007다27236).

⑤ 유치권자에게도 비용상환청구권은 인정된다(제325조 제1항).

62 ② 상

출제영역 용익물권

키 워 드 법정지상권

해 설 ㉠ 토지와 건물이 동일인 소유가 아니므로 법정지상권이 인정될 여지가 없다.

㉢ 저당권 실행 당시 토지와 건물이 동일인 소유가 아니므로 법정지상권이 인정될 수 없다(대판 전합 2002.6.20, 2002다9660).

63 ⑤ 하

출제영역 용익물권

키 워 드 지역권

해 설 ① 승역지는 토지의 일부라도 무방하나, 요역지는 1필의 토지이어야 한다.

② 지역권도 토지소유권에 부종하여 이전한다(제292조 제1항).

③ 지상권과 지역권은 영구적으로 약정할 수 있다.

④ 지역권자에게는 반환청구권은 인정(준용)되지 않는다(제301조, 제214조).

64 ③ 중

출제영역 용익물권

키 워 드 전세권

해 설 ① 전세권의 존속기간은 10년을 넘지 못한다(제312조 제1항).

② 건물전세권(제312조 제2항)과 달리 토지전세권은 기간 제한이 없다.

④ 판례는 토지임차인의 지상물매수청구권 규정을 유추적용하여 토지전세권자에게도 지상물매수청구권을 인정한다(대판 2007.9.21, 2005다41740).

⑤ 건물전세권과 달리 토지전세권에는 법정갱신이 인정되지 않는다(제312조 제4항).

제33회

65 ③ (중)

출제영역 계약의 성립

키 워 드 청약과 승낙

해 설 ㉠ 2022. 9. 16. 甲의 의사표시가 乙에게 도달하여 효력이 발생하였으므로 철회가 허용되지 않는다.

㉡ 격지자 간의 승낙은 발신주의에 의하므로 2022. 9. 20. 계약이 성립한다(제531조).

66 ② (중)

출제영역 계약의 효력

키 워 드 동시이행의 관계

해 설 ㉠ 임대차계약 종료에 따른 임차인의 임차목적물반환의무와 임대인의 권리금 회수 방해로 인한 손해배상의무는 발생원인을 서로 달리하므로 동시이행의 관계가 아니다(대판 2019.7.10, 2018다242727).

㉡ 보증금반환의무가 선이행의무이다(대판 2005.6.9, 2005다4529).

67 ④ (중)

출제영역 계약의 효력

키 워 드 제3자를 위한 계약

해 설 ①②③ 수익자는 계약의 당사자가 아니므로 계약체결 당시 특정될 필요가 없다. 그리고 취소권, 해제권도 인정되지 않는다.

⑤ 취소권, 해제권은 계약의 당사자인 요약자와 낙약자에게 인정되는 권리이므로, 요약자와 낙약자는 수익자의 동의 없이 계약을 해제할 수 있다.

68 ④ (상)

출제영역 계약의 효력

키 워 드 계약의 해제

해 설 ㉠ 이행지체의 경우에는 원칙적으로 최고를 먼저 한 후 해제하여야 한다(제544조).

㉢ 소유권이전등기를 마친 丙은 해제의 경우 보호되는 제3자에 해당하므로(제548조 제1항 단서), 甲이 계약을 해제하더라도 X토지의 소유권을 상실하지 않는다.

69 ③ (하)

출제영역 계약의 종류

키 워 드 전형계약

해 설 ①②④⑤ 매매, 교환, 임대차는 낙성·불요식의 쌍무·유상계약이다.

70 ③ (하)

출제영역 매매계약

키 워 드 매매의 예약

해 설 ① 예약완결권 행사는 소급효가 없다.

② 예약완결권 행사기간 약정에는 특별한 제한이 없다(대판 2017.1.25, 2016다42077).

④ 형성권의 행사기간인 제척기간은 법원의 직권조사사항이다(대판 2000.10.13, 99다18725).

⑤ 예약완결권은 형성권이므로 예약완결권을 행사하면 당사자의 승낙이 없어도 매매의 효력이 발생한다(대판 1993.5.27, 93다4908).

71 ⑤ (상)

출제영역 매매계약

키 워 드 매도인의 담보책임

해 설 ㉣ 목적물에 설정된 지상권에 의해 매수인의 권리행사가 제한되어 계약의 목적을 달성할 수 없는 경우, 계약의 해제권은 선의의 매수인에게만 인정된다(제575조 제1항).

72 ⑤ (상)

출제영역 매매계약

키 워 드 환매

해 설 ⑤ 환매권의 행사로 발생한 소유권이전등기청구권은 환매권을 행사한 때로부터 10년의 소멸시효가 기간이 진행하는 것이지, 환매기간 내에 이를 행사하여야 하는 것은 아니다(대판 1991.2.22, 90다13420).

73 ① (하)

출제영역 임대차계약

키 워 드 임차인의 권리

해 설 ① 부속물매수청구권은 '건물'임차인에게 인정된다.

74 ③ (중)

출제영역 임대차계약

키 워 드 보증금

해 설 ㉢ 임대차 종료 후 임차인이 동시이행의 항변권에 기하여 임차목적물을 점유·사용하는 경우, 적법한 점유이므로 불법행위에 따른 손해배상책임은 발생하지 않으나 임료 상당의 부당이득 반환의무가 발생한다(대판 1989.2.28, 87다카2114).

75 ③ 중

출제영역 주택임대차보호법

키 워 드 임차인의 권리

해 설 ㉢ 주택의 임차인이 제3자에 대하여 대항력을 구비한 후에 임대주택의 소유권이 양도되어 양수인이 임차보증금반환채무를 부담하게 된 이후에 임차인이 주민등록을 다른 곳으로 옮겼다 하여 이미 발생한 임차보증금반환채무가 소멸하는 것은 아니다(대판 1993.12.7, 93다36615).

76 ④ 상

출제영역 상가건물 임대차보호법

키 워 드 상가건물 임대차보호법의 적용범위

해 설 ㉡ 일정금액을 초과하는 상가임차인(세종시 : 5억 4천만원)에게는 우선변제권이 인정되지 않는다(상가건물 임대차보호법 제2조).

77 ④ 상

출제영역 집합건물의 소유 및 관리에 관한 법률

키 워 드 공용부분

해 설 ㉠ 관리단집회 결의나 다른 구분소유자의 동의 없이 구분소유자 1인이 공용부분을 독점적으로 점유 · 사용하는 경우, 다른 구분소유자는 자신의 지분권에 기초하여 공용부분에 대한 방해 상태를 제거하거나 공동 점유를 방해하는 행위의 금지 등을 청구할 수는 있으나, 그 부분의 인도를 청구할 수는 없다(대판 2020.10.15, 2019다245822).

78 ④ 상

출제영역 가등기담보 등에 관한 법률

키 워 드 가등기담보권의 효력

해 설 ① 채무자가 아닌 제3자도 가등기담보권의 설정자가 될 수 있다(물상보증인).
② 채권자는 청산절차에 따라 그가 통지한 청산금의 금액에 관하여 다툴 수 없다(가등기담보법 제9조).
③ 공사대금채권에 대해서는 가등기담보법이 적용되지 않는다(대판 1996.11.15, 96다31116).
⑤ 가등기담보권자는 담보목적물에 대한 경매를 청구할 수 있다(가등기담보법 제12조 제1항).

79 ⑤ 중

출제영역 부동산 실권리자명의 등기에 관한 법률

키 워 드 계약명의신탁

해 설 ⑤ 명의신탁의 경우, 수탁자로부터 권리를 이전받은 제3자는 수탁자의 배임행위에 적극가담하지 않는 한 선 · 악을 불문하고 소유권을 취득한다(부동산실명법 제4조 제3항).

80 ② ······ (상)

출제영역 집합건물의 소유 및 관리에 관한 법률

키워드 관리단과 관리인

해 설 ① 관리인은 구분소유자일 필요가 없다(집합건물법 제24조 제2항).

③ 규약에서 달리 정한 바가 없으면, 관리인은 공용부분의 보존행위를 함에 있어 관리위원회의 결의를 요한다(집합건물법 제26조의3 제3항).

④ 규약에 달리 정한 바가 없으면 관리인은 관리위원회의 위원이 될 수 없다(집합건물법 제26조의4 제2항).

⑤ 질병, 해외체류 등 부득이한 사유가 있는 경우 외에는 관리위원회 위원은 서면이나 대리인을 통하여 의결권을 행사할 수 없다(집합건물법 시행령 제10조).

제32회 부동산학개론

시험총평

제32회 부동산학개론은 최근 5~6년 동안 가장 쉽게 출제되었다. 난이도 하급문제가 많이 출제되었으며, 특히 기출문제 형태를 그대로 출제한 문제가 단원별로 여러 문제가 분포되어 있어 수험생들이 어렵게 느껴지지는 않았으리라 생각된다. 계산이 필요한 문제가 10문제인데 실질적인 계산문제는 8문제로 보인다. 이 중 7문제는 기출문제 형태를 그대로 숫자만 변경해서 출제되었다. 이번 시험 약간의 특징은 투자론이 6문제로 1문제 정도 감소한 반면 금융론이 6문제로 예년에 비해서 1~2문제 증가했다. 또한 2차 과목인 공법, 세법의 내용이 예전처럼 출제되고 있다.

Answer

01 ④	02 ③	03 ④	04 ③	05 ⑤	06 ④	07 ④	08 ①	09 ②	10 ③
11 ①	12 ④	13 ②	14 ③	15 ⑤	16 ②	17 ④	18 ③	19 ①	20 ③
21 ①	22 ②④	23 ⑤	24 ⑤	25 ③	26 ⑤	27 ①	28 ②	29 ②	30 ③
31 ④	32 ②	33 ⑤	34 ①	35 ②	36 ①	37 ⑤	38 ④	39 ⑤	40 ③

01 ④ .... 하

출제영역 부동산의 분류 – 토지의 용어

키 워 드 공지와 나지의 구분

해 설 ④ 공지에 대한 설명이다.

- 공지: 건부지 중 건폐율·용적률의 제한으로 건물을 짓지 않고 남겨둔 토지를 말한다.
- 나지: 건물 등 정착물이 없고, 지상권 등 사법상의 권리가 설정되어 있지 않는 토지를 말한다.

토지의 용어(토지의 분류)

구 분	개 념
택 지	주거용·상업용·공업용으로 이용 중이거나 이용 가능한 토지
부 지	어떤 것의 밑바탕이 되는 토지로 토지의 용어 중 가장 포괄적인 용어이다. 건축용지(택지)와 건축이 불가능한 토지(하천부지·철도부지 등)가 있다.
후보지	부동산의 용도(적) 지역인 택지지역, 농지지역, 임지지역 상호간에 용도전환 "중"에 있는 토지를 말한다.
이행지	택지지역(주거지, 상업지, 공업지) 내에서, 농지지역(전지, 답지, 과수원) 내에서, 임지지역(용재림지역, 신탄림지역) 내에서 용도전환 중인 토지
필 지	하나의 지번이 붙은 토지의 등록단위. 법적 개념
획 지	토지이용상황이 동일 유사하여 가격수준이 유사한 일단의 토지. 경제적 개념
나 지	토지에 건물 기타의 정착물이 없고, 지상권 등 토지의 사용·수익을 제한하는 사법상의 권리가 설정되어 있지 아니한 토지

건부지	건축물의 용도로 이용 중인 토지. 건부증가, 건부감가가 발생
공 지	건축법에 의한 건폐율, 용적률 제한으로 인하여 한 필지 내에서 건축하지 못하고 비워둔 토지
맹 지	타인의 토지에 둘러싸여 도로에 접속면이 없는 토지
대지(袋地)	타인의 토지에 둘러싸여 좁은 통로에 의해서 도로에 접하는 토지. 자루형 토지
법 지	경사면의 토지로 법적 소유권이 인정되지만, 경제적 활용실익 없거나 작은 토지
빈 지	만조수위선에서 지적공부등록선 사이의 토지로 법적 소유권의 대상이 아니나, 경제적 활용실익이 있는 바닷가 토지(해변토지)
소 지	택지나 대지 등으로 개발되기 이전의 자연 상태의 토지. 원지
선하지	고압선 아래의 토지로, (선하지)감가의 대상이 된다.
포락지	논·밭 등이 무너져 내려 하천으로 변한 토지
휴한지	농지의 지력회복이나 농지 개량을 위해 일정기간 쉬게 하는 토지. 휴경지
표준지	지가의 공시를 위해 가치형성요인이 같거나 유사하다고 인정되는 일단의 토지 중에서 선정한 토지
표본지	지가변동률 조사·산정대상 지역에서 행정구역별·용도지역별·이용상황별로 지가변동을 측정하기 위해 선정한 대표적인 필지
환지(換地)	도시개발사업에 소요된 비용과 공공용지를 제외한 후 도시개발사업 전 토지의 위치·지목·면적 등을 고려하여 토지소유자에게 재분배하는 토지
체비지(替費地)	도시개발사업에 필요한 경비에 충당하기 위해 환지로 정하지 아니한 토지

02 ③ ····· 중

출제영역 부동산의 분류 – 주택의 분류

키 워 드 기숙사의 요건

해 설 ③ 학교 또는 공장 등의 학생 또는 종업원 등을 위하여 쓰는 것으로서 1개 동의 공동취사시설 이용 세대 수가 전체의 50퍼센트 이상인 것은 기숙사에 관한 내용이다.

건축법상의 주택

1. 단독주택 : 단독주택, 다중주택, 다가구주택, 공관

단독주택	1건물에 1세대가 거주하는 주택(가정보육시설 포함)
다중주택	학생 또는 직장인 등의 다수인이 장기간 거주할 수 있는 구조로 된 주택으로서 독립된 주거형태가 아니고, 주택으로 쓰이는 바닥면적 합계가 660m^2 이하, 주택으로 쓰이는 층수가 3개 층 이하인 주택
다가구주택	주택으로 쓰이는 층수(지하층 제외)가 3개 층 이하, 1개 동으로 쓰이는 바닥면적의 합계가 660m^2 이하이며 19세대 이하가 거주할 수 있는 주택으로서 공동주택에 해당하지 아니한 것

2. 공동주택 : 아파트, 연립주택, 다세대주택, 기숙사

아파트	주택으로 쓰이는 층수가 5개 층 이상인 주택
연립주택	주택으로 쓰이는 1개 동의 바닥면적의 합계가 660㎡를 초과하고, 층수가 4개 층 이하인 주택
다세대주택	주택으로 쓰이는 1개 동의 바닥면적의 합계가 660㎡ 이하이고, 층수가 4개 층 이하인 주택
기숙사	다음의 어느 하나에 해당하는 건축물로서 공간의 구성과 규모 등에 관하여 국토교통부장관이 정하여 고시하는 기준에 적합한 것. 다만, 구분소유된 개별 실(室)은 제외한다. ① 일반기숙사 : 학교 또는 공장 등의 학생 또는 종업원 등을 위하여 사용하는 것으로서 해당 기숙사의 공동취사시설 이용 세대 수가 전체 세대 수의 50퍼센트 이상인 것(「교육기본법」 제27조 제2항에 따른 학생복지주택을 포함한다) ② 임대형기숙사 : 「공공주택 특별법」 제4조에 따른 공공주택사업자 또는 「민간임대주택에 관한 특별법」 제2조 제7호에 따른 임대사업자가 임대사업에 사용하는 것으로서 임대 목적으로 제공하는 실이 20실 이상이고 해당 기숙사의 공동취사시설 이용 세대 수가 전체 세대 수의 50퍼센트 이상인 것

03 ④ 중

출제영역 토지의 특성

키 워 드 부동성과 부증성의 구분

해 설 ④ 옳은 것은 ㉡, ㉣이다.

㉠ 물건을 동산과 부동산으로 구분되게 하고, 일반재화와 부동산재화의 특성이 다르게 나타나는 것은 부동성이다. (부증성 ⇨ 부동성)

㉢ 부동산의 수급이 불균형하여 균형가격의 형성을 어렵게 하는 것은 부증성 때문이다. (인접성 ⇨ 부증성)

04 ③ 중

출제영역 수요의 변화 요인, 탄력성 계산

키 워 드 대체재와 보완재의 구분, 수요의 가격탄력성 계산, 수요의 교차탄력성 계산

해 설 • 아파트 매매수요의 가격탄력성(A) : $\frac{\text{아파트 수요량 변화율}}{\text{아파트 가격 변화율}} = \frac{5\%}{10\%} = 0.5$(비탄력적)

• 오피스텔 매매수요의 교차탄력성(B) : $\frac{\text{오피스텔 수요량 변화율}}{\text{아파트 가격 변화율}} = \frac{+8\%}{+10\%} = 0.8$

• 아파트에 대한 오피스텔의 관계(C) : 대체재

05 ⑤ (중)

출제영역 균형의 변동

키워드 수요와 공급이 동시에 변화하는 경우

해설 ⑤ 수요는 감소하고 공급이 증가하는 경우, 수요의 감소폭이 공급의 증가폭보다 작다면 공급증가가 더 크다. 그러면 공급증가로 답을 한다. 따라서 균형가격은 하락하고 균형량은 증가한다.

① 수요와 공급이 증가하는 경우, 수요의 증가폭이 공급의 증가폭보다 크다면 수요증가로 답을 한다. 따라서 균형가격은 상승하고 균형량도 증가한다.

② 수요와 공급이 감소하는 경우, 수요의 감소폭이 공급의 감소폭보다 작다면 공급감소폭이 크다. 따라서 공급감소로 답을 한다. 그러므로 균형가격은 상승하고 균형량은 감소한다.

③ 수요와 공급이 감소하는 경우, 수요의 감소폭과 공급의 감소폭이 같다면 균형가격은 불변이고 균형량은 감소한다.

④ 수요는 증가하고 공급이 감소하는 경우, 수요의 증가폭이 공급의 감소폭보다 작다면 공급감소폭이 크다. 그러면 공급감소로 답을 한다. 따라서 균형가격은 상승하고 균형량은 감소한다.

06 ④ (상)

출제영역 거미집모형의 유형

키워드 수렴형과 발산형의 구별

해설 수요함수에서 수요곡선의 기울기를 계산하고, 공급함수에서 공급곡선의 기울기를 계산하여 거미집모형의 형태를 결정한다.

1. A주택시장

(1) 수요곡선의 기울기: 수요함수 Qd = 200 − P에서 P 앞의 숫자로 Qd 앞의 숫자를 나눈 값이 수요곡선의 기울기이다. P 앞의 숫자 1로 Qd 앞의 숫자 1을 나누면 $\frac{1}{1}$이 되어 기울기는 1이다.

(2) 공급곡선의 기울기: 공급함수 Qs = 100 + 4P에서 P 앞의 숫자로 Qs 앞의 숫자를 나눈 값이 공급곡선의 기울기이다. P 앞의 숫자 4로 Qs 앞의 숫자 1을 나누면 $\frac{1}{4}$이 되어 기울기는 $\frac{1}{4}$이다.

(3) 수요곡선의 기울기 1이 공급곡선의 기울기 $\frac{1}{4}$보다 크므로 발산형이다.

2. B주택시장

(1) 수요곡선의 기울기

수요함수 Qd = 500 − 2P에서 P 앞의 숫자 2로 Qd 앞의 숫자 1을 나눈 $\frac{1}{2}$이 수요곡선의 기울기이다. ⇨ 수요곡선의 기울기: $\frac{1}{2}$

(2) 공급곡선의 기울기

공급함수 Qs = 200 + $\frac{1}{2}$P에서 P 앞의 숫자 $\frac{1}{2}$로 Qs 앞의 숫자 1을 나눈 2가 공급곡선의 기울기이다. ⇨ 공급곡선의 기울기: 2

(3) 수요곡선의 기울기 $\frac{1}{2}$보다 공급곡선의 기울기 2가 더 크므로 수렴형이다.

07 ④ (중)

출제영역 탄력성

키워드 수요의 가격탄력성과 공급의 가격탄력성

해설 ① 수요의 가격탄력성은 가격의 변화율에 대한 수요량의 변화비율을 측정한 것이다.

$$\text{수요의 가격탄력성} = \frac{\text{수요량의 변화율(\%)}}{\text{가격변화율(\%)}}$$

② 수요의 가격탄력성이 완전비탄력적이면 가격변화와 관계없이 수요량이 고정된 경우이다. 가격이 변화할 때 수요량이 무한대로 변화하는 경우는 수요의 가격탄력성이 완전탄력적이다.
③ 수요의 가격탄력성이 비탄력적이면 가격변화율이 수요량의 변화율보다 크다. 즉 수요량의 변화율이 가격의 변화율보다 더 작다.
⑤ 공급곡선이 수직선이면 공급의 가격탄력성은 완전비탄력적이다. 공급의 가격탄력성이 완전탄력적이면 공급곡선은 수평선이다.

수요의 가격탄력성과 수요곡선의 형태(기울기) ⇨ 이 논리는 공급의 가격탄력성에 그대로 적용된다.

1. 수요의 가격탄력성이 완전탄력적: 미세한 가격변화에 수요량이 무한대로 변화. 수평선
2. 수요의 가격탄력성이 완전비탄력적: 가격의 변화와는 상관없이 수요량이 고정. 수직선
3. 수요의 가격탄력성이 단위탄력적: 수요량변화율 = 가격변화율. 직각쌍곡선
4. 수요의 가격탄력성이 탄력적: 수요량변화율 > 가격변화율
5. 수요의 가격탄력성이 비탄력적: 수요량변화율 < 가격변화율

탄력성	이 름	수요량변화율 / 가격변화율	수요곡선의 형태
① 탄력성 = ∞	완전탄력적	수요량변화율 = ∞	수평선
② 1 < 탄력성 < ∞	탄력적	수요량변화율 > 가격변화율	완만(기울기 작다)
③ 탄력성 = 1	단위탄력적	수요량변화율 = 가격변화율	직각쌍곡선
④ 0 < 탄력성 < 1	비탄력적	수요량변화율 < 가격변화율	급경사(기울기 크다)
⑤ 탄력성 = 0	완전비탄력적	수요량변화율 = 0	수직선

08 ① (상)

출제영역 균형의 변동

키워드 균형가격 계산

해설 ① 새로운 시장의 균형가격과 기존 시장의 균형가격의 차액은 24만원이다.

1. 기존 시장의 균형가격

(1) 수요함수 $P = 200 - 2Qd$, 공급함수 $2P = 40 + Qs$ ⇨ $P = 20 + \frac{1}{2}Qs$

(2) 균형거래량 계산: 수요함수 = 공급함수

$200 - 2Qd = 20 + \frac{1}{2}Qs$ ⇨ $2.5Q = 180$ ⇨ $Q = 72$

(3) 균형가격 계산
P(균형가격) $= 200 - (2 \times 72) = 56$

2. 새로운 시장의 균형가격
(1) 수요함수: 시장수요자가 2배로 증가했으므로 새로운 수요함수를 구한다.
- 새로운 수요함수: 원래 수요함수 $P = 200 - 2Qd$를 Qd에 관한 식으로 변경하고 여기에 2를 곱하여 새로운 수요함수를 구한다.
- 수요함수의 변형 $P = 200 - 2Qd$ ⇨ $2Qd = 200 - P$ ⇨ $Qd = 100 - \frac{1}{2}P$
- 새로운 수요함수 $Qd = 100 - \frac{1}{2}P$에 2를 곱한다.

$Qd = (100 - \frac{1}{2}P) \times 2$ ⇨ $Qd = 200 - P$ ⇨ $P = 200 - Qd$

(2) 공급함수 $2P = 40 + Qs$ ⇨ $P = 20 + \frac{1}{2}Qs$

(3) 균형거래량 계산: 수요함수($P = 200 - Qd$) = 공급함수($P = 20 + \frac{1}{2}Qs$)

$200 - Qd = 20 + \frac{1}{2}Qs$ ⇨ $180 = 1.5Q$ ⇨ Q(균형량) = 120

(4) 균형가격 계산
$P = 200 - Qd$ ⇨ $P = 200 - 120$ ⇨ $P = 80$

3. 새로운 시장의 균형가격과 기존 시장의 균형가격 간의 차액
80만원(새로운 시장의 균형가격) − 56만원(기존 시장의 균형가격) = 24만원

제 32 회

09 ② (하)

출제영역 균형의 변동

키워드 수요감소요인, 공급증가요인

해설 **아파트 균형가격 하락요인**

> - 아파트 건설업체 수 증가: 건설업체 수가 증가하면 공급이 증가하여 균형가격은 하락한다.
> - 아파트 선호도 감소: 아파트 선호도가 감소하면 수요가 감소하여 균형가격은 하락한다.

- 건설노동자 임금 상승: 공급 감소 ⇨ 균형가격 상승
- 대체주택에 대한 수요 감소: 아파트와 대체관계에 있는 주택(예를 들어 단독주택)의 수요가 감소하면 아파트의 수요가 증가한다. ⇨ 균형가격 상승
- 가구의 실질소득 증가: 정상재를 가정했으므로 수요가 증가한다. ⇨ 균형가격 상승
- 아파트건설용 토지가격의 상승: 아파트건설용 토지가격이 상승하면 공급이 감소한다. ⇨ 균형가격 상승

10 ③ 하

출제영역 지대이론과 도시공간구조이론

키 워 드 호이트의 선형이론과 해리스와 울만의 다핵심이론

해 설 ③ 호이트(H. Hoyt)의 선형이론은 버제스(E. Burgess)의 동심원이론을 수정・보완하여 도시공간구조가 주요 교통축을 따라 부채꼴 모양으로 확대된다는 이론이며, 해리스(C. Harris)와 울만(E. Ullman)의 다핵심이론은 버제스의 동심원이론과 호이트의 선형이론을 결합한 대도시의 공간구조의 이론이다.

11 ① 하

출제영역 공업입지이론

키 워 드 베버의 최소비용이론

해 설 ① 베버(A. Weber)의 최소비용이론이다.

12 ④ 상

출제영역 상업입지이론

키 워 드 컨버스의 분기점 모형(신소매인력법칙)

해 설 ④ A시로부터 20km 떨어져 있다.

컨버스의 분기점 모형

$$\text{A시로부터 상권의 분기점} = \frac{\text{두 도시의 거리}}{\left(1 + \sqrt{\dfrac{\text{B도시의 크기(인구)}}{\text{A도시의 크기(인구)}}}\right)}$$

1. A시로부터 상권의 분기점

$$= \frac{30}{\left(1 + \sqrt{\dfrac{16\text{만명}}{64\text{만명}}}\right)} = \frac{30}{(1 + \sqrt{0.25})} = \frac{30}{(1 + \sqrt{0.5^2})} = \frac{30}{(1 + 0.5)} = 20\text{km}$$

2. A시로부터 상권의 경계: A시로부터 20km 지점

13 ② 하

출제영역 효율적 시장이론

키 워 드 효율적 시장의 초과이윤

해 설 옳게 짝지어진 것은 ②이다.

- A. 약성 효율적 시장: 과거의 정보를 반영. 과거의 정보 이용해도 초과이윤 얻을 수 없다.
- B. 준강성 효율적 시장: 공표된 정보(과거 정보, 현재 정보) 반영. 공표된 정보(과거 정보, 현재 정보) 이용해도 초과이윤 얻을 수 없다.
- C. 강성 효율적 시장: 공표된 정보(과거정보 + 현재정보), 공표되지 않은 정보(미래정보) 반영. 과거정보, 현재정보, 미래정보 이용해도 초과이윤 얻을 수 없다.

효율적 시장

1. 효율적 시장별 특징

약성 효율적 시장	① 시장참여자들이 모두 기술적 분석을 한다고 가정 ② 과거의 정보이용(기술적 분석)으로 초과이윤(×) ③ 현재 또는 미래의 정보(내부자정보) 이용하면 초과이윤 획득 가능
준강성 효율적 시장	① 시장참여자들이 모두 기본적 분석을 한다고 가정 ② 과거의 정보와 현재의 정보이용(기본적 분석)으로 초과이윤(×) ③ 미래의 정보(내부자정보) 이용하여 투자하면 초과이윤 획득 가능
강성 효율적 시장	① 과거·현재·미래의 모든 정보가 반영된 시장 ② 어떤 정보를 이용해도 어느 누구도 초과이윤을 획득할 수 없다. ③ 강성 효율적 시장: 정보비용(×), 우수한 정보(×), 초과이윤(×)

2. 부동산 시장의 효율성
   (1) 부동산 시장의 효율성의 정도는 시대·나라에 따라서 다르다.
   (2) 부동산 시장은 준강성 효율적 시장까지 나타나지만 강성 효율적 시장은 나타나지 않는다.
3. 할당 효율적 시장
   (1) 불완전경쟁시장(독점시장)도 정보비용과 정보를 이용한 이윤(초과이윤)이 같다면 할당 효율적인 시장이 될 수 있다.
   (2) 부동산 시장도 정보비용과 정보를 이용한 이윤(초과이윤)이 같다면 할당 효율적인 시장이 될 수 있다.
   (3) 부동산 시장에서 초과이윤이 존재, 투기존재 ⇨ 시장이 할당 효율적이지 못하기 때문이다.
   (4) 부동산 시장에서 정보비용이 존재하는 것 ⇨ 시장이 불완전하기 때문이다.

14 ③ (하)

출제영역 부동산 정책

키워드 토지초과이득세

해설 ③ 토지초과이득세는 헌법 불합치 판정으로 폐지되었다.

• 현재 시행하지 않는 정책: 개발권양도제, 택지소유상한제, 토지초과이득세제, 종합토지세, 공한지세 등

15 ⑤ (하)

출제영역 조세정책

키워드 국세와 지방세의 구분

해설 ⑤ 부동산에 대한 보유세는 국세인 종합부동산세와 지방세인 재산세 등이 있다. ⇨ 종합부동산세는 지방세가 아니라 국세이다.

부동산 관련 조세

구 분	취 득	보 유	처 분
국 세	상속세, 증여세, 인지세	종합부동산세	양도소득세
지방세	취득세, 등록면허세	재산세	지방소득세

제 32 회

16 ② (중)

출제영역 부동산 정책

키워드 분양가상한제

해설 ② 도시형 생활주택은 분양가상한제가 적용되지 않는다.

17 ④ (하)

출제영역 부동산 정책

키워드 개발권양도제도

해설 ④ 현재 시행하지 않는 정책수단: 개발권양도제도, 택지소유상한제, 토지초과이득세, 종합토지세, 공한지세 등

18 ③ (하)

출제영역 주택담보대출

키워드 담보인정비율, 총부채상환비율

해설 ③ 담보인정비율이나 총부채상환비율에 대한 구체적인 기준은 금융위원회가 정하는 기준에 의한다. (한국은행장 ⇨ 금융위원회)

19 ① (상)

출제영역 투자분석기법

키워드 순현재가치

해설 ① 순현재가치는 100만원이다.

순현재가치 = 현금유입의 현재가치 − 현금유출의 현재가치

1. 현금유입의 현재가치
   (1) 보유기간 동안 영업현금흐름의 현재가치
      1) 1차년도부터 7차년도까지 120만원의 동일한 현금흐름이므로 연금의 현재가치계수를 사용한다.
      2) 120만원 × 3.5 = 420만원
   (2) 처분시 매각현금흐름
      1) 7년차 1,420만원은 영업현금흐름인 120만원과 매각현금흐름인 1,300만원으로 나눌 수 있다. 따라서 1,300만원에 일시불의 현재가치계수를 사용한다.
      2) 1,300만원 × 0.6 = 780만원
   (3) 현금유입의 현재가치: 420만원 + 780만원 = 1,200만원
2. 순현재가치: 1,200만원 − 1,100만원 = 100만원

20 ③ ······ 중

출제영역 화폐의 시간가치계수

키워드 연금의 현재가치계수, 감채기금계수

해 설 ① 현재 10억원인 아파트가 매년 2%씩 가격이 상승한다고 가정할 때, 5년 후 아파트 가격을 산정하는 경우 일시불(금)의 미래가치계수를 사용한다.

② 원리금균등상환방식으로 담보대출을 받은 가구가 매월 상환할 금액을 산정하는 경우, 저당상수(연금의 현가계수의 역수)를 사용한다.

④ 임대기간 동안 월임대료를 모두 적립할 경우, 이 금액의 현재시점가치를 산정한다면 연금의 현재가치계수(저당상수의 역수)를 사용한다.

⑤ 나대지에 투자하여 5년 후 8억원에 매각하고 싶은 투자자는 현재 이 나대지의 구입금액을 산정하는 경우, 일시불(금)의 현재가치계수를 사용한다.

화폐의 시간가치계수

계 수	개념 및 활용	공 식
일시불의 현재가치계수	1. 개념: 이자율(할인율)이 r%일 때, n년 후(미래시점)의 1원의 현재시점에서 가치를 나타내는 수식 2. 활용: 일시금(불)의 현재가치 계산에 사용	$\frac{1}{(1+r)^n}$
연금의 현재가치계수	1. 개념: 이자율(할인율)이 r%이고, 매년 1원씩 n년 동안 받게 될 연금의 현재시점에서 가치의 수식 2. 활 용 ① 연금의 현재가치 계산 = 연금 × 연금의 현가계수 ② 잔금비율 산정, 미상환대출잔금 산정	$\frac{1-(1+r)^{-n}}{r}$
저당상수	1. 개 념 ① 1원(융자액)을 r% 이자율로 n년 동안, 원리금균등분할상환 조건으로 융자받고 매 기간 갚아야 할 원리금상환액을 계산하는 수식 ② 원리금상환액 = 융자액 × 저당상수 2. 활용: 원리금상환액 산정	$\frac{r}{1-(1+r)^{-n}}$
일시불의 미래가치계수	1. 개념: 이자율 r%로 1원을 저금했을 때 n년 후 가치의 수식 2. 활용: 일시금의 미래가치 계산 = 일시금 × 일시불의 내가계수	$(1+r)^n$
연금의 미래가치계수	1. 개념: 매년 1원씩(연금) r% 이자율로 n년간 저금했을 때 n년 후 가치의 수식 2. 활용: 연금의 미래가치 계산 = 연금 × 연금의 내가계수	$\frac{(1+r)^n-1}{r}$
감채기금계수	1. 개념: n년 후(미래)에 1원(일정액)을 만들기 위해서 매년 불입(적립)해야 할 금액을 계산하는 수식 2. 활용: (매 기간)적립액 계산 = 미래의 일정액 × 감채기금계수	$\frac{r}{(1+r)^n-1}$

화폐의 시간가치계수 역수관계

1. 일시불의 현재가치계수 ↔ 일시불의 미래가치계수
2. 연금의 현재가치계수 ↔ 저당상수
3. 연금의 미래가치계수 ↔ 감채기금계수

21 ① (하)

출제영역 수익률

키 워 드 기대수익률, 요구수익률

해 설 ② 요구수익률의 내용이다. 요구수익률은 투자에 대한 위험이 주어졌을 때, 투자자가 투자부동산에 대하여 자금을 투자하기 위해 충족되어야 할 최소한의 수익률을 말한다. (기대수익률 ⇨ 요구수익률)
③ 실현수익률의 내용이다. 실현수익률은 투자가 이루어진 후 현실적으로 달성된 수익률을 말한다. (요구수익률 ⇨ 실현수익률)
④ 요구수익률은 투자에 수반되는 위험이 클수록 커진다. ⇨ 요구수익률은 시간의 대가인 무위험(수익)률과 위험의 대가인 위험할증률 그리고 예상인플레이션으로 구성된다. 따라서 무위험률, 위험할증률(위험), 예상인플레이션이 증가하면 요구수익률은 증가한다. 따라서 위험이 증가하면 요구수익률은 커진다.
⑤ 요구수익률의 내용이다. 요구수익률은 다른 투자의 기회를 포기한다는 점에서 기회비용이라고도 한다. (실현수익률 ⇨ 요구수익률)

22 ②④ (중)

출제영역 포트폴리오 이론

키 워 드 효율적 프론티어(전선), 최적의 포트폴리오

해 설 ① 포트폴리오 분산투자를 통해 비체계적 위험은 감소시킬 수 있으나 체계적 위험은 감소시킬 수 없다.
③ 분산투자효과는 포트폴리오를 구성하는 투자자산 비중을 늘릴수록 비체계적 위험이 감소되어 포트폴리오 전체의 위험이 감소되는 것이다. 체계적 위험은 감소하지 않는다.
⑤ 두 자산으로 포트폴리오를 구성할 경우, 포트폴리오에 포함된 개별자산의 수익률 간 상관계수의 크기에 따라 분산투자효과가 다르다. 상관계수가 +1이면 분산투자효과가 없다.

포트폴리오

1. 개념 : 여러 자산에 분산투자하여 (비체계적)위험 제거 · 감소시키는 투자 전략
2. 총위험 : 체계적 위험 + 비체계적 위험

체계적 위험(피할 수 없는 위험)	비체계적 위험(피할 수 있는 위험)
① 모든 부동산에 공통된 위험 ② 경기변동, 인플레이션, 이자율 변동 등 시장의 전반적인 힘에 의한 위험 ③ 포트폴리오 구성으로 회피 불가능한 위험 ④ 위험과 수익의 비례관계에서 위험은 체계적 위험	① 개별부동산의 고유한 위험 ② 근로자의 파업, 영업경비의 변동, 법적 소송 등의 위험 ③ 포트폴리오 구성으로 회피 가능한 위험

3. 포트폴리오(분산투자)효과를 크게 하는 방법
  (1) 구성자산 수가 많을수록 ⇨ 분산투자효과 크다.
  (2) 수익률의 변동 방향이 동일 · 유사하지 않을수록 ⇨ 분산투자효과 크다.
  (3) 상관계수를 작게(－1에 가깝게) 할수록 ⇨ 분산투자효과 크다.
4. 상관계수와 분산투자효과
  (1) 상관계수가 ＋1 : 완전 양의 상관관계 ⇨ 분산투자효과 없다.
  (2) 상관계수가 －1 : 완전 음의 상관관계 ⇨ 분산투자효과 완전 ⇨ 비체계적 위험 "0"까지 감소
  총위험 "0"까지 감소(×)
5. 최적의 포트폴리오 : 효율적 전선과 무차별곡선의 접점. 교차점(×)
  (1) 효율적 전선(투자선, 프론티어)
    1) 평균 · 분산지배원리에 의해서 선택된 점들을 연결한 선. 동일한 위험에서 최고의 수익률을 연결한 선
    2) 우상향한다. ⇨ 더 높은 수익을 얻기 위해서는 더 높은 위험을 부담해야 하기 때문이다.
  (2) 무차별곡선
    1) 투자자에게 동일한 효용을 주는 위험과 수익의 조합을 연결한 곡선
    2) 위험회피성향이 강할수록 무차별곡선의 기울기는 급경사
    3) 보수적 투자자의 무차별곡선의 기울기 : 급경사(가파른 형태, 기울기 크다.)
    4) 공격적 투자자의 무차별곡선의 기울기 : 완만
  (3) 최적 포트폴리오의 선정은 투자자의 위험에 대한 태도에 따라 달라질 수 있다.

23 ⑤ ······ 중

출제영역 투자분석기법

키워드 내부수익률법

해설 ① 순현재가치법, 내부수익률법은 화폐의 시간가치를 고려하는 방법이고, 회계적 이익률법은 화폐의 시간가치를 고려하지 않는 방법이다.

② 내부수익률이란 순현가를 '0'으로 만드는 할인율이다.

③ 어림셈법 중 순소득승수법의 경우 승수값이 작을수록 자본회수기간이 짧아진다.

④ 순현가법에서는 재투자율로 요구수익률을 사용하고, 내부수익률법에서는 내부수익률을 사용한다.

할인현금흐름기법

<table>
<tr><td rowspan="4">할인현금
흐름기법</td><td>개념, 종류</td><td>1. 대상 부동산으로부터 장래에 예상되는 현금수입과 지출을 현재가치로 할인하여 현금수입의 현재가치와 현금지출의 현재가치를 비교하여 투자판단하는 방법
2. 순현재가치법, 수익성지수법, 내부수익률법</td></tr>
<tr><td>순현재가치법</td><td>1. 순현재가치 ≧ 0 ⇨ 투자 선택
2. 순현재가치: 현금유입액의 현가 − 현금유출액의 현가
3. 할인율, 재투자수익률: 요구수익률
4. 가치가산(합산)원리 성립, 항상 부(富)의 극대화 달성</td></tr>
<tr><td>수익성지수법</td><td>1. 수익성지수 ≧ 1 ⇨ 투자 선택
2. 수익성지수: 현금유입액의 현가 ÷ 현금유출액의 현가
$$\frac{\text{현금수입(유입)의 현재가치}}{\text{현금지출(유출)의 현재가치}}$$
⇨ 현금지출의 현재가치에 대한 현금수입의 현재가치에 대한 비율
3. 가치가산(합산)원리 성립(×), 항상 부(富)의 극대화 달성(×)</td></tr>
<tr><td>내부수익률법</td><td>1. 내부수익률 ≧ 요구수익률 ⇨ 투자 선택
2. 내부수익률
① 현금유입액의 현가와 현금유출액의 현가를 같게 만들고 ② 순현재가치를 0으로 만들고 ③ 수익성지수를 1로 만드는 할인율
3. 할인율, 재투자수익률: 내부수익률
4. 가치가산(합산)원리 성립(×), 항상 부(富)의 극대화 달성(×)</td></tr>
</table>

24 ⑤ 상

출제영역 투자분석기법

키워드 순현재가치, 수익성지수

해설 ① 수익성지수(PI)가 가장 큰 사업은 C이다.

② 순현재가치(NPV)가 가장 큰 사업은 A와 C이다.

③ 수익성지수가 가장 작은 사업은 A이다.

④ A의 순현재가치는 B의 순현재가치의 2.5배가 아니다.

사 업	초기 현금지출	말기 현금유입	현금유입액의 현가	순현재가치	수익성 지수
A	3,800만원	6,825만원	6,825만원/1.05 = 6,500	6,500 − 3,800 = 2,700	1.7
B	1,250만원	2,940만원	2,940만원/1.05 = 2,800	2,800 − 1,250 = 1,550	2.2
C	1,800만원	4,725만원	4,725만원/1.05 = 4,500	4,500 − 1,800 = 2,700	2.5

25 ③ (하)

출제영역 투자분석기법

키워드 순현재가치, 수익성지수

해설 • 부채금융: ㉠ 주택저당대출, ㉢ 신탁증서금융, ㉣ 자산담보부기업어음(ABCP)
• 지분금융: ㉡ 조인트 벤처(joint venture), ㉤ 부동산투자회사(REITs)

지분금융, 부채금융, 메자닌금융

지분금융	신디케이트, 조인트벤처, 공모에 의한 증자, 주식발행, 부동산간접펀드, 부동산투자회사 등
부채금융	저당대출, 회사채발행, 신탁증서금융, 주택상환사채, 자산담보부기업어음, 프로젝트금융, ABS, MBS, MBB 등
메자닌금융	신주인수권부사채, 전환사채, 우선주, 후순위대출, 교환사채, 자산매입조건부대출 등

26 ⑤ (상)

출제영역 경제기반분석

키워드 입지계수

해설 입지계수가 1보다 큰 산업이 그 지역의 기반산업이다.

1. A지역의 산업별 입지계수
   (1) X산업: (30/90) ÷ (80/190) = 0.79
   (2) Y산업: (30/90) ÷ (60/190) = 1.06
   (3) Z산업: (30/90) ÷ (50/190) = 1.27
   ⇨ A지역은 Y산업과 Z산업이 입지계수가 1보다 커서 기반산업이다.: 2개
2. B지역의 산업별 입지계수
   (1) X산업: (50/100) ÷ (80/190) = 1.19
   (2) Y산업: (30/100) ÷ (60/190) = 0.95
   (3) Z산업: (20/100) ÷ (50/190) = 0.76
   ⇨ B지역은 X산업이 입지계수가 1보다 커서 기반산업이다.: 1개

27 ① (상)

출제영역 저당상환방법

키워드 원금균등상환방식

해설 ① 대출금리는 연 4%, 3회차 원리금상환액은 4,240만원이다.

1. ㉠ 대출금리: 1회차 이자비용 ÷ 융자액
   (1) 1회차 이자비용 = 원리금상환액 − 원금상환액
      1) 원금상환액 = 융자액 ÷ 상환횟수 ⇨ 6억원 ÷ 30 = 2,000만원
      2) 이자비용 = 원리금상환액 − 원금상환액 ⇨ 4,400만원 − 2,000만원 = 2,400만원
   (2) 대출금리: 1회차 이자비용 ÷ 융자액 ⇨ 2,400만원 ÷ 6억원 = 0.04 = 4%이다.

2. ㉡ 3회차 원리금상환액: 3회차 원금상환액 + 3회차 이자비용
(1) 3회차 원금상환액: 융자액 ÷ 상환횟수 ⇨ 6억원 ÷ 30 = 2,000만원
(2) 3회차 이자비용: 미상환잔액 × 이자율
1) 3회차 이자비용 계산할 때 미상환액: 융자액에서 1회차와 2회차의 원금상환액을 차감
• 원금균등상환방법에서 매년 원금상환액은 융자액을 상환횟수로 나눈다.
6억원 ÷ 30 = 2,000만원
• 3회차 이자비용 계산할 때 미상환액 = (6억원 − 2천만원 − 2천만원) = 5억 6천만원
2) 이자비용: 5억 6천만원 × 0.04(4%) = 2,240만원
(3) 3회차 원리금상환액: 원금상환액 + 이자비용 ⇨ 2,240만원 + 2,000만원 = 4,240만원

28 ② ········· 중

출제영역 금융의 분류
키워드 메자닌금융
해설 메자닌금융에 해당하는 것은 ㉠, ㉡, ㉣이다.
㉢ 주택상환사채: 부채금융

지분금융, 부채금융, 메자닌금융

지분금융	신디케이트, 조인트벤처, 공모에 의한 증자, 주식발행, 부동산간접펀드, 부동산투자회사 등
부채금융	저당대출, 회사채발행, 신탁증서금융, 주택상환사채, 자산담보부기업어음, 프로젝트 금융, ABS, MBS, MBB 등
메자닌금융	신주인수권부사채, 전환사채, 우선주, 후순위대출, 교환사채, 자산매입조건부대출 등

29 ② ········· 하

출제영역 주택저당채권 유동화
키워드 MPTB(mortgage pay−through bond)
해설 ② MPTB(mortgage pay−through bond)의 경우, 조기상환위험은 투자자, 채무불이행위험은 발행자가 부담한다.

저당담보증권(MBS)의 비교

구 분	MPTS	MBB	MPTB	CMO
성 격	지분형	채권형	혼합형	혼합형
저당권 (저당집합물의 소유권)	투자자	발행자	발행자	발행자
채무불이행의 위험	투자자	발행자	발행자	발행자

원리금수취권	투자자	발행자	투자자	투자자
조기상환위험	투자자	발행자	투자자	투자자
초과담보	불필요	필요	필요	필요
콜방어	불가능	가능(실현)	불가능	원칙: 불가능 장기투자자가능
수익률	높다	낮다	중간	중간
현금흐름	동일(이체)	동일(×) 이체(×)	이체	이체

30 ③ 중

출제영역 저당상환방법

키 워 드 원금균등상환방식, 원리금균등상환방식, 점증(체증)상환방식

해 설 ① 원리금균등상환방식의 경우, 매기 상환하는 원리금(원리금상환액)이 항상 일정한데, 후기로 갈수록 이자비용이 점차 감소하는 만큼 원금상환액은 점점 증가한다.

② 원금균등상환방식의 경우, 매기 상환하는 원금상환액은 항상 일정하나 후기로 갈수록 이자비용이 감소하는 만큼 원리금상환액은 점점 감소한다.

④ 점증(체증)상환방식의 경우, 장래 소득이 증가할 것으로 예상되는 차입자에게 적합하다.

⑤ 만기일시상환방식은 만기에 원금(융자액)전액이 상환되기 때문에 매기간 원금(융자액)전액에 대한 이자를 부담한다. 따라서 매기간 원금의 일부가 상환되는 원금균등상환방식은 이자비용이 점점 감소한다. 따라서 금융기관의 이자수입은 만기일시상환방식이 원금균등상환방식보다 증가한다.

원금균등상환방식, 원리금균등상환방식, 점증(체증식)상환방식의 특징

1. 원금균등상환방식
   (1) 원금상환액: 항상 일정
   (2) 원리금상환액: 점점 감소
   (3) 총부채상환비율: 점점 감소
   (4) 대출잔금: 점점 감소
   (5) 대출기간 절반이 지나면 대출금 절반이 상환된다.
   (6) 원리금균등상환조건에 비해 초기 원리금상환액이 많다.
   (7) 저당상수와 관련 없다.
2. 원리금균등상환방식
   (1) 원리금상환액: 항상 일정
   (2) 원금상환액: 점점 증가(이자비용이 감소한 만큼 원금상환액 증가)
   (3) 저당상수를 이용하여 원리금상환액 계산
3. 점증(체증식)상환방식
   (1) 장래 소득이 증가할 것으로 예상되는 젊은 차입자에게 적합
   (2) 이자누적액이 많다.

저당상환방법의 비교

1. 대출 초기 상환액(대출자의 회수액)의 크기, 총부채상환비율의 크기 순서
   ⇨ 원금균등상환방식 > 원리금균등상환방식 > 체증식 상환방식
2. 1회차 상환 후 대출기간 중 중도상환시 대출잔액의 크기, 잔금비율, 대부비율의 크기 순서
   ⇨ 체증식 상환방식 > 원리금균등상환방식 > 원금균등상환방식
3. 전체기간 중 총이자비용(대출자 총이자수입)의 크기, 총납부액의 크기 순서
   ⇨ 체증식 상환방식 > 원리금균등상환방식 > 원금균등상환방식

가중평균상환기간, 총부채상환비율 등 비교

1. 가중평균상환기간(회수기간)
   만기일시상환 > 체증식 상환방식 > 원리금균등상환방식 > 원금균등상환방식
2. 이자비용(이자수입)
   만기일시상환 > 체증식 상환방식 > 원리금균등상환방식 > 원금균등상환방식

원리금상환액, 대출잔액, 총부채상환비율 비교

구 분	원금균등상환방식 (체감식 상환방식)	원리금균등상환방식	체증식 상환방식
원리금상환액	감소	일정	증가
총부채상환비율	감소	일정	증가
대출잔액	감소	감소	감소

31 ④ ································ 하

출제영역 부동산 개발방법

키 워 드 민간자본유치 개발방식

해 설 • ㉠: BOT(build－operate－transfer) 방식
• ㉡: BLT(build－lease－transfer) 방식
• ㉢: BOO(build－own－operate) 방식

민간자본유치 개발방식

구 분	내 용
BTO 방식	1. 민간이 사회간접자본시설을 준공하고(B), 준공시점에서 시설의 소유권을 정부 등에 이전하고(T), 민간이 일정기간 동안 시설의 관리운영권(O)을 부여받아 투하자본을 회수하는 방식 2. 투하자본 회수: 시설사용자(수요자)의 사용료 3. 대상사업: 도로, 터널 등 최종 수요자에게 사용료를 부과할 수 있는 시설
BTL 방식	1. 민간이 사회간접자본시설을 준공하고(B), 준공시점에서 시설의 소유권을 정부 등에 이전하고(T), 민간이 일정기간 동안 시설의 관리운영권을 획득하여 민간이 시설을 정부에 임대(L)하여 투자비를 회수하는 방식 2. 투하자본 회수: 정부의 임대료 3. 대상사업: 학교, 도서관 등 최종 수요자에게 사용료를 부과할 수 없는 시설

BOT 방식	• 민간이 사회간접자본시설을 준공 후 일정기간 동안 민간이 당해 시설의 소유권(운영권)을 갖고, 그 기간의 만료시 시설의 소유권(운영권)을 정부 등에 귀속시키는 방식
BLT 방식	• 민간이 사회간접자본시설을 준공하고, 일정기간 동안 운영권을 정부 등에 임대하여 투하자본(투자비용)을 회수하며, 약정 임대기간 종료 후에 시설물의 소유권을 정부 등에 이전하는 방식
BOO 방식	• 민간이 사회간접자본시설의 준공과 동시에 당해 시설의 소유권 및 운영권을 가지는 방식

32 ② .... 하

출제영역 부동산 마케팅

키워드 STP전략 – 세분화(Segmentation), 표적시장 선정(Targeting), 차별화(Positioning)

해설 ② STP전략이란 고객집단을 세분화(Segmentation)하고 표적시장을 선정(Targeting)하여 효과적으로 차별화(Positioning)하는 전략이다.

[판매촉진(Promotion)을 하는 전략 ⇨ 차별화(Positioning)하는 전략]

마케팅 전략

구 분	내 용
시장점유 마케팅 전략	1. STP전략: 시장세분화, 표적시장 선정, 차별화 (1) 시장세분화(Segmentation): 수요자 집단을 인구, 경제학적 특성에 따라 세분하여 상품의 판매지향점을 분명히 하는 전략 (2) 표적시장 선정(Target): 세분화된 시장에서 공략 대상 시장을 선정하는 전략 (3) 차별화전략(Positioning): 고객의 마음에 들게 경쟁기업의 제품과 차별화하는 전략 2. 4P믹스전략: 제품, 가격, 유통경로, 판촉 (1) 제품(Product)전략: 지상주차장의 지하화, 자연친화적인 단지 설계, 보안설비의 디지털화 등 (2) 가격(Price)전략: 고가전략, 저가전략, 시가전략, 신축가격전략 등 (3) 유통경로(Place): 직접분양, 중개업자 이용, 금융기관 활용 등 (4) 판촉(Promotion): 가전제품 등 경품 제공, 홍보, 광고 등 3. 가격전략 (1) 고가전략: 브랜드가치가 높은 경우, 수요탄력성이 작은 경우에 높은 가격을 설정하는 정책 (2) 저가전략: 브랜드가치가 낮은 경우, 수요탄력성이 큰 경우, 빠른 자금회수, 지역의 수요자가 소득이 낮은 경우에 낮은 가격을 설정하는 정책 (3) 시가전략: 다른 경쟁 업체와 동일한 가격을 설정하는 정책 (4) 신축가격전략: 지역, 위치, 방향, 층, 호에 따라 다른 가격을 설정하는 전략
고객점유 마케팅 전략	1. 수요자 중심 마케팅 전략 2. AIDA 원리 ① 주의(Attention) – ② 관심(Interest) – ③ 욕망(Desire) – ④ 행동(Action)
관계 마케팅 전략	1. 수요자와 공급자의 지속적인 관계. 1회성(×) 2. 브랜드 마케팅

33 ⑤ 하

출제영역 부동산 개발

키 워 드 흡수율분석

해 설 ⑤ 민감도분석의 내용이다. (흡수율분석 ⇨ 민감도분석)

1. 민감도분석이란 재무적 사업타당성분석에서 사용했던 주요변수들의 투입값을 낙관적, 비관적 상황으로 적용하여 수익성을 예측하는 것을 말한다.
2. 흡수율분석이란 시장에 공급된 부동산이 일정기간 동안 소비(흡수)되는 비율을 조사하여, 공급된 부동산의 매매가능성, 임대가능성을 파악하는 분석으로 흡수율이 높을수록 매매가능성, 임대가능성이 높다.

34 ① 중

출제영역 부동산 마케팅

키 워 드 바이럴 마케팅(viral marketing) 전략

해 설 제32회 32번 해설 참고

② 제품 차별화(Positioning) 전략이다. 분양성공을 위해 아파트 브랜드를 고급스러운 이미지로 고객의 인식에 각인시키도록 하는 노력은 STP전략 중 제품 차별화(Positioning) 전략에 해당한다. [시장세분화(Segmentation) 전략 ⇨ 제품 차별화(Positioning) 전략]

③ 판매촉진(Promotion) 전략이다. 아파트 분양 모델하우스 방문고객 대상으로 추첨을 통해 자동차를 경품으로 제공하는 것은 4P Mix 전략 중 판매촉진(Promotion) 전략에 해당한다. [유통경로(Place) 전략 ⇨ 판매촉진(Promotion) 전략]

④ 제품(Product) 전략이다. 아파트의 차별화를 위해 커뮤니티 시설에 헬스장, 골프연습장을 설치하는 방안은 4P Mix 전략 중 제품(Product) 전략에 해당한다. [가격(Price)전략 ⇨ 제품(Product) 전략]

⑤ 고객점유 마케팅전략에서 AIDA의 원리는 주의(Attention) – 관심(Interest) – 욕망(Desire) – 행동(Action)의 과정을 말한다. [결정(Decision) ⇨ 욕망(Desire)]

35 ② 하

출제영역 지역분석, 개별분석

키 워 드 지역분석과 개별분석의 내용

해 설 • 지역분석은 해당 지역의 (㉠: 표준적이용) 및 그 지역 내 부동산의 가격수준을 판정하는 것이다.

• 개별분석은 대상 부동산의 (㉡: 최유효이용) 및 구체적 가격을 판정하는 것이다.
• 지역분석의 분석 대상지역 중 (㉢: 인근지역)은 대상 부동산이 속한 지역으로서 부동산의 이용이 동질적이고 가치형성요인 중 지역요인을 공유하는 지역이다.

지역분석과 개별분석

구 분	지역분석	㉮별분석
의 의	지역요인을 분석하여 표준적 사용을 판정	개별요인을 분석하여 최유효이용 판정
분석목적	표준적인 사용 판정, 가격수준 판정	㉯유효이용 판정, ㉰체적 가격 판정
분석대상	인근지역, 유사지역, 동일수급권	대상 부동산
선·후 관계	선행분석	(후)행분석
가격원칙	적합의 원칙, 외부성의 원칙	(균)형의 원칙
감가요인	경제적 감가	(기)능적 감가
부동산특성	부동성, 인접성	개별성
분석범위	거시적, 광역적, 전체적 분석	(미)시적, 부분적 분석

[암기] 개별분석: (개) (미)는 (최) (구)는 작지만 (균)형 있게 (기)어 간다. (후)!

36 ① ········ (중)

출제영역 원가법 – 감가수정방법

키 워 드 정률법 – 감가율(상각률)이 항상 일정

해 설 ① 정률법에서는 매년 감가율(상각률)은 항상 일정(동일)하다. (정률)
감가액은 미상각잔액에 감가율을 곱하여 계산하는데, 미상각잔액이 점점 감소하기 때문에 감가액은 점점 감소한다.

정률법

- 감가율은 항상 일정(정률), 감가율이 감소(×)
- 매년의 감가액은 점점 감소, 감가액이 일정(×)

37 ⑤ ········ (중)

출제영역 감정평가에 관한 규칙

키 워 드 수익환원법

해 설 ⑤ 수익환원법에 대한 내용이다.

- 수익환원법이란 대상물건이 장래 산출할 것으로 기대되는 순수익이나 미래의 현금흐름을 환원하거나 할인하여 대상물건의 가액을 산정하는 감정평가방법을 말한다.
- 수익분석법이란 일반 기업경영에 의하여 산출된 총수익을 분석하여 대상물건이 일정한 기간에 산출할 것으로 기대되는 순수익에 대상물건을 계속하여 임대하는 데에 필요한 경비를 더하여 대상물건의 임대료를 산정하는 감정평가방법을 말한다.

38 ④ 상

출제영역 감정평가방식 – 수익환원법

키 워 드 수익가액 = $\frac{\text{순영업소득}}{\text{환원율}}$

해 설 ④ 수익가액은 3억 9,900만원이다.

1. 직접환원법에 의한 수익가액

$$\text{수익가액} = \frac{\text{순영업소득}}{\text{환원율}}$$

2. 순영업소득 산정

가능총소득 70,00,000원
– 공실상당액 및 대손충당금 3,500,000원
유효총소득 66,500,000원
– 영업경비 26,600,000원
순영업소득 39,900,000원

3. 수익가액 : $\frac{39{,}900{,}000\text{원}}{0.1}$ = 3억 9,900만원

39 ⑤ 하

출제영역 부동산 가격공시제도

키 워 드 부동산 가격공시에 대한 이의신청 – 공시권자에 이의신청 가능

해 설 ⑤ 개별주택에 대한 이의신청은 시장·군수 또는 구청장에게 하고, 공동주택가격에 대한 이의신청은 국토교통부장관에게 한다.

- 부동산 가격공시에 대한 이의신청은 공시권자에게 공시일로부터 30일 이내에 신청할 수 있다. 표준지공시지가, 표준주택가격, 공동주택가격의 공시권자는 국토교통부장관이다. 따라서 표준지공시지가, 표준주택가격, 공동주택가격에 대해서는 국토교통부장관에게 이의신청을 제기한다. 반면에 개별공시지가, 개별주택가격 등은 시장·군수 또는 구청장이 공시권자이다. 따라서 시장·군수 또는 구청장에게 이의를 신청할 수 있다.

40 ③ 상

출제영역 감정평가방식

키 워 드 공시지가기준법

해 설 공시지가기준법에 의한 토지가액

1. 공식 : (비교)표준지공시지가 × 시점수정(치) × 지역요인비교(치) × 개별요인비교(치) × 그 밖의 요인 보정(치) = 토지가액
2. 대상 토지가액

$$10{,}000{,}000\text{원/m}^2 \times (1 \div 0.05) \times \frac{100}{100} \times \frac{110}{100} \times \frac{80}{100} \times 1.50 = 13{,}860{,}000\text{원/m}^2$$

(시점수정) (지역요인) (가로조건) (환경조건) (그 밖의 요인)

제32회 민법 · 민사특별법

시험총평

제32회 민법은 냉정하고 객관적으로 말하면 제31회 시험과 비교했을 때 오히려 쉬웠다고 할 수 있다. 수험생들이 어려워하고 시간이 많이 소요되는 사례문제가 15문제에서 8문제로 줄었으며 일일이 지문의 틀린 부분을 찾아내야 정답을 확신할 수 있는 긍정형 문제도 18문제에서 14문제로 줄었다. 또한 이전에 우리 시험에서 출제된 기출지문이 다수 포함되었고 정답이 손을 들고 있는 쉬운 문제도 많이 있었다. 난이도 높은 문제가 앞부분에 집중 배치되면서 처음부터 멘탈이 흔들렸을 수 있다. 사례문제는 전년 대비 절반으로 줄었지만 기존에 주로 사례로 출제되던 이중매매나 제3자를 위한 계약은 사례가 아니라 지문의 형태로 출제되었고, 새로운 유형의 사례문제가 출제되어 문제유형에 적응하는 데 어려움이 있었을 것이다. 가장 큰 변화는 BOX형의 종합문제가 10문제나 출제된 점이다. 이러한 출제경향의 변화에 따른 적응 또는 대비가 부족하였다면 실제로 체감되는 난이도가 높았을 것이다.

Answer

41 ⑤	42 ②	43 ③	44 ①	45 ④	46 ①	47 ②	48 ④	49 ③	50 ①
51 ②	52 ⑤	53 ②	54 ③	55 ④	56 ④	57 ③	58 ⑤	59 ②	60 ②
61 ⑤	62 ④	63 ④	64 ③	65 ④	66 ①	67 ④	68 ⑤	69 ⑤	70 ②
71 ④	72 ③	73 ③	74 ①	75 ③	76 ①	77 ⑤	78 ②	79 ⑤	80 ①

41 ⑤ (하)

출제영역 법률행위

키워드 단독행위

해 설 ⑤ 재단법인 설립행위는 상대방 없는 단독행위이다.

42 ② (상)

출제영역 대리

키워드 복임권의 범위와 책임

해 설 ② 대리의 목적인 법률행위의 성질상 대리인 자신에 의한 처리가 필요하지 아니한 경우에는 본인이 복대리 금지의 의사를 명시하지 아니하는 한 복대리인의 선임에 관하여 묵시적인 승낙이 있는 것으로 보는 것이 타당하다(대판 1996.1.26, 94다30690).

① 복대리인은 본인의 대리인이지 대리인의 대리인이 아니다. 따라 丙은 甲의 대리인이지 乙의 대리인은 아니다.

③ 임의대리인이 본인의 승낙을 얻어서 복대리인을 선임한 경우, 본인에 대하여 그 선임감독에 관한 책임이 있다(제121조 제1항).

④ 복대리권은 대리권에 종속된다. 따라서 甲의 사망으로 乙의 대리권이 소멸하면 丙의 복대리권도 소멸한다.

⑤ 대리인이 대리권 소멸 후 직접 상대방과 사이에 대리행위를 하는 경우는 물론 대리인이 대리권 소멸 후 복대리인을 선임하여 복대리인으로 하여금 상대방과 사이에 대리행위를 하도록 한 경우에도, 상대방이 대리권 소멸 사실을 알지 못하여 복대리인에게 적법한 대리권이 있는 것으로 믿었고 그와 같이 믿은 데 과실이 없다면 민법 제129조에 의한 표현대리가 성립할 수 있다(대판 1998.5.29, 97다55317).

43 ③ ······ 상

출제영역 대리

키 워 드 무권대리 철회의 효과

해 설 ③ 丙이 계약을 유효하게 철회하면, 계약은 확정 무효가 된다. 이 경우에 甲은 계약의 당사자가 아니므로 법률효과가 귀속되지 않고 따라서 丙은 甲이 아니라 乙에게 계약금 상당의 부당이득 반환을 청구할 수 있다.

44 ① ······ 상

출제영역 의사표시

키 워 드 의사표시 종합

해 설 ① 파산관재인이 민법 제108조 제2항의 경우 등에 있어 제3자에 해당하는 것은 파산관재인은 파산채권자 전체의 공동의 이익을 위하여 선량한 관리자의 주의로써 그 직무를 행하여야 하는 지위에 있기 때문이므로, 그 선의·악의도 파산관재인 개인의 선의·악의를 기준으로 할 수는 없고 총파산채권자를 기준으로 하여 파산채권자 모두가 악의로 되지 않는 한 파산관재인은 선의의 제3자라고 할 수밖에 없다(대판 2007.10.26, 2005다42545).

② 상대방이 표의자의 진의 아님을 알았을 경우, 진의 아닌 의사표시는 무효가 된다(제107조 제1항 단서).

③ 비진의 의사표시는 상대방과 통정이 없다는 점에서 착오와 구별되는 것이 아니라 통정허위표시와 구별된다.

④ 제3자의 선의는 언제나 추정되므로, 제3자는 자신의 선의를 입증할 필요가 없고 무효를 주장하는 자가 제3자의 악의를 입증하여야 한다(대판 2006.3.10, 2002다1321).

⑤ 매도인이 매수인의 중도금 지급채무 불이행을 이유로 매매계약을 적법하게 해제한 후라도 매수인으로서는 상대방이 한 계약해제의 효과로서 발생하는 손해배상책임을 지거나 매매계약에 따른 계약금의 반환을 받을 수 없는 불이익을 면하기 위하여 착오를 이유로 한 취소권을 행사하여 매매계약 전체를 무효로 돌리게 할 수 있다(대판 1996.12.6, 95다24982·24999).

45 ④ ······ 중

출제영역 법률행위

키 워 드 효력규정·단속규정

해 설 ㉠ 부동산등기특별조치법상 조세포탈과 부동산투기 등을 방지하기 위하여 위 법률 제2조 제2항 및 제8조 제1호에서 등기하지 아니하고 제3자에게 전매하는 행위를 일정 목적범위 내에서 형사처벌 하도록 되어 있으나 이로써 순차매도한 당사자 사이의 중간생략등기합의에 관한 사법상 효력까지 무효로 한다는 취지는 아니다(대판 1993.1.26, 92다39112).

㉡ 개업공인중개사 등이 중개의뢰인과 직접 거래를 하는 행위를 금지하는 공인중개사법 제33조 제6호의 규정 취지는 개업공인중개사 등이 거래상 알게 된 정보를 자신의 이익을 꾀하는데 이용하여 중개의뢰인의 이익을 해하는 경우가 있으므로 이를 방지하여 중개의뢰인을 보호하고자 함에 있는 바, 위 규정에 위반하여 한 거래행위가 사법상의 효력까지도 부인하지 않으면 안 될 정도로 현저히 반사회성, 반도덕성을 지닌 것이라고 할 수 없을 뿐만 아니라 행위의 사법상의 효력을 부인하여야만 비로소 입법 목적을 달성할 수 있다고 볼 수 없고, 위 규정을 효력규정으로 보아 이에 위반한 거래행위를 일률적으로 무효라고 할 경우 중개의뢰인이 직접 거래임을 알면서도 자신의 이익을 위해 한 거래도 단지 직접 거래라는 이유로 효력이 부인되어 거래의 안전을 해칠 우려가 있으므로, 위 규정은 강행규정이 아니라 단속규정이다(대판 2017.2.3, 2016다259677).

46 ① ······ 하

출제영역 법률행위

키 워 드 절대적 무효

해　설 ① 반사회적 법률행위에 해당하는 제2매매계약은 절대적 무효이므로 이에 기초하여 제2매수인으로부터 그 부동산을 매수하여 등기한 선의의 제3자라도 제2매매계약의 유효를 주장할 수 없다.

47 ② ······ 하

출제영역 무효와 취소

키 워 드 법정추인

해　설 ② 의사표시로 이루어지는 임의적 추인은 취소할 수 있는 행위임을 알고 하여야 하지만, 법률규정에 의하는 법정추인은 취소권의 존재를 알든 모르든 인정된다.

48 ④ ······ 중

출제영역 대리

키 워 드 표현대리의 성질

해　설 ① 제125조 표현대리는 본인이 타인에게 수권행위를 하지 않았지만 수여했다고 상대방에게 통지한 경우 적용된다(제125조). 따라서 그 타인이 통보받은 상대방 외의 자와 본인을 대리하여 행위를 한 때에는 민법 제125조 표현대리는 적용되지 않는다.

② 표현대리에는 과실상계의 법리가 적용되지 않으므로 상대방에게 과실이 있더라도 본인의 책임을 경감할 수는 없다(대판 1996.7.12, 96다49554).

③ 민법 제129조의 대리권 소멸 후의 표현대리로 인정되는 경우에, 그 표현대리의 권한을 넘는 대리행위가 있을 때에는 민법 제126조의 표현대리가 성립될 수 있다(대판 2008.1.31, 2007다74713).

⑤ 표현대리가 성립된다고 하여 무권대리의 성질이 유권대리로 전환되는 것은 아니므로 유권대리에 관한 주장 가운데 무권대리에 속하는 표현대리의 주장이 포함되어 있다고 볼 수 없으며, 따로이 표현대리에 관한 주장이 없는 한 법원은 나아가 표현대리의 성립여부를 심리판단할 필요가 없다(대판 전합 1983.12.13, 83다카1489).

49 ③ (하)

출제영역 조건과 기한

키 워 드 효력요건

해 설 ③ 조건부 법률행위에서 조건의 성취는 효력요건이다. 정지조건은 조건성취시 법률효과가 발생하고 해제조건은 조건성취시 법률효과가 소멸한다(제147조).

50 ① (상)

출제영역 무효와 취소

키 워 드 무효행위의 추인

해 설 ② 무효행위 추인은 무효원인이 소멸한 후에 무효임을 알고 추인할 수 있다(제139조). 무효행위 추인은 제척기간의 적용이 없다.

③ 당사자가 그 무효 부분이 없더라도 법률행위를 하였을 것이라고 인정되는지의 여부에 의하여 판정되어야 하고, 그 당사자의 의사는 실재하는 의사가 아니라 법률행위의 일부분이 무효임을 법률행위 당시에 알았다면 당사자 쌍방이 이에 대비하여 의욕하였을 가정적 의사를 말하는 것이다(대판 2010.3.25, 2009다41465).

④ 무효행위 또는 무권대리 행위의 추인은 무효행위 등이 있음을 알고 행위의 효과를 자기에게 귀속시키도록 하는 단독행위로서 의사표시의 방법에 관하여 일정한 방식이 요구되는 것이 아니므로 묵시적인 방법으로도 할 수 있지만, 묵시적 추인을 인정하기 위해서는 본인이 그 행위로 처하게 된 법적 지위를 충분히 이해하고 그럼에도 진의에 기하여 행위의 결과가 자기에게 귀속된다는 것을 승인한 것으로 볼 만한 사정이 있어야 할 것이다(대판 2014.2.13, 2012다112299 · 112305).

⑤ 사회질서에 반하는 행위, 불공정한 법률행위, 강행규정위반의 경우는 추인할 수 없고 추인을 하더라도 효력이 없다.

51 ② (하)

출제영역 물권의 의의

키 워 드 물권법정주의

해 설 ② 소유자가 소유권의 핵심적 권능에 속하는 사용 · 수익의 권능을 대세적으로 포기하는 것은 특별한 사정이 없는 한 허용되지 않는다. 이를 허용하면 결국 처분권능만이 남는 새로운 유형의 소유권을 창출하는 것이어서 민법이 정한 물권법정주의에 반하기 때문이다(대판 2017.6.19, 2017다211528).

52 ⑤ (상)

출제영역 물권의 효력

키 워 드 물권적 청구권

해 설 ① 일단 소유권을 상실한 전 소유자는 제3자인 불법점유자에 대하여 물권적 청구권에 의한 방해배제를 청구할 수 없다(대판 전합 1969.5.27, 68다725).

② 물권적 청구권의 행사에는 침해자의 귀책사유가 요건이 아니다. 따라서 현재 침해자에게 귀책사유가 없더라도 물권적 청구권을 행사할 수 있다.

③ 소유권에 기한 방해배제청구권에 있어서 '방해'라 함은 현재에도 지속되고 있는 침해를 의미하고, 법익 침해가 과거에 일어나서 이미 종결된 경우에 해당하는 '손해'의 개념과는 다르다 할 것이어서, 소유권에 기한 방해배제청구권은 방해결과의 제거를 내용으로 하는 것이 되어서는 아니 되며(이는 손해배상의 영역에 해당한다 할 것이다) 현재 계속되고 있는 방해의 원인을 제거하는 것을 내용으로 한다(대판 2003.3.28, 2003다5917).
④ 소유권에 기한 물권적 청구권은 소멸시효에 걸리지 않는다(대판 1982.7.27, 80다2968).

53 ② ········ 중

출제영역 부동산물권변동
키 워 드 등기청구권
해 설 ㉡ 부동산에 관하여 인도, 등기 등의 어느 한쪽 만에 대하여서라도 권리를 행사하는 자는 전체적으로 보아 그 부동산에 관하여 권리 위에 잠자는 자라고 할 수 없다 할 것이므로, 매수인이 목적부동산을 인도받아 계속 점유하는 경우에는 그 소유권이전등기청구권의 소멸시효가 진행하지 않는다(대판 전합 1999.3.18, 98다32175).
㉠ 등기청구권이 아니라 부동산등기법상의 등기신청권에 대한 설명이다.
㉢ 소유권이전등기청구권을 매수인으로부터 양도받은 양수인은 매도인이 그 양도에 대하여 동의하지 않고 있다면 매도인에 대하여 채권양도를 원인으로 하여 소유권이전등기절차의 이행을 청구할 수 없고, 따라서 매매로 인한 소유권이전등기청구권은 특별한 사정이 없는 이상 그 권리의 성질상 양도가 제한되고 그 양도에 채무자의 승낙이나 동의를 요한다고 할 것이므로 통상의 채권양도와 달리 양도인의 채무자에 대한 통지만으로는 채무자에 대한 대항력이 생기지 않으며 반드시 채무자의 동의나 승낙을 받아야 대항력이 생긴다(대판 2001.10.9, 2000다51216). ⇨ 취득시효완성으로 인한 소유권이전등기청구권도 채권적 청구권이지만 매매로 인한 소유권이전등기청구권과 달리 동의를 요하지 않는다.

54 ③ ········ 상

출제영역 부동산물권변동
키 워 드 가등기
해 설 ③ 가등기권자가 본등기절차에 의하지 아니하고 가등기설정자로부터 별도의 소유권이전등기를 경료받은 경우, 혼동의 법리에 의하여 가등기권자의 본등기청구권이 소멸하지 않는다(대판 2007.2.22, 2004다59546). 따라서 가등기에 기한 본등기 절차의 이행을 구할 수 있다.

55 ④ ········ 상

출제영역 소유권
키 워 드 공유의 법률관계
해 설 ④ 공유물의 사용・수익・관리에 관한 공유자 사이의 특약은 유효하며 그 특정승계인에 대하여도 승계된다(대판 2013.3.14, 2011다58701).
① 공유자가 지분을 포기하거나 상속인 없이 사망한 경우 균등한 비율이 아니라 지분의 비율로 다른 공유자에게 귀속된다(제267조).

② 甲은 지분이 1/2이므로 과반수가 아니다. 따라서 단독으로 X토지를 제3자에게 임대할 수 없다.
③ 나대지에 새로이 건물을 건축한다든지 하는 것은 '관리'의 범위를 넘는(처분행위) 것이 될 것이다(대판 2001.11.27, 2000다33638 · 33645).
⑤ 공유물의 소수지분권자가 다른 공유자와 협의 없이 공유물을 독점적으로 점유하는 다른 소수지분권자를 상대로 인도를 청구할 수 없다(대판 전합 2020.5.21, 2018다287522).

56 ④ 중

출제영역 소유권

키워드 소유권 종합

해설 ④ 일단 주위토지통행권이 발생하였다고 하더라도 나중에 그 토지에 접하는 공로가 개설됨으로써 주위토지통행권을 인정할 필요성이 없어진 때에는 그 통행권은 소멸한다(대판 1998.3.10, 97다47118).

57 ③ 중

출제영역 소유권

키워드 점유취득시효

해설 ③ 점유자가 스스로 매매 등과 같은 자주점유의 권원을 주장하였으나 이것이 인정되지 않는 경우에도 이러한 사유만으로 자주점유의 추정이 번복되거나 타주점유로 된다고 볼 수는 없다(대판 전합 1983.7.12, 82다708).

58 ⑤ 중

출제영역 점유권

키워드 점유권 종합

해설 ⑤ 선의의 점유자가 본권에 관한 소에서 패소한 경우, 소제기시부터 악의의 점유자로 본다(제197조 제2항).

59 ② 중

출제영역 용익물권

키워드 지상권 종합

해설 ㉡ 지상권자의 지료 지급 연체가 토지소유권의 양도 전후에 걸쳐 이루어진 경우 토지양수인에 대한 연체기간이 2년이 되지 않는다면 양수인은 지상권소멸청구를 할 수 없다(대판 2001.3.13, 99다17142).
㉠ 근저당권 등 담보권 설정의 당사자들이 그 목적이 된 토지 위에 차후 용익권이 설정되거나 건물 또는 공작물이 축조 · 설치되는 등으로써 그 목적물의 담보가치가 저감하는 것을 막는 것을 주요한 목적으로 하여 채권자 앞으로 아울러 지상권을 설정하였다면, 그 피담보채권이 변제 등으로 만족을 얻어 소멸한 경우는 물론이고 시효소멸한 경우에도 그 지상권은 피담보채권에 부종하여 소멸한다(대판 2011.4.14, 2011다6342).

㉢ 장사법 시행일 이전에 타인의 토지에 분묘를 설치한 다음 20년간 평온·공연하게 그 분묘의 기지를 점유함으로써 분묘기지권을 시효로 취득하였더라도, 분묘기지권자는 토지 소유자가 분묘기지에 관한 지료를 청구하면 그 청구한 날부터의 지료를 지급할 의무가 있다고 보아야 한다(대판 전합 2021.4.29, 2017다228007).

60 ② (하)

출제영역 용익물권

키 워 드 지역권

해 설 ② 요역지는 반드시 1필의 토지이어야 하지만, 승역지는 1필의 토지의 일부라도 무방하다. 따라서 1필의 토지(요역지)의 일부를 위한 지역권은 설정할 수 없지만, 1필의 토지(승역지)의 일부에는 지역권을 설정할 수 있다.

61 ⑤ (중)

출제영역 용익물권

키 워 드 전세권

해 설 ⑤ 건물의 일부에 대하여 전세권이 설정되어 있는 경우 전세권의 목적물이 아닌 나머지 건물부분에 대하여는 우선변제권은 별론으로 하고 경매신청권은 없으므로, 위와 같은 경우 전세권자는 전세권의 목적이 된 부분을 초과하여 건물 전부의 경매를 청구할 수 없다(대판 2001.7.2, 자 2001마212).

62 ④ (하)

출제영역 담보물권

키 워 드 제3취득자

해 설 ㉡ 저당부동산의 제3취득자는 부동산의 보존·개량을 위하여 지출한 비용을 그 부동산의 경매대가에서 우선변제받을 수 있다(제367조).

㉠ 근저당부동산에 대하여 후순위근저당권을 취득한 자는 민법 제364조에서 정한 권리를 행사할 수 있는 제3취득자에 해당하지 않는다(대판 2006.1.26. 2005다17341).

63 ④ (중)

출제영역 담보물권

키 워 드 저당권의 효력이 미치는 범위

해 설 ④ "저당권자가 물상대위권을 행사하기 위하여서는 저당권 설정자가 지급받을 금전 기타 물건의 지급 또는 인도 전에 압류하여야 한다."라고 규정한 취지는, 물상대위의 목적이 되는 금전 기타 물건의 특정성을 유지하여 제3자에게 불측의 손해를 입히지 아니하려는 데 있는 것이므로, 저당목적물의 변형물인 금전 기타 물건에 대하여 이미 제3자가 압류하여 그 금전 또는 물건이 특정된 이상 저당권자는 스스로 이를 압류하지 않고서도 물상대위권을 행사할 수 있다(대판 1996.7.12, 96다21058).

64 ③ (중)

출제영역 담보물권

키 워 드 유치권의 견련성

해　설 ㉠ 임대인과 임차인 사이에 건물명도시에 권리금을 반환하기로 하는 약정이 있었다 할지라도, 그와 같은 권리금반환청구권은 건물에 관하여 생긴 채권이라 할 수 없으므로, 그와 같은 채권을 가지고 건물에 대한 유치권을 행사할 수 없다(대판 1994.10.14, 93다62119).

㉡ 건물의 임대차에 있어서, 임차인의 임대인에 대한 임차보증금반환청구권이나 또는 임차인이 건물을 임차목적대로 사용 못한 것을 이유로 임대인에 대해 가지는 손해배상청구권은 모두 민법 제320조에 규정된 소위 그 건물에 관하여 생긴 채권이라 할 수 없다(대판 1976.5.11, 75다1305).

65 ④ (하)

출제영역 쌍무계약의 효력

키 워 드 동시이행의 항변권

해　설 ㉢ 매도인의 토지거래계약 허가신청절차에 협력할 의무와 토지거래허가를 받으면 매수인이 이행해야 할 매매대금 지급의무 사이에는 상호 이행상의 견련성이 있다고 할 수 없다(대판 1996.10.25, 96다23825).

66 ① (하)

출제영역 쌍무계약의 효력

키 워 드 동시이행의 항변권

해　설 ① 제3자의 권리는 제3자가 채무자(낙약자)에 대하여 계약의 이익을 받을 의사를 표시한 때에 생긴다(제539조 제2항).

67 ④ (중)

출제영역 계약의 해제

키 워 드 합의해제

해　설 ④ 합의해제 또는 해제계약의 효력은 그 합의의 내용에 의하여 결정되고 여기에는 해제에 관한 제543조 이하의 규정은 적용되지 아니하므로, 상대방에게 손해배상을 하기로 특약하거나 손해배상 청구를 유보하는 의사표시를 하는 등 다른 사정이 없는 한 채무불이행으로 인한 손해배상을 청구할 수 없다(대판 2013.11.28, 2013다8755).

68 ⑤ (중)

출제영역 계약의 성립

키 워 드 청약과 승낙의 합치에 의한 계약의 성립

해　설 ① 청약은 특정인에게도 할 수 있고 불특정 다수인에게도 할 수 있다.

② 청약은 상대방있는 의사표시이므로 도달한 이후부터 효력이 있다(제111조 제1항). 따라서 청약자는 이를 철회할 수 없다(제527조).

③ 당사자 간에 동일한 내용의 청약이 상호 교차된 경우, 양 청약이 상대방에게 도달된 때에 계약이 성립한다(제533조)

④ 계약이 성립하기 위한 법률요건인 청약은 그에 응하는 승낙만 있으면 곧 계약이 성립하는 구체적, 확정적 의사표시여야 하므로, 청약은 계약의 내용을 결정할 수 있을 정도의 사항을 포함시키는 것이 필요하다(대판 2003.4.11, 2001다53059). 따라서 계약내용이 제시되지 않은 광고는 청약이 아니다.

69 ⑤ ······ 중

출제영역 약관

키 워 드 약관의 해석

해 설 ⑤ 약관의 해석은, 신의성실의 원칙에 따라 당해 약관의 목적과 취지를 고려하여 공정하고 합리적으로 해석하되, 개개 계약 당사자가 기도한 목적이나 의사를 참작함이 없이 평균적 고객의 이해가능성을 기준으로 객관적 · 획일적으로 해석하여야 하며, 위와 같은 해석을 거친 후에도 약관 조항이 객관적으로 다의적으로 해석되고 그 각각의 해석이 합리성이 있는 등 당해 약관의 뜻이 명백하지 아니한 경우에는 고객에게 유리하게 해석하여야 한다(대판 2010.12.9, 2009다60305).

70 ② ······ 중

출제영역 매매

키 워 드 매도인의 담보책임

해 설 ② 수량을 지정한 매매의 목적물의 일부가 멸실된 경우, 선의의 매수인만 담보책임을 물을 수 있고, 악의의 매수인은 담보책임을 물을 수 없다. 악의의 매수인은 목적물의 일부 멸실을 알고 이에 따라 대금을 조정하였을 것이기 때문에 대금감액이나 손해배상을 청구할 수 없다(제574조).

71 ④ ······ 상

출제영역 매매

키 워 드 환매

해 설 ④ 부동산에 관하여 매매등기와 아울러 환매특약의 등기가 경료된 이후 그 부동산 매수인으로부터 그 부동산을 전득한 제3자가 환매권자의 환매권행사에 대항할 수 없으나, 환매특약의 등기가 부동산의 매수인의 처분권을 금지하는 효력을 가지는 것은 아니므로 그 매수인은 환매특약의 등기 이후 부동산을 전득한 제3자에 대하여 여전히 소유권이전등기절차의 이행의무를 부담하고, 나아가 환매권자가 환매권을 행사하지 아니한 이상 매수인이 전득자인 제3자에 대하여 부담하는 소유권이전등기절차의 이행의무는 이행불능 상태에 이르렀다고 할 수 없으므로, 부동산의 매수인은 전득자인 제3자에 대하여 환매특약의 등기사실만으로 제3자의 소유권이전등기청구를 거절할 수 없다(대판 1994.10.25, 94다35527).

72 ③ ······ 하

출제영역 교환

키 워 드 교환계약의 성질

해 설 ㄹ 일방 당사자가 자기가 소유하는 목적물의 시가를 묵비하여 상대방에게 고지하지 아니하거나 혹은 허위로 시가보다 높은 가액을 시가라고 고지하였다 하더라도 이는 상대방의 의사결정에 불법적인 간섭을 한 것이라고 볼 수 없다(대판 2002.9.4, 2000다54406 · 54413).

73 ③ 하

출제영역 임대차

키 워 드 건물등기있는 차지권의 대항력

해 설 ③ 건물의 소유를 목적으로 한 토지임대차는 이를 등기하지 아니한 경우에도 임차인이 그 지상건물을 등기한 때에는 제3자에 대하여 임대차의 효력이 생긴다(제622조 제1항).

74 ① 상

출제영역 임대차

키 워 드 전대차의 효력

해 설 ① 甲과 乙의 합의로 임대차 계약을 종료한 경우에도 丙의 권리는 소멸하지 않는다(제631조).

75 ③ 중

출제영역 주택임대차보호법

키 워 드 주택임대차의 대항력의 발생시기

해 설 ③ 甲이 주택에 관하여 소유권이전등기를 경료하고 주민등록 전입신고까지 마친 다음 처와 함께 거주하다가 乙에게 매도함과 동시에 그로부터 이를 다시 임차하여 계속 거주하기로 약정하고 처 명의의 임대차계약을 체결한 후에야 乙 명의의 소유권이전등기가 경료된 경우, 甲의 처가 주택임대차보호법상 임차인으로서 대항력을 갖는 시기는 乙 명의의 소유권이전등기가 경료된 날에야 비로소 甲의 처와 乙 사이의 임대차를 공시하는 유효한 공시방법이 된다고 할 것이며, 주택임대차보호법 제3조 제1항에 의하여 유효한 공시방법을 갖춘 다음날인 乙 명의의 소유권이전등기일 익일부터 임차인으로서 대항력을 갖는다(대판 2000.2.11, 99다59306).

76 ① 중

출제영역 주택임대차보호법

키 워 드 계약갱신요구권

해 설 ㉡ 임차인은 계약갱신요구권을 1회에 한하여 행사할 수 있다(주임법 제6조의3 제2항).
㉢ 임차인이 임대인의 동의 없이 목적 주택을 전대한 경우 임대인은 계약갱신요구를 거절할 수 있다(주임법 제6조의3 제1항 4호).

77 ⑤ 상

출제영역 상가건물 임대차보호법

키 워 드 상가임대차 종합

해 설 ㉠ 서울특별시의 경우, 환산보증금이 9억원 이하일 경우 상가건물 임대차보호법이 전면적으로 적용되고 환산보증금이 9억원을 초과하는 경우에는 상가건물 임대차보호법의 일부 규정이 적용된다. 문제의 경우에는 서울특별시에서 보증금 5억원, 월차임 5백만원이므로 환산보증금이 10억원이다. 그러므로 상가건물 임대차보호법의 일부 규정이 적용되는데 확정일자 부여 등에 대해 규정하고 있는 상가건물 임대차보호법 제4조의 규정은 적용되지 않는다.

ⓛ 상가건물 임대차보호법 제10조 제1항 제5호
ⓒ 임차건물의 양수인이 임대인의 지위를 승계하면, 양수인은 임차인에게 임대보증금반환의무를 부담하고 임차인은 양수인에게 차임지급의무를 부담한다. 그러나 임차건물의 소유권이 이전되기 전에 이미 발생한 연체차임이나 관리비 등은 별도의 채권양도절차가 없는 한 원칙적으로 양수인에게 이전되지 않고 임대인만이 임차인에게 청구할 수 있다(대판 2017.3.22, 2016다218874).

78 ② (하)

출제영역 가등기담보법

키 워 드 가등기담보법 종합

해 설 ② 가등기의 원인증서인 매매예약서상의 매매대금은 가등기절차의 편의상 기재하는 것에 불과하고 가등기의 피담보채권이 그 한도로 제한되는 것은 아니며 피담보채권의 범위는 당사자의 약정 내용에 따라 결정된다(대판 1996.12.23, 96다39387 · 39394)

79 ⑤ (상)

출제영역 부동산실명법

키 워 드 계약명의신탁

해 설 ⑤ X부동산의 소유권을 유효하게 취득한 丙이 명의신탁약정 외의 적법한 원인에 의하여 甲 앞으로 X부동산에 대한 소유권이전등기를 해 준 경우 이는 대물변제로 甲의 등기는 유효한 등기이다(대판 2014.8.20, 2014다30483).

80 ① (중)

출제영역 집합건물법

키 워 드 집합건물법 종합

해 설 ㉠ 구분건물이 물리적으로 완성되기 전에도 건축허가신청이나 분양계약 등을 통하여 장래 신축되는 건물을 구분건물로 하겠다는 구분의사가 객관적으로 표시되면 구분행위의 존재를 인정할 수 있고, 이후 1동의 건물 및 그 구분행위에 상응하는 구분건물이 객관적 · 물리적으로 완성되면 아직 그 건물이 집합건축물대장에 등록되거나 구분건물로서 등기부에 등기되지 않았더라도 그 시점에서 구분소유가 성립한다(대판 전합 2013.1.17, 2010다71578).
ⓛ 집합건물의 소유 및 관리에 관한 법률상의 특별승계인은 관리규약에 따라 집합건물의 공용부분에 대한 유지 · 관리에 소요되는 비용의 부담의무를 승계한다는 점에서 채무인수인으로서의 지위를 갖는데, 위 법률의 입법 취지와 채무인수의 법리에 비추어 보면 구분소유권이 순차로 양도된 경우 각 특별승계인들은 이전 구분소유권자들의 채무를 중첩적으로 인수한다고 봄이 상당하므로, 현재 구분소유권을 보유하고 있는 최종 특별승계인뿐만 아니라 그 이전의 구분소유자들도 구분소유권의 보유 여부와 상관없이 공용부분에 관한 종전 구분소유자들의 체납관리비채무를 부담한다(대판 2008.12.11, 2006다50420).
ⓒ 집합건물법 제2조 제3호

제31회 부동산학개론

시험총평

제31회 부동산학개론은 전체적으로 볼 때 제30회보다는 어렵게 출제되었다. 이번 시험의 부동산학개론의 특징은 하급문제와 중·상급문제의 분명한 차이다. 하급문제는 아주 쉽게 출제되었으나 중급과 상급문제가 많아서 전체적인 난이도는 상당히 높았다. 이번 시험의 특징 중 하나는 투자론에서 그동안 7문제에서 8문제가 출제되었는데 이번에는 3문제 정도밖에 출제되지 않았고, 새로운 유형의 문제가 다수 출제되어 수험생들이 당황하였으리라 생각된다. 또한 2차 과목의 공법과 세법의 부동산 정책과 부동산 조세와 관련된 문제가 다수 출제되었고 새로운 형태의 계산문제가 출제되어 시간배분에도 어려움이 있었을 것으로 생각된다. 박스형 문제가 다수 출제된 것도 또 하나의 특징으로 볼 수 있다.

Answer

01 ⑤	02 ④	03 ③	04 ③	05 ①	06 ⑤	07 ⑤	08 ①	09 ③	10 ③
11 ②	12 ②	13 ②	14 ④	15 ①	16 ①	17 ④	18 ②	19 ③	20 ⑤
21 ④	22 ①	23 ③	24 ①	25 ④	26 ②	27 ③	28 ⑤	29 ⑤	30 ②
31 ④	32 ②	33 ④	34 ③	35 ③	36 ⑤	37 ①	38 ④	39 ②	40 ①

01 ⑤ (하)

출제영역 부동산 개발

키워드 환지방식

해설 ⑤ 환식방식에 대한 설명이다. 개발을 개발 형태에 따라 나누면 신개발방식과 재개발방식이 있고, 토지취득방식에 따라서는 수용방식과 환지방식 등이 있다. 토지소유자가 조합을 설립하여 농지를 택지로 개발한 후 보류지(체비지·공공시설 용지)를 제외한 개발토지 전체를 토지소유자에게 배분하는 방식은 ㉠ 신개발방식, ㉡ 환지방식이다.

02 ④ (중)

출제영역 한국표준산업분류상의 부동산의 분류

키워드 부동산 관련 서비스업

해설 ④ 부동산 개발 및 공급업은 부동산 임대 및 공급업에 해당한다.

한국표준산업분류상의 부동산

대분류	중분류	소분류	세분류	세세분류
부동산업	부동산업	부동산임대 및 공급업	부동산임대업	• 주거용 건물 임대업 • 비주거용 건물 임대업 • 기타부동산 임대업
			부동산 개발 및 공급업	• 주거용 건물 개발 및 공급업 • 비주거용 건물 개발 및 공급업 • 기타부동산 개발 및 공급업
		부동산관련 서비스업	부동산관리업	• 주거용 부동산 관리업 • 비주거용 부동산 관리업
			부동산중개, 자문 및 감정평가업	• 부동산 중개 및 대리업 • 부동산 투자 자문업 • 부동산 감정평가업 • 부동산 분양대행업

03 ③ (중)

출제영역 부동산의 특성

키워드 토지의 특성

해설 ③ 옳은 지문은 ㉠, ㉡, ㉢이다.

㉣ 토지는 영속성으로 원칙적으로 감가상각이 적용되지 않는다.

- 영속성: 토지의 물리적 감가상각 배제(원칙적으로 토지의 감가상각을 배제)
- 부동성과 인접성: 토지는 경제적 감가의 대상이 된다.

04 ③ (중)

출제영역 부동산 마케팅

키워드 4P 믹스(마케팅믹스)

해설 ③ 마케팅에서 4P 마케팅믹스(Marketing Mix) 전략의 구성요소에는 ㉠ Product(제품), ㉡ Place(유통경로), ㉣ Price(가격), ㉥ Promotion(판매촉진)이 있다.

05 ① (중)

출제영역 부동산의 정책

키워드 금융규제

해설 정부는 부동산에 대해서 여러 가지 방법으로 규제한다. 이러한 규제 중에서 ① 담보인정비율(LTV) 강화는 금융규제에 해당하고, ② 양도소득세 강화는 조세를 이용한 규제에 해당하며, ③ 토지거래허가제 시행, ④ 개발제한구역 해제, ⑤ 개발권양도제(TDR) 시행은 토지이용규제수단이다.

06 ⑤ 중

출제영역 부동산 개발

키 워 드 부동산 개발사업의 타당성분석

해 설 ㉠ 특정 부동산이 가진 경쟁력을 중심으로 해당 부동산이 분양될 수 있는 가능성을 분석하는 것은 시장성분석이다. 시장성분석이란 개발된 부동산이 현재나 미래의 시장상황에서 어느 정도 매매(분양)되거나 임대될 수 있는가 하는 매매(분양)가능성과 임대가능성을 분석하는 것이다.

㉡ 타당성분석에 활용된 투입요소의 변화가 그 결과치에 어떠한 영향을 주는가를 분석하는 기법은 민감도분석(감응도분석)이다.

07 ⑤ 하

출제영역 부동산의 분류

키 워 드 토지의 용어

해 설 ① 필지에 대한 설명이다. (획지 ⇨ 필지)

② 이행지에 대한 설명이다. (후보지 ⇨ 이행지) 후보지는 택지지역·농지지역·임지지역 상호간에 용도가 전환되고 있는 토지를 말한다.

③ 나지(裸地)는 토지 위에 정착물이 없고, 사법상의 제한이 없는 토지를 말한다. 공법상 제한은 받는다. 따라서 "공법상 제한이 없다."라고 표현하면 틀린 지문이다. 공법상의 제한이 없다.(×)

④ 소지에 대한 설명이다. (부지 ⇨ 소지)

구 분	개 념
택 지	주거용·상업용·공업용으로 이용 중이거나 이용 가능한 토지
부 지	어떤 것의 밑바탕이 되는 토지로 토지의 용어 중 가장 포괄적인 용어이다. 건축용지(택지)와 건축이 불가능한 토지(하천부지·철도부지 등)가 있다.
후보지	부동산의 용도(적) 지역인 택지지역, 농지지역, 임지지역 상호간에 용도전환"중"에 있는 토지를 말한다.
이행지	택지지역(주거지, 상업지, 공업지) 내에서, 농지지역(전지, 답지, 과수원) 내에서, 임지지역(용재림지역, 신탄림지역) 내에서 용도전환 중인 토지
필 지	하나의 지번이 붙은 토지의 등록단위. 법적 개념
획 지	토지이용상황이 동일 유사하여 가격수준이 유사한 일단의 토지. 경제적 개념
나 지	토지에 건물 기타의 정착물이 없고, 지상권 등 토지의 사용·수익을 제한하는 사법상의 권리가 설정되어 있지 아니한 토지
건부지	건축물의 용도로 이용 중인 토지. 건부증가, 건부감가가 발생
공 지	건축법에 의한 건폐율, 용적률 제한으로 인하여 한 필지 내에서 건축하지 못하고 비워둔 토지
맹 지	타인의 토지에 둘러싸여 도로에 접속면이 없는 토지
대지(袋地)	타인의 토지에 둘러싸여 좁은 통로에 의해서 도로에 접하는 토지. 자루형 토지
법 지	경사면의 토지로 법적 소유권이 인정되지만, 경제적 활용실익 없거나 작은 토지
빈 지	만조수위선에서 지적공부등록선 사이의 토지로 법적 소유권의 대상이 아니나, 경제적 활용실익이 있는 바닷가 토지(해변토지)
소 지	택지나 대지 등으로 개발되기 이전의 자연 상태의 토지. 원지

선하지	고압선 아래의 토지로, (선하지)감가의 대상이 된다.
포락지	논·밭 등이 무너져 내려 하천으로 변한 토지
휴한지	농지의 지력회복이나 농지 개량을 위해 일정기간 쉬게 하는 토지. 휴경지
표준지	지가의 공시를 위해 가치형성요인이 같거나 유사하다고 인정되는 일단의 토지 중에서 선정한 토지
표본지	지가변동률 조사·산정대상 지역에서 행정구역별·용도지역별·이용상황별로 지가변동을 측정하기 위해 선정한 대표적인 필지
환지(換地)	도시개발사업에 소요된 비용과 공공용지를 제외한 후 도시개발사업 전 토지의 위치·지목·면적 등을 고려하여 토지소유자에게 재분배하는 토지
체비지(替費地)	도시개발사업에 필요한 경비에 충당하기 위해 환지로 정하지 아니한 토지

08 ① ········ ㊤

출제영역 균형의 변동

키워드 균형가격 계산, 공급곡선의 기울기

해설 ① 균형가격은 10 감소하고, 공급곡선의 기울기는 $\frac{1}{2}$ 감소한다.

1. ㉠ 균형가격 변화
   (1) 균형가격 계산
      1) 원래의 균형가격: $30 + P = 150 - 2P$ ⇨ $3P = 120$ ⇨ $P = 40$
      2) 새로운 균형가격: $30 + 2P = 150 - 2P$ ⇨ $4P = 120$ ⇨ $P = 30$
   (2) 균형가격은 10 하락(감소)
2. ㉡ 공급곡선의 기울기 변화
   (1) 공급곡선의 기울기 계산: 공급함수 P 앞의 숫자로 Q_S 앞의 숫자를 나눈 값이다.
      1) 원래의 공급함수 $Q_{S1} = 30 + P$에서 공급곡선 기울기: P 앞의 숫자 1로 Q_{S1} 앞의 숫자 1을 나눈 1이 기울기이다.
      2) 새로운 공급함수: $Q_{S2} = 30 + 2P$에서 공급곡선 기울기: P 앞의 숫자 2로 Q_{S1} 앞의 숫자 1을 나눈 $\frac{1}{2}$이 기울기이다.
      3) 공급곡선의 기울기는 1에서 $\frac{1}{2}$이 되어 $\frac{1}{2}$이 감소한다.

• 다른 방법
  – 기울기를 계산할 때 (공급)함수를 P에 관하여 정리하고 Q 앞의 숫자가 기울기가 된다.
  1. 원래의 공급함수: $Q_{S1} = 30 + P$ ⇨ $P = -30 + Q_{S1}$ ⇨ 기울기: 1
  2. 새로운 공급함수: $Q_{S2} = 30 + 2P$ ⇨ $P = -\frac{30}{2} + \frac{1}{2}Q_{S2}$ ⇨ 기울기: $\frac{1}{2}$
  3. 공급곡선의 기울기는 1에서 $\frac{1}{2}$이 되어 $\frac{1}{2}$이 감소한다.

09 ③ 중

출제영역 부동산 경제론

키워드 유량변수 – 일정기간

해설 • 유량변수(개념): 노동자 소득, 가계 소비, 신규주택 공급량
• 저량변수(개념): 가계 자산, 통화량, 자본총량

유량개념과 저량개념

유량개념(flow): 일정기간	저량개념(stock): 일정시점
1. 생산, 신규, 거래, 변동 2. 수입: 소득, 월급여, 임금, 순영업소득, 당기순이익, 임대료, 이자(수입), 지대 3. 지출: 이자비용, 소비, 투자 등 4. 수지: 현금수지, 세전현금수지 등 5. 아파트생산량, 신규주택공급, 주택거래량, 수입, 수출, 국민총생산 등	1. 기존, 중고, 재고 2. 재산, 자산, 부채, 자본, 가격, 가치, 순자산가치, 국부, 인구(규모), 세대수, 주택수, 주택보급률, 미상환저당잔금 등 3. 주택재고량, 통화량, 외채, 외환보유액 등

10 ③ 상

출제영역 수요 · 공급이론

키워드 분양수입

해설 ③ 200만원/m^2일 때 분양수입이 6억원으로 극대화된다.
분양수입은 가격에 수요량을 곱하여 산정한다. (분양수입 = 가격 × 수요량) 따라서 ① 180만원, ② 190만원, ③ 200만원, ④ 210만원, ⑤ 220만원을 수요함수 $Qd = 600 - \frac{3}{2}P$의 P에 대입하여 각각의 가격에서 수요량을 계산하고, 이렇게 계산된 수요량에 가격을 곱하면 분양수입이 계산된다.

① $Qd = 600 - \frac{3}{2} \times$ 180만원 ⇨ (수요량) $Qd = 600 - 270 = 330$

분양수입 = 330 × 180만원 = 5억 9,400만원

② $Qd = 600 - \frac{3}{2} \times$ 190만원 ⇨ (수요량) $Qd = 600 - 285 = 315$

분양수입 = 315 × 190만원 = 5억 9,850만원

③ $Qd = 600 - \frac{3}{2} \times$ 200만원 ⇨ (수요량) $Qd = 600 - 300 = 300$

분양수입 = 300 × 200만원 = 6억원

④ $Qd = 600 - \frac{3}{2} \times$ 210만원 ⇨ (수요량) $Qd = 600 - 315 = 285$

분양수입 = 285 × 210만원 = 5억 9,850만원

⑤ $Qd = 600 - \frac{3}{2} \times$ 220만원 ⇨ (수요량) $Qd = 600 - 330 = 270$

분양수입 = 270 × 220만원 = 5억 9,400만원

11 ② (하)

출제영역 거미집이론

키 워 드 거미집모형의 형태

해 설 ㉠ 수요의 가격탄력성의 절댓값 > 공급의 가격탄력성의 절댓값: 수렴형
㉡ 수요곡선의 기울기의 절댓값 > 공급곡선의 기울기의 절댓값: 발산형

거미집모형의 유형

수렴형	1. 수요가격탄력성 > 공급가격탄력성	⇨ **암기**: ㉾㉱㉾ (수탄수)
	2. 수요곡선 기울기의 절댓값 < 공급곡선 기울기의 절댓값	⇨ **암기**: (공)(기)(수)
발산형	1. 수요가격탄력성 < 공급가격탄력성	⇨ **암기**: (공)(탄)(발)
	2. 수요곡선 기울기의 절댓값 > 공급곡선 기울기의 절댓값	⇨ **암기**: (수)(기)(발)
순환형	1. 수요가격탄력성 = 공급가격탄력성	
	2. 수요곡선 기울기의 절댓값 = 공급곡선 기울기의 절댓값	

12 ② (하)

출제영역 부동산 경기변동

키 워 드 부동산 경기변동의 특징

해 설 ② 부동산 경기는 불규칙적이고, 불명확하고, 불안정적으로 나타나고, 지역별로, 도시별로 다른 양상을 보인다.

부동산 경기변동의 특징

1. 순환주기가 일반경기보다 2배정도 길다.
2. 진폭은 크다.(정점은 높고, 저점은 낮다)
3. 순환국면은 불규칙적 · 불명확 · 비대칭적이다.
4. 회복은 느리고(길고) 후퇴는 빠르다(짧다).
5. 지역(시장)별로, 부동산의 종류 · 용도별로 다르게 나타난다.
6. 부동산 경기는 일반 경기에 후행하나 때로는 역행, 동행, 선행, 독립적일 수 있다.
7. 주거용 부동산 경기는 일반 경기와 역순환한다.
8. 상업용 · 공업용 부동산 경기는 일반 경기와 일치하는 경향이 있다.

순환국면별 특징

구 분	회복시장	상향시장	후퇴시장	하향시장
건축허가신청 · 거래량	증가시작	최대	감소시작	최소 (거의 없음)
부동산 가격	상승시작	최고수준	하락시작	최저수준
공실(공가)률	감소시작	최저	증가시작	최대
과거의 사례가격	기준가격, 하한선	하한선	기준가격, 상한선	상한선
시장 주도자	매도인중심 매도인중심으로 전환	매도인중심시장	매수인중심 매수인중심으로 전환	매수인중심시장

제 31 회

1. 상향시장 ⇨ ⓢ상ⓗ하ⓓ도
(㉿상향시장에서 과거의 사례가격은 새로운 거래의 (하)한선, 매(도)인중심시장)
2. 하향시장 ⇨ (하)(상)(수)
((하)향시장에서 과거의 사례가격은 새로운 거래의 (상)한선, 매(수)인중심시장)

13 ② (하)

출제영역 부동산 정책론

키 워 드 정부의 시장개입 방법

해 설 • 직접개입방법: ㉠ 토지은행, ㉡ 공영개발사업, ㉥ 공공투자사업
• 간접개입방법: ㉢ 총부채상환비율(DTI), ㉣ 종합부동산세, ㉤ 개발부담금

시장개입의 방법

직접개입방법	공영개발사업, 공공투자사업, 공공임대보유, 공공임대주택공급, 토지은행(공공토지비축), 토지수용, 토지선매, 토지초과매수, 도시개발사업, 도시재개발사업, 행복주택 등
간접개입방법	조세(취득세, 종부세 등), 각종 부담금, 보조금, 금융지원, 임대료보조, 대부비율, 총부채상환비율, 정보제공, 토지행정상의 지원(지적제도, 등기제도) 등

14 ④ (중)

출제영역 지대이론

키 워 드 리카도의 차액지대설

해 설 ④ 옳은 지문은 ㉠, ㉡, ㉣이다. ㉢은 마르크스의 절대지대설에 대한 설명이다.

차액지대설과 절대지대설의 비교

리카도의 차액지대설	1. 지대발생원인: 비옥도의 차이, 비옥한 토지의 희소성, 수확체감의 법칙 2. 지대는 대상토지의 비옥도와 한계지의 비옥도 차이로 발생 3. (조방)한계지: 생산비 = 생산물가격 ⇨ 지대가 없다[무지대(無地代)]. 4. 모든 토지에서 지대가 발생하는 것은 아니다. 5. 지대는 불로소득(잉여)이다. ⇨ 곡물가격이 지대를 결정한다.
마르크스의 절대지대설	1. 지대발생 원인: 토지의 사유화 2. 비옥도와 관계없이 토지소유자가 지대를 요구한다. 3. 한계지, 최열등지 ⇨ 지대가 발생한다. 4. 모든 토지에서 지대가 발생한다.

15 ① (하)

출제영역 주택시장

키워드 주택여과현상의 개념

해설 ① 주택의 하향여과과정이 원활하게 작동하면 저급주택의 공급량이 증가한다.

하향여과는 고소득계층의 주거지역이 저소득계층의 주거지역으로 변화하는 현상으로 하향여과과정이 원활하게 작동하면 저급주택의 공급량이 증가한다.

주택여과현상

1. 주택의 이용주체가 소득계층(고소득계층, 저소득계층)에 따라 상·하로 이동하는 현상으로 주택순환현상이라 하며, 공가의 발생은 주택여과과정의 중요한 구성요소 중의 하나이다.
2. 구분(종류)
   (1) 하향여과: (소득)상위계층이 사용하던 주택(고가주택)이 (소득)하위계층의 사용으로 전환되는 현상
   (2) 상향여과: 하위계층이 사용하던 주택(저가주택)이 수선되거나 재개발되어 상위계층의 사용으로 전환되는 현상으로, 낙후된 어느 지역이 재개발되어 상위계층이 유입되는 경우 나타난다.
3. 주택여과현상이 원활하게 작동하면 주택의 질적 수준이 개선되고, 주택 공급이 증가한다.

주거분리

1. 주거지역이 소득의 차이에 따라 고소득계층의 주거지역과 저소득계층의 주거지역으로 분리되는 현상
2. 원인: 소득의 차이, 외부효과, 여과현상
3. 장소: 도시전체, 지리적으로 인접한 지역(인근지역, 근린지역)
4. 저소득층 주거지역에서 개량·보수비용보다 개량·보수로 인한 가치상승분이 더 크면 재개발, 재건축으로 고소득층 주거지역으로 전환되는 상향여과현상이 발생한다.
5. 고소득층 주거지역에서 개량·보수비용이 개량·보수로 인한 가치상승분보다 더 크면 저소득층 주거지역으로 전환되는 하향여과현상이 발생한다.
6. 고소득층 주거지역과 인접한 저소득층 주거지역은 할증거래되고, 저소득층 주거지역과 인접한 고소득층 주거지역은 할인거래된다.

16 ① (중)

출제영역 부동산 시장

키워드 부동산 시장의 특징

해설 ① 부동산은 대체가 불가능한 재화이기에 부동산 시장에서 공매(short selling)가 어렵다.

공매(short selling)란 주식이나 채권이 없는 상태에서 나타나는 현상이다. 주식시장에서 공매도란 어떤 종목의 주가 하락이 예상되면 이 주식을 빌려서 매도하고 실제로 주가가 하락하면 이 주식을 사들여 빌린 주식을 갚아줌으로써 차익을 획득하는 것을 말한다. 이러한 공매도는 동일한 주식이 존재하기 때문에 가능하다. 그러나 부동산은 개별성 때문에 동일한 상품이 존재하지 않아 공매도가 곤란하다.

17 ④ ····· 중

출제영역 입지이론, 도시공간구조이론

키 워 드 허프의 확률모형, 호이트의 선형이론

해 설 ④ 옳은 지문은 ㉢, ㉣이다.

㉠은 허프의 확률적 상권이론에 대한 설명이다.

㉡ 호이트(H. Hoyt)의 선형이론은 도시의 공간구조는 (도로)교통노선을 중심으로 형성된다는 이론으로 고소득층의 주거지는 주요 교통노선을 축으로 하여 접근성이 양호한 지역에 입지하는 경향이 있다는 것이 주요 내용이다. 또한 호이트의 선형이론은 단핵도시의 공간구조이론이다. 따라서 도심과 부도심이라는 표현은 적절하지 않다.

상업입지이론

이 론	내 용
레일리의 소매인력법칙	1. 도시의 흡인력(상거래 영향력의 크기)은 도시의 크기에 비례하고, 거리의 제곱에 반비례한다는 법칙 2. 상권의 경계는 크기가 작은 도시에 가깝게 결정된다.
컨버스의 신소매인력법칙	• 레일리의 소매인력법칙을 수정하여 두 도시 간의 상권경계 설정식을 도출하는 모형
허프의 확률모형	1. 수요자의 개성, 성향 및 소비자의 형태를 미시적으로 분석하여 도시 내에서 소비자의 쇼핑 패턴을 결정하는 확률을 제시하는 모델이다. 2. 특정 쇼핑센터(점포)에서 구매(쇼핑)할 확률 (1) 소비자와 쇼핑센터의 거리에 반비례 (2) 경쟁관계에 있는 쇼핑센터의 수에 반비례 (3) 쇼핑센터의 면적에 비례 3. 공간마찰계수 (1) 고객이 특정점포를 이용하는 데 따른 교통조건이나 하천 등의 방해요소로 인한 특정점포를 이용하는 데 따른 고객의 부담 정도를 말한다. (2) 공간(거리)마찰계수는 교통조건이 나쁠수록, 거리에 대한 영향을 많이 받을수록, 편의품점(일상용품점)이 크다. 1) 공간마찰계수의 크기 ① 교통조건이 양호: 공간마찰계수 작다. 교통조건이 불량: 공간마찰계수 크다. ② 전문품점: 공간마찰계수 작다. 일상용품점: 공간마찰계수 크다.

크리스탈러의 중심지이론	1. 중심지 형성과정에 중점을 둔 거시적 분석법이다. 2. 주요개념 (1) 중심지: 주변지역에 재화와 서비스를 생산, 판매하는 곳 (2) 최소요구치: 중심지 기능을 유지시키기 위해서 필요한 최소한의 수요 요구 규모(인구수) (3) 최소요구범위: 판매자가 정상이윤을 얻을 만큼의 충분한 소비자들을 포함하는 경계까지의 거리 (4) 재화의 도달범위: 중심지로부터 어느 기능에 대한 수요가 0이 되는 곳까지의 거리. 재화나 용역을 얻기 위해 사람들이 통행하는 최대거리 3. 중심지가 성립(유지)되기 위한 조건: 재화의 도달거리 > 최소요구치
넬슨의 소매입지 8원칙	1. 특정 점포가 최대 이익을 얻을 수 있는 매출액을 확보하기 위해서는 어떤 장소에 입지하여야 하는지를 제시한 이론 2. 양립성을 강조함

18 ② (하)

출제영역 부동산 마케팅

키워드 시장세분화(segmentation) 전략

해설 ② 시장세분화란 수요자를 인구, 경제학적 특성에 따라 세분화하여 상품의 판매지향점을 분명히 하는 전략이다. 즉 주택 수요자를 보다 동질적인 소집단으로 구분하는 것이다.

> **STP전략**: ① 시장을 세분하여, ② 표적시장을 선정하고, ③ 시장에서 차별화시켜 나갈 것인지 연구하는 전략으로 시장점유 마케팅 전략의 내용이다.
> 1. 시장세분화(Segmentation)
> 2. 표적시장 선정(Targeting)
> 3. 차별화전략(Positioning)

19 ③ (중)

출제영역 부동산 수요·공급이론

키워드 수요변화요인

해설 • 수요감소요인: ㉡ 인구 감소, ㉤ 부동산 거래세율 인상

• 수요증가요인: ㉠ 시장금리 하락, ㉢ 수요자의 실질소득 증가, ㉣ 부동산 가격상승 기대

수요증가요인과 수요감소요인

수요증가요인	수요감소요인
1. 인구 증가	1. 인구 감소
2. (정상재) 소득 증가	2. (정상재) 소득 감소
3. 대체재 가격상승	3. 대체재 가격하락
4. 보완재 가격하락	4. 보완재 가격상승
5. 수요자의 가격상승 예상	5. 수요자의 가격하락 예상
6. 이자율하락, 기준금리하락, 대부비율 상승, 총부채상환비율 상향 조정	6. 이자율상승, 기준금리상승, 대부비율 하락, 총부채상환비율 하향 조정
7. 세율인하 등 공적 규제의 완화	7. 세율인상 등 공적 규제의 강화
8. 대체투자자산의 수익률 하락 등	8. 대체투자자산의 수익률 상승 등
9. 대체재 수요 감소	9. 대체재 수요 증가

20 ⑤ ······ 하

출제영역 조세정책

키 워 드 부동산 취득·보유·처분 관련 조세

해 설 ⑤ 재산세는 지방세로서 부동산 보유단계(보유시)에 부과하는 조세이다.

부동산 관련 조세

구 분	취 득	보 유	처 분
국 세	상속세, 증여세 등	종합부동산세	양도소득세
지방세	취득세, 등록면허세	재산세	지방소득세

21 ④ ······ 하

출제영역 주택정책

키 워 드 공공임대주택 공급정책

해 설 ④ 공공임대주택 공급정책은 입주자가 주거지를 공공이 공급하는 공공임대주택이 있는 지역을 선택해야 하기 때문에 주거지 선택의 자유가 제한된다.

• 소비자(수요자)보조: 주거지 선택의 자유 보장

22 ① ······ 중

출제영역 주택정책

키 워 드 공공임대주택의 유형(용어)

해 설 ①은 행복주택에 대한 설명이다.

공공임대주택의 유형(용어)

1. 공공주택(「공공주택 특별법」 제2조): 공공주택이란 공공주택사업자가 국가 또는 지방자치단체의 재정이나 주택도시기금을 지원받아 건설, 매입 또는 임차하여 공급하는 공공임대주택과 공공분양주택을 말한다.
   (1) 공공임대주택
      ① 공공건설임대주택
      ② 공공매입임대주택
   (2) 공공분양주택
2. 공공임대주택
   (1) 영구임대주택: 국가 또는 지방자치단체의 재정을 지원받아 50년 이상 또는 영구적인 임대를 목적으로 공급하는 공공임대주택
   (2) 국민임대주택: 국가 또는 지방자치단체의 재정이나 주택도시기금의 자금을 지원받아 30년 이상 장기간 임대를 목적으로 공급하는 공공임대주택
   (3) 행복주택: 대학생, 사회초년생, 신혼부부 등 젊은층의 주거안정을 목적으로 공급하는 공공임대주택
   (4) 장기전세주택: 전세계약의 방식으로 공급하는 공공임대주택
   (5) 분양전환공공임대주택: 일정 기간 임대 후 분양전환할 목적으로 공급하는 공공임대주택을 말한다.
   (6) 기존주택등매입임대주택: 기존주택을 매입하여 수급자 등 저소득층과 청년 및 신혼부부 등에게 공급하는 공공임대주택을 말한다.
   (7) 기존주택전세임대주택: 기존주택을 임차하여 「국민기초생활 보장법」에 따른 수급자 등 저소득층과 청년 및 신혼부부 등에게 전대(轉貸)하는 공공임대주택을 말한다.
   (8) 통합공공임대주택: 최저소득 계층, 저소득 서민, 젊은층 및 장애인·국가유공자 등 사회 취약계층 등의 주거안정을 목적으로 공급하는 공공임대주택

23 ③ 상

출제영역 부동산 정책

키 워 드 부동산 관련 제도

해 설 ③ ㉡ 공인중개사제도(1983년) ⇨ ㉢ 부동산실명제(1995년) ⇨ ㉠ 자산유동화제도(1998년) ⇨ ㉣ 부동산거래신고제(2006년)

24 ① 하

출제영역 부동산 정책

키 워 드 시행하고 있지 않는 제도

해 설 ㉠ 개발행위허가제, ㉢ 용도지역제는 현재 우리나라에서 시행하고 있는 정책이고, ㉡ 택지소유상한제, ㉣ 토지초과이득세제는 현재 시행하지 않고 폐지된 정책이다.

• 현재 시행하지 않는 정책: 개발권양도제, 택지소유상한제, 토지초과이득세제, 종합토지세, 공한지세 등

25 ④ 하

출제영역 부동산 개발

키 워 드 민간자본유치 개발방식

해 설 ④ BTL(build−transfer−lease) 방식이다.

민간자본유치 개발방식

구 분	내 용
BTO 방식	1. 민간이 사회간접자본시설을 준공하고(B), 준공시점에서 시설의 소유권을 정부 등에 이전하고(T), 민간이 일정기간 동안 시설의 관리운영권(O)을 부여받아 투하자본을 회수하는 방식 2. 투하자본 회수: 시설사용자(수요자)의 사용료 3. 대상사업: 도로, 터널 등 최종 수요자에게 사용료를 부과할 수 있는 시설
BTL 방식	1. 민간이 사회간접자본시설을 준공하고(B), 준공시점에서 시설의 소유권을 정부 등에 이전하고(T), 민간이 일정기간 동안 시설의 관리운영권을 획득하여 민간이 시설을 정부에 임대(L)하여 투자비를 회수하는 방식 2. 투하자본 회수: 정부의 임대료 3. 대상사업: 학교, 도서관 등 최종 수요자에게 사용료를 부과할 수 없는 시설
BOT 방식	• 민간이 사회간접자본시설을 준공 후 일정기간 동안 민간이 당해 시설의 소유권(운영권)을 갖고, 그 기간의 만료시 시설의 소유권(운영권)을 정부 등에 귀속시키는 방식
BLT 방식	• 민간이 사회간접자본시설을 준공하고, 일정기간 동안 운영권을 정부 등에 임대하여 투하자본(투자비용)을 회수하며, 약정 임대기간 종료 후에 시설물의 소유권을 정부 등에 이전하는 방식
BOO 방식	• 민간이 사회간접자본시설의 준공과 동시에 당해 시설의 소유권 및 운영권을 가지는 방식

26 ② (상)

출제영역 수익환원법

키워드 자본환원율

해설 ② 옳은 지문은 ㉠, ㉢, ㉤이다.

㉡ 자본환원율 $= \dfrac{\text{순영업소득}}{\text{부동산 가격(총투자액)}}$ ⇨ 자본환원율은 부동산 가격에 대한 부동산 자산이 창출하는 순영업소득의 비율로, 순영업소득을 부동산 가격으로 나눈 값이다.

㉣ 자본환원율이 상승하면 자산 가격이 하락한다.

27 ③ (상)

출제영역 투자분석기법

키워드 수익성지수(PI) 계산

해설 ③ 수익성지수는 1.25이다.

$$\text{수익성지수} = \frac{\text{현금유입액의 현가합}}{\text{현금유출액의 현가합}}$$

- 현금유입액의 현가의 합: (1,000만원 × 0.95) + (1,200만원 × 0.90) = 2,030
- 현금유출액(현가의 합): 현금유입액의 현가합의 80% = 2,030 × 0.8(80%) = 1,624
- 수익성지수 $= \dfrac{2{,}030}{1{,}624} = 1.25$

28 ⑤ (중)

출제영역 부동산 투자

키워드 자기자본수익률

해설 ⑤ 저당수익률이 총자본수익률보다 클 때는 부의 지렛대효과가 발생한다. 이때 부채비율을 높이는 자본구조조정은 자기자본수익률을 하락시킨다.

지렛대효과

정의 지렛대효과	총자본수익률 > 저당수익률(이자율) ⇨ 자기자본수익률↑
중립의 지렛대효과	총자본수익률 = 저당수익률(이자율) ⇨ 자기자본수익률 불변
부의 지렛대효과	총자본수익률 < 저당수익률(이자율) ⇨ 자기자본수익률↓

29 ⑤ (상)

출제영역 부동산 관리

키워드 비율임대차

해설 ⑤ 손익분기점 매출액은 2억원이다.

- 기본임대료: $1{,}000m^2 \times$ 5만원 = 5,000만원
- 총매출액: $1{,}000m^2 \times$ 30만원 = 3억원

지급한 임대료 5,500만원에서 기본임대료를 초과한 금액은 500만원이다. 따라서 손익분기점을 초과하는 매출액에 대한 임대료율은 5%이므로 초과매출액은 500만원 ÷ 0.05 = 1억원이다.
그러므로 손익분기점 매출액은 3억원 − 1억원 = 2억원이다.

30 ② (상)

출제영역 화폐의 시간가치계수

키워드 연금의 미래가치계수

해설 이 문제는 연금의 미래가치를 계산하는 문제이므로 연금의 미래가치계수($\frac{(1+r)^n-1}{r}$)를 이용하여 $500{,}000 \times \frac{(1+r)^n-1}{r}$이다. 그런데 월 단위 계산이기 때문에 n은 n × 12가 되고, r은 $\frac{r}{12}$이 된다. 따라서 이 적금의 미래가치는 $500{,}000 \times \left\{ \frac{\left(1+\frac{0.03}{12}\right)^{5\times12}-1}{\frac{0.03}{12}} \right\}$이다.

제 31 회

- 1. 연 단위 계산인 경우: $500{,}000 \times \dfrac{(1+0.03)^5 - 1}{0.03}$ 이다.

  2. 연금의 미래가치계수

    (1) 연 단위 계산: $\dfrac{(1+r)^n - 1}{r}$

    (2) 월 단위 계산: $\dfrac{(1+r)^{n \times 12} - 1}{\dfrac{r}{12}}$

31 ④ (상)

출제영역 저당상환방법

키워드 원리금균등상환방식

해설 1. 대출금리(㉠): $\dfrac{\text{이자지급액}}{\text{융자원금}}$

(1) 이자지급액(1회차 이자비용): 원리금상환액 − 원금상환액

① 원리금상환액: 융자액 × 저당상수 = 4억 × 0.09 = 3,600만원

② 이자비용: 3,600만원 − 1,000만원 = 2,600만원

(2) 대출금리: $\dfrac{\text{이자지급액}}{\text{융자원금}} = \dfrac{\text{2,600만원}}{\text{4억원}} = 0.065(6.5\%)$

2. 2회차에 상환할 원금(㉡): 원리금상환액 − 2회차 이자비용

(1) 원리금상환액: 융자액 × 저당상수 = 4억원 × 0.09 = 3,600만원

(2) 2회차 이자비용: 2회차 미상환잔금 × 이자율

1) 2회차 미상환잔금: (융자원금 − 1회차 원금상환액) = 4억원 − 1,000만원 = 3억 9,000만원

2) 2회차 이자비용: 3억 9,000만원 × 0.065(6.5%) = 2,535만원

(3) 2회차에 상환할 원금: 3,600만원 − 2,535만원 = 1,065만원

32 ② (하)

출제영역 부동산 금융

키워드 지분금융의 종류

해설 • 지분금융: ㉠ 부동산투자회사(REITs), ㉢ 공모(public offering)에 의한 증자

• 부채금융: ㉡ 자산담보부기업어음(ABCP), ㉣ 프로젝트 금융, ㉤ 주택상환사채

지분금융, 부채금융, 메자닌금융

지분금융	신디케이트, 조인트벤쳐, 공모에 의한 증자, 주식발행, 부동산간접펀드, 부동산투자회사 등
부채금융	저당대출, 회사채발행, 신탁증서금융, 주택상환사채, 자산담보부기업어음, 프로젝트 금융, ABS, MBS, MBB 등
메자닌금융	신주인수권부사채, 전환사채, 우선주, 후순위대출, 교환사채, 자산매입조건부대출 등

33 ④ (하)

출제영역 부동산 금융

키 워 드 주택연금

해 설 ④ 업무시설용 오피스텔은 주택연금의 담보주택의 대상이 아니다.

주택담보노후연금

1. 가입연령 등: 부부 중 1명이 만 55세 이상(주택소유자 또는 배우자 만 55세 이상), 부부 중 1명이 대한민국 국민
2. 주택보유수: 부부기준 공시가격 등이 12억원 이하 주택소유자(다주택자라도 합산가격이 12억 이하면 가입 가능, 공시가격 등이 12억원 초과 2주택자는 3년 이내 1주택 처분시 가입 가능)
3. 대상주택: 주택법 제2조 제1호에 따른 주택, 지방자치단체에 신고된 노인복지주택 및 주거목적 오피스텔
4. 거주요건: 주택연금 가입주택을 가입자 또는 배우자가 실제로 거주지(주민등록전입)로 이용하고 있어야 함
5. 보증기간: 연금지급기한(본인 및 배우자가 돌아가실 때까지)
6. 대출잔액: 기간이 경과할수록 대출잔액 증가(누적)
7. 연금 개시시점에서 주택소유권이 금융기관에 이전되지 않는다.
8. 대출금 상환
   (1) 대출잔액 〉 주택가격: 부족분 ⇨ 법정상속인에게 상환청구(×)
   (2) 대출잔액 〈 주택가격: 잔여분 ⇨ 법정상속인에게 귀속(○)

34 ③ (상)

출제영역 최대대출액 산정

키 워 드 주택의 최대대출액 산정

해 설 ③ 추가로 대출 가능한 최대금액은 1억원이다.

1. 담보인정비율 기준 대출 가능금액
   • 융자액: 주택 가격 × 담보인정비율 = 3억원 × 0.5 = 1억 5,000만원
2. 총부채상환비율 기준 대출 가능금액
   (1) 원리금상환액 = 연간소득 × 총부채상환비율
   ⇨ 원리금상환액 = 5,000만원 × 0.4 = 2,000만원
   (2) 융자액 $= \frac{\text{원리금상환액}}{\text{저당상수}} = \frac{2{,}000\text{만원}}{0.1} = 2\text{억원}$
   ⇨ 융자액 = 원리금상환액 ÷ 저당상수 = 2,000만원 ÷ 0.1 = 2억원
3. A가 은행으로부터 대출 받을 수 있는 최대금액은 담보인정비율 기준(1억 5,000만원)과 총부채상환비율 기준(2억원)을 모두 충족하려면, 두 금액 중 작은 금액인 1억 5천만원이고, A가 은행으로부터 추가로 받을 수 있는 최대 담보대출금액은 1억 5천만원에서 기존 대출금액 5,000만원을 차감한 1억원이다.

제 31 회

35 ③ 중

출제영역 감정평가론

키 워 드 개별공시지가를 공시하지 아니할 수 있는 토지

해 설 개별공시지가는 토지에 대한 세금 산정의 기준, 각종 부담금 산정의 기준이 된다. 따라서 ㉣ 국세 부과대상이 아닌 토지, ㉡ 농지보전부담금의 부과대상이 아닌 토지, ㉢ 개발부담금의 부과대상이 아닌 토지는 개별공시지가를 공시하지 아니할 수 있고, 표준지로 선정된 토지는 표준지공시지가를 개별공시지가로 보기 때문에 ㉠ 표준지로 선정된 토지도 개별공시지가를 공시하지 아니할 수 있다.

개별공시지가의 효력(적용)

1. 토지 관련 국세 · 지방세 산정기준(과세액 산정기준)
2. 각종 부담금 산정기준
3. 국 · 공유재산의 대부료 및 사용료의 산정기준

개별공시지가를 공시하지 아니할 수 있는 토지(「부동산 가격공시에 관한 법률」 제10조 제2항)

1. 표준지로 선정된 토지
2. 국세 또는 지방세의 부과대상이 아닌 토지(비과세 토지)
3. 농지전용부담금 및 개발부담금 등의 각종 부담금 부과대상이 아닌 토지

36 ⑤ 하

출제영역 감정평가에 관한 규칙

키 워 드 가치형성요인

해 설 ⑤ 가치형성요인이란 대상물건의 경제적 가치에 영향을 미치는 일반요인, 지역요인 및 개별요인 등을 말한다. (시장가치 ⇨ 경제적 가치)

「감정평가에 관한 규칙」 제2조 【정의】

1. "시장가치"란 감정평가 대상이 되는 토지 등(대상물건)이 통상적인 시장에서 충분한 기간 거래를 위하여 공개된 후 그 대상물건의 내용에 정통한 당사자 사이에 신중하고 자발적인 거래가 있을 경우 성립될 가능성이 가장 높다고 인정되는 대상물건의 가액을 말한다.
2. "기준시점"이란 대상물건의 감정평가액을 결정하는 기준이 되는 날짜를 말한다.
3. "기준가치"란 감정평가의 기준이 되는 가치를 말한다.
4. "가치형성요인"이란 대상물건의 경제적 가치에 영향을 미치는 일반적 요인, 지역요인 및 개별요인 등을 말한다.
5. "원가법"이란 대상물건의 재조달원가에 감가수정을 하여 대상물건의 가액을 산정하는 감정평가방법을 말한다.
6. "적산법"이란 대상물건의 기초가액에 기대이율을 곱하여 산정된 기대수익에 대상물건을 계속하여 임대하는 데에 필요한 경비를 더하여 대상물건의 임대료(사용료를 포함한다.)를 산정하는 감정평가방법을 말한다.
7. "거래사례비교법"이란 대상물건과 가치형성요인이 같거나 비슷한 물건의 거래사례와 비교하여 대상물건의 현황에 맞게 사정보정, 시점수정, 가치형성요인 비교 등을 거쳐 대상물건의 가액을 산정하는 감정평가방법을 말한다.

8. "임대사례비교법"이란 대상물건과 가치형성요인이 같거나 비슷한 물건의 임대사례와 비교하여 대상물건의 현황에 맞게 사정보정, 시점수정, 가치형성요인 비교 등을 거쳐 대상물건의 임대료를 산정하는 감정평가방법을 말한다.
9. "공시지가기준법"이란 감정평가의 대상이 된 토지와 가치형성요인이 같거나 비슷하여 유사한 이용가치를 지닌다고 인정되는 표준지(비교표준지)의 공시지가를 기준으로 대상토지의 현황에 맞게 시점수정, 지역요인 및 개별요인 비교, 그 밖의 요인의 보정을 거쳐 대상토지의 가액을 산정하는 감정평가방법을 말한다.
10. "수익환원법"이란 대상물건이 장래에 산출할 것으로 기대되는 순수익 또는 미래의 현금흐름을 환원하거나 할인하여 대상물건의 가액을 산정하는 감정평가방법을 말한다.
11. "수익분석법"이란 일반 기업경영에 의하여 산출된 총수익을 분석하여 대상물건이 일정한 기간에 산출할 것으로 기대되는 순수익에 대상물건을 계속하여 임대하는 데에 필요한 경비를 더하여 대상물건의 임대료를 산정하는 감정평가방법을 말한다.
12. "감가수정"이란 대상물건에 대한 재조달원가를 감액하여야 할 요인이 있는 경우에 물리적 감가, 기능적 감가 또는 경제적 감가 등을 고려하여 그에 해당하는 금액을 재조달원가에서 공제하여 기준시점에 있어서의 대상물건의 가격을 적정화하는 작업을 말한다.
13. "인근지역"이란 감정평가의 대상이 된 부동산이 속한 지역으로서 부동산의 이용이 동질적이고 가치형성요인 중 지역요인을 공유하는 지역을 말한다.
14. "유사지역"이란 대상부동산이 속하지 아니한 지역으로서 인근지역과 유사한 특성을 갖는 지역을 말한다.
15. "동일수급권"이란 대상부동산과 대체·경쟁관계가 성립하고, 가치형성에 서로 영향을 미치는 관계에 있는 다른 부동산이 존재하는 권역을 말하며, 인근지역과 유사지역을 포함한다.

제31회

37 ① ······ 하

출제영역 감정평가에 관한 규칙

키워드 공시지가기준법, 수익환원법

해설 • 공시지가기준법을 적용할 때 비교표준지 공시지가를 기준으로 (㉠ 시점수정), 지역요인 및 개별요인비교, 그 밖의 요인의 보정 과정을 거친다.

• 수익환원법에서는 대상물건이 장래 산출할 것으로 기대되는 순수익이나 미래의 (㉡ 현금흐름)을 환원하거나 할인하여 가액을 산정한다.

감정평가방식

가격3면성	방 식	평가조건	방 법	시산가액 시산임대료
비용성	원가방식	가액	원가법	적산가액
		임대료	적산법	적산임대료
시장성	비교방식	가액	거래사례비교법	비준가액
		임대료	임대사례비교법	비준임대료
		토지가액	공시지가기준법	토지가격
수익성	수익방식	가액	수익환원법	수익가액
		임대료	수익분석법	수익임대료

「감정평가에 관한 규칙」 제2조 【정의】
9. 공시지가기준법이란 감정평가의 대상이 된 토지와 가치형성요인이 같거나 비슷하여 유사한 이용 가치를 지닌다고 인정되는 표준지(비교표준지)의 공시지가를 기준으로 대상토지의 현황에 맞게 시점수정, 지역요인 및 개별요인 비교, 그 밖의 요인의 보정을 거쳐 대상토지의 가액을 산정하는 감정평가방법을 말한다.
10. 수익환원법이란 대상물건이 장래에 산출할 것으로 기대되는 순수익 또는 미래의 현금흐름을 환원 하거나 할인하여 대상물건의 가액을 산정하는 감정평가방법을 말한다.

38 ④ 상

출제영역 원가방식

키 워 드 적산가액 계산

해 설 ④ 적산가액은 63,030,000원이다.

적산가액 = 재조달원가 − 감가누계액

1. (기준시점) 재조달원가 = 6천만원 × $\frac{110}{100}$ = 6,600만원

• 6천만원 × $\frac{\text{2020. 9. 1 건축비지수 110}}{\text{2018. 9. 1 건축비지수 100}}$ = 6,600만원

2. 감가누계액(감가수정액) = 매년의 감가액 × 경과연수

(1) 매년의 감가액: (재조달원가 − 잔존가치) ÷ (경제적) 내용연수

(6,600만원 − 660만원) ÷ 40 = 1,485,000원

• 잔존가치 = 재조달원가 × 잔가율

= 6,600만원 × 0.1 = 660만원

(2) 감가누계액: 매년의 감가액 × 경과연수

1,485,000원 × 2 = 2,970,000원

3. 적산가액 = 66,000,000원 − 2,970,000원 = 63,030,000원

39 ② 상

출제영역 비교방식

키 워 드 비준가액 계산

해 설 거래사례비교법: 비준가액(격)

1. 거래사례의 가격 × 사정보정 × 시점수정 × 지역요인비교 × 개별요인비교 × 면적 = 비준가액

2억 4천만원 × 1 × (1 + 0.05) × 1 × 103/100 × 110/120 = 237,930,000원

(사정보정) (시점수정) (지역요인) (개별요인) (면적비교)

• 1. 거래사례는 정상적인 매매이므로 사정이 개입되지 않았다. 따라서 사정보정하지 않는다.

2. 대상토지와 사례토지가 인근지역에 있으므로 지역요인비교를 하지 않는다.

3. 개별요인비교치 = $\frac{\text{대상토지}}{\text{사례토지}} = \frac{100 + 3}{100} = \frac{103}{100}$

4. 면적비교치 = $\frac{110}{120}$

40 ① (하)

출제영역 감정평가에 관한 규칙

키 워 드 물건별 평가방법

해　설 ① 과수원의 평가는 거래사례비교법에 의한다.

◈ 감정평가에 관한 규칙상 물건별 평가방법

물 건	감정평가방법
토지(제14조)	1. 제①항 공시지가기준법 2. 제②항 적정한 실거래가를 기준으로 감정평가할 때: 거래사례비교법
건물(제15조)	원가법
건물과 토지의 일괄평가 등(제16조)	"집합건물법"에 따른 구분소유권의 대상이 되는 건물부분과 그 대지사용권을 일괄하여 감정평가하는 경우 등 토지와 건물을 일괄하여 감정평가할 때에는 거래사례비교법
산림(제17조)	1. 원칙: 산지와 입목을 구분하여 평가 입목: (원칙)거래사례비교법, 소경목림(지름이 작은 나무·숲): 원가법 가능 2. 예외: 산지와 입목을 일체로 일괄평가 ⇨ 거래사례비교법
과수원(제18조)	거래사례비교법
공장재단(제19조 제1항)	공장재단을 구성하는 개별물건의 감정평가액을 합산하여 평가한다. 단, 계속적인 수익이 예상되는 경우 일괄평가할 때는 수익환원법을 적용할 수 있다.
광업재단(제19조 제2항)	수익환원법
자동차 등(제20조)	1. 제①항 자동차를 감정평가할 때에 거래사례비교법을 적용하여야 한다. 2. 제②항 감정평가법인등은 건설기계를 감정평가할 때에 원가법을 적용하여야 한다. 3. 제③항 감정평가법인등은 선박을 감정평가할 때에 선체·기관·의장(艤裝)별로 구분하여 감정평가하되, 각각 원가법을 적용하여야 한다. 4. 제④항 감정평가법인등은 항공기를 감정평가할 때에 원가법을 적용하여야 한다. 5. 제⑤항 감정평가법인등은 제①항부터 제④항까지에도 불구하고 본래 용도의 효용가치가 없는 물건은 해체처분가액으로 감정평가할 수 있다.
동산의 감정평가(제21조)	1. 제①항 감정평가법인등은 동산을 감정평가할 때에는 거래사례비교법을 적용해야 한다. 다만, 본래 용도의 효용가치가 없는 물건은 해체처분가액으로 감정평가할 수 있다. 2. 제②항 제①항 본문에도 불구하고 기계·기구류를 감정평가할 때에는 원가법을 적용해야 한다.
임대료(제22조)	임대사례비교법
무형자산(제23조)	1. 제①항 광업권의 평가: 광업재단의 평가액에서 광산의 현존시설 가액을 빼고 평가 2. 제②항 어업권의 평가: 어장 전체를 수익환원법에 따라 평가한 가액에서 해당 어장의 현존시설가액을 빼고 평가 3. 제③항 영업권, 특허권, 실용신안권, 상표권, 저작권 등 그 밖의 무형자산을 평가할 때에는 수익환원법을 적용
유가증권 등(제24조)	1. 상장주식, 상장채권: 거래사례비교법 2. 비상장채권: 수익환원법 3. 기업가치: 수익환원법
소음 등으로 인한 가치하락분(제25조)	소음·진동·일조침해 또는 환경오염으로 대상물건에 직접적 또는 간접적인 피해가 발생하여 대상물건의 가치가 하락한 경우 그 가치하락분을 감정평가할 때 소음 등이 발생하기 전의 대상물건의 가액 및 원상회복비용 등을 고려하여야 한다.

제31회 민법 · 민사특별법

시험총평

제31회 민법은 전반적으로 무난하게 출제되었지만 "옳은 것은?"을 묻는 긍정형 문제가 17개 출제되면서 제30회 시험보다 5개 증가하였고, 박스형 문제가 9개 출제되어 수험생들에게 조금 더 정확한 지식을 요구하였다. 나아가 사례형 문제도 15개로 제30회 시험보다 3개 증가하였다. 이러한 점에서 제30회 시험보다는 다소 어렵다고 느껴질 수 있었다. 민법총칙 10문제, 물권법 14문제, 계약법 10문제, 민사특별법 6문제 중 민법총칙, 물권법, 계약법 총론 부분은 1~2문제를 제외하고는 자주 출제되는 기본적인 쟁점 위주로 출제되어 시험문제를 푸는 데 크게 어려움이 없었다. 다만 보통 5문제가 출제되던 계약각론이 역대 최소인 3문제만 출제되었다. 또한 계약각론과 민사특별법은 자주 출제되는 쟁점보다는 조문을 중심으로 법 전반에 관한 이해를 묻는 문제가 많이 출제되어 상대적으로 문제를 푸는 데 어려움이 있는 시험이었다.

Answer

41 ③	42 ③	43 ②	44 ③	45 ②	46 ①	47 ④	48 ⑤	49 ④	50 ④
51 ②	52 ⑤	53 ②	54 ⑤	55 ①	56 ①	57 ④	58 ③	59 ①	60 ⑤
61 ④	62 ②	63 ④	64 ③	65 ⑤	66 ②	67 ③	68 ②	69 ③	70 ②
71 ④	72 ①	73 ⑤	74 ③	75 ①	76 ⑤	77 ①	78 ③	79 ②	80 ⑤

41 ③ ······ 하

출제영역 법률행위

키워드 반사회질서행위

해설 ③ 강제집행을 면할 목적으로 부동산에 허위의 근저당권설정등기를 경료하는 행위는 제103조의 선량한 풍속 기타 사회질서에 위반한 사항을 내용으로 하는 법률행위로 볼 수 없다(대판 2004.5.28, 2003다70041).

42 ③ ······ 하

출제영역 의사표시

키워드 통정허위표시에서 제3자

해설 ③ 허위표시에서 보호되는 제3자의 범위는 권리관계에 기초하여 형식적으로만 파악할 것이 아니라 허위표시행위를 기초로 하여 새로운 법률상 이해관계를 맺었는지 여부에 따라 실질적으로 파악하여야 한다(대판 2000.7.6, 99다51258). 채권의 가장양도에서 변제 전 채무자는 가장양도(허위표시) 이전부터 채무자이므로 허위표시를 기초로 새로운 법률상 이해관계를 맺은 자에 해당하지 않는다.

43 ② ······ 중

출제영역 의사표시

키워드 착오에 의한 의사표시

해설 ㉠ 착오로 인한 취소 제도와 매도인의 하자담보책임 제도는 취지가 서로 다르고, 요건과 효과도 구별된다. 따라서 매매계약 내용의 중요 부분에 착오가 있는 경우 매수인은 매도인의 하자담보책임이 성립하는지와 상관없이 착오를 이유로 매매계약을 취소할 수 있다(대판 2018.9.13, 2015다78703).

㉢ 상대방이 표의자의 착오를 알고 이를 이용한 경우에는 착오가 표의자의 중대한 과실로 인한 것이라고 하더라도 표의자는 의사표시를 취소할 수 있다(대판 2014.11.27, 2013다49794).

㉡ 제109조에서 중과실이 없는 착오자의 착오 취소를 허용하고 있는 이상, 전문건설공제조합이 과실로 인하여 착오에 빠져 계약보증서를 발급한 것이나 그 착오를 이유로 보증계약을 취소한 것이 위법하다고 할 수는 없다(대판 1997.8.22, 97다13023). 즉 경과실이 있더라도 취소할 수 있으므로 이 경우 취소하는 것은 위법하지 않다. 따라서 '불법'행위로 인한 손해배상책임을 부담하지 않는다.

㉣ 매도인이 매수인의 중도금 지급채무불이행을 이유로 매매계약을 적법하게 해제한 후라도 매수인으로서는 계약해제의 효과로서 발생하는 손해배상책임을 지거나 매매계약에 따른 계약금의 반환을 받을 수 없는 불이익을 면하기 위하여 착오를 이유로 한 취소권을 행사하여 위 매매계약 전체를 무효로 돌릴 수 있다(대판 1996.12.6, 95다24982).

44 ③ ······ 중

출제영역 대리

키워드 대리행위 종합

해설 ① 경솔과 무경험은 대리인을 기준으로 판단하고, 궁박은 본인의 입장에서 판단하여야 한다(대판 2002.10.22, 2002다38927).

② 乙은 임의대리인이므로 본인의 승낙이나 부득이한 사유가 있어야 복대리인을 선임할 수 있다(제120조).

④ 어떠한 계약의 체결에 관한 대리권을 수여받은 대리인이 체결된 계약의 해제 등 일체의 처분권과 상대방의 의사를 수령할 권한까지 가지고 있다고 볼 수는 없다(대판 2015.12.23, 2013다81019).

⑤ 대리인은 행위능력자임을 요하지 않으므로(제117조), 본인은 대리인의 제한능력을 이유로 대리행위를 취소할 수는 없다.

45 ② ······ 중

출제영역 대리

키워드 대리행위 종합

해설 ① 임의대리권은 본인이 원인관계의 종료 전에 수권행위를 철회하여 대리권을 소멸시킬 수 있다(제128조).

③ 복대리인은 대리인이 선임한 '본인'의 대리인이다.

④ 각자대리가 원칙이다(제119조).

⑤ 대리인은 제3자가 아니므로 대리인의 기망행위로 계약을 체결한 상대방은 본인이 대리인의 기망행위에 대하여 선의·무과실이라 하더라도 대리인과 체결한 계약을 취소할 수 있다(대판 1999.2.23, 98다60828).

46 ① (상)

출제영역 대리

키 워 드 무권대리

해 설 ㉢ 표현대리가 성립된다고 하여 무권대리의 성질이 유권대리로 전환되는 것은 아니므로, 유권대리에 관한 주장 속에 무권대리에 속하는 표현대리의 주장이 포함되어 있다고 볼 수 없다(대판 전합 1983.12.13, 83다카1489).

㉣ 일단 丙명의로 소유권이전등기가 된 이상 등기의 추정력에 의해 적법하게 이루어진 것으로 추정되므로, 무권대리를 이유로 등기말소를 청구하는 甲이 乙에게 대리권이 없음을 입증하여야 한다. 현등기명의인의 등기가 적법히 이루어진 것으로 추정되므로 그 등기가 원인무효임을 이유로 말소를 청구하는 전등기명의인으로서는 그 반대사실 즉, 그 제3자에게 전등기명의인을 대리할 권한이 없었다든지, 또는 그 제3자가 전등기명의인의 등기서류를 위조하였다는 등의 무효사실에 대한 입증책임을 진다(대판 1993.10.12, 93다18914).

47 ④ (하)

출제영역 조건과 기한

키 워 드 기한의 이익 상실 특약

해 설 ④ 일반적으로 기한이익 상실의 특약이 채권자를 위하여 둔 것인 점에 비추어 명백히 정지조건부 기한이익 상실의 특약이라고 볼 만한 특별한 사정이 없는 이상 형성권적 기한이익 상실의 특약으로 추정하는 것이 타당하다(대판 2002.9.4, 2002다28340).

48 ⑤ (하)

출제영역 무효와 취소

키 워 드 추인

해 설 ⑤ 처음부터 허가를 배제하거나 잠탈할 목적으로 체결된 토지거래허가구역 내의 토지거래계약은 강행규정 위반으로 무효이므로 추인의 대상이 될 수 없다.

① 무효행위 추인 ②④ 취소할 수 있는 법률행위 추인 ③ 무권대리 추인

49 ④ (하)

출제영역 무효와 취소

키 워 드 취소할 수 있는 법률행위

해 설 ④ 민법 제110조 제1항

50 ④ 상

출제영역 대리

키워드 무권대리

해설 ④ 乙과 丙은행의 대출계약은 공모하였으므로 통정허위표시로 무효이고, X토지에 대한 근저당설정계약서를 甲명의로 위조한 행위는 무권대리이다. 따라서 丙 앞으로 된 근저당설정등기도 무효이므로 甲은 丙에게 소유권에 기해서 저당권등기의 말소를 청구할 수 있다. 甲이 乙의 처분행위를 추인하면 무권대리 추인으로 다른 약정이 없는 한 계약시에 소급하여 유효가 된다(제133조). 甲이 자신의 피담보채무를 인정하고 변제한 것은 묵시적 추인으로 甲은 乙에게 부당이득반환을 청구할 수 있다.

51 ② 하

출제영역 물권변동

키워드 법률행위에 의하지 않는 물권변동

해설 ② 제187조의 등기가 필요 없는 판결은 형성판결을 말하는 것이고, 이행판결(확인판결)의 경우에는 승소판결을 받고 그에 따른 등기를 경료해야만 물권변동의 효력이 발생한다(대판 1965.8.17, 64다1721).

52 ⑤ 중

출제영역 물권변동

키워드 중간생략등기

해설 ⑤ 매매로 인한 소유권이전등기청구권은 특별한 사정이 없는 이상 통상의 채권양도와 달리 양도인의 채무자에 대한 통지만으로는 채무자에 대한 대항력이 생기지 않으며 반드시 채무자의 동의나 승낙을 받아야 대항력이 생긴다(대판 2001.10.9, 2000다51216).

53 ② 상

출제영역 물권의 의의

키워드 물권적 청구권

해설 ① 소유권에 기한 물권적 청구권은 소멸시효에 걸리지 않는다(대판 1982.7.27, 80다2968 등).

③ 등기부상 진실한 소유자의 소유권에 방해가 되는 불실등기가 존재하는 경우에 그 등기명의인이 허무인 또는 실체가 없는 단체인 때에는 소유자는 그와 같은 허무인 또는 실체가 없는 단체 명의로 실제 등기행위를 한 자에 대하여 소유권에 기한 방해배제로서 허무인 또는 실체가 없는 단체명의등기의 말소를 구할 수 있다(대판 2019.5.30, 2015다47105).

④ 저당권은 점유를 수반하지 않는 권리이므로 저당권자에게는 반환청구권은 인정되지 않는다(제370조, 제214조).

⑤ 소유자가 소유권을 상실함으로써 이제 등기말소 등을 청구할 수 없게 되었다면, 등기말소 등 의무자에 대하여 그 권리의 이행불능을 이유로 민법 제390조상의 손해배상청구권을 가진다고 말할 수 없다. 등기말소청구권 등의 물권적 청구권은 그 권리자인 소유자가 소유권을 상실하면 이제 그 발생의 기반이 아예 없게 되어 더 이상 그 존재 자체가 인정되지 아니하는 것이다(대판 전합 2012.5.17, 2010다28604).

54 ⑤ 상

출제영역 점유권

키 워 드 점유자와 회복자의 관계

해 설 ⑤ 점유자는 그 비용을 지출할 당시의 소유자가 누구이었는지 관계없이 점유회복 당시의 소유자, 즉 회복자에 대하여 비용상환청구권을 행사할 수 있다(대판 2003.7.25, 2001다64752).

① 점유자가 과실을 취득한 경우에는 통상의 필요비는 청구하지 못한다(제203조 제1항).

② 점유자와 회복자의 관계는 계약이 무효・취소가 되는 경우에도 적용된다. 그러나 해제의 경우에는 원상회복의무(제548조)가 있으므로 점유자와 회복자의 규정이 적용되지 않는다. 즉 계약이 해제된 경우, 대금을 받은 매도인은 받은 날부터 이지를 가산하여야 하며, 매수인인 선의의 점유자도 수취한 과실을 원상회복으로 상대방에게 반환하여야 한다.

③ 악의의 점유자가 책임 있는 사유로 점유물을 훼손한 경우, 자주점유이든 타주점유이든 악의의 점유자는 손해의 전부를 배상하여야 한다(제202조).

④ 유익비상환청구권에서 지출금액이나 증가액은 '회복자'의 선택에 따른다(제203조 제2항).

55 ① 하

출제영역 물권변동

키 워 드 등기의 추정력

해 설 ① 부동산에 관하여 소유권이전등기가 마쳐져 있는 경우 그 등기명의자는 제3자에 대하여서뿐만 아니라, 그 전(前) 소유자에 대하여서도 적법한 등기원인에 의하여 소유권을 취득한 것으로 추정된다(대판 2013.1.10, 2010다75044).

56 ① 상

출제영역 소유권

키 워 드 공유의 법률관계

해 설 ① 제3자의 취득시효를 중단시키는 것은 공유물의 보존행위이므로 甲은 단독으로 자신의 지분에 관한 제3자의 취득시효를 중단시킬 수 있다(민법 제265조).

④ 부동산 1/7 지분 소유권자가 타 공유자의 동의없이 그 부동산을 타에 임대하여 임대차보증금을 수령하였다면, 이로 인한 수익 중 자신의 지분을 초과하는 부분에 대하여는 법률상 원인없이 취득한 부당이득이 되어 이를 반환할 의무가 있고, 또한 위 무단임대행위는 다른 공유지분권자의 사용, 수익을 침해한 불법행위가 성립되어 그 손해를 배상할 의무가 있다(대판 1991.9.24, 91다23639).

57 ④ 중

출제영역 소유권

키 워 드 취득시효

해 설 ④ 시효취득자가 원소유자가 토지에 설정한 근저당권의 피담보채무를 변제하는 것은 시효취득자가 용인하여야 할 그 토지상의 부담을 제거하여 완전한 소유권을 확보하기 위한 것으로서 그 자신의 이익을 위한 행위라 할 것이니, 위 변제액 상당에 대하여 원소유자에게 대위변제를 이유로 구상권을 행사하거나 부당이득을 이유로 그 반환청구권을 행사할 수는 없다(대판 2006.5.12, 2005다75910).

58 ③ ······ 하

출제영역 용익물권

키워드 지상권

해설 ㉡ 민법 제283조 제1항

㉣ 금융기관이 대출금 채권의 담보를 위하여 토지에 저당권과 함께 지료 없는 지상권을 설정하면서 채무자 등의 사용·수익권을 배제하지 않은 경우, 위 지상권은 근저당목적물의 담보가치를 확보하는 데 목적이 있으므로, 그 위에 도로개설·옹벽축조 등의 행위를 한 무단점유자에 대하여 지상권 자체의 침해를 이유로 한 임료상당의 손해배상을 구할 수 없다(대판 2008.1.17, 2006다586).

㉠ 지상권은 지료지급이 요건이 아니다(대판 1999.9.3, 99다24874).

㉢ 지상권자의 지료지급 연체가 토지소유권의 양도 전후에 걸쳐 이루어진 경우 토지양수인에 대한 연체기간이 2년이 되지 않는다면 양수인은 지상권의 소멸을 청구할 수 없다(대판 2001.3.13, 99다17142).

59 ① ······ 하

출제영역 용익물권

키워드 지역권

해설 ① 지역권은 요역지의 소유권에 부종하여 이전한다(제292조 제1항).

④ 통행지역권을 주장하려면 위 토지들의 통행으로 편익을 얻는 요역지가 있음을 주장·입증하여야 할 것이다(대판 1993.8.24, 92다19804).

60 ⑤ ······ 하

출제영역 용익물권

키워드 전세권

해설 ⑤ 전세권이 용익물권적인 성격과 담보물권적인 성격을 모두 갖추고 있는 점에 비추어 전세권 존속기간이 시작되기 전에 마친 전세권설정등기도 특별한 사정이 없는 한 유효한 것으로 추정된다(대결 2018.1.25, 2017마1093).

61 ④ ······ 하

출제영역 담보물권

키워드 유치권

해설 ㉣ 유치권은 우선변제권이 없으므로 이를 실현하기 위한 물상대위가 인정되지 않는다.

62 ② ······ 중

출제영역 담보물권

키워드 유치권

해설 ② 유치권은 법정담보물권이기는 하나 채권자의 이익보호를 위한 채권담보의 수단에 불과하므로 이를 포기하는 특약은 유효하고, 유치권을 사전에 포기한 경우 다른 법정요건이 모두 충족되더라도 유치권이 발생하지 않는 것과 마찬가지로 유치권을 사후에 포기한 경우 곧바로 유치권은 소멸한다. 그리고 유치권 포기로 인한 유치권의 소멸은 유치권 포기의 의사표시의 상대방뿐 아니라 그 이외의 사람도 주장할 수 있다(대판 2016.5.12, 2014다52087).

63 ④ 중

출제영역 담보물권

키 워 드 토지와 건물의 일괄경매청구권

해 설 ㉡㉢ 저당지상의 건물에 대한 일괄경매청구권은 저당권설정자가 건물을 축조한 경우뿐만 아니라 저당권설정자로부터 저당토지에 대한 용익권을 설정받은 자가 그 토지에 건물을 축조한 경우라도 그 후 저당권설정자가 그 건물의 소유권을 취득한 경우에는 저당권자는 토지와 함께 그 건물에 대하여 경매를 청구할 수 있다(대판 2003.4.11, 2003다3850).

㉠ 일괄경매청구권은 저당권 설정 당시 나대지이어야 한다(제365조).

64 ③ 중

출제영역 담보물권

키 워 드 근저당

해 설 ③ 채무의 이자는 최고액 중에 산입한 것으로 본다(제357조 제2항).

② 채권과 이를 담보하는 저당권은 원칙적으로 그 주체를 달리할 수 없으므로 채권자 아닌 제3자 명의로 이루어진 저당권설정등기는 특별한 사정이 없는 한 무효이나, 채권자와 채무자 및 제3자 사이에 합의가 있었고, 나아가 제3자에게 그 채권이 실질적으로 귀속되었다고 볼 수 있는 특별한 사정이 있는 경우에는 제3자 명의의 저당권등기도 유효하다(대판 2000.12.12, 2000다49879).

65 ⑤ 하

출제영역 계약의 성립

키 워 드 계약의 종류

해 설 ⑤ 현상광고는 요물계약이다(제675조).

66 ② 중

출제영역 계약의 성립

키 워 드 청약의 효력

해 설 ② 의사표시자가 그 통지를 발송한 후 사망하거나 제한능력자가 되어도 의사표시의 효력에 영향을 미치지 아니한다(제111조 제2항).

67 ③ 중

출제영역 쌍무계약의 효력

키 워 드 동시이행의 항변권

해 설 ㉡ 피담보채무 변제의무가 담보권말소의무보다 선이행의무이다(대판 1984.9.11, 84다카781).

㉢ 매도인의 토지거래계약 허가신청절차에 협력할 의무와 토지거래허가를 받으면 매수인이 이행해야 할 매매대금 지급의무 사이에는 상호 이행상의 견련성이 있다고 할 수 없다(대판 1996.10.25, 96다23825).

68 ② (중)

출제영역 쌍무계약의 효력

키워드 위험부담

해설 ② 채무자의 책임 있는 사유로 후발적 불능이 된 경우에는 채무불이행에 따른 손해배상책임(제390조)과 (법정)해제가 문제된다(제543조 이하).

69 ③ (중)

출제영역 쌍무계약의 효력

키워드 제3자를 위한 계약

해설 ① 수익자의 수익의 의사표시로 제3자의 권리가 생긴 후에는 당사자는 이를 변경 또는 소멸시키지 못한다(제541조).

② 제3자를 위한 계약의 수익자는 계약의 당사자가 아니므로 계약의 해제권이나 해제를 원인으로 한 원상회복청구권이 없다(대판 1994.8.12, 92다41559).

④ 채무자(낙약자)는 제539조의 계약에 기한 항변으로 그 계약의 이익을 받을 제3자에게 대항할 수 있다(제542조).

⑤ 제3자를 위한 계약이 무효이거나 해제된 경우, 그 계약관계의 청산은 계약의 당사자인 낙약자와 요약자 사이에 이루어져야 하므로 특별한 사정이 없는 한 낙약자가 이미 제3자에게 급부한 것이 있더라도 낙약자는 제3자를 상대로 그 반환을 구할 수 없다(대판 2010.8.19, 2010다31860).

70 ② (하)

출제영역 계약의 해제

키워드 해제권의 행사

해설 ② 채무자가 미리 이행하지 아니할 의사를 표시한 경우에는 최고를 요하지 아니한다(제544조).

71 ④ (하)

출제영역 매매

키워드 매도인의 담보책임

해설 ㉠㉡㉣ 계약의 목적을 달성할 수 없는 경우에는 계약을 해제할 수 있고, 달성할 수 있는 경우에는 손해배상을 청구하거나 완전물급부를 청구할 수 있다(제581조).

㉢ 대금감액청구권은 일부타인권리매매(제572조)와 수량부족·일부멸실(제574조)의 경우에만 인정된다.

72 ① (중)

출제영역 계약의 해제

키워드 합의해제

해설 ① 합의해제 또는 해제계약의 효력은 그 합의의 내용에 의하여 결정되고 여기에는 해제에 관한 제543조 이하의 규정은 적용되지 아니하므로, 상대방에게 손해배상을 하기로 특약하거나 손해배상 청구를 유보하는 의사표시를 하는 등 다른 사정이 없는 한 채무불이행으로 인한 손해배상을 청구할 수 없다(대판 2013.11.28, 2013다8755).

73 ⑤ 중

출제영역 매매

키 워 드 해약금에 의한 해제

해 설 ⑤ 토지거래허가구역으로 지정된 구역 안의 토지에 관하여 매매계약이 체결된 후 계약금만 수수한 상태에서 당사자가 토지거래허가신청을 하고 이에 따라 관할관청으로부터 그 허가를 받았다 하더라도, 그러한 사정만으로는 아직 이행의 착수가 있다고 볼 수 없어 매도인으로서는 계약금의 배액을 상환하여 매매계약을 해제할 수 있다(대판 2009.4.23, 2008다62427).

74 ③ 중

출제영역 임대차

키 워 드 차임

해 설 ③ 차임의 증액을 청구하였을 때에 그 청구가 상당하다고 인정되면 그 효력은 재판시를 표준으로 할 것이 아니고 그 청구시에 곧 발생한다(대판 1974.8.30, 74다1124). 따라서 청구한 다음 날부터 지연손해금이 발생한다.

75 ① 중

출제영역 주택임대차보호법

키 워 드 주택임대차보호법 종합

해 설 ① 주택임대차보호법 제3조의3 제8항

② 임차권등기명령이 된 경우에는 대항요건을 상실하더라도 대항력을 상실하지 않는다(주택임대차보호법 제3조의3 제5항).

③ 보증금반환의무가 선이행의무이다(대판 2005.6.9, 2005다4529).

④ 경매개시결정등기 전에 임차권등기명령에 의한 임차권등기가 된 경우, 임차인은 배당요구를 하지 않아도 배당을 받을 수 있다(대판 2005.9.15, 2005다33039).

⑤ 丁은 丙보다 후순위이므로 우선변제를 받을 수 없다.

76 ⑤ 중

출제영역 주택임대차보호법

키 워 드 대항요건, 대항력

해 설 ⑤ 주택의 양도담보의 경우에는 주택의 소유권이 양도담보권자에게 확정적・종국적으로 이전되는 것이 아니므로 양도담보권자는 임차주택의 양수인에 해당되지 아니한다(대판 1993.11.23, 93다4083). 즉 丙은 소유권이 아니라 저당권과 유사한 양도담보권을 취득한 것일 뿐이고, 소유자는 여전히 甲이므로 甲의 보증금반환채무를 소멸하지 않는다.

77 ① (중)

출제영역 집합건물의 소유 및 관리에 관한 법률

키 워 드 집합건물의 소유 및 관리에 관한 법률 종합

해 설 ㉠ 집합건물법 제11조

㉡ 전유부분은 구분소유자에게 인도한 날로부터 기산한다(집합건물법 제9조의2 제2항 제1호).

㉢ 공용부분에 관한 물권의 득실변경은 등기가 필요하지 아니하다(집합건물법 제13조 제3항).

㉣ 분양자는 담보책임을 지고(집합건물법 제9조 제1항), 하자담보추급권은 특별한 사정이 없는 한 현재의 구분소유자(양수인)에게 귀속한다(대판 2016.7.22, 2013다95070).

78 ③ (중)

출제영역 가등기담보 등에 관한 법률

키 워 드 가등기담보 등에 관한 법률 종합

해 설 ③② 채권담보를 위하여 소유권이전등기를 경료한 양도담보권자는 채무자가 변제기를 도과하여 피담보채무의 이행지체에 빠졌을 때에는 담보계약에 의하여 취득한 목적 부동산의 처분권을 행사하기 위한 환가절차의 일환으로서 즉, 담보권의 실행으로서 채무자에 대하여 그 목적 부동산의 인도를 구할 수 있고 제3자가 채무자로부터 적법하게 목적 부동산의 점유를 이전받아 있는 경우에는 그 목적 부동산의 인도청구를 할 수도 있다 할 것이나 직접 소유권에 기하여 그 인도를 구할 수는 없다(대판 1991.11.8, 91다21770).

① 양도담보권자는 저당권자와 마찬가지로 우선변제권이 인정되므로 물상대위권을 행사할 수 있다.

④ 사용수익권은 담보권설정자 乙에게 있으므로 양도담보권자 甲은 丙에게 임료 상당의 부당이득반환을 청구할 수 없다(대판 2001.12.11, 2001다40213 등 참조).

⑤ 선의의 제3자 丁은 보호되므로 乙은 丁에게 등기말소를 청구할 수 없다(가등기담보법 제11조).

79 ② (상)

출제영역 상가건물 임대차보호법

키 워 드 대항력

해 설 ㉠㉡ 사업자등록은 대항력 또는 우선변제권의 취득요건일 뿐만 아니라 존속요건이기도 하므로, 배당요구의 종기까지 존속하고 있어야 하는 것인바, 상가건물을 임차하고 사업자등록을 마친 사업자가 폐업신고를 하였다가 다시 같은 상호 및 등록번호로 사업자등록을 하였다고 하더라도 상가건물 임대차보호법상의 대항력 및 우선변제권이 그대로 존속한다고 할 수 없다(대판 2006.10.13, 2006다56299).

㉢ 이 경우 임차인이 상가건물 임대차보호법상의 대항력 및 우선변제권을 유지하기 위해서는 건물을 직접 점유하면서 사업을 운영하는 전차인이 그 명의로 사업자등록을 하여야 한다(대판 2006.1.13, 2005다64002).

80 ⑤ 중

출제영역 부동산 실권리자명의 등기에 관한 법률

키워드 2자간 명의신탁약정

해설 ⑤ 2자간 등기명의신탁에서 명의수탁자가 신탁부동산을 처분하여 제3취득자가 유효하게 소유권을 취득하고 이로써 명의신탁자가 신탁부동산에 대한 소유권을 상실하였다면, 명의신탁자의 소유권에 기한 물권적 청구권, 즉 말소등기청구권이나 진정명의회복을 원인으로 한 이전등기청구권도 더 이상 그 존재 자체가 인정되지 않는다. 그 후 명의수탁자가 우연히 신탁부동산의 소유권을 다시 취득하였다고 하더라도 명의신탁자가 신탁부동산의 소유권을 상실한 사실에는 변함이 없으므로, 여전히 물권적 청구권은 그 존재 자체가 인정되지 않는다(대판 2013.2.28, 2010다89814).

①②③④ 법령상의 제한을 회피하기 위한 명의신탁약정은 무효이므로 甲은 乙에게 명의신탁해지를 원인으로 소유권이전등기를 청구할 수 없으나, 약정 자체는 제103조 위반이 아니므로 乙 명의로 등기가 경료된 것은 불법원인급여가 아니므로, 甲은 소유권에 의해 乙을 상대로 소유권이전등기의 말소를 청구할 수 있다. 따라서 소유권은 여전히 甲에게 있으므로 乙의 점유는 타주점유가 되나, 수탁자 乙로부터 증여를 받은 丙은 선의·악의 관계없이 소유권을 취득한다.

제37회 공인중개사 시험대비 **전면개정**

2026 박문각 공인중개사 1차 회차별 기출문제집

초판인쇄 | 2026. 3. 26. **초판발행** | 2026. 3. 31. **편저** | 박문각 공인중개사연구소
발행인 | 박 용 **발행처** | (주)박문각출판 **등록** | 2015년 4월 29일 제2019-000137호
주소 | 06654 서울시 서초구 효령로 283 서경 B/D 4층 **팩스** | (02)584-2927
전화 | 교재 주문 (02)6466-7202, 동영상문의 (02)6466-7201

정가 27,000원
ISBN 979-11-7519-987-3 | ISBN 979-11-7519-986-6(1·2차 세트)